한국어교육총서3-7

[국어교육 2004]

한국어교육총서3-7

[국어교육 2004]

한국어문교육학회　編

ISI 한국학술정보(주)

머리말

한국어문교육학회 〈한국어교육〉총서 발간을 기념하여

   한국어문교육학회가 창립되고 그 학회지를 발간하며 학회 활동을 시작한지 금년에 들어 28년이 흘렀다. 그러한 세월을 거치면서 논문집이 총 25집에 이르러 이제 총서 발간을 하게 되었다. 이것은 그동안 학회 발전을 위해 각양각색의 노력을 경주한 초대 회장인 박붕배 교수님으로부터 전임 회장인 황정현 교수님까지의 여러 회장님과 임원 그리고 회원 여러분의 노고에 조금이라도 보답하는 것이라고 생각한다. 학회 임원은 물론이고 본 학회의 회원으로서 이러한 발전에 이르도록 노력한 모든 분들과 함께 크게 자축할 일이다.

   본 학회는 학회의 명칭에서 알 수 있듯이 한국어문과 그 교육의 발전을 목표로 활동하는 학회이다. 한국어와 한국의 문자, 한국의 문학 그리고 이들을 교육하는 일에 이르기까지 한국의 언어와 문자를 중심으로 연구하는 종합 학회인 것이다. 그러므로 지금까지 발간한 학회지엔 이에 해당하는 여러 학자의 논문이 그들의 연구 열의와 애정과 함께 고스란히 담겨 있다. 이것을 과거의 학회지에 지면 그대로 보관하는 수준에서 벗어나 이제 총서로 발간하여 보다 많은 학자들에게 그 학술 자료로서 제공하고, 또한 그것을 이용하여 한국어문과 그 교육에 관한 학술 발전에 큰 기여를 하게 되어 학회장으로서 모든 회원과 더불어 크게 기뻐하지 않을 수 없다.

이 총서 발간의 기쁨을 나누면서 학회 본연의 목표에 한층 더 근접할 수 있도록 기회를 주신 한국학술정보(주) 관계자 여러분에게 크게 감사하는 마음을 전하고 싶다. 학술 출판은 수익성이 열악한 사업인데도 학문의 발전과 그 가치를 인식하여 우리 학회의 회지를 총서로 세상에 널리 보급할 수 있게 배려해 주신 점을 깊이 마음에 새기고자 한다. 아울러 본 총서가 경향 각지의 수많은 학자들에게 학문 발전의 유용한 자료가 되고, 그로 인해 한국어문과 그 교육의 연구 발전에 한층 큰 기여를 할 수 있게 되기를 빌면서 총서 발간의 의미를 이 자리에 영원히 간직하고자 한다.

2007. 5

한국어문교육연구회 회장　　方 仁 泰

목 차

어휘 관련 요소의 지도 방안(2004)

양 태 식*

Ⅰ. 머리말

국어 학습에서 어휘 관련 요소는 매우 중요한 의미를 지니고 있다. 그것은 매체가 음성 언어건, 문자 언어건 간에, 혹은 활동이 이해 활동이건 표현 활동이건 간에, 어떤 형태의 언어 활동이라도 어휘 관련 요소를 매개로 하지 않고는 활동 자체가 성립되지 않기 때문이다.1) 이처럼 국어 학습에서 필요 불가결한 요소인 어휘 관련 요소를 학생들이 어떻게 학습하고 있으며, 교사들은 학생들의 이와 같은 학습 활동을 어떻게 도와 주어야 할까 하는 것은 매우 자주 제기되는 문제이다.

이 글은 이와 같은 배경을 지닌 어휘 관련 요소의 학습이 어떤 과정으로 이루어지고 있으며, 이들을 가르치기 위해 어휘 학습 전략은 어떻게 구사되고 있는지를 밝히고자 하는 것이 목적이다. 이를 위해

---

* 서울 교육 대학교 국어교육과 교수.

1) 여기서 어휘 관련 요소란 낱말을 포함하여 낱말의 집합인 어휘, 관용어, 숙어, 속담, 격언 등을 포함하는 관용 표현 등 이른바 어휘적 기반을 지닌 언어 요소 일체를 가리키는 뜻으로 쓰이고 있다. 이를 단순히 '어휘'라고 하여도 그다지 틀린 표현은 아니지만, 보다 정확하게 나타내기 위해 '어휘 관련 요소'란 말이 더 적절하다고 하겠다.

먼저 어휘 관련 요소의 지도 절차에 관해 살펴본 뒤, 어휘 관련 요소의 지도 방법에 관해 밝혀 보기로 한다.

이 글에서 어휘 학습의 지도 절차는 어휘 학습의 필수적인 다섯 단계를 중심으로 논의해 보고자 하며, 어휘 학습의 지도 방법은 어휘 학습 분류표 개발하기를 중심으로 살펴보고자 한다. 어휘 학습의 지도 절차는 새 어휘 요소에 접하기, 어휘 요소의 형태 익히기, 어휘 요소의 의미 깨치기, 어휘 요소의 형태와 의미를 기억에서 융합하기, 어휘 요소 실제 써 보기를 중심으로 논의하고자 하며, 어휘 학습의 지도 방법은 분류표의 편찬, 분류표 범주화하기, 어휘 학습 전략의 분류표, 어휘 학습 분류표에 관한 논의, 학습자들의 전략 이용에 관한 선호도를 중심으로 설명해 보고자 한다.

II. 어휘 관련 요소의 지도 절차

교사들은 학습자들이 다양한 언어 표현의 학습에 어떻게 대처하는지에 대해 늘 관심을 가져 왔다. 만약 학습자 전략과 그리고 이들 전략 가운데 어떤 것이 잘 작동되고 어떤 것이 잘 작동되지 않는지를 좀더 알고 싶다면, 교사들은 학습자들이 좀더 유익한 전략을 구사할 수 있도록 도와 주어야 할 것이다. 교사들은 대개 직관적으로 어휘 학습 방법에 대해 조언하고 있는데, 이것은 학생들에게 숙제 형태로 제시되기도 한다.[2]

---

2) 예컨대, "네가 처음 본 낱말을 공책에 써 오너라."거나, "네가 배운 낱말들에 관해 그것들을 배우자 말자 바로 써 보도록 하라. 네가 배운 새 낱말을 써서 문장 10개를 오늘 밤 만들어 내일까지 써 오도록 하라."

Brown과 Payne(1994)은 어휘 학습의 전략들에서의 필수적인 다섯 단계에 관해 매우 분명한 모형을 제시하고 있는데, 여기에서는 이들 다섯 단계의 모형을 중심으로 설명해 보고자 한다(Hatch. E & Cheryl Brown, 1995, 372~392 참조, 양태식 외, 2002: 13~18 참조).3) 이는 어휘 관련 요소의 지도 절차란 기본적으로 학습자들이 일상 생활 가운데 언어 표현에 접해서 어휘 관련 요소를 어떻게 습득해 가는가에 초점을 두고 지도 절차를 구안하는 것이 더욱 효과적이기 때문이다.

1. 새 어휘 요소에 접하기

어휘 관련 요소 학습을 위한 첫 번째 필수적 단계는 새 언어 표현을 만나기 위해 언어 자료에 "접하는 것(encountering)"이다. 곧, 특정 언어 표현을 위한 언어 자료를 대하는 것이다. 여기서 학생 전략은 "책을 읽음으로써 새 낱말 학습하기", "TV나 라디오 듣기"와 "신문이나 잡지 읽기"를 포함한다. 어휘 관련 요소에 대한 우연한 만남이 적용되는 한, 이 단계는 분명 가장 역동적이 될 것이다. 왜냐 하면 언어 학습자들은 이미 자기가 알고 있는 언어 표현과 비교되는 어휘 요소에 접하게 된다면, 어휘 요소에 대한 우연한 학습을 이루게 되고, 그리고 이 단계가 결정적이 될 것이기 때문이다.

얼마나 많은 어휘가 이 단계에서 아는 낱말이 되는가는 학습자 요인에 따라 바뀔 수 있다. 예컨대, 학습자의 자연스런 관심이나 동기가

---

3) Brown과 Payne이 식별한 단계들은 더 작은 요소들로 구분될지 모르지만, 각 단계는 낱말의 완벽한 산출적 지식을 획득하기 위해, 적어도 최소한의 수준에서 학습자들이 반드시 해야 할 무엇인가를 나타내는 것이라 할 수 있다.

학습자들로 하여금 특정 낱말에 더 관심을 갖게 할 수 있다.[4] 흥미에 더하여, 실제적 요구 여부가 접한 낱말의 학습에 대한 차이를 낳을 것이 분명하다. 어떤 방식으로건 그 낱말에 대해 실제적 요구를 느낀다면 그 낱말들은 매우 빨리 배울 수 있을 것이다.[5]

어휘 요소 접하기는 다른 환경보다 특정 환경 아래서 더 효과적일지 모르는 다른 사례가 있는데, 그것은 상호 작용적 비디오 자료에서 발견될 수 있다. 학생들이 어떤 물건이나 행동을 보았을 때, 그것을 위한 상표(낱말)를 알고자 하는 그들의 소망은 그 때문에 더 증대될 것이고, 그것을 위해 필요한 낱말을 접했을 때 그것은 배우 빠르게 습득된다고 한다.[6]

어떤 어휘 요소를 접한 횟수는 그것이 학습되었는지 안 되었는지에 역시 영향을 줄 것이다. 학습자들이 어휘 요소를 계속 접합에 따라 그 어휘에 대해 그들이 느끼는 욕구가 증대하리라는 것은 분명한 것처럼 보인다. 학습자들이 친숙한 낱말과 생소한 낱말 양자에 접한 빈도에 매우 민감하다는 데 대한 증거가 몇 가지 있다.[7]

---

4) 야생 동물, 외부 물체를 나타내는 모든 낱말을 접하며 배우고, 반면에 옷, 치마, 반지 등과 같은 아주 보편적인 다른 낱말은 거의 배우지 않는 사람은 자기에게 흥미 있는 분야의 낱말을 잘 배웠을 것이다.

5) 교사와 함께 대화 저널 쓰기에 참가한 학생들이 배운 낱말들을 관찰하면 금방 알 수 있을 것이다. 몇몇 사례에서 확인할 수 있듯이, 학생들은 어떤 컨셉트를 말하기 위해 자기가 이미 아는 낱말이나 바꿔 말하기를 사용해야 했다. 그런데, 교사가 그 컨셉트를 위해 새로운 낱말을 보충하자, 학생들은 금방 그것들을 새로 채택하였다.

6) 학습자들은 비디오에서 몇 가지 물건이나 행동을 보고서 그것들에 대한 시각적 이미지를 가지고 있었지만, 끝까지 그 어휘 항목을 보지도 듣지도 못했다. 나중에 비디오 대본이나 교수용 연습지에 학습자들이 본 것을 보충하기 위해 낱말들이 보충되었다. 그럴 경우 이 낱말들은 대본이나 연습지의 다른 낱말들보다 더 빨리 의미가 학습되었다.

7) 학생들은 "나는 그 낱말이 무엇을 뜻하는지 몰라. 하지만 그것을 많이 보

　　Nagy와 Herman(1987)은 "어떤 낱말을 맥락 속에서 단 한 번 보았을지라도" 그 낱말과 그 낱말의 의미에 대한 학습자의 지식을 증대시키는 데 도움을 줄 것이라고 주장하였다. Jenkins와 Dixon(1983)은, 모국어 학습에서 어떤 낱말을 6~12회 접한 것이 그 낱말을 확실히 학습하는 데 필요하다고 주장하였다. 그러나, Brown(1993)은 습득된 낱말과 자료 텍스트에서의 그 낱말의 실현 횟수 사이에 아무런 관련을 찾지 못하였다고 한다. 대신에, 습득된 낱말들과 그들의 일반적인 빈도 사이에는 작지만(.20) 중요한 상관 관계를 발견하였다. 학습자들은 단지 한 자료에서보다는 동일한 낱말을 다양하게 접하는 게 필요하다는 것이다.

　　읽기만이 학습자들이 낱말을 접하는 유일한 방법은 아니다. Payne의 연구에서 학습자들은 TV 시청과 라디오 청취가 어휘 관련 요소 학습의 중요한 방법이라고 자주 언급하였다. 또한, 어휘 관련 요소를 배우고자 하는 발화자들과 함께 생활하는 것도 매우 중요하다.[8]

　　이 밖에 다른 전략들은 개인적으로 상호 작용적인 것도 아니고 흥미롭지 않을지도 모르지만, 그것들도 학습자들에게 어떤 형태로건 기여를 하고 있다. 예컨대, 교재나 교사 선정 낱말 목록은 학습자들이 새 언어 표현을 접하게 될 자료이다.[9]

　　어휘 사전은 또한 새 낱말과 아는 낱말의 새 용법을 접할 수 있는 자료이다. 학생의 읽기와 사전 사용에 관한 한 연구에서는 우수한 학

　　았어."나 "나는 그 낱말을 전에 본 적이 없어."라는 말을 이따금 한다.

8) 매일 일정한 숫자의 새 낱말을 접하게 될 때까지 능숙한 발화자들과 만나 이야기하는 개인적 전략을 가진 학습자들이 낱말을 훨씬 더 빨리 습득함은 잘 알려진 사실이다.

9) Lehr(1984)는 낱말 목록이 정상적인 환경에서의 어휘 개발에 대한 가장 널리 쓰인 접근법이며, 대부분의 교재, 특히 외국어 학습을 위한 환경에서는 단원별 낱말 목록, 권말 용어집, 혹은 양자를 제공하고 있다.

습자는 그들이 당초 찾고자 하였던 낱말뿐 아니라 관련 낱말이나 사전에서 인접해 있는 다른 낱말들을 학습하기 위해서도 사전을 폭넓게 사용하였다고 한다.

한편, 다른 교사들은 학생들에게 그들 자신의 낱말 목록을 작성하도록 제안하고 있다. 그런 목록은 어떤 언어를 배우는 학생들에 의해 아주 쉽게 편찬되지마는, 외국어 환경에서 생성된 것처럼 아주 쉬운 것은 아니다.

어휘 자료에 관한 지속적 연구는 어떤 자료나 어떤 자료의 특징이 가장 바람직한지를 밝힐지 모르지만, 현재로서는 학습자들이 낱말을 배우기 전에 교재 안팎에서 그 낱말들을 접할 기회를 주는 것이 필수적임을 확인할 수 있다.

2. 어휘 요소의 형태 익히기

언어 표현의 학습에서 필수적인 제2 단계는 어휘 요소의 "형태(form)"에 대한 분명한 이미지-시각적이거나 청각적이거나 아니면 양자이거나-를 익히는 것으로 나타난다.[10]

어떤 어휘 요소의 형태에 대한 분명한 이미지 가지기의 중요성은 우리가 낱말을 생각해 내려고 할 때 일어나는 것을 생각하면 금방 분명해진다.[11]

---

10) 이 단계는 "새 낱말을 자기의 내적 언어(공통어나 방언)에서 비슷하게 소리 나는 낱말들과 연합시키기", "소리 나는 대로 새 낱말의 음성 써 보기", "어떤 낱말과 내가 아는 비슷한 음성의 다른 낱말과 연합시키기", 그리고 "내가 이미 아는 다른 낱말과 비슷한 낱말 찾기"와 같은 언급에서 발견된다.
11) 이 분야에서의 고전적 연구는 Brown과 McNeill(1966)에 의해 이루어졌다.

어휘 요소의 형태 익히기의 중요성은 어떤 낱말의 뜻을 말하라고 요청받았을 때에도 종종 일어난다. 입문기 학생들은 한 낱말 형태와 다른 낱말 형태의 혼동에서 분명 야기된 실수를 저지르는 것과 같다. 오류의 대다수는 공통어 낱말끼리나 공통어와 방언 낱말 사이에 형태 에서 비슷한 낱말에 의해 일어나거나, 관련되어 있는 듯하다.

형태에서 비슷한 낱말로 야기되는 학습자의 문제는 언어 학습자들 에게 아주 중요한 문제로 인식되었는데, Laufer(1981)는 이것을 유음 어(類音語, synophones)라 명명하였다.12) 전형적인 유음어의 예로는 '가르치다/가리키다, 갈음/가름, 걸대/걸때, 마침/마치, 앉히다/안치다, 옷걸이/옷거리' 등을 들 수 있다. 어휘 오류 분석에서 Teemant(1988) 역시 모든 오류의 약 1/4 정도가 형태 오류임을 발견하였다. 이 연구 에서 제시된 요인 가운데 학습자의 언어적 배경이 중요한 요인이었다.

3. 어휘 요소의 의미 깨치기

학습자들의 보고된 전략 가운데 세 번째 필수적 단계는 언어 표현 학습의 관념과 가장 잘 연상되는 것으로 어휘 관련 요소의 "의미 (meaning)"를 깨치는 것이다. 이 단계는 "그 낱말이 무엇을 뜻하는지 다른 화자에게 질문하기", "그 낱말의 의미를 마음속에 그려 보기", "내가 뜻하는 바를 다른 사람에게 설명하기", "새 어휘를 나에게 말하 도록 누군가에게 청하기" 등의 전략이 있다.

학습자들이 필요로 하는 의미의 수준은 경우에 따라 바뀔 수 있다. 예컨대, 어떤 사람에게 "아젤리아가 뭐예요?"라고 물었을 때, "꽃의 일

---

12) 필자는 이와 같은 개념으로 '비슷한 동음어'란 술어를 쓴 적이 있다(양태 식, 1997: 51~87).

종이지."라고 답할지 모른다. 아니면 더 특이하게 "인동 덩굴의 일종이
지." 혹은 "영희네 집 앞에 피어 있는 분홍빛의 꽃이나 관목이야."라고
말할지 모른다.

낱말의 뜻매김(definition of word)에서 행해지는 식별 수준은 과제
나 학습 상황의 필요성 혹은 학습자 수준에 따라 달라질 수 있다. 입
문기 학습자는 아주 일반적 의미 수준에 만족해하는 것 같고, 중급 이
상의 학습자는 관련 어휘와의 구별을 위해 더 특이한 정의를 이따금
필요로 한다. 비슷한 성격은 어머니가 그들의 모어를 배우는 아이들에
게 제공하는 뜻매김에서 발견된다.[13]

성인이나 교사가 아이들에게 제시하는 낱말 뜻매김의 수준은 그 아
이의 연령, 학습되는 낱말의 성격 등에 따라 달라진다. 2~4세 아이의
엄마는 아이들에게 기초 어휘를 가르치려 하고 있지마는, 상위어를 가
르치기 위해 많은 대상을 쓰고 있음을 알 수 있다.

언어 학습자들은 배우고자 하는 낱말과 그것을 배우려는 이유에 따
라 상이한 뜻매김과 구별을 필요로 한다. 중급 이상의 학습자들은 그
들이 필요로 하는 의미에 관한 더 좋은 정의를 구하기 위해 국어 사전
보다 분류 어휘 사전을 찾을지도 모른다.

학습자들은 흔히 테스트 낱말의 바탕 가운데 전부가 아니라 몇 가
지 바탕을 지닌 의미들을 선택함으로써 그 낱말들의 의미에 접근하게
된다. 그런 점에서 의미 바탕[意味資質, semantic features]을 분석하는

---

13) 어머니들은 두 살짜리 아이에게 말할 때, "그건 동전이야."라고 하지 않
　　고, "그건 돈이야."라고 하기도 하고, "그건 삽살개야."라고 하지 않고
　　"그건 개야."라고 한다. 이렇듯, 어떤 대상물의 구체적인 이름보다는 일반
　　적 명칭을 사용해서 말한다. 뿐만 아니라, 한 살짜리 아이이게 말할 때,
　　사물을 위한 보편적이지만(성인 기준으로 보아) 조금 틀린 명칭을 사용
　　하기도 한다. 예컨대, 어머니들은 '장난감 표범'을 '새끼 고양이'라고 부르
　　기도 하고, '장난감 견인 트럭'을 그냥 '자동차'라고 하기도 한다.

것은 학습자들이 배우려는 낱말의 의미를 확실히 하는 데 도움이 될
수 있다.

학습자들은 사전들이 낱말 뜻풀이의 원천 가운데 하나인 것으로 가
정하고 있음을 대다수 교사들은 알고 있다. 학습자들이 선호하는 사전
이나 어휘 색인집 유형에는 일정한 흐름이 있다. 그리고 학습자들이
낱말의 뜻풀이를 얻는 방법에도 일정한 경향이 있다. 학습자들은 그림
사전에서 관련 어휘 사전, 그리고 어휘 사전 차례로 옮겨 가는 것 같
다. 그렇지 않으면 학습자들은 관련 어휘 활용 능력이 우수한 친구나
교사에게 설명을 청하기도 한다.

마지막으로 학습자들이 낱말의 의미를 깨치기 위한 우연한 학습에
서 (적어도 교육 언어학적 방법으로) 학습자들에게 가장 인기 있는 방
법이면서 실제적으로 유일한 방법은 '맥락(context)'을 통해서이다.
Haynes는 모든 학습자들이 전반적으로 제약된 낱말들보다 국부적으로
제약된 낱말의 의미를 추측하는 데 더 성공적이었음을 발견하였는데,
이를 통해 학습자들이 특정 어휘의 언어적인 맥락이나 상황적인 맥락
을 통해 그 어휘에 관해 잘 추측할 수 있음을 알 수 있다.

학습자에 따라 필요로 하는 뜻풀이의 수준이 다를 수 있고, 그들이
의미를 알아내는 원천도 아주 다르지마는 모든 학습자들은 어떤 식으
로건 어휘 요소의 의미를 깨쳐야 한다. 그러하지 않으면 학습자는 그
어휘를 진짜 배운 것이라 할 수 없기 때문이다.

4. 어휘 요소의 형태와 의미를 기억에서 융합하기

어휘 관련 요소 학습의 네 번째 필수적 단계는 "낱말의 형태와 의
미를 기억에서 융합하기(consolidating word form and meaning in

memory)"이다. 낱말 카드, 익힘 문제 풀기, 십자말놀이 등 대다수 어휘 학습을 위한 기능은 형태-의미의 연결고리를 강화하기 위한 것이다. Oxford(1990)가 언급한 10가지 기억 전략 가운데 대부분은 기억 속에서 낱말 형태와 의미 사이의 연결고리를 융합하는 것이다. Oxford는 어휘 학습을 위한 기억 전략을 크게 네 가지 범주로 나누고 있다: (1) 심리적 연결고리 만들기(범주 1), (2) 이미지와 소리 응용하기(범주 2), (3) 잘 리뷰하기(범주 3), (4) 행동으로 나타내기(범주 4).

Oxford가 언급한 9가지 특정 기억 전략을 네 가지 일반 범주로 보이면 다음과 같다.

가. 언어 자료를 의미적 단위로 나누기(범주 1)

나. 새로운 언어 정보를 기억 속에 이미 있는 개념과 연합하기(범주 1)

다. 의미 있는 문장, 대화, 혹은 이야기와 같은 맥락 속에 새 낱말 배치하기(범주 1)

라. 의미 지도 그리기(범주 2)

마. 청각적 연결고리와/나 시각적 연결고리로 핵심어 사용하기(범주 2)

바. 소리를 잘 기억하기 위해 대상 낱말과 잘 연결될 수 있는 방법으로 기억 속에서 소리 제시하기(범주 2)

사. 조심스레 조정된 간격으로 대상 언어 자료를 리뷰하기(범주 3)

아. 새로운 어휘 요소를 행동화하기(범주 4)

자. 새 낱말이 학습될 때, 카드에 낱말 쓰기 및 이 뭉치에서 저 뭉치로 카드 옮기기와 같은 기법 사용하기(범주 4)

이 전략들의 대다수는 특별히 어휘, 언어 표현 혹은 낱말들을 언급한다. 명시적으로 어휘에 관해 언급하지 않는 것들은 '조심스레 조정된 간격으로 리뷰하기'와 같은 어휘 연구에 아직 적용될 수 있다.

기억 장치와 그 용법에 관해서는 많은 연구자들이 폭넓게 연구한 바 있다. 그 가운데 특히 핵심어 방법(key word method)은 굉장한 관심을 끌고 있다. 이 방법은 낱말의 형태가 이미 학습자가 아는 형태와 관련을 가질 경우 그 낱말의 의미에 대한 맥락적 실마리를 제공하는 담화 속에서 그 낱말이 학습됨을 보이는 것이다. 이 방법은 두 단계로 되어 있다(Jenkins & Dixon, 1983): 첫째, 학생들은 낯선 낱말을 청각적으로나 시각적으로 비슷한 낱말과 연결지어 가며 배운다. 둘째, 상호 작용적 디스플레이에서 두 컨셉트를 다 포함하는 그림을 보여 준다.

핵심어 생성의 어려움이 학생들을 실망시킬지도 모르며, 학생들은 낱말의 형태와 의미를 융합하기 위해 더 전통적인 방법을 단순히 취하기 쉽다. 이렇게 하는 가장 전통적인 방법은 아마 목록에서 낱말들과 그 의미들을 기억하는 것일 것이다. 이 방법에는 다양한 변이형-낱말 카드 사용하기, (낱말들과 그 의미들인) 짝 가운데 한 쪽 가리고 다른 쪽 추측하기, 한 쪽 열이 있는 낱말들과 다른 쪽 열에 있는 의미들을 줄로 잇기-이 있지마는, 많은 문화와 교육적 체제는 학생들로 하여금 낱말들과 그 짝인 의미와 함께, 목록에서 단지 기억하게 하는 방법을 취하기도 한다.

이 단계에서 학습자들이 사용하는 방법은 그렇게 결정적인 것 같지는 않다. 이 단계를 통해 얻을 수 있는 낱말이 많으면 많을수록 학습자들이 종합적으로 아는 낱말이 점점 많아질 것이다.

5. 어휘 요소를 실제 써 보기

어휘 관련 요소 학습의 마지막 단계는 그 "어휘 요소를 실제 써 보는 것(using the words)"이다. 학습자가 바라는 바가 그 어휘 요소에 대한 수용적 지식뿐이라면 이 단계가 반드시 필요한 것은 아니라고 몇

몇 사람들은 말한다.14) 그러나, 어휘 학습의 목표가 학습자들로 하여금 할 수 있는 한, 낱말 지식의 연속선에서 멀리까지 갈 수 있게 하는 데 있다면, 낱말을 실제 사용해 보는 것은 필수적인 과정이다.

어떤 낱말의 사용은 그 낱말에 대한 학습자의 이해도를 측정하기 때문에, 학습자들이 자신도 모르게 그 낱말을 일단 사용해 봄으로써 그들은 그들의 낱말 지식에 대해 더욱 확신을 느끼게 될 것이다. 어휘 요소를 써 보는 것은 학습자들이 배운 즉시 그 어휘의 형태와 의미가 기억에서 사라지지 않도록 하는 확실한 보장을 해 줄 것이다. 어휘 요소의 사용은 다른 단계에서 습득한 낱말 지식이 옳았는지 학습자를 테스트하고 허용하는 가설의 형태일 수도 있다.

낱말에 대한 확신과 수용적 낱말 지식에 더하여, 특정 낱말의 사용은 학생들로 하여금 말이음(collocation), 통어적 제약, 사용역의 적합성 (register appropriateness)에 대한 그들의 지식을 테스트하는 데 필요 불가결할 것이다.

지금까지 우리는 학습자들이 어휘 관련 요소 학습에서 취해야 할 다섯 가지 필수적 단계에 대해 논의하였다. 각 단계마다 개인이 사용할 활동의 너비, 전략, 기술이 있다고 해도, 각 단계의 필요성은 확고할 것이다. 학습자들은 그들이 배우고자 하는 어휘의 온전한 지식을 얻기 위해 다섯 단계 전부가 분명 필요할 것이다.

---

14) 이런 주장은 어휘 습득의 다른 절차에도 그대로 적용될 수 있다. 왜냐 하면, 어떤 독자나 청자가 대다수 낱말들이 사용되는 양상을 거의 모른다고 해도, 대부분의 어휘들을 이해할 수 있기 때문이다.

III. 어휘 관련 요소의 지도 방법

사람들은 학습자 전략의 영역이 아직 태아 상태에 있다고 흔히 말한다. 이 말은 일반적인 학습 전략에 관한 언급이기는 하지만, 어휘 학습 전략이라는 특정 분야에 국한해서 생각하면 이와 같은 언급은 더욱 실감나게 들리는 말이다. 한 가지 이유는 어휘 학습 전략은 개별적 전략에 관한 기존의 목록이 결여되어 있기 때문에 품사나 언어학적 지식에 관한 것만큼 그다지 깊이 있게 논의되지 못한 게 사실이다. 이 틈을 메우기 위해서 이 장에서는 가능한 한 지금까지 논의된 어휘 전략 목록의 완결판을 제시하고자 한다(N. Schmitt & M. McCarthy, 1997; 203∼219 참조). 여기에서는 어휘 관련 요소의 지도 방법을 어휘 학습 전략 분류표의 개발에 초점을 두고, 이를 위해 분류표의 편찬, 분류표의 범주화, 어휘 학습 전략의 분류표, 어휘 학습 전략 분류표에 관한 논의, 학습자들의 전략 이용에 대한 선호도 등의 차례로 논의해 보고자 한다.

1. 분류표의 편찬

여기서 쓰인 학습 전략은 학습 과정에 어떤 정보가 획득되고, 저장되고, 점검되고, 이용되는 절차라는 뜻(Rubin, 1987:29)으로 쓰이고 있는데, 여기서 '이용(use)'이란 말은 상호 작용적 의사 소통이라기보다는 어휘 연습이란 뜻으로 주로 쓰이고 있다. 따라서, 어휘 학습 전략이란 다소 광범위한 절차를 반영하는 어떤 것들일 수 있다. 분류표에서의 전략의 몇 가지는 다른 학자들에 의해 의사 소통 전략 혹은 산출 전략(곧, 어떤 낱말의 의미 바꿔 말하기, Loci법)으로 분류되어 온 것들이고, 실로 많은 전략들은 단일 목적 이상으로 사용될 가능성이 있다. 이 복합 목적 전략들은 분명 어휘 학습을 위해 사용될 수 있기 때문에, 그것들은 분류법에 포함되어 있다.

이 연구에서 제시된 전략의 대다수는 영어를 배우는 일본인 학습자들을 대상으로 한 조사 연구에 의해 편찬되었다. 편찬 절차는 다양한 원천에 기반을 두고 있다.[15]

실제, 서로 다른 전략들과 그것들의 수많은 변이형들 사이에 뚜렷이 선을 긋기가 매우 어려웠다. 예컨대, 급우들이 번역하기, 바꿔 말하기, 같은 문장 안의 새 낱말 예시하기, 새 낱말의 의미를 그림으로 나타내기에 관해 서로 물을 수 있었다. 각기 가능한 교체가 목록화된다면, 그 목록은 너무 성가신 것이 되어 그다지 실용적 쓰임이 되지 못할 것이다.

2. 분류표 범주화하기

분류 목록이 일단 제시되면, 다음 단계는 어떤 거푸집에 따라 그것을 분류하는 것이다. 학습 전략을 위한 몇몇 분류 체계가 제안되었다. Stoffer(1995)의 최근 연구는 범주 배정을 위한 경험적 기반을 제공함에 있어서 상당한 가능성을 보이고 있다.

① 실제적 언어 사용을 포함하는 전략
② 창의적 활동을 포함하는 전략
③ 자기 동기화를 위해 쓰인 전략

---

15) 첫째, 대다수 초기 전략을 제공하면서 수많은 어휘 참고서 및 교재가 검토되었다. 둘째, 일본인 중급 수준 학습자가 이렇게 영어 어휘를 배웠는지에 관해 리포트를 쓰도록 요구받았다. 몇몇 부가적 전략은 이 리포트에서 수집되었다. 셋째, 몇몇 교사들은 목록을 요약하고, 그들이 자신들의 경험을 통해 알고 있었던 전략들을 부가하도록 요구받았다.

④ 정신적 연결고리를 만들기 위해 쓰인 전략

⑤ 기억 전략

⑥ 시각적/청각적 전략

⑦ 신체 활동을 포함하는 전략

⑧ 불안감을 극복하기 위해 쓰인 전략

⑨ 낱말들을 조직하기 위해 쓰인 전략

Oxford(1990)에 의해 개발된 전략은 식별된 다양한 어휘 학습 전략을 파악하는 데 가장 좋은 것 같다. 그녀의 전략 그룹은 네 가지로 구성되어 있다. 사회적 전략(Social Strategies; SOC)은 언어 학습을 신장하기 위해 다른 사람들과 상호 작용을 한다. 새 자료를 기존 지식과 연관짓는 방안은 기억 전략(Memory Strategies; MEM) 범주에 속한다. 인지 전략(Cognitive Strategies; COG)은 '학습자에 의해 대상 언어에 대한 수정이나 변형'이라는 보편적 기능을 나타낸다. 상위 인지 전략(Metacognitive Strategies; MET)은 학습 절차에 대한 의식적인 개관과, 최선 학습법에 대한 계획, 점검, 평가에 대한 결정을 포함한다. 끝으로, 가장 중요한 것은 다른 전문가의 도움 없이 새 낱말의 의미를 발견할 때 각 개인이 사용하는 전략인데, 이것을 선정 전략(Determination Strategies; DET)이라 명명할 수 있다(Oxford의 전략에는 이것이 빠져 있다).

몇몇 전략은 기억 전략으로 분류되어야 할지, 인지 전략으로 분류되어야 할지 불분명한 경우가 종종 있다. Purpura(1994)는 저장 및 기억 전략을 여섯 영역으로 나누고 있다.

① 반복하기   ④ 선행 지식과 연결하기

② 기계적 수단 이용하기   ⑤ 이미지 이용하기

③ 연상하기   ⑥ 요약하기

Cook & Mayer(1983)와 Nation(1990)이 제안한 어휘 활동들 간의 구별이 더 기본적이긴 해도 도움이 된다. (a) 어떤 낱말의 의미에 대한 첫 발견, (b) 일단 소개된 낱말 기억하기에 유용한 것은 어휘 활동들 사이에서다. 처음 어떤 낱말에 접했을 때, 학습자들은 새 의미를 알아내기 위해 그 언어에 대한 지식, 맥락적 실마리, 혹은 참고 자료를 이용하거나(선정 전략), 아니면 아는 사람에게 물어 보아야 한다(사회적 전략). 새 낱말의 첫 정보를 얻기 위한 이 전략들은 발견 전략이라 명명되어 있다. 물론, 의미 외에 품사, 표기법, 말이음, 사용역과 같은 낱말에 관한 다양한 다른 종류의 지식이 있지마는, 상황에 맞는 의미 결정하기는 보통 첫 도입에서 가장 기초적인 과제가 됨에 틀림없다. 일단 학습자들이 새 낱말 도입에 성공하기만 하면, 굳히기 전략을 사용하여 그것을 기억하기 위해 약간의 노력을 할 필요가 있는데, 굳히기 전략은 사회적 전략, 기억 전략, 인지적 전략, 상위 인지적 전략 그룹에서 올 수 있다.

3. 어휘 학습 전략의 분류표

〈표 1〉은 어휘 학습 전략의 분류표를 나타내고 있다. 이것은 Oxford 체계와 발견 전략/굳히기 전략 구분 양자에 따라 조직되어 있다. 특징은 조사 연구의 결과를 요약하고 있다. 이용률은 학습자들이 특정 전략을 사용할 때 지적한 전체 응답자의 퍼센트를 가리키고, 반면에 유용성은 그 전략이 어휘 학습에 유용하다고 느낀 사람들의 퍼센트이다.

〈표 1〉 어휘 학습 전략의 분류표

전략 그룹			이용률(%)	유용성(%)
새 낱말의 의미 발견을 위한 전략	DET	품사 분류	32	75
	DET	어근과 접사 분석	15	69
	DET	자기 방언권 동계어 점검	11	40
	DET	가능한 그림이나 동작 분석	47	84
	DET	텍스트 맥락에서 추론하기	74	73
	DET	두 언어 사전	85	93
	DET	단일 언어 사전	35	77
	DET	어휘 목록		
	DET	반짝 카드		
	SOC	자기 방어권 번역을 위해 교사에게 문의하기	45	61
	SOC	새 낱말의 풀이나 유의어 교사에게 문의하기	42	86
	SOC	새 낱말 포함하는 문장에 관해 교사에게 문의하기	24	78
	SOC	친구에게 의미 질문하기	73	65
	SOC	집단 활동을 통해 새 의미 발견하기	35	65
일단 접한 적이 있는 낱말을 굳히기 위한 전략	SOC	모둠으로 의미 공부하기 연습하기	30	51
	SOC	정확성을 위해 교사가 학생의 반짝 카드나 어휘목록 점검하기	3	39
	SOC	토박이 화자와 상호 작용하기	-	-
	MEM	의미를 그림으로 나타낸 것으로 낱말 공부하기	-	-
	MEM	낱말의 의미 상상하기	50	38
	MEM	낱말을 개인 경험과 연결하기	37	62
	MEM	낱말의 공하위어 연상하기	13	54
	MEM	낱말의 유의어와 반의어 연결하기	41	88
	MEM	의미 지도 이용하기	9	47
	MEM	등급화할 수 있는 형용사를 위한 기준 이용하기	16	62
	MEM	말뚝 낱말 제시하기(말뚝법)	-	-
	MEM	낱말의 의미 바꿔 말하기(Loci법)	-	-
	MEM	공부할 낱말 함께 묶어 보기		
	MEM	같은 쪽의 낱말 함께 묶어 놓기		
	MEM	문장 속에서 새 낱말 사용하기	18	82
	MEM	같은 이야기 안에서 낱말 묶어 놓기		
	MEM	낱말의 표기법 공부하기	74	87
	MEM	낱말의 음소 공부하기	60	81
	MEM	공부할 때 새 낱말 큰 소리로 말하기	69	91
	MEM	낱말 형태 상상하기	32	22
	MEM	낱말의 첫 글자 밑줄 치기		
	MEM	모양새 알기		

전략 그룹		이용률(%)	유용성(%)
	MEM 핵심어 방법 이용하기	13	31
	MEM 접사와 어근(기억하기)	14	61
	MEM 품사(기억하기)	30	73
	MEM 낱말의 의미 풀이하기	40	77
	MEM 공부할 때 동계어 이용하기	10	34
	MEM 관용 표현 함께 배우기	48	77
	MEM 낱말 공부할 때 신체 행동 이용하기	13	49
일단	MEM 의미 바탕 체계표 이용하기	-	-
접한	COG 구두 언어 반복	76	84
적이	COG 문자 언어 반복	76	91
있는	COG 어휘 목록	54	67
낱말을	COG 반짝 카드	25	65
굳히기	COG 학급에서 필기하기	64	84
위한	COG 교과서의 어휘 부분 이용하기	48	76
전략	COG 어휘 목록 테이프 듣기	-	-
	COG 물건에 이름 붙이기	-	-
	COG 어휘 공책 만들기	-	-
	MET 미디어(노래, 영화, 뉴스 방송 등) 이용하기	-	-
	MET 낱말 시험으로 자기 평가하기	-	-
	MET 낱말 채우기 연습하기	-	-
	MET 새 낱말 빼어 버리거나 지나치기	41	16
	MET 오래오래 낱말 공부 지속하기	45	87

4. 어휘 학습 분류표에 관한 논의

어휘 학습 분류표는 여러 각도에서 논의할 수 있다. 여기서는 학습 과정에서의 역할이 어떠한가에 따라 어휘 학습 분류표의 성격에 관해 논의해 보고자 한다. 어휘 학습 전략은 크게 보면 하나는 어떤 어휘 요소에 관해 알아 가는 과정에 초점이 놓인 전략이라 할 수 있고, 다른 하나는 일단 알게 된 어휘 요소를 머릿속에서 굳혀 가기 위한 절차 또는 방법에 초점이 놓인 전략이라 할 수 있다. 여기서는 전자를 뭉뚱

그려 발견 전략(discovery strategies)이라 부르고, 후자를 뭉뚱그려 굳히기 전략(consolidation strategies)이라 불러 구분하고 있다.

1) 발견 전략

가. 선정 전략

학습자가 어떤 낱말을 모른다면 그들은 ① 그 언어에 관한 구조적 지식에서 추론하기, ② 자기 방언권의 동계어에서 추론하기, ③ 맥락에서 추론하기, ④ 참고 자료를 이용하거나 다른 누군가에게 문의하기 등에 의해 그 의미를 발견해야 한다. 선정 전략은 앞의 네 가지 선택 사항에서 새 낱말에 관한 지식 얻기를 촉진하는 것이다.

학습자는 추론 과정을 통해 새 낱말의 품사, 어근이나 접사로부터 의미에 관한 힌트 등을 얻을 수 있다. 서로 다른 방언권에 있는 동계어는 의미나 형식 면에서 실마리를 줄 수도 있다. 맥락으로부터 모르는 낱말의 의미를 추론하는 것은 더 분리적인 다른 발견 전략보다 의사 소통적 접근법과 잘 맞는 것으로 간주되었기 때문에 지난 20년 동안 폭 넓게 촉진되어 왔다. 낱말의 의미를 처음 찾는 제삼의 방법은 참고 자료, 주로 사전을 통해서이다. 낱말 목록과 더 유동적인 실현형인 반짝 카드는 많은 교사들이 낱말은 맥락 속에서만 제시되어야 한다고 믿듯이, 의사 소통 시기에는 선호도가 떨어졌다.

나. 사회적 전략

새 의미를 발견하기 위한 두 번째 방법은 의미를 아는 누군가에게 물어 보는 사회적 전략을 택하는 것이다. 교사들이 흔히 이 위치에 있으며, 그들은 다양한 방법으로 도움을 주도록 요청받을 수 있다: 학생들이 그 말을 아는지 자기 방언으로 풀이하여 제공하기, 유의어 제공하기, 바꿔 말하기로 뜻매김 제공하기, 혹은 이들 혼합형의 제공.

2) 굳히기 전략

가. 사회적 전략

어떤 낱말에 대한 첫 발견 이외에, 어휘를 배우고 연습하는 데 집단 활동이 쓰일 수 있다. Dansereau(1988)는 많은 학자들이 협동적 집단 학습에 관해 연구한 이점 몇 가지를 나열하고 있다; 능동적인 정보 처리와 교차적 모델화/모방화를 촉진한다; 사회적 맥락은 참여자들의 동기화를 증진한다; 협동 학습은 교실 밖의 '단체 활동'을 준비할 수 있다; 학습 과정에 아무런 교수상의 간섭이 없기 때문에, 학생들은 학급에서 언어를 실제 사용하고 수정할 시간을 많이 가진다. 다른 사회적 전략은, 아마 드물게 쓰일 테지만, 정확성에 대한 학생들의 활동을 점검하기 위해 교사들이 목록화할 때 학생들을 함께 참여시키고 있다.

나. 기억 전략

대부분의 기억 전략들(전통적으로 기억술로 알려진 것)은 그 낱말이 사전 학습 지식과 함께 기억되도록 연관짓기와 이미지의 몇몇 형태나 무리 짓기의 사용을 포함한다. 이 통합은 가설 처리 깊이(the Depth of Processing Hypothesis)가 제안하는 정교한 정신적 처리의 종류가 장기 기억을 위해 필요함도 포함하고 있다. 새 낱말은 많은 종류의 선행 지식과 통합될 수 있다.

가) 그림/이미지

새 낱말은 뜻매김 대신에 의미에 대한 그림을 통해 배움으로써 학습될 수 있다. 선택적으로 학습자들은 낱말의 의미에 대한 그 자신의 정신적 이미지를 만들 수 있다. 이미지는 글 읽기의 단순한 반복보다 효과적인 것으로 밝혀졌으며, 그것을 제안하는 것은 어휘 학습에도 더 효과적일 수 있다. 새 낱말은 기저 개념에 대한 특별히 생생한 개인적 경험, 예컨대, 학습자가 낱말 '눈'을 아이였을 때 눈밭에서 논 경험과 나중에 커서 정신적으로 연결짓는 것과도 연상될 수 있다.

나) 관련 낱말

마찬가지로, 새 낱말은 그 학생이 이미 아는 공통어의 낱말들과 연결될 수 있다. 대개 이것은 공하위어(사과-배, 딸기나 복숭아와 같은 과일의 한 종류), 유의어(긴요한-요긴한)나 반의어(죽음-삶)와 같은 의의 관계의 몇 가지 유형을 포함한다. 낱말 연상 연구는 특히 공하위어에서 매우 강력한 연대를 가짐을 보여 주었다. 이것과 다른 의의 관계(상하 관계와 부속 관계)는 의미 지도로 예시될 수 있는데, 이것 역시 어휘 굳히기를 돕는 데 종종 쓰일 수 있다.

다) 관련 없는 낱말

학습자는 어떤 낱말을 아무 의의 관계도 갖지 않는 낱말들과 연결할 수 있다. 이렇게 하는 한 방법은 '말뚝(peg)' 낱말 혹은 '고리(hook)' 낱말을 가지고 하는 것이다. 누구나 처음 'one is bun, two is a shoe, three is a tree etc.'와 같은 운을 기억한다. 그 때 그 낱말 곧 말뚝 낱말에서 기억되도록 만들어진다.

마찬가지로, 공간적 기억술이 관련 없는 낱말을 기억하는 데 쓰일 수 있다. Loci법에서, 개인이 거리와 같은 친숙한 낱말을 회상하고, 그리고 첫 위치로서 회상되도록 마음속에 첫 요소를 놓으며, 둘째 위치에서 둘째 요소, 등등으로 해 나간다. 그 요소들을 회상하기 위해, 개인은 표지판에 따라 마음속으로 전진하고 각 위치와 연관된 요소들을 점검한다.

라) 무리짓기

무리짓기는 회상을 돕기 위한 중요한 방법이며, 사람들은 특별한 촉진 작용 없이 자연스럽게 낱말들을 무리로 조직하는 듯하다. 자유 회상 연구에서, 자기 방언권 주제들은 특정 차례로 배우고 회상되는 낱말 목록으로 주어져 있다는 것이다. 각 의미 범주에 속한 낱말들이 함께 회상되는데, 예컨대, 명칭과 같은 다른 범주로 이동하기 전에 모든 동물이 먼저 회상된다. 낱말이 기억 작용 이전에 어떤 방법으로건 조직된다면, 회상은 더욱 촉진된다.

낱말들은 어떤 종류의 패턴에서 같은 페이지에서 공간적으로도 무리가 지어질 수 있다. 같은 페이지에서 대각선으로 배열된 낱말들이 단순한 칸에 배열된 것보다 더 잘 회상된다는 것이다.

낱말들은 문장 속에서 목표 낱말로 사용됨으로써 아주 자연스런 방법으로 무리지어질 수 있다. 마찬가지로, 낱말들은 같은 이야기 속에서도 몇 가지로 무리지어질 수 있다.

마) 낱말의 표기법적 형태나 음운론적 형태

기억술 전략의 또 다른 종류는 회상을 촉진하기 위해 목표 낱말의 표기법적 형태나 음운론적 형태에 초점 맞추기를 포함하는 것이다. 누구나 낱말의 표기형이나 발음법을 명시적으로 공부할 수 있다. 다른 대안들은 그것을 기억하기 위한 시도로 낱말의 표기법적 형태를 시각화하거나, 아마 운율적 낱말을 사용함으로써 그 낱말의 음소에 대한 정신적 표상을 만드는 것이다.

자기 방언과 공통어 낱말의 음운론적 형태와 의미를 결합하는 한 방법은 모든 전략 가운데 가장 많이 연구된 기억술 전략일 것이다. 핵심어 방법(The Keyword Method)은 공통어 낱말과 비슷하게 소리나는 자기 방언 낱말을 학습자가 찾는 것을 함의한다.

바) 다른 기억 전략

낱말에 대한 구조적 분석이 그것의 의미를 결정하는 데 유용해질 수 있음과 꼭 같이, 그 낱말의 접사, 어근, 낱말 부류에 대한 공부가 낱말의 의미를 굳히는 방법으로 유용하게 이용될 수 있다. 바꿔 말하기는 새 낱말의 의미를 가르치는 데 쓰일 수 있거나 제한적인 산출적 어휘력을 보충하기 위한 전략으로 쓰일 수 있다.

사람들이 아는 어휘의 몇몇은 나중에 구성 낱말로 분석되는 구절, 관용어, 혹은 격언과 같은 복합어 뭉치의 일부로서 원래 학습되어 있다. 개인의 어휘력을 신장하는 한 방법은 이들 뭉치의 개별 낱말을 분석하고 학습하는 데 있고, 나중에 개별 낱말 의미들을 기억하기 위한 기억 장치로서 (충분히 투명하다면) 전체 덩어리로서 사용하게 된다.

학습할 때 신체적 행동의 사용은 언어 회상을 촉진하는 데 쓰여 왔다. Asher(1977)는 총체적 방법론, 초보자 교육을 위해 특히 유용한 듯한 전신 반응법(TPR, the Total Physical Response Method)의 기초로서 그것을 사용하였다.

의미 바탕 체계표가 어휘 자료로서 종종 사용되어 왔다. 그것은 비슷한 낱말들 집합 사이에 의미나 말이음의 차이(collocational differences)

를 예시하는 데 가장 큰 장점이 있는 듯하다.

다. 인지 전략

이 분류법에서의 인지 전략은 기억 전략과 비슷하지마는, 정교한 정신 작용에 그렇게 특별한 강조점을 두지 않는다; 그것들은 어휘를 학습하기 위해 반복이나 기계적 수단의 사용을 포함한다. 한 낱말을 자꾸 반복적으로 쓰거나 말하는 활동인 문자 언어 및 음성 언어 반복은 세상의 많은 지역에서 보편적인 전략들이다. 그것들이 너무 굳게 지켜져서, 학생들은 다른 것을 시도하기 위해 그런 방법의 포기에 자주 저항감을 느낀다.

낱말 목록과 반짝 카드는 어떤 낱말을 처음 보여 주는 데 쓰일 수 있지마는, 대부분의 학생들은 나중에 그것을 리뷰하기 위해 그것들을 계속 사용하게 된다. 반짝 카드의 주된 장점은 누구나 자유 시간이 있을 때 그것들을 거의 어디서건 꺼낼 수 있고 공부할 수 있다는 것이다.

인지 전략의 또 다른 종류는 학습 보조 도구를 이용하는 것이다. 교실에서 필기하기는 학습자들에게 새로 배운 낱말을 위한 그들 자신의 개인적 구조를 만들고, 리뷰를 하는 동안 부가적 접촉을 위한 여유도 주도록 한다. 학생들은 목표 낱말을 공부하는 데 그들에게 도움이 될 교과서에서의 특정한 어휘 부분을 또한 이용할 수도 있다.

어휘 공책은 많은 저자들이 추천하였다. Schmitt & Schmitt(1995)는 각 낱말을 위한 낱말 지식의 상이한 종류에 대한 지속적 학습과, 확장적 연습도 함께 통합할 수 있는 공책 유형을 제안하고 있다.

라. 상위 인지 전략

상위 인지 전략은 대개 학습 과정을 개관함으로써 학습자 자신들의 학습을 통제하고 평가하기 위해 학생들에 의해 사용되었다. 마찬가지로, 그것들은 보다 효율적인 학습과 관련되는, 대개 폭넓은 전략들이다. 어떤 언어를 효율적으로 습득하기 위해서는, 그것에 접하는 기회를 극대화하는 것이 중요하다.[16]

누구라도 되는 대로 하기보다 계획적이고 조직적으로 하는 것이 개인 연습 시간의 효율성을 극대화할 수 있다. 대부분의 망각은 학기가 끝난 뒤에 금방 일어난다고 밝혀져 있다. 대부분의 멸실 뒤에 망각 비율은 낮아진다. 이런 점에 대처하기 위해서는, 학습자들이 어휘 자료를 처음 접한 뒤에 곧 새 자료를 리뷰해야 하며, 그리고 점차 간격을 넓혀 가야 한다고 하는 '확장적 연습의 원리(principle of expanding rehearsal)'가 제안되고 있다.[17]

매우 빈도가 낮은 낱말은 뛰어 넘거나 지나쳐 버릴 때 어떤 요인을 고려해야 하는가가 중요하다. 책을 읽으면서, 저빈도 낱말을 학습할지 말지 결정할 때 고려해야 할 요소는 다음과 같은 것이 있다;

① 그 낱말은 당신 분야에서 필요한 전문어인가?
② 그 낱말은 당신이 그것을 배울 때 도움이 될 수 있는 어근이나 접사를 포함하고 있는가?
③ 그 낱말은 적어도 두 번 반복되는가?

---

16) 예컨대, 영어를 습득하기 위해서는, 많은 지역에 있는 영어로 된 책, 잡지, 신문, 영화가 거의 끝없는 원천을 제공할 것이다. 그리고 가능하다면, 토박이 화자들과 상호 작용하는 전략 역시 입력 자료를 증대할 것이고, 또한 그것이 언어 학습의 통제 원리로 쓰인다면 상위 인지 전략으로 고려될 수 있을 것이다.

17) 하나의 명시적 기억 계획은 공부가 끝난 뒤, 한 주일 뒤, 한 달 뒤, 그리고 마지막으로 6개월 뒤 5분 내지 10분 리뷰를 하도록 제안하고 있다.

한 낱말을 배우는 데 필요한 노출수를 조사한 연구는 5회에서 16회 이상에 이름을 보여 주고 있다. 이것은 지속시키기 위한 의식적인 노력이 모든 전략 가운데 가장 중요한 전략이 될 수 있음을 뜻한다.

5. 학습자들의 전략 이용에 대한 선호도

위의 논의는 아주 많은 연구가 어휘를 포함하는 것이었음을 보여 주고 있는데, 그것은 어휘가 측정하기 비교적 쉬운 언어 요소라는 유일한 이유 때문에 더욱 그러하다고 할 수 있다. 연구자들이 어휘 학습 전략을 어디서 연구하였든지 간에, 그들은 대개 어휘 습득을 촉진함에 있어서의 효율성을 비교하면서 작은 수의 유형에 집중하였다. 집단으로 모든 전략을 다룬 연구들은 이전의 좁은 접근법에 대한 논리적 보완물이다.

그러나, 통일된 컨셉트로서 어휘 학습 전략을 연구할 때, 그것들이 학습자들에 유익한 것이었음을 잊어서는 안 될 것이다. 그래서, 우리는 학습자들의 느낌을 고려해야 하고, 그들이 학습 전략에 관해 생각하는 게 무엇인지 감안하여야 한다. 더욱이, Hosenfield (1976:128)가 언급하였다시피, '학생들이 무엇을 해야 할지에 관해 초점이 너무 많이 쏟아졌다: 학생들이 무엇을 하고 있는지 물음으로써 시작해야 한다.' 그래서 앞으로의 한 방안은 학습자들이 사용하고 있는 어휘 학습 전략에 관한 연구로 지속되어야 하고, 동시에 그들이 보기에 어떤 전략들이 효과적인지에 관해 그들에게 물어야 한다. 조사 연구는 위의 전략 분류표의 초기 판을 이용하여, 이 목적을 위해 수행되었다. 그것은 다음 물음에 답하기 위해 시도되었다.

① 다양한 어휘 학습 전략의 용법 패턴은 무엇인가?

② 다양한 전략들이 얼마나 유용하다고 학습자들이 인식하고 있는가?

③ 용법과 유용성의 인식이 학습자들의 성숙도를 변화시키는가?

Ⅳ. 맺음말

지금까지 어휘 관련 요소의 지도 방안에 관해 어휘 관련 요소의 지도 절차와 지도 방법을 중심으로 논의하였다. 이 가운데 주요한 것을 간추리면 다음과 같다.

(1) 어휘 관련 요소 학습을 위한 첫 번째 필수적 단계는 새 언어 표현을 만나기 위해 언어 자료에 "접하는 것"이다.

(2) 언어 표현의 학습에서 필수적인 제2 단계는 어휘 요소의 "형태"에 대한 분명한 이미지 -- 시각적이거나 청각적이거나 아니면 양자이거나 --를 익히는 것이다.

(3) 어휘 관련 요소 학습을 위한 세 번째 필수적 단계는 언어 표현 학습의 관념과 가장 잘 연상되는 것으로 어휘 관련 요소의 "의미"를 깨치는 것이다.

(4) 어휘 관련 요소 학습의 네 번째 필수적 단계는 낱말의 형태와 의미를 기억에서 융합하기이다.

(5) 어휘 관련 요소 학습의 마지막 단계는 그 "어휘 요소를 실제 써 보는 것"이다.

(6) 분류법에서의 전략 몇 가지는 다른 학자들에 의해 의사 소통 전략 혹은 산출 전략으로 분류되어 온 것들이고, 실로 많은 전략들은 단일 목적 이상으로 사용될 가능성이 있다.

(7) 어휘 학습을 위해 개발된 전략은 크게, 사회적 전략, 기억 전략,
인지 전략, 상위 인지 전략, 선정 전략 등의 범주로 구분할 수
있다.

(8) 어휘 학습 전략의 분류표는 크게 '새 낱말의 의미 발견을 위한
전략'과 '일단 접한 적이 있는 낱말을 굳히기 위한 전략'으로 나
눌 수 있다.

(9) 어휘 학습 분류표를 그 성격을 중심으로 분류해 보면 크게 발
견 전략과 굳히기 전략으로 나눌 수 있는데, 전자에는 선정 전
략, 사회적 전략이 속하고, 후자에는 사회적 전략, 기억 전략, 인
지 전략, 상위 인지 전략이 속한다.

(10) 어휘 학습 전략 개발에 관한 앞으로의 방안은 학습자들이 사
용하고 있는 어휘 학습 전략에 관한 연구로 지속되어야 하고,
동시에 그들이 보기에 어떤 전략들이 효과적인지에 관해 그들
에게 끊임없이 물어야 한다.

참고문헌

양태식(1997). "의미 교육의 방향과 바탕", 〈한국 초등 교육〉, 제9권 제1
호. 서울 교육 대학교 초등 교육 연구소. 51~87쪽.

양태식(2001). "어휘 지도의 관점과 원리", 〈한국어 교육〉 제16호. 한국
어문 교육 학회. 51~74쪽.

양태식 외(2002). 〈받아쓰기 프로그램 개발 연구〉. (주) 대교/연구 센터.

Hatch. E & Cheryl Brown.(1995). *Vocabulary, Semantics, and
Language Education.* Cambridge Univ. Press.

Schmitt. N. & M. McCarthy.(1997). *Vocabulary.* Cambridge Univ. Press.

이중언어교육으로서의 해외 귀국학생을 위한 한국어 교육(2004)

원진숙* · 이영호**

I. 서 론

이 논문은 해외 귀국학생들을 위한 한국어 교육이 二重言語敎育 차원에서 이루어져야 함을 주장하고 이를 위한 바람직한 한국어 교육과정 개발 방향을 제시하는 데 그 목적이 있다. 본고에서 논의 대상으로 삼고 있는 海外 歸國學生(returnee student)이란 부모의 해외 주재 근무나 외국 유학 등의 이유로 해외에서 태어났거나 국내에서 태어났지만 해외에서 2년 이상 거주하다 한국으로 돌아온 학생들을 지칭한다. 이들 해외 귀국학생들은 장기간의 해외 체류로 인한 한국어 능력의 부족으로 국내 학교 교육에 제대로 적응하지 못해 학습 장애 현상을 보이거나 문화적 차이 등으로 인해 생활면에서도 부적응 현상을 보이는 등 여러 가지 어려움을 겪게 된다.

---

* 서울교육대학교 국어교육과 교수.
** 서울 가락 초등학교 교사.

"학교에 가니 말도 잘 안 통하고 친구도 없고 수업내용도 이해하기 힘들어요... 집에서는 공부 안 하면 따라갈 수 없다고 야단치고... 저만 그런 게 아니라 외국에서 살다 온 친구들은 다 비슷해요. 어떤 친구들은 결국 힘들다고 다시 외국으로 공부하러 나갔어요."

미국에서 6년을 살다 온 어느 초등학생의 고민이다. 최근 국제화 시대에 따른 활발한 해외 교류로 외국에서 살다 온 학생들의 수가 현격하게 늘고 있는 추세지만 이들 귀국학생들에 대한 국가적 차원의 교육적인 배려가 제대로 이루어지지 못해 심각한 사회적 문제가 되고 있다. 귀국 학생들이 겪는 가장 큰 어려움은 역시 언어 문제이다. 특히 한국어가 서툰 초등학생의 경우에는 또래집단으로부터 따돌림을 당해 겉도는 수가 많고 숙제나 시험문제의 뜻 자체를 몰라 지진아 취급을 당하기도 한다. 뿐만 아니라 외국과 달리 지나치게 많은 학과목, 빠른 진도, 암기 위주의 교육, 시험에 대한 부담 등으로 인해 국내 학교 교육 제도에 적응하지 못하거나 우리 문화와 가치관에 대한 인식 부족 및 문화적 차이로 인해 생활 면에서도 부적응 현상을 보이는 경우가 많다.

최근 매년 6천명 이상의 해외 귀국학생이 발생하는 것에 비해서 현재 공교육 차원에서 혜택을 받고 있는 학생수는 대도시를 중심으로 한 19개 학교(14개 초등학교와 5개 중학교) 36학급 정도에 불과하다. 그나마도 귀국학생을 위한 표준화된 한국어 교육과정이나 지도 방법 및 학습 자료 등이 개발되어 있지 않은 상태에서 각 학교별로 주먹구구식으로 자체 개발한 교육과정에 의지해 교육을 베풀 수밖에 없는 실정이고 보면 귀국학생 교육이 공교육의 사각지대에 있음을 다시 한 번 확인하게 된다. 또한 현재 귀국 학생 교육을 담당하고 있는 일선 교사들도 특별히 전문화된 이중언어교육을 위한 연수 경험이 없는 경우가 대부분이어서 역시 원천적으로 귀국학생을 위한 전문화된 교육을 실시하는 것이 어려운 형편이다.

이에 본 연구에서는 이들 해외 귀국학생을 위한 교육이 이중언어교육 차원에서 외국에서 습득한 언어와 문화를 계속 유지 발전시키면서 한국어와 문화를 연계하여 이루어지는 것이 바람직함을 주장하고 이를 위한 실제적인 한국어 교육과정의 개발 방향을 모색해 보고자 한다.

II. 이중언어교육으로서의 해외 귀국학생을 위한 한국어 교육의 필요성

해외 귀국학생들은 해외에서 체류하면서 습득한 외국어와 함께 귀국해서 배우는 한국어라는 두 개의 언어를 가지고 있다는 점에서 일단 二重言語人(bilingual)[1]이라 보는 데에는 별다른 이견이 없을 것이다. 일반적으로 우리가 이중언어 문제를 논의할 때 중요한 것은 두 개의 언어를 어느 정도로 구사하는가에 대한 정도성의 문제라 할 수 있다.

Cummins(1976)의 二重言語 習得 段階 理論에 의하면 학습자가 L1과 L2 모두를 모국어 수준 혹은 이에 근접한 상태로 습득한 능숙한 이중언어 습득 단계(proficient bilingualism)에 있을 경우에는 인지도나 학업 성취도가 높지만 L1과 L2의 습득 수준이 모두 모국어 수준에 훨

---

1) 이중언어인을 규정하는 관점은 최대론자와 최소론자의 입장이 서로 대립된다. 최대론자(Maximalist)들은 두 개의 언어를 똑같이 모국어처럼 구사할 수 있을 때만 이중언어능력이 있다고 인정하는 데 비해서 최소론자(Minimalist)들은 제2언어에 대해 최소한의 구사 능력, 즉 아직 일정 수준에 도달하지 못했거나 많은 오류를 만드는 수준의 언어능력이라 해도 어느 정도의 의사소통만 이루어지면 이중언어인으로 인정한다(박영순: 2002).

씬 미달되는 제한적 이중언어 습득 단계(limited bilingualism)에 머물러 있을 경우에는 학습자의 인지 발달이나 학업 성취도가 단일 언어 사용자에 비해 오히려 저조한 상태가 된다. 이러한 관점에 따르면 학습자가 어떤 수준의 이중 언어를 습득하였는가가 학업 성취도를 결정 짓는 관건이라 할 수 있다.

해외 귀국학생을 위한 교육이 문제가 되는 것은 바로 이들의 언어 능력이 대부분 制限的 二重言語 習得 段階(limited bilingualism)에 머물러 있기 때문이다. 해외 귀국학생들은 대개 출국 전 공식적인 한국어 교육에의 노출이 적고 상대적으로 외국에서의 체류 기간도 짧아서 외국에서 익힌 외국어의 습득 수준이나 귀국해서 공식적으로 학교에서 사용하는 한국어 수준이 모두 일반적인 모국어 수준에 훨씬 미달되는 제한적 이중언어 습득 단계2)에 있기 때문에 외국에서 체득한 언어를 유지하지도 못하면서 인지 발달면에 있어서나 학업 성취도면에서 부정적인 결과를 초래하기 쉽다.3) 학습자의 인지 발달 및 학업 성취의 극대화는 학습자가 능숙한 이중언어 습득 단계(proficient bilingualism)에 도달했을 때 가능하다는 Cummins (1976)의 주장을 고려해 볼 때, 해외 귀국학생들에 대한 이중언어 교육 문제는 더욱 절실할 수밖에 없다.

현재 공교육 체제 속에서 이루어지는 해외 귀국학생 교육의 또다른 문제점으로 대부분의 귀국학생 교육이 '適應'의 관점에서만 이루어지고 있다는 점을 들 수 있다. 즉 귀국학생이 이미 습득한 외국어 및 외국

---

2) 이러한 제한적 이중언어 습득 단계에서는 소외감, 불안, 위축감, 부적응과 같은 심리적 병리 현상으로서의 아노미 현상이 오기 쉽다(Oksaar; 1983, Skutnabb-Kangas; 1984).

3) 이러한 현상은 귀국학생들의 학업 성취도가 한국어 사용 능력 정도에 비례한다는 김미경(1999)에 의해서도 경험적으로 뒷받침되고 있다.

문화를 유지 발전시키기보다는 이들이 일반 학급에서 한국어로 수업을 받을 수 있을 때까지만 한시적으로 분리하여 교육시킴으로써 국내 학교 교육 체제에 대한 적응력을 신장시키는 것에만 초점을 두고 있다는 것이다. 이러한 교육 체제하에서 대부분의 귀국 학생들은 한국의 문화와 한국어에 익숙해지면서 애써 외국에서 익힌 언어와 문화의 상실기를 경험하게 된다.

원래 二重言語敎育(bilingualism)이란 학습자로 하여금 '두 개의 언어 능력을 가질 수 있도록 하는 교육'으로서의 의미를 갖기도 하지만 방법적인 면에서 '두 개의 언어를 통한 교육'이라는 의미도 함께 내포하고 있다(박영순: 2002). 해외 귀국학생들을 위한 한국어 교육은 단순히 새로운 환경에 대한 적응력을 길러주는 차원에서 이루어지기보다는 '해외에서 체득한 언어와 한국어라는 두 개의 언어를 통한 교육'이라는 이중언어교육 차원에서 이루어질 필요가 있다. 즉 새로운 언어를 배우면서 이전의 언어를 버리는 轉換的 二重言語敎育(transitional bilingualism)이 아니라 외국에서 익힌 언어와 문화를 그대로 유지 발전시키면서 새로운 언어를 습득함으로써 새로운 환경에의 적응력을 갖게 하는 保存的 二重言語敎育(maintenance bilingualism)을 지향해야 한다는 말이다.

요컨대 해외 귀국자녀교육은 이들을 사회적 부적응아가 아닌 국가적으로나 사회적으로 매우 소중한 人的 資源(resources)으로 인식하면서 좀더 나은 교육여건 속에서 좀더 나은 출발을 할 수 있게 해 주는 이중언어교육을 통해서 한국인으로서의 '정체성'과 '힘'을 갖도록 하는 방향에서 이루어져야 할 것이다.

Ⅲ. 해외 귀국학생을 위한 한국어
교육과정 개발 방향

최근 괄목할 만한 성장을 이루어 온 한국어 교육학의 연구 성과에
비해 이중언어교육 차원에서 해외 귀국학생을 위한 한국어 교육 문제
를 논의한 연구 성과나 이를 위한 구체적인 교육과정 개발과 관련된
선행 연구는 거의 전무한 실정이다. 더욱이 현실적으로 현재 공교육
차원에서 매우 제한적으로 이루어지고 있는 해외 귀국학생을 위한 한
국어 교육이 대부분 각 학교별로 자체 개발한 교육과정에 의해 주먹구
구식으로 운영되고 있어서 이를 위한 국가적 차원에서의 표준화된 한
국어 교육과정이 무엇보다 시급히 요청되는 실정이다.

교육과정이란 교육기관에 의하여 의도된 전 교과 활동 또는 그에
관한 계획이나 프로그램을 총칭하는 말로 사용되며 구체적으로는 교육
목표, 교육 내용, 교수 절차, 학습 경험, 교육 평가의 요소가 포함되어
기술된다. 이러한 교육과정은 교육에 대한 전반적인 계획, 시행, 평가,
관리와 관련해 전체적인 틀을 규정함으로써 교육의 방향성을 제시해
줄 수 있다는 점에서 매우 중요한 의미가 있다.

해외 귀국학생을 위한 한국어 교육과정을 구안하고자 할 때 무엇보
다 먼저 고려해야 할 것은 교육 목표를 어디에 두어야 할 것인가의 문
제이다. 이 교육 목표의 설정은 학습자의 당면 요구가 무엇인지, 교육과
정을 통해서 학습자들을 과연 어떠한 인간형으로 길러낼 것인지, 학습
자들에게 어떤 능력을 갖게 해 주어야 할 것인지의 문제와도 직결된다.

이러한 관점에서 해외 귀국학생을 위한 한국어 교육과정의 개발
은 단순히 '적응'의 차원에서 한국어 의사소통능력 신장에만 초점을

두기보다는 이중언어교육 차원에서 제한적 이중언어습득(limited bilingualism) 상태에 머물러 있는 학습자들을 능숙한 이중언어습득 (proficient bilingualism) 상태로 끌어올리도록 함으로써 학습자들이 외국에서 애써 익힌 언어와 국제성을 함께 유지 발전시킬 수 있는 방향에서 이루어져야 한다. 아울러 한국 문화에 대한 이해 및 체험 교육을 통해 자랑스러운 韓國人으로서의 正體性(identity)을 확립하고, 일반 학급에 還給해서 교과 학습을 할 수 있는 기초적인 학습 능력을 신장시키는 것에 목표를 두는 다차원적인 교육과정을 구안해야 할 것이다.4)

이러한 목표하에 구안되는 해외 귀국학생을 위한 한국어 교육과정은 다음과 같은 절차와 구성 요소들을 포함해서 개발되어야 할 것이다.

1) 學習者 要求 調査- 교육과정 개발시 가장 먼저 해야 할 일은 학습자의 요구를 조사하고 분석하는 일이다. 교수 항목의 선정과 배열시 필요한 객관적인 기준을 확보하기 위해 귀국학생들이 필요로 하는 것이 무엇인지에 대한 조사가 절대적으로 요구된다. 이 요구 조사는 학습자들이 무엇을 배우고 싶어하는가, 그리고 어떻게 배우고 싶어하는가 등에 대한 요구를 조사하고 분석하는 일인데 이때 학습자의 학습 전략, 선호 활동 유형 등과 같은 주관적인 요구까지도 함께 파악하도록 한다.

2) 敎育 目的 및 目標 設定- 교육 실태 파악 및 학습자의 요구 조사가 이루어진 후에는 이에 근거하여 교육 목적 및 목표를 설정하도록 한다. 이중언어교육 차원에서 해외 귀국학생 교육의 목표는 해외에서 익힌 외국어와 문화를 유지 발전시키는 한편 한국

---

4) Stern(1992)은 언어를 배우는 목적에 따라 언어 실라버스, 문화 실라버스, 의사소통 실라버스, 일반 언어교육 실라버스라는 네 가지 내용 범주가 가능하다고 보았다.

문화와 연계한 한국어 의사소통능력 및 교과 영역에서의 기초적
인 학습 능력을 신장시킴으로써 한국의 교육 체제에 대한 적응
력을 제고해 주는 방향에서 설정되어야 할 것이다.

3) 敎育 內容의 範疇 決定- 교육 목적 및 목표를 설정한 이후에는
이들을 실현하기 위해 교육해야 할 주요 교육 내용의 범주를 결
정해야 한다. 이 교육 내용의 범주에는 한국어 구조와 관련한 어
휘, 발음, 문법 요소를 비롯하여 의사소통능력 신장과 관련해 한
국의 말문화와 연계된 기능, 과제, 개념, 화제, 한국의 문화와 관
련한 민속놀이, 역사탐방, 전통예절 등의 문화 체험, 일반 내용
교과 학습을 위한 기초적인 학습 능력 신장 차원에서 듣기, 말하
기, 읽기, 쓰기 기능 및 전략, 학습 전략 등이 포함된다.

4) 敎育 內容 選定 및 方法 決定- 일단 교육 내용의 범주가 결정되
면 교육 내용을 구체화하고 교육 방법을 결정하는 작업이 후속
적으로 이루어져야 한다. 이 교육 내용의 선정에는 교육 자료 및
활동 선정이 포함된다. 교육 활동은 학습 목표를 달성하는 데 가
장 효과적이며 학습자에게 의사소통할 수 있는 기회를 많이 부
여할 수 있는 내용으로 구성하는 것이 중요하다. 교육 방법으로
는 학습자가 해외에서 취득한 언어와 문화를 배제하지 않고 이
를 기반으로 하여 새로 접하는 한국어 및 한국의 문화 요소를
비교하고 대조하는 과정을 통해 한국문화에의 이해를 돕도록 하
는 방식이나 주제 통합 학습 방법을 원용하되, 학습자의 개별성
을 최대한 존중하는 수준별 교육 방식을 지향하도록 한다. 이때
학습자들이 보다 적극적이고 능동적으로 학습 활동에 참여할 수
있도록 교육 과정을 설계하는 것이 무엇보다 필요하다.

5) 敎育 內容의 配列 및 組織- 한국어 교육 내용을 배열하고 등급

화하는 방법은 간단한 것에서 복잡한 것으로, 쉬운 것에서 어려운 것으로, 사용 빈도가 높은 것에서 낮은 것으로 배열하는 전통적인 방법과 함께 하나의 형태가 다양한 기능을 수행하는 언어 형태로 필요한 위치에 재배열되거나 여러 형태로 표현되는 의미나 기능 요소가 분산적으로 재배열되어 순환적으로 교육되는 방법이 고려되어야 한다.

6) 評價 方法 設計- 교육 내용과 방법, 교육과정을 언제, 어떻게 평가할 것인가에 관한 내용이다. 평가의 목적은 학습자의 성취도와 교육의 효율성을 평가하기 위한 것으로 다양한 평가 목적에 따른 평가 기준 및 평가 기법 등이 함께 개발되어야 할 것이다.

Ⅳ. 해외 귀국학생을 위한 한국어 교육과정 구성 원리

해외 귀국학생을 위한 한국어 교육과정은 기본적으로 외국에서 익힌 언어와 문화를 유지, 신장시키도록 하면서 초기 단계에서는 귀국학생들이 문화적 차이로 인한 어려움을 극복하고 학교 생활에 적응할 수 있도록 한국의 문화와 연계된 기초적인 한국어 의사소통 능력 신장에 중점을 두다가 차츰 일반 학급으로의 환급을 목표로 한 범교과적인 학업 적응 능력 강화에 목표를 두는 단계별 교육과정 원리에 의해 구성하는 것이 바람직하다.

이러한 단계별 교육과정 구성 원리는 학습자들이 외국에서 애써 익힌 언어와 문화를 기반으로 하는 국제성을 유지하면서 한국 문화에 대한 이해를 바탕으로 새로운 환경에의 생활 적응 능력 및 한국어 의사

소통능력을 신장시키고 더 나아가 한국의 교육 체제 안에서 일반 내용 교과 학습을 할 수 있는 기초적인 학습 능력을 배양할 수 있게 해 준다는 면에서 의미가 있다.

본고에서는 학습 단계별로 기초적인 한국어 의사소통능력(basic communicative competence)과 인지적/학문적 언어능력(cognitive/academic competence)의 상대적 비중을 달리 적용하는 단계별 교육과정 구성 원리에 의해 해외 귀국학생을 위한 한국어 교육과정의 구성을 다음 〈그림 1〉에서와 같이 제안하고자 한다.

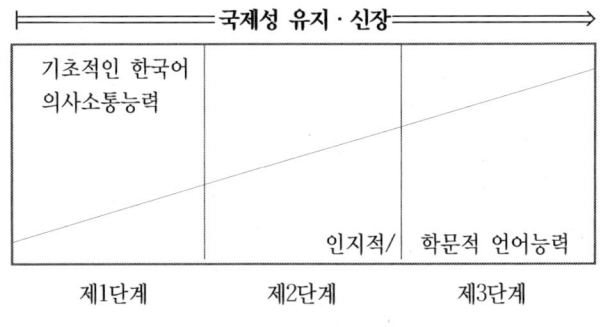

〈그림 1〉 해외 귀국학생을 위한 단계별 한국어 교육과정

1) 제1단계: 기초적인 한국어 의사소통 능력 배양 중심의 생활적응기

제1단계는 해외 귀국 학생들이 문화적 차이로 인한 어려움을 극복하고 한국의 일상적인 학교 생활에 적응할 수 있도록 기초적인 한국어 의사소통 능력을 배양하는 데 중점을 둔다. 권선미(1997), 김미경(1999), 권효숙(2002)에서 지적된 바와 같이 처음 외국에 나가서 겪는 문화충격보다 귀국해서 겪는 역문화충격이 더 많은 적응상의 문제를 일으킨다는 점을 감안해 볼 때, 해외 귀국학생을 위한 한국어 교육의 초기 단계에서는 무엇보다 일상생활에 필요한 기초적인 한국어 교육을

통해서 문화적 차이를 극복하고 일상생활에 적응할 수 있도록 하는 데 초점을 두어서 교육과정 내용을 구안해야 할 것이다.

2) 제2단계: 문화와 연계된 한국어 교육을 통한 한국인으로서의 정체성 확립기

제2단계는 기초적인 한국어 의사소통능력 배양에서 차츰 인지적/학문적 언어능력을 중심으로 한 교과 학습에 대한 적응력을 강화시키는 단계로 넘어가는 전이 단계로 문화 교육을 통해 한국어를 교육함으로써 학습자들로 하여금 한국인으로서의 정체성을 확립하도록 하는 데 중점을 둔다. 이 단계에서는 언어와 문화를 별개의 것으로 보지 않고 한국이라는 목표 문화 안에서 언어적 의사소통능력과 문화적 숙달도를 함께 발달시키는 방향에서 교육과정을 구성하되, 한국적인 문화요소에 관한 정보를 일방적으로 전달하는 방식이 아니라 교수 학습 과정을 통해 학습자가 해외에서 경험한 문화와 어떤 차이가 있는지를 비교하고 평가하는 방식을 통해 자연스럽게 체득해 나갈 수 있도록 하는 것이 무엇보다 중요하다. 이 시기에는 특히 한국어에 대해 분석적이고 분절적인 방법으로 접근하기보다는 문화 요소를 중심으로 한 주제 통합 교육이 효과적이다.

3) 제3단계: 인지적·학문적 언어 능력 중심의 교과 학습 적응기

제3단계에서는 1, 2단계에서 습득한 문화와 연계된 기본적인 한국어 의사소통능력을 기반으로 일반 학급으로의 환급을 목표로 인지적/학문적 언어 능력 중심의 교과 학습 적응력 배양에 목표를 둔다. 현행 제7차 수준별 국어과 교육과정과의 연계성을 고려하면서 한국어를 통한 인지적 사고력, 범교과적으로 학습할 수 있는 내용 교과 학습 능력 신장에 주안점을 두어서 듣기, 말하기, 읽기, 쓰기 네 가지 언어 사용 기능 중심의 교육을 할 수 있도록 교육과정을 구안하도록 한다.

V. 결 론

이제까지 본고에서는 해외 귀국학생을 위한 한국어 교육과정의 개발은 이중언어교육 차원에서 학습자들이 외국에서 애써 익힌 언어와 국제성을 함께 유지 발전시키면서 한국 문화에 대한 이해 및 체험 교육을 통해 자랑스러운 한국인으로서의 정체성(identity)을 확립하고, 일반 학급에 還給해서 교과 학습을 할 수 있는 기초적인 학습 능력을 신장시키는 것에 목표를 두는 다차원적인 교육과정을 구안해야 함을 주장하였다. 아울러 학습 단계별로 기초적인 한국어 의사소통능력과 인지적/학문적 언어능력의 상대적 비중을 달리 적용하는 단계별 교육과정 구성 원리에 의해 해외 귀국학생을 위한 한국어 교육과정을 기초적인 한국어 의사소통 능력 배양 중심의 생활적응기, 문화와 연계된 한국어 교육을 통한 한국인으로서의 정체성 확립기, 인지적/학문적 언어 능력 중심의 교과 학습 적응기를 근간으로 해서 구안해야 할 것을 제안하였다.

참고문헌

권선미(1997). 해외 귀국 아동의 초등학교 적응에 관한 문화기술적 연구. 한국교원대학교.

권효숙(2002). 초등학교 귀국반 아동의 적응에 대한 문화기술적 사례 연구. 서울대 대학원.

김미경(1999). 해외 귀국아동의 학교생활 적응에 관한 연구. 숙명여대 교육대학원.

김영아(2002). 한국어 교육과 문화: 다문화 이해의 창. 21세기 한국어교육학의 현황과 과제. 한국문화사.

김정숙(1992). 한국어 교육과정과 교과서 연구. 고려대 박사 논문.

김정숙(2002). 한국어 교수요목 설계와 교재 구성. 21세기 한국어교육학의 현황과 과제. 한국문화사.

김창호(2002). 귀국학생을 위한 이중언어교육의 필요성. 이중언어학 21.

박영순(1997). 이중/다중언어교육론. 한신문화사.

박영순(2002). 외국어로서의 한국어 교육론. 도서출판 월인.

원진숙, 박나리(2002). 영어권 교포 자녀를 위한 한국어 교재 개발 방향. 이중언어학 20.

이은희(1998). 외국어로서의 한국어 교육을 위한 교육과정 개발 연구. 한국어교육 9-2.

Cummins, J.(1976). "The Influence of Bilingualism on Cognitive Growth: A Synthesis of Research Findings and Explanatory Hypothesis." *Working Papers on Bilingualism*. No. 9, 1-43.

외국인 근로자를 위한 한국어
교육의 방향(2004)

김 명 광

I. 서 론

이 글은 국내 체류 외국인 근로자를 위한 한국어 교육의 거시적 방향을 제시하는 데 목적이 있다. 지금까지 국내 체류 외국인 근로자들에 대한 연구는 노동, 인권 문제 그리고 실태 조사를 중심으로 이루어졌다.(설동훈, 1999, 2000, 2002, 2003, 박경태 외 1999, 경기개발연구원 2002, 서울시개발연구원 2003 등) 그러나 정작 이들에 대한 한국어 교육 실태나 프로그램에 관한 연구는 거의 전무한 실정이다. 이러한 이유에 대하여는 몇 가지로 설명이 가능하다. 우선 첫째, 지금까지 법적인 보장을 받지 못하는 국내 체류 외국인의 인권 문제가 한국사회의 주된 관심사였기 때문에 한국어 교육에 대한 문제 의식은 그 우선순위에서 밀려났기 때문에 소홀히 다루어질 수밖에 없었다.[1] 둘째, 그간

---

1) 2003년에 고용 허가제에 관한 법률이 통과되었다. 고용 허가제는 기존 2년의 산업 연수생 제도를 보완한 것으로써, 외국인 노동자를 채용한 기업의 요청에 의하여 이들을 1년 간 더 고용할 수 있게 하는 법안이다. 이 법안의 핵심은 외국인 근로자들에 대한 노동 삼권이 보장된다는 점이다. 기존 산업 연수생은 법적으로 근로자가 아닌, 노동자의 신분으로 국내 체류에서

당국과 고용주들이 임금, 노동력, 생산성의 차원에서 외국인 근로자들을 바라보았기 때문에, 단기간 내의 가시적 효과를 얻을 수 있는 노동연수 이외의 다른 부문에 일차적 관심을 두지 않았기 때문이다. 곧 이들 기관이나 단체들의 한국어 교육에 대한 중요성과 필요성에 대한 인식이 제대로 정립되지 않았다는 점이다. 그러나 외국인 근로자들을 위한 한국어 교육은 다음 몇 가지 점을 보면 매우 시급한 당면 과제가 아닐 수가 없다.

첫째, 거시적인 노동시장의 구조 조정적 시각으로 볼 때 외국인 근로자들의 한국어 교육이 필요하다. 노동시장은 이중구조를 가지고 있다. 그것은 일차적 영역과 이차적 영역이다.[2] 일차적 영역을 지향하는 근로자들은 이차적 영역의 고용 수요가 있다고 하더라도, 이 영역을 점유하려 하지 않는다. 이러한 이중 구조로 인해 - 자국민들이 기피하는 업종으로 인해 - 외부 근로자(guest worker)를 통하여 노동력 부족

노동권을 보장받지 못하였다. 그러나 이 법안에 따르면 연장된 1년 기간은 법적으로 산업 연수생이 아닌 근로자의 신분으로 전환된다. 이 글에서 외국인 노동자가 아닌 외국인 근로자라고 명명한 것은 바로 이와 같은 법률 개정에 기초한 것이다.

2) 일차적 영역(primary sector)란 높은 임금수준, 우수한 근무 환경, 안정적인 고용 관계, 학력과 경력(secondary sector)에 대한 보상, 승진 기회의 보장 등을 특징으로 하는 직업군을 뜻하며, 이차적 영역이란 구인난이 심각함에도 불구하고 자국의 노동자들에 의하여 기피되는 직업군을 뜻한다. 이차적 영역은 낮은 임금 수준, 열악한 근무환경, 불안정한 고용 관계, 학력과 경력에 대한 무보상, 승진 기회의 부재들을 뜻한다. 이때 대부분의 노동자들은 일차적 영역을 준거 집단으로 삼는다. 이때 자신이 이 영역에 실직이나 취업을 못했다고 하더라도, 고용 수요가 있는 이차적 영역으로 자신을 전환하지 않는다. 이는 이차적 영역의 여러 가지 요인들이 긍정적인 방향으로 바뀌더라도(예컨대 임금이 상승한다거나, 학력과 경력에 대한 보상의 기회가 높아진다고 하더라도), 준거 집단이 일차적 영역이기 때문에 쉽게 이차적 영역으로 참여하려 하지 않는다는 것이다. 경기개발연구원(2002), 『경기도 외국인 노동자의 노동환경 개선 방안』pp. 11~12 참조.

을 대체하는 역할을 할 수밖에 없다. 따라서 국내 체류 외국인들이 우리의 필요에 의해서 들어왔다면, 이들에 대한 수입국 차원에서 보호할 필요가 있으며, 이 연장선상 위에 이들에 대한 체계적인 한국어 교육이 필요한 것이다.[3]

둘째 외국인 근로자들이 겪는 일상생활에서의 문제 중 언어(의사소통) 문제가 매우 심각하게 제기되고 있다.[4] 설동훈(2003:51)에 조사한 바에 의하면, 언어 문제가 아래와 같은 외국인 근로자들의 일상생활 상의 문제에서 가장 최우선임을 밝힌 바 있다. 다시 말하여 한국어 교육이 매우 시급함을 밝힌 것이다.

(1) 언어(의사소통)문제(72.4점) 〉 건강문제(70.7점) 〉 문화적 차이로 인한 갈등(67.6점), 결혼생활·성생활 문제(66.3점)……

아울러 문화적 차이로 인한 갈등 문제는 한국어 교육의 내용 중에 한국어 문화가 포함된다는 점을 고려하여 보면, 외국인 근로자들이 겪는 일상생활의 문제는 한국어 교육과 밀접한 관련이 있음을 잘 알 수 있다.

셋째, 외국인 근로자 관련 활동가들이 전문화해야 할 영역 중의 최우선 순위도 역시 한국어 교육이다.[5]

(2) 한글 교육(64.0%) 〉 의료 지원(54.4%) 〉 상담 활동을 통한 문

---

3) 외국인 근로자들에 대한 시각에는 이밖에 시장 경제학적 시각, 인종 차별적 시각이 있다. 경기개발연구원(2002), 『경기도 외국인 노동자의 노동환경 개선 방안』pp.9~38 참고.

4) 설동훈(2003), 『외국인 노동자 실태 및 지원서비스 수요 조사』, 한국국제노동재단, p 51참조.

5) 위의 책(2002), pp.71~72 참고.

제 해결(49.3%) 〉 외국인 노동자의 귀환 후 재정착 프로그램
(46.3%), 컴퓨터 교육(44.1%)…….

위의 (2)의 순위는 외국인 근로자와 관련된 활동가들의 문제의식이 발
현된 것이다. 곧 이들은 한국어 교육이 체계적이고 전문화되어야 함을
인식하고 있는 것이다. 더불어 상담 활동이나 컴퓨터 교육도 언어 문
제가 선행 해결되어어야만 제대로 수행될 수 있음을 볼 때, 역시 외국인
근로자들에 대한 한국어 교육이 필요함을 방증하는 지표가 아니라 할
수 없다.

넷째, 한국어에 대한 의사소통이 제대로 이루어지지 않으면 한국 기
업의 노동 생산성의 질적인 저하에 직접적인 영향을 미친다. 대부분의
동남/서남아시아 외국인 노동자들은 이직이 매우 빈번하다. 이들의 이
동에 대한 직접적인 원인은 임금이나, 직장 내 폭력 등이 원인이기도
하지만, 고용주나 한국인 동료나 외국인 동료들과의 의사소통 문제와
도 밀접한 관련이 있다.6)

다섯째, 외국인 근로자들의 한국어 능력과 한국 문화에 대한 적응력
은 직접적인 관련이 있다. 한국어를 모르면 한국 사회에서 매우 고립
된 생활을 하게 된다.7) 대부분의 동남/서남아시아인들이 중국 조선족
과 달리 대인 관계가 원만하지 못한 이유가 한국인과의 의사소통 능력
이 떨어지기 때문이다. 더불어 공공시설, 은행, 표지판 등을 이용할 때
읽고 쓰는 광의의 의사소통 능력이 현저히 떨어지기 때문에 이들의 행
동 반경은 매우 좁아질 수밖에 없음으로 해서, 한국 생활에 제대로 적

---

6) 서울시정개발연구원(2002), 『서울시 외국인 노동자의 생활』, 서울시정개발
   연구원, pp. 88-92 참고.
7) 한국어 능력과 한국 이웃과의 상관 관계를 나타내주는 자세한 사례는 서
   울시정개발연구원(2002:85-87)을 참조할 것.

응하지 못하게 된다.

여섯째, 지금 해외에는 반한 감정이 위험 수위에 도달하고 있다.[8] 특히 동남/서남아시아를 중심으로 반한 감정이 확산되고 있다. 이러한 반한 감정은 국내 체류 외국인들의 인식이 자국에 진파된 것이다. 이는 국가 및 기업이 이들에 대한 인식을 노동력 확보 이상의 개념으로 생각하지 않은 결과이기도 하다. 외국인 근로자들의 한국 문화에 대한 이해가 지속적으로 이루어져야만 한국에 대한 긍정적 사고관이 스며들게 된다. 곧 문화 교육을 아우르는 한국어 교육을 통하여 우리 일상 생활 문화와 기업 문화에 대한 긍정적 이해를 적극적으로 도모해야 한다. 이는 장기적으로 해외 한국기업의 신용도 및 국가신용도에 중요한 영향을 미친다.

---

8) 한국인에 대한 외국인의 인상에 대하여는 "김해성(2003), 『외국인 노동자 실태 및 법제화의 당위성』" 및 "경기개발 연구원(2002), 『경기도 외국인 노동자의 노동 환경 개선 방안』, 33쪽" 참조.
   외국인 노동자들에게 이직의 자유를 완벽하게 보장하기 어려운 현실을 모르지 않는다. 하지만 그렇더라도 노동부의 허가가 있으면 이직이 가능한 보완책을 마련해 현장에서 벌어지는 착취 행태를 바로잡아야 옳다. 그러지 않아도 이주 노동자들 사이에서 구제금융 때 연수생으로 들여와 실컷 부려먹다가 필요 없으니까 발로 차 내쫓는다며 한국에 대한 원성이 높아가고 있다. 국제 사회에서 대한민국의 이미지가 나빠지는 것은 장기적으로 볼 때 경제에도 부정적 영향을 줄 수밖에 없다. 이주 노동자들에 대한 인권 유린형 착취들에 대해 정부 당국의 대책 마련이 더 늦어지는 것은 국익을 해치는 짓임을 명심하기 바란다. (한겨레 2003.11.23)

Ⅱ. 외국인 근로자들을 위한 한국어 교육의 방향

1. 외국인 근로자들의 한국어 교육 실태

이 장에서는 현재 외국인 근로자들에게 이루어지고 있는 한국어 교육의 실태 및 문제점을 살펴보고, 이를 통해 한국어 교육의 거시적 방향을 제시한다.

현재 국내 체류 외국인 근로자들에 대한 한국어 교육 실태는 매우 열악하다. 우선 외국인 근로자를 위한 한국어 교육이 체계적으로 이루어지고 있지 않은 실정이다. 지금 현재 이들에 대한 한국어 교육은 여러 사설기관을 통한 개별적 교육만이 이루어지고 있다.[9] 대개 한국어 교육은 교회나 천주교 그리고 불교 단체와 같은 사설 단체에서 맡고 있으며 국가 기관에서 담당하는 곳은 아직 없다.[10] 그런데 이러한 사적 단체의 외국인 근로자들의 연간 방문 상담자 수를 보면 만 명에서 이만 명이나, 지속적으로 한국어 교육을 받고 있는 외국인들은 각 단

---

9) 국가 주도적인 외국인 근로자들과 관련된 업무는 고용 안전 센터에서 하며, 외국인 대상의 일반적인 교육과 법률 상담은 주로 교회(기독교 단체 88 곳, 천주교 단체 12곳, 의료 단체 4곳 등이 있다)에서 실시한다. 그러나 한국어 교육을 전담하는 부처 및 단체는 없다.

10) 이 외국인 근로자들의 교육에 관심을 보이고 있는 국가 부처는 노동부와 문화관광부이며, 외국인 노동자 밀집 지역의 지방 자치 단체들이다. 노동부에서는 주로 수입국의 한국어 교육에 관심이 많고, 문화관광부는 2004년 올해 공단 중심으로 한국어 교육을 실시할 예정으로 있다. 경기도의 안산, 부천, 성남, 의정부가 노동자 밀집 지역으로서, 이들 지방자치단체에서 각 사설 단체에 개별적인 지원금을 한시적으로 보조해 주고 있다. 물론 외국인 근로자들에 대한 일회성 행사가 있을 경우에도 각 지방 자치 단체들이 나름대로 도움을 주고 있으나, 이 역시 지속성을 가지고 있지는 않다.

체 당 평균 20~40명(3개월 기준)에 지나지 않아, 전체 외국인 규모로 볼 때 극히 미미한 실정이다. 그나마 이러한 단체들은 외국인 근로자들의 한국어 교육이 주된 목적이기보다는 외국인 근로자들의 인권보호 차원의 문제해결을 주목적으로 하고 있다. 그러나 앞 절에서 살펴본 것과 같이, 외국인 근로자들에 대한 한국어 교육의 중요성을 인식하고, 나름대로 자원 봉사 개념의 한국어 교육을 단기적으로 실시하고 있다. 주로 이 단체들은 한글 교육과 상담을 병행하는데, 이 교육을 통하여 나름대로 한국에 대한 이미지 개선에 일조하고 있다. 하지만 외부지원이 없게 되면 일회적인 행사로 끝나 버릴 소지가 다분히 있다. 한국어 및 한국 문화에 대한 이해는 단시일 내로 이루어지는 것이 아니라, 장기적이고 철저한 계획을 통하여야만 이루어질 수 있다. 곧 현장 기업과 외국인 근로자의 상호 의사소통 관계가 원활하게 마련될 수 있는 국가 주도적인 한국어 교육이 체계적으로, 그리고 장기적으로 이루어져야 한다.

둘째, 외국인 근로자를 위한 한국어 교재와 교육 프로그램이 정착되어 있지 못한 실정이다. 일반적으로 외국인들을 위한 한국어 교육은 학계에서 활발하게 진행되고 있지만, 외국인 근로자에게 특화된 한국어 교재와 프로그램은 거의 없는 실정이다. 곧 산업현장에서 필요하고, 기업이 직접적으로 원하는 한국어 교육보다는, 일반 한국인이나 외국인 근로자 이외의 국내 체류 외국인이 일반 한국 문화를 이해할 수 있도록 해주는 일반 한국어 교육 교재 및 교육 프로그램만이 현재 나와 있는 실정이다.[11] 물론 이들(외국인근로자 이외의 일반 외국인)에 대

---

11) 외국인 근로자들을 대상으로 한 한국어 교실 교육 자료는(비디오, 교재, 발음학습 CD 및 기타) 2002년도 80종, 2003년도 36종 그리고 2004년도에 출판된 10종이 있으나, 위 2종류를 제외한 교육 자료는 일반 외국인을 대상으로 한 한국어 교육 관련 교재이다. 김혜원(2004), pp. 59-62 참고.

한 한국어 교육도 중요하지만, 약 33만 7천명에 달하는 외국인 근로자를 위한 한국어 교육이 시급히 이루어져야 한다. 곧 이들이 한국에 거주하는 절대 다수의 외국인인 만큼, 산업현장에서 제대로 적응할 수 있게 해주는 프로그램이 절실히 필요함에도 불구하고 교재나 교육 프로그램이 거의 없다시피 하다. 지금까지 국내 체류 외국인 근로자들에 대한 한국어 교육 및 산업현장 교육에 필요한 자료는, 주로 이전에 있던 다른 현장근로자로부터 소위 족보(어휘집과 기초 생활 어휘 포함)를 물려받고, 스스로 공부하는 임시 처방적 교육만이 있을 뿐이다.

이런 상황 속에서 국제 노동 재단에서 2003년 5월과 2003년 12월에 초급용 '외국인 노동자를 위한 재미있는 한국어 1과 2'가 나왔다는 점은 그 내용을 차치하고서라도 매우 중요한 의미를 가진다. 이 교재는 특수 대상을 명시적으로 밝히면서 출판된 책이다. 물론 사적 단체가 만든 개별 교재들이 있으나 이 교재들은 일반 목적과 특수 목적에 모두 미흡한 교재일 뿐만 아니라, 각 단체의 필요에 의해 임시방편적으로 만든 교재로서, 전체 외국인 근로자들을 대상으로 한 교재로 보기에는 상당히 미흡한 점이 많다. 물론 이렇게 만들어진 교재를 바탕으로 이들을 위한 한국어 학습에 많은 도움을 주고 있는 것은 사실이다. 그러나 일반화와 특수성이 겸비될 수 있는 교재 개발을 통하여, 지금 현재 열악한 환경에서 일하고 있는 이들 단체 소속 교사들이 한국어 교육에만 전념할 수 있도록 해주어야 한다는 점에서, 국제 노동 재단에서 주관한 이 교재는 상당한 의미가 있다. 하지만 이 교재는 몇 가지 점에서 한계를 가지고 있다. 우선 주로 외국인 근로자들의 채용과 개인적 의사표현에 대한 내용에 한정되어 있다는 데 문제가 있다. 곧 상향식 의사소통의 관계에 주된 초점이 맞추어짐으로써, 동료 대 동료, 근로자 대 고용주, 근로자 대 한국 사회(일반 한국인)와의 관계에서 필요한 의사소통 곧, 하향적인 혹은 평행적인 의사소통 학습은 매우 소홀히 다루어지고 있다. 다음에 작업 일지 작성, 안전 교육, 공공시설, 은행, 학교, 병원, 표지판 등과 같은 교육 내용 항목이 없음으로 해서, 실제 외국인들에게 절실하게 필요한 학습 내용이 빠져 있다. 더욱이 읽기ㆍ쓰기는 한글 자모 교육과 어휘 학습에만 맞추어져 있어서, 말하기ㆍ듣기에 비해 내용이 극히 빈약하다.

한편 교육 프로그램의 상황은 더욱 열악하다. 외국인 근로자들의 말하기ㆍ듣기, 읽기ㆍ쓰기 수준, 국적별 언어의 차이, 그에 기인한 한국어 학습상의 차이, 그리고 외국인 근로자 2세(해당 자녀들)들의 한국어 능력 수준의 차이, 근로자의 학력 수준 및 지적 수준이 매우 다양함에도 불구하고 현재 개별적인 단체의 교육 프로그램을 볼 때, 초급, 중급 수준의 단기적 과정에만 초점이 맞추어져 있다. 이는 편의를 위해 나누어진 것으로, 다양한 수준의 외국인 근로자들을 고려하였다고는 볼 수 없다.

셋째, 외국인 근로자들은 우선 한국에 대한 전반적인 이해보다는 근로자 대 근로자, 한국기업 대 당사자, 한국사회 대 당사자의 관계를 원만하게 할 수 있는 한국어 의사소통을 바라고 있다. 외국인 근로자들이 한국 생활에서 느끼는 문제 중 중요하게 부각되고 있는 것이 바로 다양한 대상 간에 필요한 의사소통 관계이다.[12] 지금 외국인 근로자들

---

12) 가. 경기 개발 연구원(2004, 미발간, p 64)에 따르면 한국 생활 적응에 가장 어려운 점의 순위 중에 언어 소통이 사례 백분율로 볼 때 48.4%로 가장 높다. (참고 : 차별 대우〉임금 체불ㆍ산재 사고〉불법 체류〉한국 사람과의 관계〉음식〉불친절한 태도〉외국인 전용 시설 부족〉생활 습관의 차이). 아울러, 차별 대우, 한국 사람과의 관계, 불친절한 태도도 한국 문화의 부적응에서 나온 문제인 바, 결국 한국어 교육과 직결된 문제는 전체 70%를 차지한다. 다음에 서울시정개발연구원(서울시 외국인 노동자의 생활 2002: 113 -114)의 이국인 노동자들이 말하는 생활의 문제점의 순위를 볼 때도 언어와 의사소통의 문제는 세 번째의 위치를 점하고 있다.(불법

은 근로자 간의 커뮤니티에 대한 욕구가 상당하다. 이러한 욕구로 인해, 외국인 근로자들은 지금 현재 동일국적의 근로자들을 중심으로 직장 내의 개별적 커뮤니티로부터 외부의 자국 커뮤니티 등을 구성하고 있으며, 실제로 이들이 국내 단체보다는 이러한 커뮤니티에 참여하는 경우가 더 많다. 이러한 이유는 물론 상호 정보 교환과 유대감 형성,

---

신분의 보장, 합법적 노동 비자 획득〉 의료혜택 〉 언어와 의사소통의 문제 〉 임금체불, 작업장 내 비인권적 실태 〉 송출비리〉 장시간의 노동 〉 보고 싶은 사람을 만났으면 좋겠다 …….)
실제적인 의사소통에 대한 문제는 다음과 같은 신문 기사(경향신문 2003.10.07)를 보면 잘 알 수 있다.
외국인노동자 산재문제 한글 알아야 위험 피하죠
국내 외국인 노동자가 36만 명을 넘어서는 시대가 됐지만 이들에 대한 한국어 교육은 낯부끄러울 정도다. 산업연수생 등 합법적인 외국인 노동자들의 경우 그나마 간단한 한국어 교육을 받고 있지만 불법 체류 노동자들은 인사말조차도 모른 채 위험한 작업 현장으로 내몰리고 있다.…중략… 사고 직전 한국인 동료들은 위험하다며 피하라고 여러 차례 소리쳤지만 한국말을 전혀 못하는 서씨에게는 소용이 없었다. 이처럼 외국인 노동자들이 주로 종사하는 금형과 사출, 도장, 가구공장 등에서는 말 한 마디를 알아듣지 못하면 산업 재해로 이어질 확률이 매우 높다. …중략… 언어가 통하지 않아 사고를 당하는 경우도 많다고 말했다. …중략…작업장에 간 지 3개월이 안 돼 사고를 당했다. 대다수가 한국에 온 지 3년이 안된 사람들로서 한국어에 익숙지 않았다.…중략…산업연수생 신분으로 합법적으로 들어오는 외국인 노동자들이 한국에서 받는 이틀간의 교육은 한국 체류 시 주의할 사항 등에 초점이 맞춰져 있다.…중략… 간단한 인사말 교육조차 제대로 실시하지 않고 있다.…중략…이에 따라 외국인 노동자가 밀집한 지역의 종교단체나 외국인노동자센터 등은 휴일에 한글교실을 열어 한글과 작업장에서 꼭 필요한 말들을 가르치지만 야학 수준을 벗어나지 못하고 있다. 특히 자원봉사자들이 전문적인 한글 강습법을 배우지 못한 탓에 어려움이 많다고 하소연하고 있다.…중략… 외국인 노동자 단체들은 정부차원의 외국인용 한국어 교재 마련과 교육 시스템 개발이 시급하다고 촉구하고 있다.…중략… 최의팔 외국인이주노동자대책협의회 상임대표는…중략…이들은 또 장기적으로 외국인 노동자가 많은 동남아 지역 등에 해외 한국어 교육 기관을 설립, 한국어의 국제화에 나서야 한다고 주장했다.

그리고 직무 수행에 대한 자기 욕구적인 유대의 필요성 때문이다. 결국 한국의 외국인 근로자 단체는 단순히 방문 단체로 전락할 위험이 매우 많아지게 되며, 국내 한국어 교육이 이러한 근로자 대 근로자의 유대 문제를 심각하게 고려하지 않으면, 한국어 교육이 제대로 이루어지지 않으리라는 점은 매우 자명하다. 또한 기업과 근로자 간의 노동 환경에서 필요한 원활한 의사소통에 대한 욕구도 크다. 이러한 욕구가 충족되지 않았을 때 앞 절에서 언급한 바와 같이, 외국인 노동자들의 빈번한 직장 이동, 근로 의욕의 상실, 생산력의 현저한 저하를 필연적으로 일으킨다. 여기에 한국 문화에 적응하지 못하면 한국 사회에 대한 적극적인 참여보다는 고립을 택하게 되며, 장기적으로 이들이 한국에 대한 부정적인 인식을 갖게 되는 동기로 작용한다. 지금까지 이들에 대한 한국어 교육에서, 세 가지 차원의 욕구를 고려하지 않았기 때문에 장기적인 교육이 불가능하였다.

넷째, 산업 현장과 가까운 데에서 한국어 교육이 실시되어야 함에도 불구하고 근접한 전담 단체 및 기관이 없다. 외국인 근로자들이 한국어 교육을 받고 싶어도 시간 및 장소의 부족 그리고 해당 기업의 비협조로 제대로 이루어지고 있지 않다.[13] 해당 기업이 값싼 노동력과 산

---

13) 외국인 근로자들이 한국어 교육을 받고 싶어도 시간과 장소 문제로 제대로 된 교육을 받지 못하고 있음은 아래와 같은 사례를 보면 잘 알 수 있다. 경기개발연구원(2002), 『경기도 외국인 노동자의 노동환경 개선 방안』, 2002, 경기 개발 연구원, pp.113~114. 참고.
　　가. 복지관에서 컴퓨터 수업을 듣고 있다. 예전에는 3시에 컴퓨터 수업이라서 끝나고 오면 됐는데, 요즘은 2시서부터 수업이 있다. 요즘은 시간이 없어서 한 달에 한 번 정도 갔다. (이란 노동자 T 씨)
　　나. 대학교 사회복지관에서 한국어 공부를 하였다. 1년 정도 교육을 받고 명동에 있는 유네스코에서 3개월 정도 있었다. 그리고 한국어 능력 시험 문제를 준비했었는데 시간이 없어서 연습을 못하고 있다. (방글라데시 노동자 J씨)
　　아울러 중국 동포와 동남/서남아시아 근로자들의 근무지와 주거지의 이

업 현장에 대한 즉시적 투입을 목적으로 외국인 근로자들을 채용하고 있는 상황이다. 따라서 기업주들이 의사소통을 위한 한국어 학습을 위한 교육의 필요하다는 점을 인정하면서도, 한국어 교육 시간을 이들에게 할애하기 어려운 실정이다. 그러므로 효과적인 한국어 교육이 이루어지기 위해서는 우선 해당 기업에게 이들에 대한 한국어 교육의 필요성을 인식시킨 후 유기적인 협조를 요구해야 한다. 다음에 외국인 근로자들과 기업주에게 부담을 주지 않는 선에서 한국어 교육을 실시해야 한다. 그러기 위해서는 기업과 근로자들의 수요 파악이 먼저 이루어지고 난 후 합일점을 찾을 수 있는 장소와 시간에 집중적인 교육이 이루어져야 한다.

다섯째, 외국인 근로자들의 하루 업무 시간은 평균 10.8시간(동/서남아시아 외국인 근로자 기준)으로 외국인 근로자들이 한국어 교육을 받고 싶어도 절대 시간이 부족하다. 외국인 근로자들은 다음 절에서 보겠지만, 대부분 토요일 오후나 일요일 오후를 선호하며 평일에는 대부분 야근을 하기 때문에 교육이 불가능한 상태이다. 곧 그들이 원하는 시간에 교육이 실시되어야만, 보다 효과적인 한국어 교육이 실시될 수 있다. 그렇지 않으면 일회성 행사로 전락할 위험이 다분히 있다.

동 거리를 비교하면 한국어 교육이 장소 면에서 어떠한 방향으로 나아가야 될지 추론할 수 있다. 곧 중국 동포는 주거지와 근무지가 불일치하며 이들의 이동 거리가 매우 멀다. 반면에 동남/서남아시아 근로자들은 주거지와 근무지가 일치하거나(독신일 경우 공장 기숙사), 주거지와 근무지가 근거리(결혼한 경우)이다. 이것은 대인 관계와 한국어와 밀접한 관련이 있다. 중국 동포의 경우 한국어가 국내인과 매우 유사하기 때문에 사회생활과 대인관계에 별 불편함이 없음으로 해서, 근무지와 주거지의 이동 거리가 멀어도 상관이 없다. 반면에 동남/서남아시아 근로자들은 우선 주된 직종이 제조업, 건설업이며, 둘째, 한국어에 익숙하지 않기 때문에 가능한 한 근거리 우선의 거주 전략을 짠다.

여섯째, 한국어 교육이 실시될 때 반드시 병행되어야 할 것은 이들과의 정서적 유대이다. 한국어 교육이 국가 주도로 지속적으로 잘 진행되지 못한 이유 중에 하나가 한국어 교육만을 강조한 나머지, 다른 변인을 소홀히 하였기 때문이다. 반면에 사설 기관이나 단체는 비록 임금체불, 직장 내 폭력 등에 대한 노동 상담이 주이지만, 이들의 애로점을 들어주고, 유대감을 형성하였기 때문에, 비록 소규모라도 지금까지 유지될 수 있었던 것이다. 따라서 한국어 교육이 단순한 교과 내용 전달보다는 상담 교육도 함께 실시되는 방향으로 전환되어야 할 것이다.

2. 설문 조사에서 나타난 한국어 교육의 방향

이 설문 조사는 2004년 3월부터 2004년 5월 달까지 안산·부천 지역 외국인 근로자 90명(12개 기업 선정)을 대상으로 하였다. 안산·부천 지역(12개 기업)을 선택한 이유는 외국인 근로자들이 단일 지역으로 그 규모가 크기 때문이다. 국내 체류 외국인 근로자들이 수도권에 집중되어 있으며 특히 경기도 지역의 근로자들이 9만9천 명으로 가장 많으며, 이 중에서도 안산 지역과 부천 지역이 가장 높은 외국인 근로자 밀집 지역을 형성한다. 안산 지역에는 현재 8799명(원곡동, 초지동에 90% 집중)의 외국인 근로자들이 있으며, 부천 지역에는 4582명(원미구, 오정구에 80% 집중)의 외국인 근로자들이 있다. 안산 지역의 국적별 인원 규모는 "중국〉필리핀〉방글라데시〉베트남〉우즈베키스탄" 등의 순이며, 부천 지역은 "중국〉필리핀〉베트남〉방글라데시〉인도네시아" 등의 순으로 대부분 기업 근로자들이다. 이 지역에는 약 4000개의 기업이 공단을 형성하고 있고 이 주변으로 외국인 근로자들이 밀집해 있다. 설문 조사 대상의 근로자 국적을 보면 12개국 (중국(중국 동포 1

명 포함), 베트남, 파키스탄, 인도네시아, 스리랑카, 방글라데시, 이란, 러시아, 카자흐스탄, 우즈베키스탄, 필리핀, 프랑스이며 중국(20명), 인도네시아(15명), 방글라데시(15명) 등의 순이다. 체류자격은 산업 연수생(불법체류 외국인 포함) 및 전문 취업인이며 대개 2-4년의 한국체류 기간을 갖고 있다. 연령대는 20대 후반-30대 초반이 거의 대부분을 차지한다.

설문 조사의 결과에 대한 표는 다음과 같다.

〈표 1〉 안산·부천 지역 외국인 근로자를 대상으로 한 설문 조사 결과

			중국	연변	베트	파키	인네	스리	방글	이란	러시	카자	우즈	필리	프랑	합계
a. 직종	제조		20	1	6	6	15	2	15	5	5	3	7	1		86
	건설								1							1
	서비								2							2
	기타														1	1
b. 필요성	일상									1						1
	직장								2							2
	모두		20	1	6	6	15	2	14	5	6	3	7	1	1	87
	기타															0
c. 한국어 능력	말하기·듣기	I							(*1a)							0.5
		II	11	1	2	5	7		4(1a)	5	3	3	3	1	1	46.5
		III	3(1)		1		5(*1)		5(*1e) (1b) (1d)		3(*1)		2			22
		IV	5(*1)		3	1	2(1)	2	3(1e) (*1b) (*1d)		(1)		2			21
	읽기·쓰기	I														0
		II		1												1
		III					2(1)		(1c)		1(*1)		1		1	6.5
		IV	20		6	6	12(1)	2	15 (*1c)	5	5(1)	3	6	1		83.5
d. 교육 여부	받음								1							1
	안받음		20	1	6	6	15	2	15	5	5	3	7		1	88
e. 중점 교육	말/듣		2	1		1	5		6		3		1			19
	읽/쓰		18		6	5	10	2	14	5	4	3	6	1	1	77
	문법															0
	어휘															0
	기타															0
f. 어휘집	일상		2								1					3
	직장		2						1							3
	모두		16	1	6	6	15	2	15	5	6	3	7	1	1	84

		중국	연변	베트	파키	인네	스리	방글	이란	러시	카자	우즈	필리	프랑	합계
g. 시간	토오후	12	1	3	5	11		6	3	4	2	4	1	1	53
	토야간	7		3	1	2	1	10				3			27
	일오전	2		1		3		5		1		2			14
	일오후	15	1	4	5	12		7	3	5	2	5	1		60
	일야간	4		1			1	3							8
	월오전									2					2
	수야간						2								2
	금야간													1	1
h. 문화 교육	태권도	1		1		2		4						1	9
	음식	7	1	3		5	1	7		1	1	4		1	31
	역사	8		2	4		1	1	1	6	1	1			25
	노래	9		2	5	11		6	4	2	1	2	1		43
	기타							인라인, 운전2		1		운전1			3
I. 지속	가능	20	1	6	6	15	2	15	5	7	3	7	1	1	89
	불가능							1							1
j. 희망 사항								1달1회 야유회 /모임/ 운동 (축)							

우선 설문 조사를 분석하기 전에 위 표에 대한 몇 가지를 설명하면 다음과 같다. 위 직종에 관한 항목은 "귀하가 현재 하고 있는 일을 자세하게 쓰세요."에 해당하는 질문이며, 필요성은 "한국어 교육이 여러분들에게 실제적으로 도움을 줄 수 있어야 하는 부분이 무엇이라고 생각합니까?"라는 질문이다. 한국어 능력 문항은 "자신의 한국어 능력은 어느 정도인지 ○로 표시하세요."이며 외국인 근로자들에게 제시한 세부 항목은 아래 〈표 2〉와 같다.14)

---

14) 일러두기
　가. Ⅰ(매우 잘함) Ⅱ(잘함) Ⅲ(보통) Ⅳ(못함)
　나. (*α)-〉 말하기, 읽기, (α) -〉 듣기, 쓰기 (*α)+(α) = 1명 계산.

〈표 2〉 한국어 능력 수준 질문에 대한 세부 문항

	매우 잘함	잘함	보통	못함
말하기				
듣 기				
읽 기				
쓰 기				

교육 여부에 대한 질문은 "현재 한국어 교육을 받고 있습니까? 받고 있다면 어디에서 한국어 교육을 받고 있는지를 쓰세요."이며, 중점교육 이란 "한국어 교육에서 중점적으로 교육받고 싶은 과목이 무엇입니까?" 라는 질문이다. 어휘집이란 "만일 어휘(단어)집이 필요하다면 다음 중 어떤 항목과 관련된 어휘(단어)집이 가장 필요하다고 생각하십니까?"라 는 질문으로, 지금 현재 이들이 자국 외국인을 중심으로 대개 1권 이상 가지고 있는 어휘집의 내용에 관련된 질문이다. 시간에 대한 질문은 한 국어 교육을 받는 데 편한 요일과 시간을 묻는 질문으로 세부 항목은 다 음과 같다. 이 질문은 두 군데 이상의 가능 시간대를 묻는 질문이다.

〈표 3〉 한국어 교육을 받기 편한 요일과 시간

월		화		수		목		금		토		일	
오전		오전		오전		오전		오전		오전		오전	
오후		오후		오후		오후		오후		오후		오후	
야간		야간		야간		야간		야간		야간		야간	

문화 교육 항목은 "한국어 교육 이외의 교육"에 대한 질문이며, 지속 성 항목은 교육이 실시될 때 장기적으로 받을 수 있는가의 여부를 묻는 질문이다. 이 질문에는 의도된 내용이 들어있는데 바로 무료 교육이다. 만약 유료 교육이라고 하면 외국인 근로자들은 상당히 부정적으로 본다.

이들이 받는 임금은 우리 노동자들의 2/3이며, 그 임금에서 생활비(거주 비용 포함)의 비율이 상당히 높기 때문에, 여기에 한국어 교육을 받는데 비용을 지출하라고 하면, 대부분 교육을 받지 않겠다고 대답하기 때문이다. 희망 사항이란 그 밖에 한국어 교육 주체에게 바라는 것을 기술하는 난이다. 설문 조사지의 실제 조사 방법은 현지 한국 근로자들이 이들 사업장을 일일이 방문하여 조사 작성하였으며, 이들이 읽기·쓰기 능력이 현저히 떨어지는 관계로, 한국 근로자들이 대부분 받아썼다. 이 설문 조사에서 한 가지 특이한 점은 직종이 대부분 생산직인 반면 러시아인의 경우 서비스 업종이 2명 포함되었다는 사실이며, 중국 동포가 한 명으로 의외로 제조업 분야에서 일하는 것이 드물다는 사실이다. 후자의 경우 말하기·듣기를 다른 동남·서남아시아 출신보다 잘하기 때문에 생산직이 아닌 서비스업종에서 대부분 일하기 때문이다.[15]

설문 조사 결과의 요점을 정리하면 다음과 같다.

우선 한국어와 관련하여 이들이 받고 싶은 교육은 일상생활과 직장 생활에 필요한 한국어 교육이다. 다음에 외국인 근로자들의 한국어 능력은, 말하기·듣기의 경우 "잘함〉보통〉매우 잘함〉못함"의 분포를 보이며 "보통"이라고 대답한 경우가 가장 많은 분포를 보인다. 읽기·쓰기 한국어 능력은 "못함〉보통"이 대부분이다. 이들이 대개 2-4년차 외국인 근로자들임을 감안해 볼 때, 읽기·쓰기가 중점적으로 교육되어야 하며, 다음에 말하기·듣기이다. 한 가지 재미난 점은 외국인근로자들이 말하기·듣기 능력에서는 "보통"이 많고, 읽기·쓰기는 "못함"이 가장 많다는 사실이다. 체류 연수에 관계없이 "읽기·듣기" 능력이 현저히 떨어짐을 알 수 있다. 이들이 받고 싶어 하는 교육의 세부 사항

---

15) 물론 90명 대상의 조사를 통하여 나온 결과일 수도 있지만, 서울시정개발 원(2002, pp.68~70)의 자료 조사를 토대로 보면, 표본의 제약이라기 보 다는 중국 동포의 의사소통의 원활성에 더 무게를 두어야 한다.

은, 읽기의 경우 ① 기초적인 내용 이해(관공서, 은행, 병원, 표지판과
같은 공공시설 등), ② 산업 현장에서 필요한 읽기(공문, 작업 일지,
문서), ③ 한국 사회에 대한 기초적 이해, ④ 직장 내 언어 예절, ⑤
직장 내 안전 관련 표지 및 문서 이해 등이다(번호는 무순이다). 쓰기
수업의 경우 ① 산업 현장에서 필요한 쓰기(공문, 작업 일지, 문서 쓰
기), ② 한국 문화를 이해하기 위해 필요한 쓰기, ③ 관공서, 병원, 은
행 등 한국 생활에 적응하는 데 필요한 쓰기, ④ 한글에 대한 기초적
쓰기, ⑤ 어휘 쓰기 교육이다(번호는 무순이다). 학습 경험 여부의 항
목에서 보면 한 사람을 제외하고는 한국어 교육을 국내에서 정규적으
로 받은 사람이 대부분 없다는 사실을 알 수 있다. 안산·부천 지역의
한글 교육과 컴퓨터 교육과 관련된 기관이 더러 있기는 하나 이들 수
강인원이 20-30명에 해당하므로 한글 교육을 받은 사람보다 그렇지 못
한 사람이 많다. 그것을 감안할 때 매우 당연한 결과이다.16) 중점적으
로 받고 싶은 한국어 교육(e 항목)은 c항목(한국어 능력 수준 질문)과
매우 밀접한 관련이 있다. 이들이 최우선으로 배우고 싶어하는 것은 c
항목과 깊은 관련이 있는 읽기·쓰기이며 다음에 말하기·듣기이다.
어휘집이란 앞에서도 잠깐 언급하였지만 공단 기업 외국인 근로자들이
이전에 있던 외국인 근로자들에게 물려받은 한국어 어휘 및 기초 생활
어휘와 관련된 자국어로 된 소책자로서, 이러한 내용에 들어가야 할
내용을 묻는 질문이다. 이는 b(필요성)와 상관성이 높은 것으로 "일상
생활과 직장 생활"에 모두 필요한 어휘집 개발이 필요하다고 대답하였
다. 한국어 교육의 지속성을 위하여 가장 중요한 질문 곧 한국어 교육
이 가능한 시간대에 대한 답변은 "일요일 오후〉토요일 오후〉토요일 야
간〉일요일 오전〉일요일 야간〉월요일 오전, 수요일 야간〉금요일 야간"

---

16) 교육을 받은 사람 한 명은 방글라데시인으로 사설 교육 단체는 "외국인
노동자 쉼터"이다.

으로 한국어 교육이 실시될 때 이 점을 고려해야만 장기적인 효과를 얻을 수 있을 것이다. 다음에 문화 교육에서 외국인 근로자들이 배우고 싶어 하는 항목의 순위는 "노래(현대음악)〉한국음식〉한국역사〉태권도〉운전, 인라인 스케이트" 등이다. 기타 항목(희망 사항)에서 외국인 근로자들의 대답은 커뮤니티 형성의 욕구 곧, 축구나 모임 행사 및 야유회와 같은 근로자간의 유대 형성 기회를 요구하는 대답이 많았다.

III. 결 론

이 글에서는 국내 체류 외국인 근로자를 위한 한국어 교육에 대한 기초적이고 기본적인 방향성에 대하여 고찰하였다. 외국인 근로자들은 90년대부터 본격적으로 들어오고 난 후 지금까지 약 34만명(불법 체류자 약 26만 명 포함)이 국내에 들어와 있는 실정이다. 국내의 필요에 의해서 이들이 들어왔다면, 우리가 이들을 위한 한국어 교육(문화 교육 포함)을 실시하는 것은 당연히 필요한 일이다. 우리가 여기서 하나 명심할 일은 이들은 언젠가는 자국으로 돌아갈 사람들이라는 점이다. 곧 이들에 대한 연수 교육-국가 주도이든 사설 단체 주도이든-을 반드시 실시해야만 하는 것이다. 이들이 한국에 대한 긍정적 가치관을 형성하게 될 때, 자국으로 귀환하게 될 경우, 국가의 대외적 이미지 뿐만 아니라 한국 기업 및 한국인에 대한 긍정적인 가치관이 전파될 것이다. 이러한 연쇄적인 파급 현상의 중심에서 우리는 한국어 교육(문화 교육을 포함)을 이들에게 실시할 의무가 있는 것이다.

본고에서는 국내 체류 외국인 근로자를 위한 한국어 교육이 어떻게 이루어져야 하는지를 실태 조사를 통하여 기본적인 방향을 제시하였다. 중요한 몇 가지를 정리하여 결론을 삼으면 다음과 같다.

첫째, 외국인 근로자들과 기업에 가장 근접한 위치에서 한국어 교육이 실시되어야 한다.

둘째, 이들이 필요로 하는 한국어 교육(어휘집 포함)은 말하기·듣기의 경우 일상생활과 직장생활에 필요한 의사소통이다.

셋째, 가장 중점적으로 교육되어야 할 교과는 1년차 외국인 근로자의 경우, 말하기·듣기 교육이며, 3-4년차의 경우, 읽기·쓰기이다.

넷째, 한국어 교육에 최적인 요일과 시간은 일요일 오후 및 토요일 오후이다.

다섯째, 문화 교육에서 수요자가 가장 원하는 교육 내용은 한국 노래 및 한국 음식, 한국 역사이다.

여섯째, 다양한 언어 능력 수준을 가지고 있는 이들에 대한 특수 지향적 한국어 교재 및 교육 과정 개발이 필요하다.

일곱째, 한국어 교육은 이들과 정서적 유대감과 친밀감을 형성할 수 있는 언어외적 교육이 병행되어야 한다.

여덟째, 이들의 욕구를 충족시킬 수 있는 한국어 교육이 제대로 이루어지기 위해서는 정·산·노·학(정부·산업·노동자·한국어 교육 기관)의 관계가 유기적으로 연결되어야 한다.

참고문헌

김명광(2004), "외국인 근로자를 위한 한국어 교육 Ⅰ",

강승혜(1999), "학습자중심 교수전략의 모색을 위한 검토",『이중언어학』, 이중언어학회, 제16호, 한국 문화사, pp.77-101.

김선정 외(1999), "한국어 교재 선택법 및 학습지도안 작성법",『이중언어학』, 이중언어학회, 제16호, 한국 문화사, pp.101-119.

김영만(1999),“한국어 교수·학습 개선 방향”,『이중언어학』, 이중언어학회, 제16호, 한국 문화사, pp.119-131.

경기개발연구원(2002), 『경기도 외국인 노동자의 노동 환경 개선 방안』, 경기개발 연구원, pp. 9-38, 113-114.

박영순(2001), “학습자 언어와 한국어 교육”,『한국어 교육』, 제12권 2호, 국제한국어 교육학회, 1-29.

김해성(2003),『외국인 노동자 실태 및 법제화의 당위성』, 외국인노동자의 집.

노동부(2000), 『외국인 근로자 고용허가제 도입 방안』, 노동부.

박경태 외(1999),『국제노동력이동과 사회적 연결망: 경기도 마석의 필리핀인 노동자 집단을 중심으로』,《한국사회학》33(겨울), pp. 29-35.

박영순(2002),『외국어로서의 한국어 교육론』, 월인, pp. 80-120.

박영순(2002),『한국어 교육을 위한 한국 문화론』, 한국문화사 pp. 13-63.

박천응(2003),『외국인노동자 운동과 지원단체의 활동 전망-국경과 인종, 피부색과 문화의 차이를 넘어 평등과 연대를 향해』, 이주노동자지원단체연대, pp. 33-53

서울시정개발연구원(2002),『서울시 외국인 노동자의 생활』. 서울시정개발연구원, pp. 9-53, 68-70, 85-92, 113-114,

설동훈(1992),「국제 노동력 이동과 한국 내 외국인 노동자 - 한국의 지역문화와 노동 계급」,〈한국사회사연구회 논문집〉제37집, 문학과 지성사, pp. 231-325

설동훈(1999),『외국인 노동자와 한국사회』, 서울대학교출판부.

설동훈(2000),『노동력의 국제이동』, 서울대학교출판부.

설동훈(2002),『한국의 외국인노동자:현대판 노예인가, 외국인 용병인가?』, 당대비평, 6(1), pp. 53-68.

설동훈(2003),『외국인 노동자 실태 및 지원서비스 수요 조사』, 한국국제노동재단.

성기철(2001), “한국어 교육과 문화 교육”,『한국어 교육』, 제12권 2호, 국제한국어 교육학회, 111-136.

안산외국인노동자센터(2001), 『이주노동자를 위한 한글 교재 한글과 친구하기』, 경기도 자원봉사단체 협의회.

안산외국인노동자센터(2003), 『한글과 한국어-초급』, 안산 외국인 노동자센타, pp.1-61.

안산외국인노동자센터(2003), 『한글과 한국어-중급』, 안산 외국인 노동자센타, pp 1-149.

김혜원(2004), 『외국인근로자를 위한 한국어교실 운영 길라잡이』, 성동외국인노동자센타, pp 7-86.

유길상·이규용(2002), 『외국인 근로자의 고용실태와 정책과제』, 한국노동연구원.

이미혜(2003) "직업을 위한 한국어 교육 연구",『한국어 교육』, 제14권 2호, 국제한국어 교육학회, pp.227-256.

임현진·설동훈(2000), 『외국인 근로자 고용허가제 도입 방안』, 노동부

임현진·설동훈(2002), 「한국의 외국인력 정책」, 〈한국사회과학〉, 제22권 제 3,4호.

장안종합사회복지관(2001), 『외국인 노동자 욕구조사 보고서』, 장안종합사회복지관.

중소기업협동중앙회(2000), 『외국인 노동자 실태 조사』, 중소기업협동중앙회.

한국국제노동재단(2003), 「외국인 근로자 한국어 교실 강사 워크샵」, 숭실대학교.

한국국제노동재단(2003), 『외국인 노동자를 위한 재미있는 한국어 1』한국국제노동재단, pp. 5-117.

한국국제노동재단(2003), 『외국인 노동자를 위한 재미있는 한국어 2』한국국제노동재단.

경향신문 2003.10.07일자.

한겨레신문 2003.11.23일자.

사범 대학 국어교육과 교과과정
개선을 위한 제안(2004)

박.정 진*

1. 서 론

모든 교과는 교육적 보편성을 갖는 동시에 그 나름의 독자성을 가져야 한다. 다른 교과와 공유되는 교육적 보편성을 담지 못하면 교육 활동으로서 인정받을 수 없게 되고, 다른 교과와 구분되는 교육적 독자성을 갖지 못하면 교육 활동 속에서의 정체성을 잃게 되기 때문이다. 이 두 가지를 모두 갖추어야 교과 교육이 학교 교육의 틀 안에서 바로 설 수 있다고 생각한다.

그런데 여기서 국어과가 독자성과 보편성을 모두 갖추고 있는지 심각하게 고민해 보아야 한다. 이것은 국어 교사를 기르는 사범 대학의 상황을 살피면 어느 정도 짐작할 수 있는 문제이다. 국어교육1)이 학

---

* 고려대학교 박사 과정.

1) 연구자는 '국어교육'을 '국어교육학'과 특별히 구별하지 않는다. 깊이 생각해 보면, '국어교육학'이라 불러야 학문적 정체성을 찾기 쉽겠다고 여겨지기도 하지만, 한 번 더 생각해 보면, '국어교육'에 대한 탐구는 대단히 실제적인 작업이므로 '-학'을 붙이지 않음으로써 실제를 포괄하는 논의가 더수월할 수 있겠다는 생각도 든다. 따라서 연구자는 '국어교육'이나 '국어교육학'을 구분없이 사용할 것이다. 물론 한참의 연구가 이루어지면, 그런 용

문으로서 독자성을 가지고 있다면, 국어교육과가 국어국문과와 차별된 교과과정이나 교수진을 갖게 되는 것은 당연하기 때문이다. 만일 그렇지 않고 두 과의 차별성이 보이지 않는다면, 그것은 결국 국어교육이라는 것은 국문과에서 다루고 있는 국어학과 국문학에다가 교육학이 덧붙여지면 이루어지는 것이라고 판정할 수 있을 것이다.

그 예로 사범 대학 국어교육과의 교수진을 살펴보자. 다음은 서울대학교와 고려대학교의 상황을 나타낸 것이다.

〈표 1〉 서울대학교 사범 대학 국어교육과 교수진

성 명	김대행	우한용	김광해	민현식	윤여탁	윤희원	김종철
전공분야	고전시가	현대소설	국어학	국어학	현대시	교과교육	고전소설

〈표 2〉 고려대학교 사범 대학 국어교육과 교수진

성 명	박영순	성광수	오탁번	이남호	전경욱	노명완	이창희
전공분야	국어학	국어학	국문학	현대문학	고전소설	언어교육	고전문학

위에서 알 수 있듯이, 두 대학 모두 교과교육으로서 국어교육을 전공한 사람은 각각 한 명씩뿐이다. 나머지는 국어학이나 국문학을 전공한 사람들인데, 그렇다면 국어국문과와 다른 것이 무엇인지 심각하게 의문을 제기하지 않을 수 없다. 이것은 아마도 국어학과 국문학을 가르치는 것이 국어교육이라고 여긴 전통 때문이 아닌가 한다. 이런 상황에서 국어교육학의 학문적 정체성을 논할 수는 없을 것이다.

그럼에도 불구하고, 국어교육학의 정체성을 수립하기 위해 사범 대학의 교과과정을 제대로 수립해야 한다는 요구는 많다. 사범 대학에

어들에 대한 정리가 필요할 것이라는 생각은 하고 있다.

다니는 학생들 모두가 스스로의 정체성을 찾지 못하고 있기 때문이다. 이 글에서는 국어과의 성격과 국어 교사로서의 전문성을 점검해 보고, 사범 대학 국어교육과의 교과과정을 그에 맞게 구성해 보고자 한다.

2. 국어과의 성격

국어과의 교과적 정체성은 국어과가 언어를 담당한다는 점에 있다. 그래서 국어과는 언어의 구조나 기능과 관련된 언어학(국어학), 그리고 언어의 구조물과 관련된 문학(소설, 시, 희곡, 수필 등)을 담당하는 교과로 여겨져 왔다. 그러면서 또한 국어과는 언어의 표현과 이해인 말하기, 듣기, 읽기, 쓰기도 국어과 고유의 영역으로 인식되어 왔다. 국어과의 하위 영역을 이와 같이 크게 세 부분으로 나누는 것이 대체적인 경향이다. 다만 표현과 이해의 두 영역으로 나누고, 그 하위 영역으로 언어나 문학 영역을 두는 경우도 있다.

국어과의 고유 영역을 언어, 문학, 그리고 표현과 이해의 세 영역으로 구분하는 것이 대체적인 경향이라고 하더라도, 이 세 영역의 성격이나 내용을 어떻게 규정하는가 하는 데에는 적지 않은 이견들이 제기되고 있다. 그리고 이런 이견은 우리 나라의 역대 국어과 교육과정 규정에도 여실히 드러나고 있다.

해방 이후 지금까지 국어과 교육과정은 아래와 같은 변천을 보여 왔다.

〈표 3〉 국어과 교육과정의 변천

교육과정	하위 영역	기본 관점	강조 영역
1-3차	네 영역 (말하기/듣기/읽기/쓰기)	언어 사용의 실용성	말하기, 듣기, 읽기, 쓰기 영역 모두
4차	세 영역 (표현·이해/언어/문학)	학문중심	언어, 문학 영역
5-6차	여섯 영역 (말하기/듣기/읽기/쓰기/언어/문학)	기능과 지식의 절충적 입장	표현·이해의 기능과 언어 사용 전략
7차	여섯 영역 (듣기/말하기/읽기/쓰기/국어 지식/문학)		

위의 구분에서 알 수 있듯이 우리 나라의 국어교육에서는 크게 세 번의 변화를 거쳐 왔다. 처음에는 언어 기능 교육을 강조했고(1-3차 시기), 그 다음에는 지식 교육을 강조했으며(4차 시기), 요즈음은 이 둘의 절충을 취하고 있다(5-7차 시기). 그런데 요즈음의 국어과 교육과정에서는 다음과 같은 점에서 그 이전의 교육과정과 특색을 달리하고 있다.

첫째, 언어의 단위를 문장이 아닌 텍스트로 삼고 있다. 이는 문법을 강조하는 언어 영역에서도 마찬가지이다. 둘째, 개념적 지식보다는 절차적 지식을 강조한다. 이는 언어학이나 문학에서의 지식관이 아니라 표현·이해의 영역에서 보는 지식관이다. 셋째, 언어학과 문학은 분명 인문과학에 속하는 분야이지만, 언어 영역의 교육, 문학 영역의 교육은 인문과학이 아니라 사회과학이라고 여긴다. 물론 표현·이해 영역의 교육은 사회과학의 영역에 속하는 것으로 보고 있다. 넷째, 교육 내용으로 국어학이나 국문학의 개념적 지식보다는 언어 사용 기능의 신장, 그리고 언어 사용에 관련되는 절차적 지식을 강조한다.

이런 최근의 영향들을 반영하여 국어과의 성격을 정리하면 다음과 같다.

3. 국어 교사의 전문성

최근의 교과 교육에 관한 관심과 연구가 증가함에도 불구하고, 아직 교과 교육을 전공한다는 것이 무엇을 의미하는지 합의되고 있지 못하고 있다. 국어과에서 보면 국어교육학과를 통해 양성된 국어 교사가 전문성을 갖는다는 것이 무엇을 의미하는지를 먼저 밝혀야 할 것이다. 그러나 국어 교사의 전문성에 대한 연구는 현재로서 대단히 미천한 수준으로, 박영목(1997)과 노명완(1999)의 언급 정도가 대표적인 것이라 할 수 있다. 여기서는 앞의 연구들을 기반으로 국어 교사의 전문성 기준을 제안하고자 한다. 그것이 정해짐으로써 국어교육학과에서 국어 교사를 기르기 위한 교육과정 구성에 도움이 될 것이기 때문이다.

박영목(1997)에서는 국어 교사의 전문성을 다음과 같이 여섯 가지로 제안하고 있다. 첫째, 학습자 중심으로 국어과 수업을 운영하는 데 필요한 전문적 지식과 식견을 갖추어야 한다. 즉, 학습자의 발달을 이해하고, 학습 유형과 언어 사용 유형을 이해해야 하며, 텍스트 자체에 대해서도 제대로 이해하고 있어야 한다는 것이다. 둘째, 국어 교과의 목표를 효과적으로 달성하는데 필요한 국어 교과의 내용에 관한 지식을 충분히 갖추고 있어야 한다. 여기서 교과의 내용에 관한 지식이라 함은 독서 이론, 작문 이론, 언어의 구조와 사용과 변화에 대한 이론 등을 가리키며, 이 이론들의 교육적 시사점까지를 갖추어야 한다는 의미이다. 셋째, 국어교육의 과정에서 일관성 있는 학습 지도를 하는데 필요한 전문적 지식과 식견을 갖추어야 한다. 여기에는 교수-학습 모형에 대한 이해, 학급 운영 방법, 수업 환경 조성 방법 등에 대한 식견이 포함된다고 언급하고 있다. 넷째, 국어과 교육과정의 내용 영역을 학습 지도의 과정에서 통합적으로 운영하는데 필요한 전문적 지식과 식견을 갖추어야 한다. 국어 교과의 내용 영역들 사이의 관련성, 국어 교과와 타교과의 연관성 등을 이해해야 한다는 의미이다. 다섯째, 학생들의 문화적 차이에 대한 인식을 학습 지도의 과정에서 적절하게 활용할 수 있어야 한다. 즉, 다양한 문화 집단과 연관된 학습의 유형과 언어 사용의 유형을 이해해야 한다는 것이다. 여섯째, 국어 교육 전문가로서의 역할에 대한 인식을 분명히 가져야 할 뿐만 아니라, 자신의 전문성 신장에 대한 관심을 지속적으로 지니고 있어야 한다. 이런 활동에는 국어교육 전문가 집단에 참여하고, 학교 교육과정 개발에 참여하는 것 등이 포함된다는 것이 연구자의 생각이다.

노명완(1999)에서는 국어 교사의 전문성을 어떻게 인식하느냐라는 문제는 교육에 대한 개념의 변천에 따라 함께 바뀌어 왔다고 하면서, 세 가지 차원으로 그 인식의 변화를 제시하고 있다. 첫째가 고전적인 기술(traditional craft) 중심의 인식인데, 교사는 고도의 전문적 지식과 기술을 사용하여 학생을 지도한다는 것이다. 이런 인식에서는 도덕률이 엄격하고, 높은 사회적 위엄도 누리는 교사를 전문성이 있는 교사로 생각하게 된다. 두 번째는 능력에 기초한(competency-based) 전문성으로 인식하는 것이다. 앞에서 언급한 기술도 포함하면서, 교육 상황 특유의 요구와 관련된 교사의 인간적, 도덕적, 감성적, 지각적 능력을 중요시 하는 인식이다. 마지막으로 최근의 교육 개념에 따라 변천된 인식은 탐구와 안내(inquiry-oriented) 중심의 전문성이라는 생각이다. 이런 변화의 기반에는 교사의 전문적 지식이나 기술, 능력 등이 과거에 생각했던 것보다 훨씬 더 복잡하다는 새로운 발견이 있었다.

연구자는 이런 인식과 그 동안의 연구를 바탕으로 국어 교사의 전문성 기준을 일곱 가지로 제시하였다. 즉, 국어 교과에 대한 바른 이해, 학생에 대한 이해, 국어 교과의 지도 내용에 대한 이해, 수업에 대한 지식과 기능, 평가에 대한 지식과 기능, 최신 연구 논문의 이해 능력과 현장 연구 수행 능력, 국어 교과와 학생에 대한 사랑과 열정 등이 그것이다.

이와 같은 논의들을 바탕으로 국어 교사의 전문성은 어떤 기준으로 판단되어야 하는가를 정리해 보자. 국어 교과를 통해 지도하고자 하는 내용은 크게 지식, 기능, 태도이며, 그 영역으로는 듣기, 말하기, 읽기, 쓰기, 국어 지식, 문학의 여섯 가지가 있다. 그렇다면 교사의 전문성은 그런 내용과 영역을 반영하여 판단될 수 있으리라 여겨진다. 다시 말하면, 국어 교사의 전문성은 국어 교과에 대한 지식, 기능, 태도의 측면에서, 여섯 가지 영역별로 판단될 수 있을 것이다.

다음 표는 국어 교사로서 전문성을 가지고 있는지 판단을 기준을 내용 영역별로 하나의 안을 제시해 본 것이다. 이 표에 의하면 교사가 갖추어야 할 지식과 기능 그리고 태도의 내용들이 명확하게 드러난다. 물론, 듣기와 말하기를 함께 음성 언어 영역으로, 읽기와 쓰기를 함께 문자 언어 영역으로 구분할 수도 있다. 또 한편으로는 듣기와 읽기를 함께 이해 영역으로, 말하기와 쓰기를 표현 영역으로 구분해 볼 수도 있다. 그런데 한 개인으로 볼 때 각 영역은 별개로 이루어지는 활동이고, 각각의 이론들이 정립되어야 한다는 관점에서 볼 때 네 영역으로 두는 것이 전략적으로 더 나을 것이라고 생각한다.

〈표 4〉 국어 교사의 전문성 판단 영역(안)

	지 식	기 능	태 도
듣기	듣기 및 듣기 지도 이론에 대한 이해	듣기 교수-학습 과정 및 평가에 대한 이해와 적용	최신 듣기 연구에 참여하려는 태도, 듣기 활동과 그 활동에 참여한 학생들에 대한 관심
말하기	말하기 및 말하기 지도 이론에 대한 이해	말하기 교수-학습 및 평가에 대한 이해와 적용	최신 말하기 연구에 참여하려는 태도, 말하기 활동과 그 활동에 참여한 학생들에 대한 관심
읽기	읽기 및 읽기 지도 이론에 대한 이해	읽기 교수-학습 및 평가에 대한 이해와 적용	최신 읽기 연구에 참여하려는 태도, 읽기 활동과 그 활동에 참여한 학생들에 대한 관심
쓰기	쓰기 및 쓰기 지도 이론에 대한 이해	쓰기 교수-학습 및 평가에 대한 이해와 적용	최신 쓰기 연구에 참여하려는 태도, 쓰기 활동과 그 활동에 참여한 학생들에 대한 관심
국어지식	국어 지식(국어학, 담화분석) 및 국어 지식 지도(학교 문법론, 문법교육론) 관련 이론에 대한 이해	국어 지식 교수-학습 및 평가에 대한 이해와 적용	최신 국어 지식 연구에 참여하려는 태도, 국어 지식 관련 활동과 그 활동에 참여한 학생들에 대한 관심
문학	문학(고전 문학과 현대 문학 또는 시론과 소설론) 및 문학 지도(문학교육론) 관련 이론에 대한 이해	문학 교수-학습 및 평가에 대한 이해와 적용	최신 문학 연구에 참여하려는 태도, 문학 활동과 그 활동에 참여한 학생들에 대한 관심

제시한 표에서 더 논의해야 할 부분들은 많다. 먼저 듣기 영역에는 전문성이 있다고 판단되지만, 그 외의 영역에서는 그렇지 못할 경우, 국어 교사로서 전문성이 있는 것인가에 대한 결정이 어렵다. 사실 최근의 국어 교육을 전공한 교수들의 경우, 읽기와 쓰기 또는 화법 등으로 그 세부 전공이 나뉜다. 특히 읽기나 쓰기 전공자는 화법 강의를 맡지 않는 것이 관례인데, 그렇다고 해서 국어 교육 전문가가 아니라고 판단하지 않는다는 것이다. 이런 점에서 볼 때는 국어 교사의 전문성 판단은 전 영역을 함께 고려해야 할 듯이 보인다. 그러나 교사의 입장에서는 전 영역을 다루어야 하고, 어느 한 영역을 다루지 않는 것

은 교육과정을 제대로 적용했다고 볼 수 없기 때문에 여섯 영역 모두
에 전문성이 있어야 한다고 할 수도 있다.

다음으로 국어 지식이나 문학 영역은 어느 부분까지 관련 이론이라
고 해야 할 것인지의 문제이다. 국어국문학과에서 다루는 언어학 관련
이론들과 문학 관련 이론들은 그야말로 무궁무진하다고 할 수 있다.
따라서 교과 내용과 관련된 이론으로서의 국어 지식과 문학은 어느 정
도까지인지에 대해서는 더 많은 논의를 해야한다는 생각이다.

또한 교수-학습 및 평가에 대한 이해가 교사에게 있어서 지식 영역
에 해당되는가, 아니면 기능 영역에 해당되는가의 문제도 해결해야 한
다. 여기서는 기능 영역으로 설정하고, 그 실행 즉 적용에 초점을 두었
으나, 교수-학습에 대한 이론들을 이해한다는 것은 결국 지식에 해당
될 수도 있기 때문이다. 이 논의는 더 나아가, 국어과의 교과 내용을
그 동안에는 국어 지식과 문학에 두고, 그 방법으로 교육학적 접근을
취했는데, 실상 표현과 이해 이론도 교과 내용으로 설정해야 한다는
새로운 제안과 연결된다. 여섯 가지 영역(듣기, 말하기, 읽기, 쓰기, 국
어 지식, 문학)이 모두 지식 또는 이론을 가지고 있고, 더 나아가 각각
의 교수-학습 방법 또는 이론을 가지고 있다고 가정할 수 있기 때문이
다. 즉, 국어 지식과 문학만이 국어과의 지식이고, 나머지는 활동을 전
제한 기능일 뿐이라고 단정해 버리는 것이 아니라, 기능에 대한 이론
역시 국어과의 지식이 될 수 있다는 것이다.

이상의 세 가지 문제들은 계속해서 논의해 가야할 사항들이다. 그럼
에도 불구하고, 앞에 제시한 기준들은 국어 교사로서의 전문성을 판단
할 수 있는 하나의 기준 모델이 될 수 있으리라 기대한다. 이제 지금
까지 언급한 국어 교사의 전문성을 바탕으로 그런 전문성이 신장될 수
있는 사범 대학 국어교육과의 교과과정을 생각해 보자.

4. 국어 교사 양성을 위한 국어교육과의 교과과정 안

국어 교사의 전문성을 고려하면서 국어교육과의 교과과정을 구성하기 위해서는 먼저 현재 실행되고 있는 사범 대학 국어교육과의 교과과정을 살펴볼 필요가 있다. 따라서 여기서는 사범 대학의 대표적인 위치2)에 있는 서울대학교와 고려대학교의 경우를 살펴보겠다.

먼저 서울대학교의 경우를 보자. 서울대학교의 경우, 학기별로 이수해야 하는 전공 교과목은 다음과 같다. 1학년 과정에서는 '매체 언어'나 '국어 문화'와 같은 교양 성격을 가진 주제와 국어 교육을 연관지은 교과가 개설되어 있음을 알 수 있다. 아마도 실제 전공으로 들어가기 전에 전공을 탐색하는 기간으로 여기기 때문이 아닌가 한다. 그리고 특이한 것은 '국어교육학개론'에 앞서 '문학교육원론'이라는 강좌를 개설함으로써 다소 문학 영역이 강조되고 있음을 알 수 있다. 또한 앞에서 제시한 교수들의 전공 영역을 고려해 볼 때, 그 전공들에 맞추어 교과과정들이 개설되고 있음을 알 수 있다. 따라서 교과교육을 담당하고 있는 '국어교육학과' 다운 교과과정을 수립한 것이 아니고, 교수들의 전공에 맞는 교과과정을 갖추었다고 할 수 있다. 이것은 국어교육학의 학문적 정체성과 연관하여 문제가 아닐 수 없다.

다음은 서울대학교 사범 대학 국어교육과 전공 이수 교과목을 나타낸 것이다.

---

2) 서울대학교 사범 대학과 고려대학교 사범 대학은 우리 나라를 대표하는 사범 대학이다. 그런데 서울대학교의 경우, 사범 대학 출신들이 임용 고시를 보는 경우보다 대학원으로 진학하는 경우가 많아 교사 양성만을 목적으로 한다고 보기 힘든 상태이다. 그리고 고려대학교의 경우는 임용 고시를 보는 경우가 더 많으므로, 교사 양성 기관으로 볼 수 있다. 따라서 두 학교의 교과과정을 자체만으로 분석해 보는 일도 의미있는 일이라 생각된다. 여기서는 분석보다 비교할 수 있도록 단순히 제시하는 수준에서 그친다.

〈표 5〉 서울대학교 사범 대학 국어교육과의 전공 이수 교과목

학년\학기	I	II	비 고
1	매체언어와 국어교육	국어문화와 국어교육	전공탐색
2	문학교육원론 국어학개론 국문학개론 한국언어규범론	국어교육학개론 국문학사 한국언어문화교재강독 한국현대시교육론	
3	국어생활사 국어표현론 생활국어교육론 국어이해론	국어지식교육론 국어교재강독 한국고시가교육론 한국현대산문교육론	
4	국어교수학습론 한국고전산문교육론 문화감상론연습	국어교육과 현대언어학 한국구비문학교육론 국어교육연습	

다음으로 고려대학교의 경우를 보자. 앞에서 살펴보았던 대로 고려대학교 사범 대학 국어교육과의 교수진도 그 사정은 서울대학교와 다르지 않다. 따라서 국어교육학의 정체성에 의해서가 아니라 교수진의 전공에 의해 교과과정이 만들어졌을 것이라는 점을 쉽게 짐작할 수 있다. 그리고 비교적 문학에 치중되어 있는 경향 또한 비슷하다. 예를 들어, '문학 이론 교육론'의 경우, 학생들에게 '문학 이론을 어떻게 잘 가르칠 것인가?'를 주제로 삼고 있어야 하는 강좌인데, 학생들에게 문학 이론을 가르쳐야 할 필요가 있는지 의문이 들게 한다. 문학 교육을 통해 문학을 향유하고, 그 과정에서 이론이 정립되어 가도록 하는 것이어야 하는데, 교과명만으로 언급한다면 다소 교과명을 만들기 위한 억지가 아닌가 한다.

다음은 고려대학교 사범 대학 국어교육과의 전공 교과목을 제시한 표이다.

〈표 6〉고려대학교 사범 대학 국어교육과 전공 교과목

종별	교 과 목 명		
전공 필수	국어교육론 한국어사 국어교재연구 및 지도법	한국문학의 이해 현대문학사 문법교육론	한국어학의 이해 현대문학 교육론 고전문학사
전공 선택	한문학의 이해 현대시선독 소설의 이해 고소설 강독 작문교육론 희곡의 이해 고전국어문법 고전 산문 교육론 한국어 의미론	문장 수사의 이해 중등한문교육론 시의 이해 한국어 통사론 고대 시가론 구비 문학론 현대작가론 문학이론 교육론 화법 교육론	고소설 교육론 현대소설선독 한국어 음운론 독서교육론 문예창작 연습 고전문학 교육론 근대시가 교육론 한국어 형태론 한국어 문체론

표에서 확인할 수 있듯이, 전공 선택 과목과 전공 필수 과목을 나눈 근거도 확실하지 않다. 역시 국어교육과의 정체성과 연관되는데, 그 정체성에 대한 고민이 전혀 없는 교수진이 개발한 교과과정이라 해도 과언이 아닐 것이다. 전공 필수 과목으로 '문학교육론'도 아니고, '현대문학 교육론'은 무슨 의미인지 알 수가 없다. 그렇다고 '고전문학 교육론'이 개설된 것도 아니니 더 논리적으로 맞지도 않다.3)

또한 '독서교육론, 작문교육론, 화법교육론'과 같은 국어교육의 핵심 영역들에 대한 교과목은 선택의 한 강좌로 개설되어 있는 것도 문제이다. 국어교육과로서 '국어교육론'과 '국어교재 연구 및 지도법'만 개설

---

3) 교수진의 전공에 의해 교과목이 개설되었다는 연구자의 생각을 뒷받침해 주는 현상이기도 한데, 문학 교육을 하는데 있어서, 고전과 현대를 나누는 것은 무의미하다고 본다. 고전 문학을 가르치는 방법과 현대 문학을 가르치는 방법이 다를 리가 없기 때문이다. 따라서 학생들에게 이분법적으로 고전과 현대를 나누도록 강요하는 것은 잘못된 인식을 심어 버리는 결과를 낳는다고 생각한다. 옛글이나 최근의 글은 모두 언어 사용 과정에서의 자료일 뿐이다.

되어 있으면, 그 의무를 다하는지 궁금하다. '국어국문학과'에도 그 두 과목은 개설되어 있다. 따라서 그 두 과목은 오히려 전공필수 과목이 아니라 국어 관련 학과들의 교양 과목이라고 생각된다.

이제 두 학교의 사례를 염두에 두면서 대표석인 학자들이 제안하는 국어교육학의 연구 영역을 살펴보자. 연구 영역을 살피는 까닭은 국어 교육과 교과과정 수립을 위한 연구가 아직 미천하기도 하지만, 연구 영역이 바로 국어 교사가 전문가로서 갖추어야 할 지식, 기능, 태도와 밀접하게 연관되어 있다고 보기 때문이다.

먼저, 노명완 교수는 교과교육으로서 국어과 활동을 학생들의 국어 활동과 교육 활동으로 나누어 제시하였다. 그런 후에 '학생들의 국어 활동' 현상을 '표현·이해의 활동'과 '언어 지식'으로 더 세분화하였다. 여기에서 사범 대학 국어교육과의 교과과정과 연계하여 논의하기 위해 서는 이 연구에서 제시한 국어교육학의 연구 영역을 살펴볼 필요가 있 다. 연구 영역이 바로 국어 교사가 키워야할 전문성의 영역이기 때문 이다. 아래에 제시한 표를 보자.

아래 표에서 제시된 국어 교육학의 연구 영역이 드러내는 특징은 다음과 같다. 첫째, 국어교육의 핵심을 학생들의 국어 활동으로 삼았 다. 둘째, 국어 활동이라는 현상을 심리적 측면에서 분석하였다. 셋째, 국어교육에서 전통적으로 수용하여 온 문법 지식과 문학 지식을 국어 활동을 위한 기반 지식으로 생각하였다. 넷째, 문법이나 문학 지식 이 외에 국어 활동에 대한 지식, 즉 언어 과정에 대한 절차적 지식을 중요한 지식 요소로 삼았다. 이는 국어교육을 표현·이해 교육, 문법 교육, 문학 교육의 세 영역으로 보았던 전통적인 생각과는 차이를 보인다.

〈표 7〉 노명완 교수가 제안한 국어교육학의 연구 영역4)

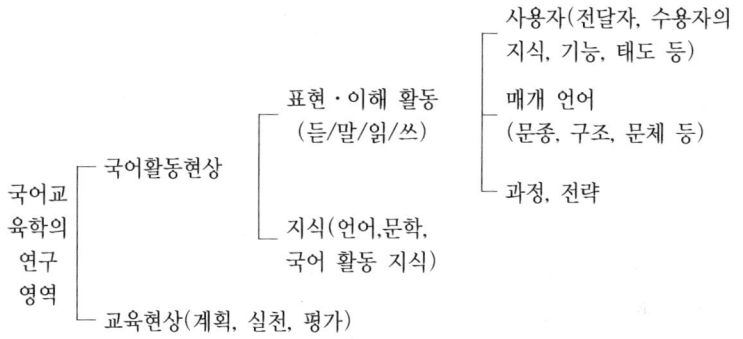

박영목 교수는 세 가지 기준을 바탕으로 하여 국어교육학의 연구 영역을 체계화하였다. 첫째, 국어 활동에 관한 연구는 국어 활동 교육의 이론적 기저를 마련해 준다는 데서 의의를 찾아야 한다는 것이다. 국어 활동에 관한 이론적 연구의 결과가 국어 활동 교육의 목적, 내용, 방법, 평가, 자료 등에 직접적인 교육적 시사를 주지 못한다면 그러한 연구는 국어교육학 연구의 영역에서 제외되어야 한다는 것이 그의 생각이다. 둘째, 국어교육학 연구의 영역을 설정함에 있어서 국어교육의 현실을 무시해서는 안 된다는 것이다. 그러면서 학교 현장에서 실제로 이루어지고 있는 국어교육은 언어의 표현과 이해에 관한 교육, 언어 지식에 관한 교육, 문학 교육 등의 세 영역에 걸쳐 이루어지고 있음을 지적하고 있다. 셋째, 전통적으로 국어교육의 이론적 기저를 마련해 주었던 국어학 이론과 문학 이론을 국어교육학의 연구 영역에서 완전히 배제해서는 안 된다는 것이다. 그 이유로는 학문적 전통이 깊고, 연구 인력 및 연구 성과가 방대한 이들 이론을 국어 활동에 관한 이론 연구에 적절하게 수용하는 일은 매우 중요하고도 필요하기 때문이란 점을

---

4) 최현섭, 최명환, 노명완, 신헌재, 박인기, 김창원, 최영환(1996), 국어교육학 개론, 삼지원, p. 53.

들고 있다. 이런 세 기준에 의해 설정한 국어교육학의 연구 영역은 다음과 같다.

<표 8> 박영목 교수가 제안한 국어교육학의 연구 영역[5]

가. 국어의 이해 활동에 관한 연구 영역
  (1) 의사소통적 목적으로서 이해 활동 연구 영역
    ① 읽기 이론
    ② 듣기 이론
  (2) 문학적 목적으로서의 이해 활동 연구 영역
    ③ 문학 이해 이론
나. 국어의 표현 활동에 관한 연구 영역
  (1) 의사소통적 목적으로서의 이해 활동 연구 영역
    ④ 쓰기 이론
    ⑤ 말하기 이론
  (2) 문학적 목적으로서의 이해 활동 연구 영역
    ⑥ 문학 표현 이론
다. 국어의 구조와 체계에 관한 연구 영역
    ⑦ 국어 활동을 위한 국어학 이론
라. 국어 활동의 교육에 관한 연구 영역
    ⑧ 읽기교육 이론
    ⑨ 듣기교육 이론
    ⑩ 쓰기교육 이론
    ⑪ 말하기교육 이론
    ⑫ 문학교육 이론
    ⑬ 문법교육 이론
    ⑭ 국어 교수-학습방법 이론
    ⑮ 국어교육평가 이론
    ⑯ 국어과 교육과정 이론
    ⑰ 국어과 교재 구성 이론
    ⑱ 국어과 교사론

끝으로 연구자가 국어교육학과의 교과과정을 제안하기에 앞서 중고 교사 양성에서 국어교육과 교수와 국어 교사들이 생각하는 중요 과목

5) 박영목(1997), 국어교육학의 정체성 확립 방안 연구, 교과교육학 연구, 창간호, 한국교과교육학회, pp. 21-22.

들에 대한 조사 연구 결과를 인용하고자 한다. 그 결과를 보면, 국어교육과 교수들과 국어 교사들이 국어교육학에 대한, 또는 국어교육의 실제 활동에 대한 정체감을 갖고 있지 못하다는 것을 알 수 있다. 다음에 제시된 표를 보자.

국어교육과 교수의 경우 국문학 개론을 국어 교사 양성에서 가장 중요한 과목으로 여기고 있다. 그런데 국어교육학의 시작인 국어교육론이나 실제 교사에게 필요한 국어평가론이 전문가인 국어교육과 교수들에게 그렇게 중요하게 생각되고 있지 못하다는 점은 놀랄 만한 일이다. 특히 고등학교 교사 양성에서는 문학 지식과 국어 지식 위주의 강좌를 더 중요시하고 있다. 즉 상급 학교로 갈수록 교과교육으로서가 아니라 문학이나 언어학의 이론들을 소개해야 하는 것으로 여기고 있다고 볼 수 있다. 이런 현상은 대체로 교사들의 경우도 마찬가지임을 알 수 있다. 이렇기 때문에 국어교육과에서 만큼은 교과교육으로서의 정체성을 확립할 수 있는 교과과정 수립이 시급하고, 담당 교수들의 의식 전환이 필수적이라 생각한다.

〈표 9〉 중고 교사 양성에서 국어교육과 교수와 국어 교사들이 생각하는 중요 과목[6]

	국어교육과 교수	중등 학교 교사
중학교 국어 교사 양성에서 중요하다고 생각하는 강좌	국문학개론 국어교육론 국어학개론 국어교재연구 현대시론 현대소설론 국어교육평가론	작문지도론 문학지도론 현대시조 현대소설론 국문학개론 국어교재연구 국어정서법

---

6) 이윤식, 최상근, 박영숙(1990), 중등 교사자격 표시과목 제도 개선 연구: 표시과목별 관련학과 및 기본 이수영역을 중심으로, 한국교육개발원 연구보고 RR90-5, pp.87-89.

	국어교육과 교수	중등 학교 교사
고등학교 국이 교사 양성에서 중요하다고 생각하는 강좌	국문학개론 국어학개론 국어문법론 현대시론 현대소설론 국어교육론 고전시가론	현대시론 현대소설론 작문지도론 한문 고전시가론 국어지도법 국문학개론

이제 마지막으로 연구자가 생각하는 교과과정안을 제안해 보고자 한다. 이것이 이 글의 최종 목적이다. 그러나 아주 초보적인 수준의 제 안임을 밝혀 두고 싶다. 이것은 국어교육과에서 강좌를 십여 년간 들 어온 수강생의 입장에서, 그리고 초등학교 현장에서 십 년 동안 학생 들을 가르친 경험을 가진 입장에서 제안하는 것이다. 이 제안은 앞으 로 계속 수정될 것이다. 그 수정을 가할 때마다 그에 따른 이론과 배 경을 하나씩 구축하는 것이 본 연구자의 할 일이라 생각한다.

연구자가 제안하는 교과과정은 다음과 같은 특징을 갖는다. 첫째, 국 어교육학과의 교과과정을 교과교육학, 교과내용학, 일반교육학, 교육실 습으로 구분하였다. 그리고 각각의 영역에 필수 과목과 선택 과목을 두 었다. 둘째, 교과내용학을 기존에 논의되는 방식[7]과는 다르게, 세 영역 으로 제안하였다. 그 이유는 독서교육론이나 작문교육론과 같은 교과교 육 관련 강좌도 국문학이나 국어학 관련 강좌에 못지 않은 이론과 학문 적 성과가 있음을 보여 주기 위해서이다. 즉 국어학과 국문학에서 개념, 지식, 이론을 지도하였듯이, 독서나 작문 영역에서도 개념, 지식, 이론을 지도할 필요가 있음을 보여 주는 것이다. 그 내용은 다음과 같다.

---

7) 기존의 방식이란 언어 사용 기능이라는 방법에 언어(국어 지식)와 문학이라 는 내용을 기반으로 설정한 것을 뜻한다. 이것은 별도의 논의가 필요하므로 여기서는 중요하게 다루지 않겠지만, 연구자의 제안 방식의 핵심은 언어 사 용 기능(표현·이해)과 관련된 이론이 교과 내용으로 설정된다는 것이다.

(표10) 사범 대학 국어교육학과 교과과정(안)

구 분		필 수	선 택
교과교육학		국어교육론 국어과 교수-학습론	국어과 교육과정개발 국어과 연구방법론 국어평가론 국어교육사 (택2)
교과 내용학	표 현 · 이 해	독서교육론 작문교육론 화법교육론	매체 발달과 언어 언어 발달 언어와 사고 (택1)
	언 어	국어학개론 국어문법론 담화분석론	문법교육론 언어학 이론 언어와 심리 정서법 (택1)
	문 학	국문학사 문학개론 고전시가론 고전산문론 현대시론 현대소설론	문학교육론 구비문학교육론 문학비평과 문학교육 시교육론 산문교육론 (택1)
일반 교육학	교육학	교육철학 교육과정론 교수-학습론 교육평가론	교육연구방법론 인간발달론 교육심리학 교육사 (택1)
교육실습		참관실습 수업실습	

물론 위의 제안은 여러 가지 문제점도 안고 있다. 먼저, 필수 과목과 선택 과목을 나누는 기준을 명확하게 드러내고 있지 못하다는 것이다. 좀더 성숙된 안목으로 그런 내용들을 밝혀 주어야 한다고 생각한다. 두 번째는 산문교육론의 '산문'과 시교육론의 '시'가 과연 무엇인지 모호할 가능성이 있다는 점이다. 산문과 대비되는 용어는 운문이므로 운문교육론이 합당할 것이라는 점도 지적할 수 있다. 또한 고전과 현

대를 구분하는 것에 대한 문제 제기를 하였음에도, 필수 과목에서 고전과 현대를 나누고 있음도 문제이다. 이것은 운문은 고전적인 느낌이 강하다는 점에서, 현실적으로 문학이 고전과 현대로 나뉘고 있다는 점에서 그렇게 제안했음을 밝힌다. 이런 것은 앞으로 더욱 분명히 개선되어 드러나야 할 것이다. 세 번째는 필수 과목은 그렇다 하더라도 선택 과목이 위와 같이 구성되었을 때, 실제로 학기마다 강의가 개설될 수 있겠는가 하는 문제점을 안고 있다. 강의를 담당할 인력의 문제도 있고, 학생들의 인식 부족으로 인해 수강이 이루어지지 않을 가능성도 있기 때문이다. 따라서 현실적인 문제들을 종합적으로 고려하여 점진적으로 개선할 필요가 있다고 생각한다.

5. 결 론

본 논의는 국어 교사들을 양성하는 사범 대학의 교과과정이 과연 타당성 있게 설정되어 있는가 하는 문제 의식에서 시작되었다. 즉, 국어 교과의 교육적 보편성과 교과적 특수성이 드러나도록 교과과정이 구성되어 있는가 하는 점이다.

그러나 그런 문제 의식은 아직까지 문제 의식에만 그치고 있다. 실제로 사범 대학 국어교육과의 교과과정을 검토해 본 결과, 인문 대학의 국어국문과와 별로 다르지 않다는 것이 드러났다. 그것은 교수진이나 구성된 기존 교과과정에서도 확인할 수 있었다. 아마 실제적인 교수 내용을 검토해 보면, 그런 현상은 더욱 명확히 드러나리라 생각한다. 만일, '국어국문학과'와 '국어교육과'의 교과과정이 비슷하고, 특히 질적으로 동질한 내용이라면, 그 두 과를 분리해 둘 필요가 없다는 것이 연구자의 생각이다. 즉, 인문대학 출신자들에게 일정한 과정을 거쳐 교사 자격증을 주면 되기 때문이다. 현재까지는 이런 문제 의식이 실제적인 국어교육과의 독자성을 확보하는 데에 반영되고 있지 못하다. 이런 과제를 해결하기 위해서는 여러 가지 문제들에 대처해야 한다.

첫째는, 국어과 교육과정 개발을 위한 활발한 연구가 이루어져야 한다. 국어과의 목적이나 내용이 제대로 개발되고, 실행되고, 보완되는 프로그램이 있어야 그에 걸맞는 교사 양성 시스템을 구축할 수 있기 때문이다. 그 교사 양성 시스템은 결국 사범 대학 국어교육과의 교과과정과 밀접하게 연관되어 있음은 두 말 할 필요도 없다.

둘째, 각 사범 대학의 국어교육과 교과과정에 대한 전반적인 점검이 필요하다. 지금의 교과과정은 대학 내부의 논리로만 수립되고 있고, 그 과정과 결과를 객관적인 외부의 논리로 평가하고 있지 못하다. 그렇기 때문에 개선의 여지가 적을 수밖에 없는 것이다. 여기서 외부의 논리란 비전공자들의 관점을 의미하는 것이 아니라, '국어국문과'와는 독자적 학문 토양을 가진 '국어교육과'를 바라볼 수 있는 관점을 의미한다.

셋째, 현장의 국어 교사들이 함께 참여하는 학문적 논의의 장이 마련되어야 한다. 다시 한 번 강조하건데, 국어교육은 실제적인 학문이다. 이론과 실제가 동떨어져 있는 것이기 때문에 이 점을 강조하는 것이 아니라, 현실의 모습을 그대로 반영하고 설명하는 분야로서의 국어교육을 강조하기 위함이다. 국어교육은 학문의 차원과 함께 실제 활동의 차원이 함께 다루어져야 하는 것이다.

현재까지 사범 대학 국어교육과는 타당성이 있는 교과과정으로 꾸며져 있다고 보기 힘들다. 앞에서 언급한 하나의 안은 논의를 시작해 보기 위해 제시한 것이다. 이제부터는 왜 그것이 국어과 교과과정으로 들어와야 하고, 왜 저것은 빠져야 하는지를 논의해야 한다. 교과과정을 개발할 때 고려할 것들 중에 가장 어렵고 민감한 부분이 바로 포함과

배제의 문제이기 때문이다. 이것들은 짧은 시간에 간단히 결정될 것들
은 아니다. 따라서 국어교육의 학문적 보편성과 독자성을 확보해 보려
는 차원의 논의를 지금부터 서둘러야 할 것이다.

국어 교사는 국어 사용에 대해서 가르친다. 그렇다면 당연히 그런
교사들을 기르는 사범 대학에서는 국어 사용을 어떻게 가르칠 것인가
에 대해서 연구하고, 그 과정을 밝히려고 노력해야 할 것이다. 또한 그
런 탐구에 알맞은 사범 대학 교과과정 수립에 대해서도 심각하게 고민
해야 할 것이다. 여기서의 논의가 앞으로 계속되는 논의에 밑바탕이
될 것이라고 생각한다. 그런 과정을 통해 세련된 교과과정[8]이 수립되
리라 기대한다. 물론 그렇게 분명해지고 세련되어질 때에는 교과교육
학으로서의 국어교육이 실질적으로 도약하는 방향으로 전개되어야 할
것이다.

참고문헌

김경자((2000), 학교교육과정론, 교육과학사.
노명완(1999), 국어교육의 성격과 국어 교사의 전문성, 한국교사교육, 제
16권 1호, 한국교원교육학회.
노명완(1997), 국어교육학 관련 강좌 구성안(Ⅱ), 교과교육학연구, 제1권 1
호, 한국교과교육학회.

---

8) 지금까지 연구자는 '교과과정'이라는 용어를 사용하였다. 여기서의 교과과
정이란 교육을 진행하기 위한 프로그램을 의미한다. 그런 의미에서 '교육과
정(curriculum)'이나 '강의계획안(syllabus)'과는 다르다고 할 수 있다. 교육
과정에는 교과과정을 포함하여, 그 과정을 포함하는 틀이나 기준들이 제시
된다고 할 수 있다. 그리고 강의계획안은 구체적인 교수-학습에 직접 사용
되는 내용들이다. 즉 연구자는 교육과정의 하위 범주로서, 그리고 강의계획
안의 상위 범주로서 '교과과정'이라는 용어를 사용했음을 끝으로 밝힌다.

박영목(1997), 국어교육학의 정체성 확립 방안 연구, 교과교육학연구, 제1
　　권 1호, 한국교과교육학회.

박영목, 윤희원, 이주행, 한철우(1997), 국어교육학 관련 강좌 구성안(Ⅰ),
　　교과교육학연구, 제1권 1호, 한국교과교육학회.

박인기(1996), 문학교육과정의 구조와 이론, 서울대출판부.

우한용, 박인기, 박삼서, 정구향, 김중신, 김창원, 김상욱, 정재찬(1997), 문
　　학교육과정론.

이관규(1997), 국어 교육과의 교육 과정에 대한 연구, 교육과학연구, 2호,
　　부산여대교육과학연구소.

이윤식, 최상근, 박영숙(1990), 중등 교사자격 표시과목 제도 개선 연구:
　　표시과목별 관련학과 및 기본 이수영역을 중심으로, 한국교육개발
　　원 연구보고 RP90-5.

최현섭, 최명환, 노명완, 신헌재, 박인기, 김창원, 최영환(1996), 국어교육
　　학개론, 삼지원.

홍후조(2002), 교육과정의 이해와 개발, 문음사.

Gall, M. D.(1981), Handbook for Evaluating and Selecting Curriculum
　　Materials, Allyn and Bacon, Inc.

비판적 읽기를 위한 참여극 모형 고찰(2004)

오 판 진*

1. 서 론

일상적인 삶에서 어떤 사실이나 신념, 상황과 같은 것을 평가하고 판단할 때 선입견이나 직관에 의지하는 경우가 많다. 특히 개인의 능력이 뛰어날 경우, 문제 상황을 해결하기 위해 자기 자신의 선입견과 직관을 준거로 활용함으로써 만족스러운 결과를 가져온 경우도 있다. 특정한 개인에게 말로 설명할 수 없는 뛰어난 능력이 있을 수도 있기 때문이다. 이와 같이 능력이 뛰어난 특정인은 존중되어야 하고, 다른 사람들도 이런 능력을 기를 수 있도록 그들의 능력을 연구할 필요가 있다.

그렇지만 자신이 가지고 있는 선입견이나 직관에 의지하다가 보면 그 결과가 만족스럽지 못한 경우도 있고, 또 심한 경우에는 낭패를 보기도 있다. 이런 실패를 통해 어떤 대상에 대해 사고할 때 자신의 선입견이나 직관에 의지하기보다는 비판적인 분석을 효과적으로 수행하는 비판적 사고 과정이 매우 중요하다는 것을 깨닫는다. 앞으로 다가올 세상을 생각해 보면, 더욱 그러하다.[1] 그래서 교육계뿐만 아니라

---

* 서울봉천초등학교 교사.

[1] 현대사회에서 보다 성공적으로 살아가기 위해서는 적절한 정보를 수집하고, 그것을 분석, 처리하는 능력과 더불어, 문제 해결력과 같은 고도의 사

다른 분야의 학자들도 어떤 사실이나 신념, 상황을 평가하고 판단하는 것과 관련된 비판적 사고력을 증진시켜야 한다고 주장하고 있다.

국어교육계에서도 비판적 사고력을 증진시키는 교육이 필요하다는 주장에는 동의하고 있다. 김대행은 "정보가 홍수를 이루는 현대의 환경과 관련해서도 개인의 정체성 확보를 위해서도 비판적 사고의 중요성이 강조되어야 한다."[2]는 주장을 제기하여, 비판적 사고력을 증진시키는 방안을 연구해야 한다고 하였고, 이삼형 외(2000)에서는 "교육의 본질적이며 궁극적인 목표 중 하나는 '생각하는 힘'을 길러주는 일이며, 국어교육의 본질적인 목표도 거기에서 크게 벗어나지 않고, 그 가운데서 비판적 사고는 논설, 광고, 선전, 토론, 토의 등과 같은 텍스트를 통해 증진시킬 수 있다."[3]는 주장을 하면서 비판적 사고력 교육의 중요성에 대해 논의하였다.

그래서 이 글에서는 국어교육 가운데서도 읽기 영역에서 활용할 수 있는 비판적 사고력 증진을 위한 교수-학습 모형을 탐구하고자 한다. 이를 위해 비판적 읽기의 본질에 관한 논의를 바탕으로 비판적 사고력을 증진시키기 위한 교수-학습 모형을 설계하고자 한다.

2. 비판적 읽기 교육의 목표

이 글에서 살피고자 하는 비판적 읽기에서 핵심이 되는 용어는 비판적 사고이다. 비판적 사고가 비판적 읽기의 핵심이 되는 까닭은 비

고력이 필요하다. 최현섭 외, 『국어교육학개론』, 삼지원, 2002. 523쪽.

2) 김대행, 「매체언어 교육론 서설」, 『국어교육』 97, 한국국어교육연구회, 1998. 7쪽.

3) 이삼형 외, 『국어교육학』, 소명출판, 2000. 40-304쪽.

판적 읽기 교육의 목표가 비판적 사고력을 증진시키는 데 있기 때문이다. 비판적 사고의 개념을 구명하기 위해 비판의 어원과 사전적 정의 및 그 동안 논의된 비판적 사고의 개념에 대해 살피기로 한다.

먼저 비판의 어원을 살펴보면, 비판(critic)은 '식별할 수 있는'이라는 뜻을 지닌 그리스어 크리티코스(kritikos)와 '선택하다', '분간하다', '결정하다', '논박하다', '평가하다' 등의 의미를 지닌 크리노(krino)라는 말에서 유래하였다.4) 어원에 나타나고 있는 바를 정리하면, 비판이란 '하나씩 구별하여 살펴보고, 이를 바탕으로 분석하고, 평가함으로써 논박을 하거나 선택하거나 결정하는 사고 과정'이라고 할 수 있다. 사전에 정의되어 있는 '비판적(critical)'이란 단어의 의미가 "신중한 판단이나 현명한 평가를 포함하는, 또는 신중한 판단이나 현명하게 평가하는 활동"5)이라는 것을 염두에 둘 때, 어원을 통해 살펴본 비판의 의미는 오늘날 사용되고 있는 비판의 의미와 견주어 볼 때 크게 다르지 않다.

비판과 관련된 본격적인 논의는 철학계에서 찾을 수 있다. 칸트(Kant)를 비롯하여 헤겔(Hegel), 막스(Marx), 그리고 아도르노(Adorno), 마르쿠제(Marcuse), 하버마스(Habermas) 등을 비롯한 프랑크프르트학파로 지칭되는 비판이론가들이 논의를 이끌었다.6) 철학

---

4) 가톨릭대학교 고전라틴어연구소, 『라틴-한글사전』, 서울: 가톨릭대학교출판부, 1995.

5) H. Bosley Woolf, *Webster's new collegiate dictionary*, G. & C. Merriam Co, 1981.

6) 칸트 철학에서 비판의 의미는 경험에서 독립한 이성의 인식능력을 확실하게 밝혀 그 기반 위에서 형이상학을 수립하려고 한 것이며, 마르크스의 경우 비판이란 학설, 이데올로기, 사람들의 행동, 제도 등에 대하여 그것들의 오류, 모순, 결함 등을 단지 지적하는 것뿐만 아니라, 그것들을 만들어 내고 조건 짓고 있는 사회적 근원, 주로 계급적인 관계를 밝히고, 동시에 실천적인 비판으로서의 계급투쟁을 통하여 그 근원을 변혁하는 것까지 포함하고 있다. Fridrich Kaulbach, *Immanuel Kant*, Walter de Gruyter, 1969,

계에서는 이들을 중심으로 17-18세기부터 시작된 근대의 자기 이해를 '비판'이라 규정하면서 비판이 무엇인지를 구명하고자 노력하였다. 그 결과 비판 이론가들에 의해 전통적 해석학의 관념성, 실증주의에 포함되어 있는 이데올로기 및 상대주의 등에 대해서도 논의가 이루어졌는데, 이런 논의는 20세기 이후 교육계에서 진행된 비판적 사고에 대한 연구에 영향을 미치게 된다.[7]

비판적 사고에 대한 교육계의 논의는 듀이(Dewey)에 의해 구체화되었다. 그는 반성적 사고를 '심의(心意) 속에서 사고의 문제를 발견하고, 그 문제를 중시하고, 그 문제를 연속적으로 사고하는 것'[8]으로 규정하면서 비판적 사고와 관련된 논의를 시작하였다. 반성적 사고는 충동적이거나 상투적인 행동에서 인간을 해방시키는 데 그 의의가 있다고 보았는데, 이는 비난[9]을 비판[10]과 혼용하고 있는 일상적인 언어 활동 양상을 고려할 때 여전히 큰 의미가 있다고 할 수 있다.

에니스(Ennis)는 비판적 사고를 '진술(주장)에 대한 올바른 평가'[11]

백종현 역, 『칸트: 비판철학의 형성과정과 체계』, 서광사, 1992. 박영도, 「현대 사회이론에서의 비판 패러다임의 구조 변동-칸트, 헤겔, 마르크스, 하버마스를 중심으로」, 서울대 박사논문, 1994. 참조

7) Rex Gibson, *Critical Theory and Education*(London: Hodder and Stoughton, 1986). 이지헌 외 역, 『비판이론과 교육』성원사, 1989.

8) Dewey, John, *How to think*, 임한영 역, 『사고하는 방법』, 범문사, 1979, 14쪽.

9) 비난: 남의 결점이나 잘못을 책잡아 나쁘게 말하는 것. 비판: 사물의 옳고 그름(시비)에 대하여 검토하여 평가·판정하는 일. 김민수 외, 『국어대사전』, 금성출판사, 1991.

10) 비판: 옳고 그름을 가리어 판단하거나 지적함. 한글학회, 『우리말 큰 사전』, 어문각, 1992. 비판: 사물의 옳고 그름을 가리어 판단하거나 밝힘, 비난: 남의 잘못이나 결점을 책잡아서 나쁘게 말함. 두산 동아 편집부, 『국립국어연구원 표준국어대사전』, 두산 동아, 1999.

11) Ennis, R. H, *A Concept of Critical Thinking*, Harvard Educational Review. 32(1). 81-111, 1962.

라고 정의하였다. 비판을 평가와 동일한 개념으로 파악하고 있다. 빈센트(Vincent)도 이와 같은 맥락에서 비판의 개념을 파악하고 있다. 그렇지만 빈센트는 비판이란 '평가와 판단이며, 제안된 문제나 쟁점을 해결하기 위해 그것의 장점과 단점을 살펴보는 면밀한 조사'12)라고 정의하면서 에니스의 연구에서 한 걸음 더 나아갔다. 즉, 빈센트는 평가를 하기 위해 문제에 대해 그것의 장점과 단점을 면밀하게 조사하는 것을 강조하였는데,13) 그의 주장에는 비판적 사고를 평가로 보는 관점에서 한 걸음 더 나아가 분석(조사)까지 포함시키고 있는 것이다.

다음으로 성일제는 비판적 사고를 "그 성격상 평가적이며 건전한 회의주의로서 정확성, 타당성, 가치 등을 판단하기 위해 어떤 주장, 신념, 정보의 출처를 정밀하고 지속적으로 그리고 객관적으로 분석하는 것"14)이라고 보았다. 비판적 사고를 수행하는 주체가 대상에 대해 사고할 때 판단의 기준이 합리적이어야 설득력이 있는데, 그는 여기에 정확성, 타당성, 가치 등과 같은 준거를 포함시켜야 하며, 주장을 뒷받침하는 근거를 검토할 때에 그 출처에 대한 신뢰도를 고려해야 하고 이와 함께 그 분석의 객관성을 따져보는 것이 필요하다고 주장하였다.

미국철학회에서 발표한 연구 보고서15)'에서는 비판적 사고를 "판단

---

12) Vincent, Ryan, Ruggiero, *The Art of Thinking*, New York: Harper & Row Publishers, 1984.

13) 로이스는 비판이란 '타당하고 신뢰로운 고찰을 통해 판단을 내리거나 평가하려고 시도하는 행동'이라고 보았다. 문제를 해결하는 과정에서 타당성과 신뢰성을 강조한 점이 이전 논의보다 한 걸음 더 나아간 부분이라고 할 수 있다. Royce, P. Jones, *Foundations of Critical Thinking*, Harcourt College Publishers, 2001.

14) 성일제 외, 『사고교육의 이론과 실제』, 서울: 배영사, 1989. 78-79쪽.

15) 이 연구 보고서는 미국철학회에서 1988년에서 1989년까지 진행되었으며, 철학자, 교육학자 등 여러 영역의 연구자들이 다양하게 참여하여 마련한 것이다. 비판적 사고에 대한 연구를 오랫동안 해 온 리처드 폴(Richard

의 근거인 증거, 개념, 방법, 준거, 맥락적인 설명, 해석, 분석, 평가 및 추론을 산출하기 위한 의도적, 자기 규제적 판단"이라고 하였다. 이 개념을 살펴보면, 비판적 사고의 근거, 결과 및 이를 수행하는 주체의 태도에 대해 상세하게 언급하고 있다. 그렇지만, 비판적 사고가 작동하는 구체적인 상황, 즉 현실 맥락에서 크게 요구되는 비판적 사고의 사회·윤리적인 측면에 대한 언급은 찾아볼 수 없다. 비판적 사고는 사회적·윤리적 측면에 대해 논의할 필요가 없는 진공상태에서 논의될 수 있는 가치중립적인 개념이 아니라 사회·문화적인 상황과 맥락을 바탕으로 진행되어야 하고, 또 그럴 수밖에 없는 개념이기 때문에 이 점에 대한 논의는 꼭 포함되어야 한다.

리처드 폴(Paul)은 비판적 사고의 사회·윤리적인 측면에 대해 자세하게 논의하였다. 그는 비판적 사고에 대한 연구에서 사회·윤리적인 측면이 포함되지 않고 있는 문제를 극복하고자 약한 의미의 비판적 사고와 강한 의미의 비판적 사고를 구별하여 제시하였다.[16] 즉 사회·윤

Paul), 배리 베이어(Barry K. Beyer), 로버트 에니스(Robert H. Ennis)와 같은 학자들도 참여하였다. The American Philosophical Association, *Critical Thinking: A Statement of Expert Consensus for Purposes of Educational Assessment and Instruction*, ERIC Doc. No.: ED 315 423, 1990. 김명숙 외, 『사고력 검사 개발 연구(1) -비판적 사고력 검사 예비 문항 개발편-』, 한국교육과정평가원, 2001.

16) 약한 의미의 비판적 사고가(weak-sense critical thinker)는 어느 측면에서 보면 사고를 잘하고 있는 것으로 생각할 수 있지만 비판적 사고의 가치와 기능에 있어서 매우 중요하면서 동시에 보다 더 높은 수준에 해당하는 그 무엇이 빠져있다. 이런 유형으로 사고하는 사람에는 비윤리적인 변호사들과 정치가들이 있다. 그러나 강한 의미의 비판적 사고가(strong-sense critical thinker)는 다른 사람은 입장을 고려하는 윤리적이면서도 신뢰할 수 있는 방식으로 사고한다. Paul, R. W.·Elder, L, *Critical Thinking: Tools for Taking Charge of Your Learning and Your Life*, Prentice Hall, 2001, p.2. 김영채, 『사고력: 이론, 개발과 수업』, 서울: 교육과학사, 1998. 174쪽 참조.

리적인 측면이 간과되어 논의되는 비판적 사고를 약한 의미(자기중심적인)의 비판적 사고라고 지칭하고, 윤리성을 포함하고 있는 비판적 사고의 개념을 강한 의미(공정한)의 비판적 사고라고 하여 서로 구분한 것이다. 여기에서 폴(Paul)이 궁극적으로 주장하고자 하는 것은 비판적 사고 교육의 지향점에 대한 것이다. 즉, 학습자들이 공정성에 바탕을 둔 강한 의미의 비판적 사고력을 습득하도록 해야 한다는 것이다. 그래서 자기 자신의 이익만을 추구하는 주관적이고 상대적인 것이 아니라 객관적이고 공정한 마음을 갖도록 하기 위해서 공평하고, 편견이 없는 방식으로 문제 상황과 관련된 이해 당사자들의 여러 입장을 고려하는 것을 비판적 사고에 대한 논의에 포함시키고 있다. 비판적 사고가 공정하게 이루어지기 위해서는 자기 자신의 관점 뿐만 아니라 다른 사람의 관점까지도 충분히 고려하여 가장 합리적이고 타당한 기준에 비추어 보아야 합리적인 결론을 도출할 수 있어야 하기 때문이다.

　이상으로 철학계와 교육학계에서 진행된 선행 연구에 나타난 비판적 사고에 대해 살펴보았다. 이를 바탕으로 비판적 읽기 교육의 목표인 비판적 사고의 개념을 정의하면 다음과 같다. 즉, 비판적 사고는 '평가하고 판단하는 것인데, 올바르게 하기 위해 타당성과 신뢰성을 기준으로 삼아 살펴본 후 평가하고 판단하는 것'이다.

3. 기존 교수-학습 모형 검토

　비판적 읽기 교육의 학습 자료는 가치 갈등을 전제로 한 텍스트가 효과적이다. 그렇지만 학습자들의 비판적 사고력을 증진시켜주기 위해서는 교수-학습 방법론 또한 이에 부합하는 것이어야 한다. 기존 교수-흑습 모형 가운데 가장 크게 주목을 받았던 것은 역할놀이 모형인데,

이 모형은 교수-학습 방법으로 연극을 끌어들여 활용한 것이라 할 수 있다. 이에 이 글에서는 이런 시도를 한 단계 발전시키고자 기존 교수-학습 모형을 검토하여 비판적 읽기 교육을 위한 교수-학습 모형을 제시하고자 한다. 연극을 교수-학습 방법으로 활용한 모형 가운데에는 대표적인 모형으로 '극화학습' 모형과 '역할놀이' 모형이 있다. 어떤 사람은 '극화학습' 모형이 '역할놀이' 모형을 포괄하고 있다고 주장하기도 하고, 또 다른 사람은 반대로 말하기도 한다. 그렇지만 여기에서는 이 두 모형 사이의 포함 관계를 따지기보다는 각각의 특징을 중심으로 비판적 사고력 증진과 어떤 관련이 있는지를 고찰하도록 하겠다.

먼저 '극화학습' 모형에 대해 살펴보면, 이 모형은 학습할 내용을 간단한 연극 공연으로 만들어 공부하는 교수-학습이라 할 수 있다. 극화학습의 장점으로는 학습자들이 매우 큰 흥미와 호기심을 가지고 학습 활동에 참여하고, 또 그렇게 학습한 내용이 오랫동안 학습자들의 기억에 남는 등 학습 효과가 크다는 점을 들 수 있다. 그렇지만 이 모형의 개념을 정확하게 규정하는 것은 쉽지 않다. 그 이유는 극화학습 그 자체가 매우 다양한 형태를 띠고 있기 때문이다. 그럼에도 불구하고 공통되는 부분을 중심으로 개념을 정리해 보면, '극화학습'은 촌극, 재판극, 방송극, 인형극 등 다양한 형식의 연극 공연을 통해 학습 목표를 실현시키는 교수-학습 모형이라 할 수 있다. 이 모형은 학습자의 호기심을 자극하여 능동적인 학습 태도를 증진시키는 등 여러 가지 장점이 있음에도 불구하고 극화학습에서 공연을 준비한 학습자들과 이를 지켜보는 학습자들이 서로 어떻게 의사소통하면서 학습을 하는지에 대한 논의가 구체적이지 못하다. 바로 이 부분에서 보다 더 깊은 논의가 전개된다면 비판적 사고와도 관련지을 수 있을 것이라고 예상한다.

두 번째로 '역할놀이' 모형에 대해 살피도록 하겠다. 역할놀이의 개념에 대한 논의를 대표하는 연구는 샤프텔 부부가 논의한 내용한 내용을 들 수 있다. 그들은 역할놀이를 학습자들이 자발적인 연기를 통해 사람들이 부딪히는 문제에 대해 탐구하는 문제해결 학습법[17]이라고 정의했다. 이런 역할놀이 모형은 학습자들이 어떤 역할을 맡아 연기하듯이 활동하는 것을 교수-학습 과정에서 활용하는 것이 특징이다. 이렇게 학습자들이 역할을 맡아 자신의 몸으로 직접 활동하면서 공부하기 때문에 다른 많은 교수-학습 방법 가운데에서도 생생하고 구체적인 교육 방법으로 알려져 있다.

역할놀이 모형은 극화학습과 마찬가지로 학습자들의 흥미가 적극적인 교수-학습 자세를 장점으로 들 수 있다. 그렇지만 역할놀이를 통해 이루어진 학습과 그 수업에서 도달하고자 하는 학습 목표가 서로 어떻게 관련될 수 있는지에 대해서는 구체적이지 못한 한계가 있다. 그리고 정해진 시간에 수업을 마쳐야 하는 학교현장의 형편으로 인해 역할놀이를 통해 단순하게 교수-학습에 필요한 학습 문제를 제기하는 정도로 활용되는 경우가 많은 것도 문제라고 할 수 있다. 왜냐하면 이와 같이 학습 문제를 제기하는 정도의 활용에서는 실연을 준비한 학습자들은 물론이고 관람한 학습자들이 역할놀이를 통해 보다 깊이 있게 사고할 수 있는 기회가 줄어들기 때문이다. 역할놀이 모형의 이런 문제점을 극복하기 위해서는 학습자들 사이에서 토의와 토론이 풍부하게 이루어져야 할 텐데 이를 유발하고 촉진하는 교수-학습 방법으로 구체적인 교수-학습 모형을 제시하고자 한다.

위에서 살펴본 바와 같이 '극화학습'과 '역할놀이' 뿐만 아니라 기존의 다른 형태의 연극적 교수-학습 모형의 경우에도 관람하는 학습자들을 중심에 두고 이들에게 어떤 교육적 경험을 줄 것인지, 그리고 관람

---

17) Fanie R Shaftel et al, *Role Playing in the Curriculum*, Prentice-Hall, 1982, p.12.

한 학습자들과 연행한 학습자들이 서로 어떻게 의사소통할 것인지에
대한 방법론 연구는 아직까지 미흡한 실정이다. 그래서 학습자들의 비
판적 사고를 증진시키기 위해서는 이 부분을 해명할 수 있는 실천적인
교수-학습 모형이 구체적으로 제시되어야 한다. 이런 현실적인 필요와
관련지어 참여극 교수-학습 모형을 설계하고자 한다.

4. 참여극 교수-학습 모형 설계

참여극 모형은 기존의 연극적 수업 모형 가운데 하나인 '극화학습'
과 관련이 깊은 것으로 비판적 사고력을 증진시킬 수 있는 이해활동
중심의 교수-학습 모형이라 할 수 있다. 교수-학습 모형으로서의 극화
학습이란 학습할 내용을 연극으로 만드는 과정과 결과를 통해 학습 목
표에 도달하는 것을 말한다. 그런데 이 극화학습 모형은 교수-학습 장
면에서 관람자보다는 연희자들의 표현에 관심이 집중된 나머지 관람자
들이 적극적으로 학습에 참여하는 것에 대해서는 소홀한 단점이 있다.
그 결과 많은 학습 주체들, 즉 관람자로서의 학습자들이 교수-학습 과
정에서 소외되는 문제가 발생하였다. 이 문제를 해결하여 연행자로서
의 학습자들과 관람자로서의 학습자들 모두 학습 과정에 적극적으로
참여하는 주체가 되도록 하는 방법을 모색할 필요가 있다.

앞에서 살펴본 바와 같이 연극을 교수-학습 과정에 활용하게 되면,
표현활동에 참여하는 학습자에 비해 이해활동에 참여하는 학습자들에
대해서는 관심이 소홀해지는 현상이 문제점으로 지적된다. 관람자로
참여하는 학습자들의 비판적 사고력을 증진시키기 위해서는 이를 해소
하여야 하는 데 이를 위해서는 관람객이 연행에 직접 개입할 수 있어
야 한다.

여기에서 사용하고 있는 참여 모형이라는 용어는 본 연구에서 새롭게 제안하는 것으로 연희자의 연행 활동에 관람자가 적극적으로 개입하여 함께 구성하는 교수-학습 모형이라는 뜻이다. 참여 모형이란 용어에 사용된 참여라는 말은 브레히트의 연극 이론과 관련이 깊다. 브레히트는 관객들이 연극을 관람하면서 비판적인 태도를 보이지 않고, 수동적인 입장에 머무르는 것에 대해 신랄하게 비판하면서, 연극이 배우에서 관객으로 나아가는 일방적인 소통이 아니라 관객과 배우가 상호작용하는 쌍방향적인 소통을 이루어내야 한다고 주장한 바 있다.18) 참여극 교수-학습 모형은 연행자와 관람자 사이의 쌍방향적인 소통이 가능하도록 하는 연극의 기제(매카니즘)를 바탕으로 하고 있는데, 이는 브레히트의 연극이론뿐만 아니라 가면극의 미학원리인 신명풀이19)에서도 찾을 수 있다. 미학원리로서의 신명풀이는 가면극 연행에 관람자들이 적극적으로 개입하는 것을 전제로 할 때 가능하며, 연희자와 관람자 사이의 쌍방향적인 의사소통 속에서 이루어지는 미적 체험이다.

참여극 교수-학습 모형의 특징을 살펴보면, 첫째 이 모형은 표현 활동만을 지나치게 강조하는 기존 모형의 문제점을 해소하는 데 초점을 맞추고 있다. 따라서 관찰자의 비판적 사고가 유발되고 수행될 수 있도록 하는 적극적인 형태의 이해 활동이 가능하다.

둘째 전문극단의 배우들이 공연하는 연극 공연을 교육 현장에 활용할 수 있는 체계가 갖추어진다면 학교 교실에서만이 아니라 연극 공연장에서 국어 수업을 할 수도 있을 것이다. 우리나라에도 극단과 학교 사이에 서로 협력할 수 있는 체계가 갖추어지면 매우 의미 있는 교육

---

18) 질 지라르 저, 윤학노 역, 『연극이란 무엇인가』, 고려원, 1988, 238쪽. 참조
19) '신명풀이'는 공연 진행에 관중이 능동적으로 개입하면서, 고통을 일으키는 공동의 문제에 대해 관중이 오히려 더욱 높은 식견을 가지고 토론할 때 이루어진다. 조동일, 『카타르시스 라사 신명풀이』, 지식산업사, 1997, 39쪽.

활동이 이루어질 수 있게 된다. 이런 기획을 통해 가면극의 박제화 현상을 해결하는 한 가지 대안을 마련하는 것까지도 가능할 것이다.

그렇지만 아직까지는 전문극단을 활용하는 것이 쉽지 않다. 이럴 경우에는 멀티미디어 시설을 활용하여 비디오테이프나 인터넷에 있는 영상 자료를 활용할 수도 있으며, 학습자들 가운데에서 소집단을 구성하여 이들이 실연하는 방안이 검토될 수 있다.

셋째 참여극 모형은 비판적 사고력을 증진시키기 위한 이해 중심의 모형이면서도 표현활동과 이해활동을 동시에 강조하는 총체적 교수-학습 모형이라 할 수 있다. 국어교육의 내실화를 위해 듣기, 말하기, 읽기, 쓰기로 영역을 나누긴 하였지만 실생활에서 이루어지는 언어활동은 분절적이기보다는 총체적이다. 따라서 교수-학습 과정의 전반적인 방향은 총체성을 지향하면서 영역별로 부족한 부분들을 분절적으로 강화해서 교육하는 것을 지향하도록 하였다.

그럼 이제 참여극 모형의 구체적인 교수-학습 과정을 고찰하기로 한다.

〈표 1〉 참여극 교수-학습 모형

교수-학습 과정	핵심 요소	주요 내용
학 습 안 내	학습 문제 및 방법 파악	* 학습 문제 확인 * 학습 방법 파악
연 행	소집단 연행 비판적 관람	* 사전 과제로 준비(연행자) * 각자 문제점 분석(관람자)
1차 참여극	관람자: 질문 연행자: 답변	* 문제 제기 * 답변(역할 속, 역할 밖)
2차 참여극	연행 중지 연행 내용 변경	* 장면에 대한 질문과 대안 제시 * 관람자의 제안 검토
평 가	평 가 차시 예고	* 참여극 활동에 대한 평가 * 개인 및 소집단에 대한 평가 * 차시 학습 예고

첫째 '학습 안내'는 학습해야 할 문제와 목표를 확인하는 과정이다. 이 과정에서는 학습할 목표와 방법에 대해 안내하는 교사의 활동이 중심이 된다. 사전에 실연을 준비할 소집단을 편성하고 내용을 준비하게 하는 것을 비롯하여, 학습 목표를 달성하기 위해 참여자들 또한 어떤 역할을 해야 할 지에 대해 주지시켜야 한다. 이 모형은 관람자들의 입장에서 볼 때 이해활동이라 할 수 있다. 따라서 이해교육의 절차와 마찬가지로 비판적 관람을 하기 전에 살펴볼 사항에 대해 교사가 미리 알려주는 방법과 학습자 스스로 살펴보는 방법 가운데 선택을 해야 한다. 이 과정에서 관람자들이 자신의 역할이 무엇인지를 충분히 인식하게 되면, 다음 단계의 학습 과정을 의미 있게 진행할 수 있다.

둘째 '연행'은 전문극단의 공연을 관람하거나, 비디오테이프나 인터넷의 동영상을 보는 것, 또는 학급에서 소집단을 구성하여 그들에게 과제로 공연을 준비하게 하여 실연하는 과정이다. 전문극단, 비디오테이프, 인터넷 동영상의 경우 학습자들은 전적으로 관람자가 되겠지만, 학습자들 가운데 구성된 소집단에서 연행을 준비할 경우 연행을 준비한 소집단은 준비한 내용을 다른 학습자들에게 보여주고, 관람하는 학생들은 비판적인 관점에서 그 연행을 관람하는 것이다. 따라서 연행에서는 교사의 사전 준비가 보다 크게 요구되며, 학급의 소집단이 연행을 할 경우에도 이들은 미리 조직하여 학습할 내용과 관련된 연행을 준비하도록 하는 것이 필요하다. 연행을 준비하는 소집단을 구성할 때에 학습자들의 성향이나 능력 등을 고려하여 고루 포함되도록 하는 방법이나 비슷한 성격의 학습자들로 소집단을 구성할 수도 있다. 이런 연행 과정에서 중심이 되는 것은 비판적 사고와 관련된 희곡이며, 의상이나 소품, 분장과 같은 요소가 강조되어 학습의 초점이 흐려져서는 곤란하다.

　셋째 '1차 참여극'은 연행이 끝난 다음 이를 관람한 학생들과 연행한 주체가 서로 질문하고 대답하는 과정이다. 연행 주체들은 자신이 표현한 역할의 입장에서, 관람한 학생들은 관람자의 입장에서 대화에 참여하는 것이 기본이며, 연행 주체들은 꼭 자기가 맡은 역할의 입장에서만 얘기해야 하는 것은 아니라, 자기 개인적인 의견을 밝힐 수도 있다. 이 과정에서 대화를 하다보면 관람한 학생들은 연행한 주체가 연행을 통해 표현한 것과 그렇지 못한 것뿐만 아니라 연행한 내용 속에서 잘 나타나지 않은 숨은 의미까지도 심도 깊게 파악할 수 있게 된다. 물론 연행한 주체도 자신의 연행이 다른 연행자들이나 관람자들에게 어떻게 이해되었는지를 파악하면서 자신의 의도와 표현 사이의 관계를 알게 된다.

　아래를 보면 가면극 '봉산탈춤' 미얄춤 과장에는 악공이 미얄이나 영감과 말을 주고받는 장면을 제시하였는데 이와 비슷한 맥락의 활동이라 할 수 있다.

> 미얄: (한 손에 부채 들고 한 손에 방울을 들었으며, 굿거리장단에 춤을 추면서 등장하여 악공 앞에 와서 울고 있다.) 아이고 아이고 아이고!
> 악공: 웬 할맘입나?
> 미얄: 웬 할맘이라니 떵꿍하기에 굿만 여기고 한거리 놀고 가려고 들어온 할맘일세.
> 악공: 그러면 한거리 놀고 갑세.
> 미얄: 놀든지 말든지 허름한 영감을 잃고 영감을 찾아다니는 할맘이니 영감을 찾고야 놀갔 습 네.
> 악공: 할맘 본 고향은 어데와!
> 미얄: 본 고향은 전라도 제주 망막골일세
> 악공: 그러면 영감은 어찌 잃었습나?

> 미얄: 우리 고향에 난리가 나서 목숨을 구하려고 서로 도망을 하였더
> 니 그 후 아즉까지 종적을 알 수 없습네.
> 악공: 그러면 영감의 모색을 댑세.[20]

이 장면은 등장인물과 관람자가 대화를 나누는 형태로 되어 있어서 본 연구에서 구안한 참여 모형이라는 교수-학습 모형을 설계하는 계기를 제공하였다. 그렇지만 이 장면은 '1차 참여극'에서 제시하고 있는 것과 꼭 같은 형태라고는 할 수 없다. 악공이 미얄이나 영감과 대화를 나누는 것 자체가 이미 사전에 준비된 각본에 의한 것이기 때문이다. 그렇지만 이런 형태를 활용하여 교수-학습을 한다면 학습의 밀도를 높일 수 있는 방안이 도출된다는 점은 명백하다.

미얄춤 과장과 비슷한 맥락의 활동으로 외국에서 널리 쓰이고 있는 'hot seat'[21]이라는 활동이 있다. 이 활동은 영국에서 교수-학습 과정에서 사용하고 있는 기법 가운데 하나로써, 일반 무대극 공연을 전제로 하는 활동이다. 전문극단의 배우들이 진행하는 공연에서 공연 도중뿐만 아니라 공연이 끝난 다음에 이루어지는 연기자와 관객과의 대화를 말한다. 이때 연기자는 연기자 개인의 입장보다는 연기자가 맡았던 인물의 입장에서 대화를 한다는 것이 특징이다.

이 외에도 '1차 참여극' 과정에서는 학습 목표에 도달하는 것과 함께 학습자들의 다양한 견해가 표출되어 학습 목표 그 이상의 공부를

---

20) 이두현, 『한국가면극선』, 교문사, 1997, 196쪽.
21) 공연 도중 역할 연기가 끝난 이후에 연기자와 관객들 사이에서 다각도로 이루어지는 토론 방식이다. 이때 연기자는 자신이 미처 역할로 표현하지 못한 인물의 입장을 대변하게 된다. 그럼으로써 연기자는 상대 역할의 입장이나 관객들의 반응을 이해하게 되고, 관객들은 연기자의 입장을 이해하게 된다. 정봉석, 「교육연극의 연출 원리와 기법」, 『교육연극의 이론과 실제』, 연극과 인간, 2000, 104쪽.

할 가능성이 있다. 여기에서는 학급 구성원들 사이의 역량과 분위기가 중요하다. 이 때 교사는 학습 목표와 관련된 내용과 그렇지 못한 내용 가운데 의미 있는 내용을 조율하는 역을 해야 한다. 그리고 교사는 연극에 관한 일반적인 전문 지식이 필요하다기보다는 연극을 교육에 활용하는 이론과 방법에 대한 안목이라 할 수 있는 연극적 마인드가 요구된다.

넷째 '2차 참여극'은 두 번째 단계에서 실시한 연행을 처음부터 다시 시작하게 한 후 어떤 장면에서 관람자가 '중지(stop)'를 외치는 것으로 시작한다.[22] 관람자는 중지한 그 장면에 대한 자신의 견해를 밝히고, 새로운 제안을 한다. 그러면 연행자는 관람자가 요구하는 바에 대해 의견을 교환한 후 수정된 내용을 연행한다. 이 과정을 통해 자신이 제안한 내용이 지금 여기에서 현실화되는 경험을 하게 되고, 학습자들은 지금 눈앞에서 표현되는 변화된 연행을 경험하게 된다. 연행이 자신의 주장에 의해 변화되는 경험을 하게 되면 학습자들의 비판적 사고력은 더 크게 증가하게 된다. 자기 생각에 따라 상황이 변화하는 것을 경험하는 것은 학습자들의 비판적 사고를 활성화시키기 때문이다. 이런 교수-학습 모형 설계와 관련된 가면극의 전통을 살펴보면 다음과 같다.

　　탈춤은 극적 환상을 만들어내지 않고 구경꾼이 일상생활에서 겪는 현실을 직접 비판하는 연극이다. 비판은 놀이패가 일방적으로 보여주는 광경이 아니고, 놀이패와 구경꾼이 대화를 나누고 토론을 하면서 전개하는 산 경험이다. 이 점이야말로 탈춤이 대방놀이이기 때문에 가능할 수 있으며, 놀이패가 놀이패이면서 구경꾼이고, 구경꾼이 구경꾼이면서 놀이패라는 관계가 유지되면서 지속될 수 있는 것이다. 그런데 오늘날의 탈춤

---

22) 포럼 연기: 한 장면이 연출되더라도 청중이 그 장면에 대하여 질문하거나 대안을 제시함으로써 중단시키거나 변화시킬 수 있다. 김대행, 『문학 교육 틀짜기』, 역락, 2000, 284쪽.

전승에서는 탈춤의 대방놀이적 성격이 계속 위태롭게 되고 있다. 길놀이
나 군무는 버리고 탈놀이만 전승하고자 할 뿐만 아니라, 탈놀이마저도
놀이패가 일방적으로 진행하는 것으로 되고, 구경꾼은 놀이패로서의 참
여를 하지 않으려고 하고, 또한 할 수 없게 된다.[23]

가면극 연행에서 이루어졌던 놀이패와 구경꾼의 대화와 토론은 공
연으로서의 연극에서도 다시 한 번 관심을 가져야 할 부분이겠지만,
교수-학습 과정에 활용되어 학습자들의 비판적 사고력을 증진시킬 수
있는 방법으로 쓰일 수 있다고 보았다. 그리고, 1차 참여극과 2차 참여
극의 차이는 1차 참여극에서는 음성언어를 통한 의견 교환이 중심이
고, 2차 참여극에서는 몸짓언어를 포함한 음성언어 활동이 이루어져서
훨씬 생동감 넘치는 학습 과정이 이루어진다는 점에 있다.

다섯째 '평가'는 학습 목표에서부터 준비 절차 및 학습 과정 전반에
대해 검토하는 과정이다. 여기에서 가장 중요한 점은 연행에 참여한
학습자들뿐만 아니라 관람을 한 학습자들의 사고 과정에 어떤 변화가
일어났는지를 살펴서 공유하는 것이다. 교수-학습에 참여한 개개인들
의 성과와 문제점을 살펴보고 이를 바탕으로 차후 학습 계획을 세우는
과정이다.

5. 결 론

비판적 읽기 교육은 읽기 텍스트를 바탕으로 하여 학습자들의 비판
적 사고력을 증진시키는데 그 목적이 있다. 이런 교육 목표를 성취하기
위해서는 학습자들의 적극적이고, 능동적인 활동이 필요한데, 지금까지

---

23) 조동일, 『탈춤의 역사와 원리』, 기린원, 1988, 155쪽.

논의된 바에 의하면 '역할놀이' 모형이 가장 타당한 방법으로 인정받아 왔다. 그러나, 기존의 '역할놀이' 모형은 '극화하여 표현하는 활동'으로 인식되어 사용되었고, 그 결과 표현 활동이 지나치게 강조되었다.

이에 본고에서는 표현 활동보다 이해 활동을 강화하는 것이 비판적 읽기 교육의 목표에 부합한다고 보고, 학습자들의 이해 활동이 활성화될 수 있는 교수-학습 모형을 구안해 보았다. 참여극 교수-학습 모형이 학습자들의 비판적 사고력을 증진시켜 읽기 교육의 목표를 성취하는 데 기여할 수 있기를 기대한다.

참고문헌

가톨릭대학교 고전라틴어연구소, 『라틴-한글사전』, 서울: 가톨릭대학교출판부, 1995.

김대행, 「매체언어 교육론 서설」, 『국어교육』 97, 한국국어교육연구회, 1998, 7쪽.

김대행, 『문학교육 틀짜기』, 역락, 2000, 284쪽.

김명숙 외, 『사고력 검사 개발 연구(1) -비판적 사고력 검사 예비 문항 개발편-』, 한국교육과정평가원, 2001.

김민수 외, 『국어대사전』, 금성출판사, 1991.

김영채, 『사고력: 이론, 개발과 수업』, 서울: 교육과학사, 1998. 174쪽 참조.

두산 동아 편집부, 『국립국어연구원 표준국어대사전』, 두산 동아, 1999.

박영도, 「현대 사회이론에서의 비판 패러다임의 구조 변동-칸트, 헤겔, 마르크스, 하버마스를 중심으로」, 서울대 박사논문, 1994.

성일제 외, 『사고교육의 이론과 실제』, 서울: 배영사, 1989. 78-79쪽.

이삼형 외, 『국어교육학』, 소명출판, 2000, 40-304쪽.

조동일, 『탈춤의 역사와 원리』, 기린원, 1988, 155쪽.

조동일, 『카타르시스 라사 신명풀이』, 지식산업사, 1997, 39쪽.

최현섭 외, 『국어교육학개론』, 삼지원, 2002. 523쪽.

한글학회, 『우리말 큰 사전』, 어문각, 1992.

Dewey, John, *How to think*, 임한영 역, 『사고하는 방법』, 범문사, 1979, 14쪽.

Fridrich Kaulbach, *Immanuel Kant*, Walter de Gruyter, 1969, 백종현 역, 『칸트: 비판철학의 형성과정과 체계』, 서광사, 1992.

Girard, Gilles, 윤학노 역, 『연극이란 무엇인가』, 고려원, 1988, 238쪽.

Rex Gibson, *Critical Theory and Education*(London: Hodder and Stoughton, 1986). 이지헌 외 역, 『비판이론과 교육』, 성원사, 1989.

Ennis, R. H, A *Concept of Critical Thinking*, Harvard Educational Review. 32(1). 81-111, 1962.

Fanie R Shaftel et al, *Role Playing in the Curriculum*, Prentice-Hall, 1982, p.12.

H. Bosley Woolf, *Webster's new collegiate dictionary*, G. & C. Merriam Co, 1981.

Paul, R. W.·Elder, L, *Critical Thinking: Tools for Taking Charge of Your Learning and Your Life*, Prentice Hall, 2001, p.2.

Royce, P. Jones, *Foundations of Critical Thinking*, Harcourt College Publishers, 2001.

Vincent, Ryan, Ruggiero, *The Art of Thinking*, New York: Harper & Row Publishers, 1984.

다중지능이론에 기초한 초등 문학교육(2004)
- 교육연극을 중심으로 -

우 미 라*

I. 서 론

제7차 교육과정에서는 문학교육의 내용을 '문학의 본질', '문학의 수용과 창작', '문학에 대한 태도'로 체계화하여 나타내고 있다. 제6차 교육과정까지의 문학교육에서 초점을 둔 '문학 작품의 이해와 감상'을 제7차 교육과정에서 '문학의 수용과 창작'이라고 명칭을 바꾸어 쓴 것은 문학교육이 단순히 문학 작품을 읽고 해석하는 차원을 넘어서기 위해서이다. 여기서의 창작은 학습자가 작품을 적극적으로 수용하고 그 결과에 대해 자유롭고 다양하게 반응하며 새로운 의미를 구성하고 표현하는 모든 학습 활동을 의미한다.

이러한 문학교육의 입장은 최근에 논의되고 있는 반응 중심 문학교육이나 학습자 중심의 문학교육과 맥락을 같이 하면서, 문학교육의 방법론에 여러 가지 시사점을 제공해준다. 문학 작품의 분석이나 문학적 지식을 강조하기보다는 학습자의 생생한 문학 체험을 강조하고, 교수-학습 상황에서 학습자의 다양한 반응을 존중하고 허용할 것을 권장한

---

* 서울가주초등학교 교사.

다. 실제로 문학 작품을 읽는 학습자는 자신의 삶이나 경험에 의한 특수한 상황, 또는 사회·문화적 상황에 따라 텍스트를 인식하여 재해석하거나 새로운 의미를 부여하게 된다. 따라서 교사는 학습자의 소질, 적성, 흥미, 요구에 맞추어 문학 작품에 다양하게 접근할 수 있는 학습 환경을 제공해야 할 것이다.

그러나 지금까지의 문학교육은 학습자가 텍스트에 숨겨져 있는 의미를 찾아내고 작가의 의도를 파악하는 수준에 그쳤고, 문학 작품을 단편적인 지식으로 가르쳐왔다. 이런 관점에서 문학교육의 체계가 구성되면, 학습자들은 텍스트의 해석이나 문학적 지식에 얽매여 문학적 상상력을 상실하게 되고, 문학의 본질에서 멀어지는 교육을 받을 수밖에 없다. 이러한 한계를 극복할 수 있는 것으로, 가드너(Gardner, H)의 다중지능이론은 개인의 지능 특성을 고려하여 수업을 전개함으로써 학습자 개개인의 잠재력을 계발하고 학습의 효과를 극대화할 수 있다는 점에서 많은 교육적인 시사점을 주고 있다.

전통적인 관점에서의 지능은 언어적 능력과 논리-수학적 능력 측정에 한정된 협소한 개념으로, 학교에서의 성공을 좌우하는 개인의 일반적인 능력으로 평가되어 왔다. 그러나 가드너는 지능을 언어적 능력이나 논리-수학적 능력으로 보려는 관점에 동의하지 않았으며, 선다형 또는 단답형과 같은 유형의 표준화된 필답고사에 의해 측정되는 것을 거부하였다. 이는 학교에서의 학업이 지적 능력에 제한된 것이 아니라 성인이 실제 살아가는 삶의 과정에서 적용되는 포괄적인 능력에 대한 고려가 필요하다는 주장과 일맥상통한다고 할 수 있다.

다중지능이론에 기초한 교육에서는 기본적으로 다양한 영역의 지능을 계발하고 향상시키기 위해 실생활과 연결된 다양한 학습 경험을 제공하고자 한다. 이는 구성주의적 패러다임을 바탕으로 교수(instruction)

보다는 학습(learning)을 더 중시하는 최근의 경향과 맞물려 상당히 의미 있다고 보며, 다양한 문학 경험과 능동적인 반응을 통해서 미적 감수성과 문학적 상상력을 기르게 하는 학습자 중심 문학교육의 관점과도 일치한다고 볼 수 있다.

이러한 다중지능이론에 기초한 문학교육 방법으로 교육연극을 들 수 있다.1) 문학 작품과 학습자가 상호 작용하는 방법으로서의 교육연극은 다양한 예술적 매체를 통하여 직접 활동하게 함으로써 학습자의 문학적 체험을 음성언어나 문자언어뿐만 아니라 신체적, 회화적, 음악적 활동으로 표현하게 한다. 초등학교 학습자들은 직접적이고 감각적인 신체 활동이 인지 과정의 주 요소를 이루고 있으므로, 상상력과 창의력을 더 많이 자극하고 발달시키기 위해서 이런 활동을 적극적으로 활용해야 할 것이다.

따라서 본 연구는 다중지능이론에 입각한 학습자 중심 문학교육의 이론을 구축하고, 다중지능이론에 기초한 문학교육의 방법으로 교육연극의 적용 가능성을 모색해보며, 이를 바탕으로 문학 교수-학습 모형을 구안하여 실제로 적용할 수 있는 방안을 제시하는 데 그 목적이 있다.

---

1) 낸시 킹은 예술이 교육의 중심이 될 때 예술적 경험들은 학생들에게 구어(口語)와 문어(文語), 공간 지각력, 계산, 인식, 대인적인 협상과 타협 등이 발전될 수 있는 무수한 기회를 제공한다(낸시 킹, 황정현 역, 1998:19)라고 했는데, 여기서 다중지능이론에 기초한 문학교육의 방법으로 교육연극의 적용 가능성에 대한 시사점을 얻을 수 있다.

Ⅱ. 다중지능이론과 문학교육

1. 문학교육의 본질과 방향

가. 문학교육의 본질

문학교육은 문학과 교육의 단순한 결합이 아니라, 문학 본래의 특성과 효과를 유지하면서 교육이라는 활동의 목적이 실현될 수 있어야 한다.

황정현 외(2000:303-304)는 문학의 본질로 언어 예술로서의 본질, 반영 예술로서의 본질, 허구적 보편성으로서의 본질, 효용성으로서의 본질을 들고 있으며, 박영목 외(2001:341-342)에서는 문학의 특성을 언어의 기록이고, 인간 체험의 반영이며, 상상의 문학이고, 그 문화를 산출한 사회를 반영한다고 하였다. 한철우 외(2001:22-23)에서는 '문학이란 근본적으로 언어의 매개물을 통한 인생의 표현'이라고 한 허드슨의 표현을 빌려, 문학은 단순한 언어로 된 표현물 이상이라고 말한다. 즉 문학이란 언어를 통하여 인생을 구체적으로 탐구하고 표현하는 창조의 세계라고 할 수 있으며, 이러한 문학을 교육적 적용을 통해 교육현장에 끌어들이는 것을 문학 교육이라고 말하고 있다.

이러한 문학의 본질에 비추어서 문학교육의 본질을 문학적 체험을 통해 다양한 경험을 하고, 감동을 받아 자신의 삶의 의미를 새롭게 깨달으며 풍부한 삶을 살도록 문학을 향유하는 방식이라고 정의할 때, 문학 작품 자체의 구성이나 인물 탐구, 문학에 대한 지식, 언어적 현상에 초점을 두어서는 문학교육 본연의 목표를 달성하기가 어렵다. 진정한 문학교육은 풍부한 상상력을 통하여 문학을 감상하고, 이에 대해

적극적이고 다양한 반응을 하게 함으로써 문학을 개인의 삶에 의미 있
는 한 부분이 되게 해야 할 것이다.

나. 문학교육의 방향
  - 텍스트 중심 문학교육에서 학습자 중심 문학교육으로 -

2000년부터 단계적으로 적용되고 있는 제7차 교육과정이 지향하는
'학습자 중심 교육'과 발맞추어, 문학교육 역시 텍스트 중심 문학교육
에서 학습자 중심 문학교육으로 변화하고 있다.

신비평의 관점에서는 객관적인 텍스트의 의미가 텍스트 속에 내재
되어 있다고 가정하므로, 자연히 텍스트 중심의 수업 양상을 띠게 되
며 텍스트의 분석에 치중한다. 문학 지식과 작가의 의도, 문학 작품의
구조나 고유한 의미를 찾고 분석하려는 신비평 이론은 텍스트 중심,
교사 중심, 결과 중심의 형태로 이루어져 학습자와 문학을 단절시키는
문제점을 가진 이론으로 비판을 받고 있다.

신비평의 문제점이 드러나면서, 독자 요인을 강조하는 새로운 패러
다임인 반응 중심 문학교육이 스키마 이론과 함께 제6차 교육과정에
영향을 주게 되어, 문학 본질론에 입각한 문학 교수-학습이 이루어지
게 된다. 반응 중심 문학교육은 텍스트가 그 자체로 완벽한 것이 아니
라 빈 공간으로 가득 차 있으며, 독자는 독서 과정에서 텍스트의 구조
요소를 바탕으로 그 의미를 재구성하는 것이라고 할 수 있다. 의미는
텍스트나 독자 안에 이미 존재하는 것이 아니라, 독자와 텍스트 사이
에 거래가 일어나는 동안 생겨나거나 형성된다는 것이다. 이 과정은
독자의 체험이나 텍스트에 대한 이해가 바탕이 되어 미적 감수성이 동
원되고 창조적인 상상력이 발동되는 과정이라 할 수 있다.

1990년대 후반부터 독일의 구성주의 문예학이 소개되면서, 구성주의

적 동향을 바탕으로 한 학습자 중심 문학교육에 대한 논의가 시작되었
는데, 이는 독자의 능동성을 강조하는 반응 중심 문학교육의 문제점을
보완하고 있다. 구성주의 문예학은 동일한 텍스트를 대상으로 각기 다
른 배경 지식과 인지 도식을 통하여 각기 다르게 형성된 개인적 의미
가, 해석자가 소속된 사회 문화적 집단 구성원들과의 커뮤니케이션 과
정을 통해 구성원 모두의 공감대가 형성된, 정합성 있는 의미를 산출해
낸다는 것이다. 텍스트의 의미가 고정적인 것이 아니라는 관점은 독자
반응 이론과 같다. 그러나 독자 반응 이론이 텍스트 이해에 있어서 개
인적인 인지적 과정에만 관심을 집중함으로써 개별 독자들이 산출한
의미의 타당성에 대해서는 명쾌한 해답을 제시하지 못하거나 카니발적
인 다양성2)을 양산한다는 한계를 지니고 있는 것에 비해 구성주의 문
예학에서는 개인의 인지적 과정은 물론, 구성원들간의 협응을 통한 정
당성 부여라는 통어 장치를 제시하고 있다(이상구, 2002:171-172). 결
국 구성주의적 학습자 중심 문학교육은 학습자의 흥미나 요구 등을 바
탕으로 자신의 인지적, 정의적 발달을 위해 문학 텍스트의 수용과 이해
에 필요한 방법들을 학습하고, 능동적으로 문학 작품의 의미를 구성할
수 있도록 하는 문학교육으로 정의할 수 있을 것이다.

　박태호(1995:348)는 바람직한 문학교육을 위해서는 텍스트의 내용에
집착하여 이해하고 추론하는 언어 기능 중심 활동보다는 학습자의 심
미적 문학 경험을 촉진하고 상호 작용에 의한 의미 구성이 이루어지도
록 접근해야 할 것이라고 말하면서, 이와 관련하여 심미적 독서 활동
으로 음악, 미술과 같은 예술적인 활동이나 극화, 쓰기, 말하기, 역할놀

---

2) 독자들의 다양한 반응에 대해 류덕제(1995:344)는 '이 다양성은 적합성의
　기준 아래에서 허용되는 다양성이지, 자의적인 수용 모두를 허용하는 것은
　아니다. 학교 교육에서는 적합성이 검증되어야 하고 그 과정이 소통을 통
　해 가능하다'고 말한다.

이 등과 같은 언어 사용자의 창조적인 표현과 연계가 필요하다고 제안하고 있다. 이는 문학교육을 체험 그 자체의 학습으로 파악한 것으로, 학습자의 역할과 반응을 실현시켜 주기 위해서는 보다 자연스러운 교수-학습 방법이 요구되는데, 다중지능이론과 교육연극 방법에서 찾아보고자 한다.

2. 다중지능이론의 개념과 영역

가. 다중지능이론의 개념

교육에 있어 다중지능이론의 등장은 주로 학교 수업에서 요구되는 지능, 전통적인 관점에서의 지능인 기억력, 언어력, 논리력 등의 인지 능력만을 강조하고, 현실 세계에서 가치 있게 여겨지는 다른 능력들을 무시한 것에 대한 반성에서 비롯되었다. 최근의 지능 개념은 학업 적성 이외에 창의성, 사회적 능력, 예술적 재능, 정서 이해 및 표현 능력, 도덕성 등으로 확장되고 있으며, 과거보다 현실 세계에서의 수행과 밀접하게 관련되는 특성을 띠고 있다.

가드너가 제안한 다중지능이론의 다원적 개념은 지능이 문화 의존적, 상황 의존적이라는 성질을 강조한다. 가드너는 지능을 "특정 문화권에서 중요한 문제 해결 능력 혹은 문화적 산물을 창출해 내는 능력"으로 정의하였다.[3] (김명희·이경희 역, 하워드 가드너, 2001:38). 이러한 정의에 바탕을 둔 다중지능이론은 다음 세 가지 원리를 내세운다.

---

3) 최근에 내린 좀 더 정교한 정의를 보면 '문화적으로 가치 있는 물건을 창조하거나 문제를 해결하는 데에, 그 문화에서 유용하게 쓰일 수 있는 정보를 처리하는 생물·심리학적인 잠재력'으로 정의하면서 능력이 발휘될 수 있는 환경의 중요성을 강조하고 있다(하워드 가드너, 문용린 역, 2001:46).

첫째, 지능은 단일한 능력 요인 혹은 다수의 능력 요인으로 구성된 하나의 지능이 아니라, 서로 별개로 구분되는 다수의 지능으로 구성된다. 둘째, 이 지능들은 서로 독립적이고 동등하다. 셋째, 이 지능들은 서로 상호 작용을 한다.

다중지능이론에서는 현실 그대로의 자연적인 상황에서 문제를 해결하고 문화적 산물을 창조해내는 능력을 지능으로 보는 만큼, 필답고사에 의한 단순한 숫자로 그 능력을 측정할 수 없으므로 대안적인 평가를 요구하고 있다. 선다형이나 단답형의 필답고사는 다중지능이론의 많은 부분을 설명해 줄 수 없기 때문에 수행 평가나 상황에 기초한 평가가 이루어져야 한다는 것이다. 실제로 학습자에게 구체적인 지능 영역에 몰두할 수 있는 작업을 시키고, 그 과제를 수행하는 과정에서 인지적 작용을 관찰하고 평가하는 새로운 접근이 시도되고 있다.

나. 다중지능의 영역[4]

1) 신체-운동적 지능 (Bodily-Kinesthetic Intelligence)

신체-운동적 지능은 몸 전체를 사용하여 아이디어와 느낌을 표현하는 능력, 또는 손을 사용하여 사물을 만들어내고 변형시키는 능력을 말한다. 이 지능을 향상시키는 활동에는 창작 무용, 역할극, 드라마, 무술, 스포츠 등이 있다.

---

4) 다중지능의 영역은 최종적으로 세분화된 상태가 아니다. 가드너는 여덟 가지 지능(신체-운동적, 음악적, 공간적, 언어적, 논리-수학적, 대인관계, 개인이해, 자연탐구)과 실존적 지능 외에도 많은 지능이 있을 수 있다고 주장하였다. 가드너는 처음으로 1983년 Frames of Mind에서 일곱 가지 지능을 제시했지만, 그 뒤 1996년에 자연탐구 지능(naturalist intelligence), 실존적 지능(existential intelligence)을 추가하였다. 실존적 지능은 처음에는 영적 지능(spiritual intelligence)으로 불렸던 것으로, 인간 존재의 목적과

2) 공간적 지능 (Spatial Intelligence)

공간적 지능은 시각적-공간적 세계를 정확하게 지각하고 이 지각력을 변형시키는 능력, 시각적-공간적 아이디어를 시각화하거나 그림으로 나타내는 능력, 그리고 공간적 구조에 자신을 적절하게 위치시키는 능력을 말한다. 이 지능을 향상시키는 활동에는 항해, 지도 제작, 체스 게임, 상상하기, 색채 배합하기, 패턴 디자인, 그림 그리기, 조각하기, 사진 활동, 관찰 활동, 창조 활동 등이 있다.

3) 음악적 지능 (Musical intelligence)

음악적 지능은 음악에 대한 전반적이고 직관적 이해와 분석적이고 기능적인 능력을 말한다. 이 지능을 향상시키는 활동에는 리듬 패턴 파악하기, 작곡이나 편곡하기, 배경 음악 선곡하기, 악기 연주하기, 노래하기 등이 있다.

4) 언어적 지능 (Linguistic Intelligence)

언어적 지능은 단어를 효과적으로 사용하는 능력과 언어의 실용적 영역을 조작하는 능력을 말한다. 이 지능을 향상시키는 활동에는 공식 연설, 일기 쓰기, 유머 및 농담, 이야기 만들기 등이 있다.

의미, 생과 사의 문제, 희로애락, 인간의 본성, 가치 등 철학적이고 종교적인 사고를 할 수 있는 능력으로 철학자와 신학자를 예로 들 수 있다. 그러나 실존적 지능은 뇌에 해당하는 부위가 없을 뿐 아니라 아동기에는 이 지능이 거의 나타나지 않기 때문에 가드너는 다른 여덟 가지 지능과는 달리 반쪽 지능으로 간주한다. 지능이란 한 문화·사회에서 중요시하는 인간의 능력이므로 문화와 사회에 따라 도덕적 지능, 감성 지능, 성 지능, 요리 지능, 예술 지능, 유머 지능, 기계 지능도 설정할 수 있다고 본다. 본 연구에서는 문학교육의 특성상 자연탐구 지능을 제외한 일곱 가지 지능 영역으로 제한하기로 한다.

5) 논리-수학적 지능 (Logical-Mathematical Intelligence)

논리-수학적 지능은 숫자를 효과적으로 사용하는 능력 및 추론을 잘하는 능력을 말한다. 이 지능을 향상시키는 활동에는 수열, 삼단논법, 계산법, 문제해결 등이 있다.

6) 대인관계 지능 (Interpersonal Intelligence)

대인관계 지능은 다른 사람의 기분, 의도, 동기, 느낌을 분별하고 지각하는 능력, 특정 행위에 따르도록 집단의 사람들에게 영향력을 행사하는 능력, 다른 사람들을 이해하고 그 사람들과 일할 수 있는 능력을 말한다. 이 지능을 향상시키는 활동에는 피드백 주고받기, 타인의 감정에 대한 이해, 협력학습 전략, 일대일 상호 작용, 공감, 분업, 집단 프로젝트 등이 있다.

7) 개인이해 지능 (Intrapersonal Intelligence)

개인이해 지능은 자아 이해와 관련된 지식과 그 지식을 기초로 적응하는 능력, 자신에 대한 정확한 모습을 알아내고 그에 따른 자아 훈련, 자아 이해, 자존감을 위한 능력을 말한다. 즉 내면적인 자아와 관련되는 지능이다. 이 지능을 향상시키는 활동에는 내성적 사고, 사고 전략, 정신 집중 기술, 추론, 자아 인식, 목적 인식, 감정 관리, 행동 관리 등이 있다.

8) 자연탐구 지능(Naturalist Intelligence)

자연탐구 지능은 최근에 등장한 지능 영역으로서, 자신의 환경으로부터 최상의 것을 얻어내는 능력, 환경에 관심을 갖고 자연을 탐구하는 능력, 환경에서 생존하고 적응할 수 있는 능력을 말한다. 이 지능을 향상시킬 수 있는 활동으로는 견학, 소풍, 자연 보호, 애완 동물 키우기, 동·식물 관찰하기 등이 있다.

3. 다중지능이론에 기초한 문학교육

가. 다중지능이론의 교육적 활용

다중지능이론은 원래 교육적 적용을 위해 개발된 것은 아니다. "다중지능이론을 제시한 본래 의도는 심리학적 구인(construct)의 하나인 지능이 하나의 짧은 답을 요구하는 측정 도구에 의해 추상적으로 측정된 단순 개념에서 벗어나 보다 다양한 시각에서 재조명되어야 함을 일깨워주기 위함이었다고 한다."5) 그럼에도 불구하고 교육자들에게 쉽게 받아들여질 수 있었던 이유 중의 하나는 다중지능이론이 바로 인간의 무한한 호기심을 풀어주는 이론이며, 최근의 두뇌 연구의 결과들과 일치하기 때문이다. "가드너는 교육을 인간에게 있어서 다른 것과 구별짓는 특이한 지능을 이끌어내고 발전시키기 위한, 특히 이런 지능들을 통해 아동의 잠재력을 최대한 발휘하기 위해 중요한 역할을 하는 필수품으로 보았다."(Bill Roper & David Davis, 2000:221) 다중지능이론에 기초한 교수-학습 방법의 다양화는 다중지능을 계발하고 개인의 장점과 잠재력을 극대화시키는 교육을 하는데 도움을 주며, 학습에 어려움을 겪고 있는 학습자들을 효과적으로 지도할 수 있다. 즉 뛰어난 지능 영역의 개념이나 상징을 사용하여 발달되지 못한 지능 영역을 보완·향상시킬 수 있는 것이다. 또한 다중지능이론은 문화 속에서 확인되었으며 모든 개인들이 모든 지능 영역에 대한 잠재력을 보유하고 있

---

5) http://www.edu4ts.net/mi/miie0311.htm

음을 인정하고 있다. 이러한 차원에서 보면 지능은 생물학적 요소와 환경 요소간의 지속적인 상호 작용에 의해 교육이 가능하므로 변화 및 성장이 가능하다.

학습자들은 그들만의 잠재된 능력을 가지고 있으며, 교사는 그것을 발견하고 더 많은 기회를 통해 그것을 계발할 수 있는 수업을 해야 한다. 교사의 수업 준비는 동일한 개념에 대해 다양한 방법을 통해 접근할 수 있도록 안내하여 주는 것이다. 즉 교과의 성격과 학습자의 지능에 맞추어 한 교과의 수업 자료를 다른 지능의 정보 처리 체제로 변환하여 가르치는 방법을 마련하는 것이다. 가령 국어 시간에 국어를 어떻게 신체 동작, 그림, 음악적 방법을 이용해서 가르치는가, 또는 학습자간의 관계를 함양하는 방법으로 가르칠 수 있는가를 연구하는 것이다. 결국 다중지능이론은 모든 개인들이 하나 이상의 우수한 지능 영역을 가지고 있음을 인정하며, 이 지능을 이용하여 가르치면 성공적인 학습이 가능하다는 교육철학을 가지고 있다.

나. 다중지능이론에 기초한 문학교육의 원리

다중지능이론은 개별성과 다양성을 중시하는 학습자 중심의 수준별 교육과정의 실천에 유용하다고 볼 수 있으며, 문학은 이에 적합한 과목이 될 것이다. 다중지능이론에 기초한 문학교육의 원리를 제시하면 다음과 같다.

첫째, 다중지능이론에서는 학습자의 다양한 지능 특성을 활용하는 수업 전략을 수립하여 적용할 때 학습 목표에 성공적으로 도달할 수 있다고 한다. 따라서 문학교육의 학습 목표에 도달하는 데 있어서 획일적인 학습 내용이나 방법이 아니라, 학습자의 지능 특성을 고려한 다양한 학습 내용과 학습 방법을 적용하는 수업이어야 한다.

둘째, 다중지능이론은 언어적 지능과 논리-수학적 지능 외에도 현실 세계에서 가치 있게 여겨지는 다른 능력들과 밀접하게 관련된다. 각 문화권마다 인정되는 가치가 다르기 때문에 인간의 지능은 문화권에 따라 달리 정의될 수 있으며, 실제의 경험과 학습을 연계시키는 활동을 강조한다. 문학 작품에 대한 수용 또한 학습자가 경험한 특수한 상황이나 사회·문화적 배경 지식, 또는 상호 작용을 통한 능동적인 반응에서 형성되므로, 문학교육도 텍스트의 구조 요소를 바탕으로 상황과 맥락을 중시하며 작품의 의미를 스스로 구성해 나가도록 이루어져야 한다.

셋째, 다중지능이론에 기초한 교수-학습 방법의 다양화는 학습자 개인의 강점이나 잠재력을 극대화시키고 열등한 능력을 보완하여 학습에 어려움을 겪고 있는 학습자들을 효과적으로 지도할 수 있게 한다. 따라서 문학교육에서도 다양한 지능 영역의 학습 경험을 할 수 있는 다양한 교육 매체와 방법 등을 제공하여야 한다. 아울러 교사와 학습자, 학습자와 학습자간의 상호 작용이 활발한 활동 중심의 문학 수업 환경과 학습자의 인지 과정을 반영한 문학 작품을 제공하여야 한다.

넷째, 다중지능이론은 각각의 독립된 지능을 인정하지만, 각 지능은 고립되지 않고 여러 가지 복잡한 방식으로 함께 상호 작용하므로 교육에 대한 통합적 접근을 권장한다. 언어 기능 역시 상호 보완적이며 서로 관련을 맺고 있기 때문에 실제적이고 의미 있는 활동 속에서 자연스럽게 이루어질 때 효과적이다. 따라서 문학교육은 말하기/듣기/읽기/쓰기의 언어 기능뿐만 아니라 다양한 지능 영역의 통합, 학습 활동의 통합 등이 유기적으로 관련을 맺으면서 지도되어야 한다.

Ⅲ. 문학교육에 적용할 교육연극 방법과 준거

1. 문학교육과 교육연극 방법

가. 연극적 관점에서 본 문학의 언어

문학은 사상이나 감정을 상상력을 통하여 언어로 나타내는 예술이다. 문학의 언어는 일상의 언어와는 다른 수준의 언어로 은유와 상징이 포함된 언어이다.6) 다중지능이론에 기초한 문학교육에서 우선적으로 고려해야 할 것은 먼저 '언어를 어떤 관점으로 바라보아야 하는가?'라는 인식의 문제이다.

문학과 언어가 불가분의 관계이듯이, 언어와 사고도 밀접한 관계를 지니고 있다. 언어의 본질을 사고로 보는 관점에서 보면, 언어는 사유 결과물로서의 기호일 뿐만 아니라 기호로 제작되는 과정의 사유 형식으로 세계를 존재하게 하는 것이다. 즉 어떤 식으로 사유하느냐에 따라 언어를 통한 세계의 해석이 달라지게 된다. 이러한 관점은 세계를 하나의 상징 체계로 보고, 상상력을 통하여 해석하고 그 의미를 재해석함으로써 끊임없이 새로운 세계를 재창조한다고 보는 연극적 관점과 같다. 연극적 관점에서의 언어는 의사 소통을 위한 수단일 뿐만 아니라 드라마가 전개되는 상황과 청자·화자간의 상호 관련성을 바탕으로

---

6) 문학의 언어와 일상의 언어가 판이하게 다른 별개의 언어라는 의미는 아니다. 단지 일상의 언어는 현실의 어떤 것을 구체적으로 지시하는 데 반해, 문학의 언어는 구체적으로 지시하기보다는 상징한다는 점에서 일상어와 언어 활동의 전제가 다르다는 것이다. 문학의 언어가 현실을 지향하지 않는 것은 문학이 상상을 통해 진실을 추구하는 형상으로 제시된다는 본질 때문이다(김대행 외, 2000:39).

상징적인 행위를 통해 의미를 구현해나가는 활동이다. 이런 관점에서는 기존의 말과 글 이외에도 신체언어와 이미지언어처럼 세계를 이해하고 표현하는 것은 모두 언어라고 볼 수 있다. 따라서 언어교육은 언어를 통해 학습자의 사고를 확장하고 창의적 사고를 계발하는 방향으로 나아가야 하며, 특히 문학의 언어는 창의적 사고와 밀접한 관련이 있으므로 이런 관점에서 언어를 바라보고 교육해야 할 것이다. 하지만 기존의 문학교육에서는 문학교육의 대상을 문자로 기록된 텍스트에 두고 그것을 중심으로 언어 교육을 해왔다. 그러나 음성언어와 문자언어 능력이 부족한 학습자는 자신의 문학 경험과 관련된 사고나 반응을 총체적으로 표현할 수가 없다는 한계를 지니고 있다.

더구나 현대는 디지털 미디어의 발달과 관련해 언어의 개념이 점점 확장되고 있으며, 문학 환경 역시 과거와는 달라지고 있다. 최근의 멀티미디어 시대의 특징인 전자 매체는 문자언어에 한정되지 않고 그림·동영상과 같은 시각적 이미지, 또는 시각과 청각이 혼합된 이미지들이 일반화되는 새로운 국면을 맞이하고 있다. 따라서 다중지능이론에 기초한 문학교육에서는 언어를 넓은 의미의 연극적 관점에서 바라보고, 다양한 매체를 통해 상상력과 창의적 사고력을 계발하는 방향으로 나아가야 할 것이다.

나. 문학교육에 있어 교육연극 방법 적용의 의의

1) 실제 상황을 통한 적극적 문학 향유

교육연극은 '지금, 여기'라는 실제 상황 공간을 설정하여 개인에게 다양한 경험을 할 수 있는 기회와 통찰력을 키울 수 있는 학습의 장을 제공한다. 어릴수록 학습자들은 가상적 상황에 몰입하는 속도가 빠르며 누구보다 'Make Believe(개연성 믿기)'를 잘한다. 이렇게 감정이입을 통하여 다른 사람이 되어봄으로써, 그 사람의 입장에서 문제에 대한 다양한 해결점을 찾을 수 있게 된다. 이러한 실제 상황은 학습자가 자신의 경험과 상상력을 통하여 문학 작품을 적극적으로 감상하고 반응하며 표현할 수 있는 기회를 제공하여 적극적으로 문학 작품을 향유하게 하는 것이다.

2) 창의적 가정7)을 통한 상상력 계발

문학 작품이 작가의 상상력의 산물인 점과 마찬가지로 문학 텍스트는 독자에게 새로운 상상력의 매체이다. 독자가 문학 텍스트를 수용하는 과정에는 문학 작품의 확정되지 않은 미정성의 공간이 있다. 이 미정성의 공간은 독자와 작자, 독자와 텍스트 사이의 의사소통 공간이며, 이 공간 안에서 문학적 상상력은 역동적으로 작용한다. 독자는 문학 텍스트에 표현된 의미를 자신의 경험과 상상력에 따라 다양한 의미로 해석하고 재구성하게 되는 것이다.8)

---

7) 창의적 가정(creative if, magic if, what if)은 '나는 ~이다, 나는 ~한 상황 속에 놓여 있다'라는 가정 속에서 학습자가 그 자신을 텍스트 속의 발화자나 인물로 동일시하는 것이다(한귀은, 2001:18). 황정현은 '마치 ~인 것처럼' 활동이 끊임없이 주체와 객체─내부와 외부─를 통합하려고 하며, 이런 활동을 통해 환경의 선택된 부분을 취하고 그것을 주체적으로 재창조하게 된다고 하였다(황정현 외, 2002:511).

8) 권오현은 의사 소통이 이루어지는 조건으로서 텍스트의 심미성과 허구성의 문제를 제시한다. 심미성은 독자의 문학 행위의 본질이며 목적으로, 기존의 어떤 것에 고착될 수 없고, 세상에 이미 존재하는 어떤 것과 일치되지 않는다는 의미에서 창의적이라 하였다. 또한 허구성은 어떤 상황이 실제 사실과 동일하지 않지만 가상적 개연성을 추구할 때 일어나는 현상을 말한다. 이저는 허구라는 문학 텍스트를 읽는 독서 과정 자체가 실제 세계에서 일어나는 경험 구조를 지니고 있으며, 허구 속에 표현된 상상적인 대상이 사실로, 즉 문학 텍스트 속의 상상적인 것이 살아있는 존재로서 경험된다는 것이다. 따라서 각자의 경험 구조가 다르기 때문에 상상적인 대상

교육연극은 본질적으로 세계를 가상(假想)과 실제(實際)로 통합된 하나의 상징 체계로 보고 있기 때문에, 이런 상징 체계를 이해할 수 있는 상상력을 전제로 한다. "마치 ~처럼 되어 보기" 상황은 상상력을 중심으로 학습자의 다양한 경험을 유도하고 자극한다. 창의적 가정을 본질로 하는 교육연극은 이런 구체적인 활동을 통해 다양한 해결 방안을 모색하고 토의해 나가며, 그 과정에서 독자의 상상력을 자극하여 창의적 사고를 발휘할 수 있게 하는 것이다.

3) 매체, 언어기능 통합에 의한 의사 소통

교육연극 방법을 적용한 문학교육은 문학의 이해와 표현의 통합 교육에 효과적이라 할 수 있다.

연극에는 하나의 메시지를 이해하고 표현하기 위해 다양한 매체—색, 조형, 빛, 소리, 신체, 음성, 문자—들이 통합하여 존재한다. 이러한 매체 통합을 통한 이해/표현 방법은 문학교육의 방법으로 활용될 수 있다. 왜냐하면 학습자들 역시 무대 언어와 같은 언어적 환경 속에서 살고 있기 때문이다. 또한 연극적 관점에서 보면 '말하기/듣기/읽기/쓰기'의 음성언어와 문자언어라는 전통적인 기능이 통합되어 있을 뿐 아니라, 시각언어나 신체언어 같은 이미지언어를 이해하고 표현하기 위한 '보기(looking)[9] 혹은 보이기(To be looking)'의 기능까지 통합되어

에 대한 이미지도 달리 형성된다(송충현, 2001:21-22).

[9] '보기'를 문학 향유의 방식으로 보는 데는 논란의 여지가 있다. 왜냐하면 '보기'는 순수한 언어 활동이 아니다. 그러나 '듣기'나 '읽기'와 결합된 '보기'의 경우는 문학 향유의 방식으로 용인되는 관습이 확립되어 있다. 연행 문학이나 다매체문학은 '보기'를 배제하고는 성립조차 할 수 없는 것이다. 그런데 '듣기'나 '읽기'와 결합된 '보기'에서 '듣기'나 '읽기'를 의도적으로 생략하는 경우가 있다. 글이 없는 만화나 그림동화는 그러한 방법으로 창작된다. 여기에서는 그림의 연관성을 통해서 서사 구조를 재구성하게 되는

있다. 이렇게 언어의 기능이 통합되는 것은 언어의 속성 자체가 그러할 뿐만 아니라, 언어가 통용되는 실제 상황이 그렇기 때문이다(황정현 외, 2002:517-518).

특히 초등학교 학습자들은 정서적, 심리적, 인지적 측면에서 미분화 상태에 있으므로 총체적 관점에서 문학교육을 수행하는 것이 더 효과적일 것이다. 따라서 교육연극을 적용한 문학교육은 다양한 매체의 통합, 언어 기능 통합의 의사소통을 가능하게 하여, 문학 작품의 적극적 수용과 풍부한 사고 활동의 기회를 제공하게 되는 것이다.

4) 연행(performance)10)에 의한 심미적 체험

문학 향유는 문학 작품을 통해 문학의 즐거움을 경험하는 것으로, 읽기뿐만 아니라 쓰기와 연행까지도 포함한다. 문학 텍스트에 대한 학습자의 심미적 체험은 문학 텍스트와 학습자간의 심미적 교류이므로 이를 촉진시키기 위해서는 적절한 교수 방법과 충분한 시간이 필요하다. 교육연극은 이러한 활동의 구체적인 방법을 제공하고 있다. 교육연극은 문학 텍스트의 허구적 상황이나 개연성 있는 가상 공간을 설치하여, 학습자가 그 상황 속의 인물이 되어 직접 활동을 함으로써 새로운 세계를 경험하게 되며, 그런 활동은 문제 상황을 해결하거나 상상력을

데, 이 또한 '보기'임은 분명하다. 글이 없는 만화나 그림동화를 문학이라고 한다면, 그것을 향유하는 '보기' 또한 문학 향유의 방식이라고 하지 않을 수 없다. 이와 관련하여 주목할 만한 사실은, 언어학에서는 '보기'를 언어 활동의 하나로 간주하고 있다는 것이다(이지호, 2001:55).

10) 한귀은(2001:7)은 연행의 개념을 언어나 신체를 통한 활동에 한정시키지 않고 텍스트에 대한 인지적인 수행이라는 차원으로 확대하고 있다. 인지적 수행이라는 의미에서의 연행은 '타자와 동일시하기'로 학생들이 연행을 할 때 일반적인 연극에서처럼 배우가 어떤 인물로 관객에게 보이기 위해 연기에 주력하는 것이 아니라, 자신이 그 인물이라는 허구적 정체감을 갖는 것을 연행의 시작으로 보고 있다.

기르는데 도움을 준다.

　문학교육에서 교육연극의 적용은 음성언어나 문자언어로 표현할 수 없는 심미적 체험을 비언어적 표현인 신체언어로 표현하게 할 뿐만 아니라, 시각적 이미지나 청각적 이미지를 통해 이해한 내용을 언어적 표현으로 바꾸는 활동들을 제공하기도 한다. 초등학교 학습자들은 발달 단계상 비언어적 활동을 통해 자신의 생각이나 느낌을 표현하는 특징이 있으므로, 이를 적극 활용하여야 할 것이다.

2. 다중지능이론과 교육연극 방법론의 통합적 준거

가. 선험론에 의한 총체적 인식력의 신장

　다중지능이론은 과학에 있어서 인지 과정의 중요성만큼이나 예술 혹은 교육연극에 있어서도 유효하다. 가드너의 이론은 인식이 상징 체계를 포함하고 있는 세계에 질서를 부여하는 힘이 있다는 칸트(Kant, I)의 이론을 바탕으로 하고 있다. 합리론과 경험론을 종합하여 내세운 칸트의 선험적(transcendental)[11] 인식론에 의하면, 경험에 의해서 비로소 인식 능력이 작용하지만 인식하는 주관 속에 선천적인 인식의 형식이 존재한다는 것이다. 즉 경험적으로 인식할 수 있는 현상의 세계 너머에 선험적으로 존재하는 본질의 세계를 보는 능력을 가지고 있다

---

11) 칸트는 선험적(transcendental)이라는 단어를 풀이하기를 '대상에 직접적으로 관계하는 것이 아니라, 대상에 대한 우리의 인식 방식에 관계한다'라고 한다. 선험적이라는 단어의 의미는 경험에 선행한다는 의미가 아니다. 경험에 선행한다는 것은 순수 직관의 형식인 시간과 공간, 그리고 오성의 범주이지, 선험적 직관과 선험적 범주가 아니다. 그 선행은 '시간적' 의미의 '타고난'의 의미가 아니라, 논리적인 선행을 의미한다.

는 것이다.

그러나 가드너는 칸트의 선험적인 논쟁을 피하고 두뇌 손상, 신동, 발달, 심리학과 같은 영역에서의 연구를 인용하여 여덟 가지 지능을 제시한다. 가드너에게 본질적이고 가장 중요한 문제는 '교육이 어떻게 이런 지능의 발달을 촉진하도록 맞추어나가느냐?'에 있다. 상징 체계 내에서 발달하는 아동들의 능력과 관련하여, 가드너는 상징을 다른 어떤 실재를 나타내거나 표현하는 실재(유형, 무형) 그 자체라고 보았으며, 문화란 상징들이 소통되는 것에 의해 이루어지며, 교육은 아동들이 이러한 상징 체계들을 완벽하게 익히는 것으로 보았다.

한편 교육연극의 인지 과정은 아리스토텔레스의 인식론을 바탕으로 하고 있다. 아리스토텔레스에 의하면 모방적 표현이란 물질에 대한 내재적인 형상을 산출하는 것이다. 사람의 영혼 속에 있는 것은 자연적 대상의 반영일 뿐이며, 감각 세계의 현실과 이데아 세계의 현실이 분리되어 있는 것이 아니라 하나의 통합체라는 일원론적 세계관을 가지고 있다. 이런 관점에서 아리스토텔레스는 모방을 단순한 현상의 모사(模寫)가 아니라 본질을 반영(reflection)하는 것이기 때문에 진리를 인식할 수 있다고 본다. 즉 드라마적 인지에서 실제(actuality)12)와 실재(reality)13)는 총체적으로 통합되어 있다.

교육연극을 지도하는 교사들에게 있어서 상징 체계는 연극의 형식일 것이며, 드라마 교육은 아동들이 극 형식의 전통과 발달 범위, 희곡의 구조, 텍스트 연구, 공연 양식, 무대 배경 등에 관한 것을 잘 알도록 하는 것일 것이다. 그러나 무엇보다 중요한 점은 이러한 접근을 통한 인식론적 산물에 있다. 드라마가 포함된 상징 체계의 방식들에 대해 아는 것은 단지 어린이들이 세계를 해석하는 방법만을 뜻하는 것은

---

12) 감각적으로 인식할 수 있는 특수화된 현상적 세계를 의미한다.
13) 선험적으로 존재하고 있는 보편적 본질의 세계를 의미한다.

아니다. 상징 형태로 구현된 세계는 실재인 것이다(Bill Roper&David Davis, 2000:227-228).

이상에서 살펴 본 바와 같이 다중지능이론과 교육연극 방법론은 세계를 선험론에 의해 총체적으로 인식한다는 점에서 서로 통합되는 준거를 찾을 수 있다. 문학교육의 장에 적용하면 '삶의 총체적 이해'라는 문학교육의 목표에 근접하는 교육이 가능하게 되며, 이는 총체적 인식력의 신장으로 귀결될 것이다.

나. 사회인지 구성 능력의 제고(提高)

구성주의란 지식은 개인과 독립적으로 존재하는 것이 아니라 환경과의 상호 작용을 통해 기존 경험을 바탕으로 개개인의 마음 속에서 구성된다는 점을 강조하는 이론이다. 나아가 지식의 구성 과정에서 개인의 능동적 참여뿐만 아니라 사회적 맥락에서의 상호 작용의 중요성도 강조한다.

구성주의를 대표하는 인물로는 크게 피아제(Piaget, J)와 비고츠키(Vygotsky, L.S)를 들 수 있다. 피아제와 비고츠키의 이론에 반영되어 있는 지식 구성의 과정과 의미를 살펴보면 다음과 같다.

피아제는 개인의 인지적 측면에 초점을 둔 능동적 구성을 강조하고 있다. 피아제에 의하면 인지 발달은 개인의 유전적 요인과 환경적 요인의 상호 교류에 의해 생기는 결과이다. 개인의 적응은 동화와 조절의 기능에 의하며, 이 두 기능의 상보적 진전에 의한 평형화 과정에 따라 이전의 구조와는 질적으로 서로 다른 새로운 인지 구조가 형성된다는 것이다.

비고츠키는 지식의 사회적 구성을 강조하고 있다. 비고츠키의 입장에서 지식은 한 사회 집단에 누적된 역사적-문화적 형태로 이미 존재하고 있으며, 그러한 지식을 이미 획득한 다른 사람과의 사회적 상호 작용을 통하여 아동이 내적으로 재구성해 가는 과정이 지식의 구성 과정이라고 설명한다. 즉 아동의 문화적 발달에 있어서 모든 기능은 두 차례 나타나는데, 사회적인 수준에서 먼저 일어나고, 후에 개인적인 수준에서 일어난다고 했다. 다시 말하면 사람과 사람 사이에서 먼저 일어난 후에 아동의 개인 내에서 일어난다. 매개적 기호(언어, 상징)의 사용과 같은 고등 정신 기능은 개개인 사이의 실제적인 관계에서 일어난다.

비고츠키 이론의 또 다른 관점은 학습과 인지 발달이 일어나는 역동적인 영역으로 근접 발달 영역(Zone of Proximal Development: ZDP)을 상정한다. 이 영역에서 학습자가 성인의 도움이나 동료의 협조를 받을 수 있으면, 개인이 혼자서 얻을 수 있는 기능보다 훨씬 앞서서 발달한다는 것이다. 따라서 사회 구성주의 관점에서는 지적 공동체 구성원들의 사회적 상호 작용과 의미 협상 과정을 중시한다.

결국 구성주의 학습 이론은 정보 사회에서 필요로 하는 창의성, 유연성, 문제해결 능력, 비판적 사고력 등을 지닌 학습자를 기르고, 학습자에게 많은 자율권과 선택권을 주며, 그들의 요구와 흥미와 관심에 가치를 두어야 한다는 시대적 요청을 이론적으로 뒷받침하고 있다.

다중지능이론 역시 실생활과 관련된 학습 활동을 해야한다고 주장한다. 다중지능이론에 의한 학습 활동은 학습자들의 요구, 관심사, 재능 등에 기초하여 실제적인 학습의 기회를 제공해야 하며, 다중지능이론에 의한 교실은 실제 사회와 같이 구성되어야 한다. 학습 과정에 학부모나 지역 인사들이 초대되어 도제 학습이 일어날 수도 있다. 학습자들의 우수한 지능이 드러나게 되고 전문가가 되기 위한 동기 유발이 일어난다. 이는 결국에 가서는 학습자들의 자긍심을 높여주는 계기가 되어 보다 적극적인 학습자가 되는데 이바지하게 된다. 이와 같이 다중지능이론이 요구하는 교육은 구성주의 교육이 추구하는 바와 일치하고 있다.

한편 교육연극은 가상적 세계에서 새로운 환경과 만나고 그 상호 작용에 의해 새로운 세계를 경험하게 한다. 학습자의 능동적인 참여를 주된 활동으로 삼고 학습자의 지적 능력이 학습자 자신의 경험이나 활동에 의해서 학습될 수 있다고 보는 것은 동화와 조절에 의한 평형화의 과정을 거쳐 새로운 인지 구조가 형성된다는 피아제의 이론에 근거하고 있다. 연극적 관점에서 지적 공동체 구성원들의 상호 작용과 의미 협상 과정을 중시하는 비고츠키의 이론을 보면, 지적 공동체 구성원들은 연극 활동을 함께 하는 학습자들이 되고, 사회적 상호 작용은 학습자들의 협동 작업과 교사의 지도에 따른 문제 해결 및 학습자들간의 의미 협상 과정이라 할 수 있다. 따라서 교육연극 방법으로 지도하면 학습자들이 문제에 대한 의미들을 다양한 방법으로 공유하고 해결해 나가게 된다. 특히 초등학교 학습자들은 사회적 의사 소통 능력이 미숙한데, 이를 해결할 수 있는 방안으로 교육연극이 효과적이라 할 것이다.

이상에서 살펴 본 바와 같이 다중지능이론이 요구하는 교육, 교육연극 방법을 적용한 교육은 사회인지 구성주의 교육이 추구하는 바와 같으며, 이를 통한 교육은 사회인지 구성 능력의 제고에 효과가 있을 것이다.

다. 다양한 문학 경험의 확산

문학교육에 있어서 과거의 텍스트 중심, 교사 중심, 결과 중심, 언어적 문맥 이해 중심 지도의 한계는 이미 드러났다. 최근에 논의되고 있는 문학교육은 학습자의 자유로운 반응 및 다양하고 창의적인 해석과

136

표현을 존중하고 학습자 스스로가 새로운 의미를 구성하는 학습자 중심 문학교육을 지향하고 있다. 따라서 언어적, 논리적 이해의 틀에서 벗어나 소질, 적성, 수준, 흥미가 다양한 학습자의 개별적인 특성에 맞도록 다양한 교수 방법이 활용되어야 하며, 그런 방향에서 문학 텍스트에 접근해야 할 것이다.14)

"문학 작품을 다른 예술 장르의 형태로 접근하게 될 때, 문학의 근본적인 존재 가치인 삶의 총체적 이해는 보다 명확히 실현될 수 있다."(김용대, 2000:7) 이는 문학에 대한 이해와 감상이 모든 예술 장르 전반으로 변환될 수 있고 통합될 수 있음을 보여준다. 또한 이러한 접근을 통해 문학의 본질에 입각한 문학교육을 실천할 수 있음을 시사하고 있다.

다중지능이론에 기초한 문학교육에서는 학습자의 개별성과 다양성을 고려하여, 기본적으로 각기 다른 영역의 지능을 계발하고 향상시키기 위해 실생활과 연결된 다양한 학습 경험과 학습 활동을 제공할 것을 강조한다.

한편 교육연극 방법론은 학습자 중심의 구체적인 문학 체험을 위해 기존의 음성언어나 문자언어뿐만 아니라 움직임, 이미지, 소리 등 다양

---

14) 학습자의 다양한 문학 경험과 관련해서 김창원(2001:197)은 시교육 방법에 대한 논의에서 다음과 같이 말하고 있다. 그 동안의 시 텍스트에 대한 학습자의 반응(인지적, 정서적, 윤리적)은 음성과 문자를 중심으로 한 언어적 반응으로만 표출되었다. 그러나 언어적 반응은 학습자의 반응을 총체적으로 보여줄 수 없고, 언어 능력과 문학 능력 사이에 간섭 현상이 일어나며, 학습자에게 동기를 부여하는 능력이 약하다는 한계를 지닌다. 따라서 언어적 반응 외에도 다양한 방식으로 반응을 구체화하고 표현할 수 있는 길을 열어두어야 한다. 그 동안 시와 음악, 시와 회화, 시와 몸짓 등을 연결하여 반응을 표현하도록 하는 전략이 사용되어 왔는데, 이들 하나하나가 따로 떨어져 있고 교수-학습에서의 활용이 번거롭다는 문제를 극복해야 한다.

한 매체를 통한 활동 중심의 문학교육을 지향하고 있으며, 다중지능의 각 영역에 적합한 학습 방법을 제공하고 있다. 또한 초등학교 학습자들의 인지적, 정의적 발달 특성을 고려하여 볼 때, 다중지능이론과 교육연극 방법론은 다양한 문학 경험의 확산을 위한 구체적 실천 방안이 될 수 있다.

3. 다중지능이론에 기초한 문학교육에 적용할 교육연극 방법

가. 신체언어/sign언어 활동을 통한 교육연극 방법

1) 팬터마임(pantomime)

팬터마임은 말을 하지 않고 몸짓으로 자신의 생각을 표현하는 것이다. 언어적 활동이 익숙하지 않은 학습자는 움직임을 통해서 자신의 생각이나 느낌을 자연스럽게 표현할 수 있다.

2) 공간 만들기

학습자들이 몸짓만을 사용하여 가상적인 방이나 공간을 창조하고 적절한 가구나 물건들을 배치한다. 학습자들은 적절한 물체를 가지고 와서 그것을 적당한 장소에 두게 된다. 소파와 큰 테이블처럼 크고 무거운 물체는 둘이나 세 사람의 연기자에 의해 팬터마임이 될 수 있다.

3) 조각 만들기(tableau)

짝 또는 모둠에게 묘사할 장면을 정해주고 정지 동작으로 표현하게 한다. 또는 학습자들이 스스로 연출할 장면을 선택하여 친구들이 그 장면을 추측하게 할 수도 있다. 이것은 움직임 활동의 가장 기초적인 부분이며, 여기서 한 단계 나가면 움직임을 자유스럽게 하는 즉흥극으로 발전하게 된다.

4) 거울 놀이

거울처럼 상대방 따라하는 것이다. 쉬운 동작부터 평소에 하지 않는 움직임으로 다양화하도록 유도한다. 두 사람이 마주서서 하는 것이 일반적이나 삼면을 거울처럼 가정할 수도 있다. 동작만을 따라하게 하다가 의성어나 짧은 문장을 섞어서 하면 더 재미있다.

5) 이미지 그리기

이미지 그리기는 학습자들이 생각하고 상상한 것을 표현하는 데 있어 언어보다 더 쉽게 접근할 수 있고, 언어보다 다양한 반응을 표현할 수 있어 아동들의 상상력 계발에 도움을 준다. 이미지 그리기에 있어 무엇보다 중요한 것은 미술 작품을 만든다는 의식을 갖지 않고 자신의 생각을 자유롭게 표현하는 것이다. 이미지 그리기의 방법으로는 특정한 순간 그리기, 자신이 선택한 장면의 등장 인물에 대한 이미지 그리기, 자신이 선택한 인물의 시점에서 바라본 배경에 대한 이미지 그리기, 이야기가 발생하는 장소 중 한 곳에 대한 이미지 그리기, 절정에 대한 이미지 그리기, 동화 안에 넣기를 원하는 장면의 이미지 그리기 등이 있다.

6) 이미지 만들기

이미지 만들기는 찰흙이나 점토로 자신의 이미지를 조각하는 것이다. 이미지 그리기와 마찬가지로 언어로 설명하기 어려운 감정을 표현하는 방법으로 적절하며, 사용되는 매체가 감정 표현에 있어 가장 원시적인 찰흙이나 점토이기 때문에 학습자들에게 이미지 그리기보다 덜 부담스러운 활동이다. 이미지 그리기와 마찬가지로 예술 작품을 만드는 것이 아님을 확인시켜야 한다.

7) 음향 효과 만들기

음향 효과는 예술로서의 음악적 행위를 말하는 것이 아니라, 말하기와 쓰기를 위한 언어교육 활동으로 다양하게 만들어질 수 있다. 예를 들어, '혹부리 할아버지' 동화에 등장하는 도깨비, 바람 소리, 산새 소리, 나뭇잎이 서걱대는 소리, 짐승이 지나가는 소리의 특성을 목소리를 사용하여 나타내 보거나, 그 인물의 성격과 적합한 목소리를 상상하여 표현해본다. 도깨비가 춤을 추고 놀 때 불렀던 노래를 상상하여 표현할 수도 있다.

8) 마임을 음향으로 표현하기

이 활동은 한 명 또는 그 이상의 사람들이 팬터마임을 하고, 이에 어울리는 음향을 다른 사람이 만드는 활동이다. 음향은 팬터마임에 일치시켜서 만들어야 한다. 예를 들어, 팬터마임 연기자가 문을 두드리고, 음향 효과 연기자들이 노크 소리를 만들어 표현한다.

9) 음향으로 이야기 말하기

이 활동은 더 섬세한 음향 효과라고 볼 수 있다. 이야기 개요에서 음향 탐구를 통한 이야기 말하기이다. 예를 들어 '헨젤과 그레텔'에서 '과자로 만든 집 발견'은 '아', '와'와 함께 쩝쩝거리거나 입맛 다시는

소리로 표현한다. '마녀의 갑작스런 등장'은 째지는 듯한 웃음소리로
표현한다.

10) 배경 음악 만들기

등장 인물의 움직임에 따라 알맞은 소리를 악기로 즉흥적으로 연주
하거나, 이야기의 진행에 따라 처음과 중간, 끝 부분에 알맞은 음악을
상상해보고 즉흥적인 연주를 한다.

나. 음성언어/문자언어 활동을 통한 교육연극 방법

1) 대화하기

이 활동은 등장 인물이 작품 내에서 처한 상황 속으로 학습자 자신
이 들어가서 대화를 나누는 활동으로 전개할 수도 있고, 인물을 작품
밖으로 불러내어, 즉 학습자들의 실제적 경험 세계로 불러내어서 대화
하게 할 수도 있다. 어느 경우나 인물이 작품 속에서 보여주고 있는
성격을 기초로 하는 활동이 되어야 한다.

2) 인터뷰

모형 마이크를 이용하여 교실을 TV 생중계장으로 만든다. 한 명의
학습자가 신문 기자 또는 텔레비전 리포터가 되어 질문자의 역할을 맡
고, 다른 학습자들은 이야기 속에 등장하는 인물이 되어 질문에 대해
대답한다.

3) 토론하기

이 활동을 쉽게 진행하기 위해서는 학습자들을 두 편으로 갈라 양

쪽에 서로 반대되는 역할과 견해를 부여하는 것이다. 또한 학습자들의 역할과 견해를 바꾸어 토론할 기회를 주면 학습자들은 하나의 문제와 관련된 상반된 견해에 대하여 진지하게 생각할 수 있는 기회를 갖게 된다. 또 다른 방법으로 학습자들이 서로 타협해서 가장 합리적인 의사 결정을 하도록 요구하는 활동을 할 수도 있다.

4) 전문가 활동

이 활동은 교사가 제시하는 주제에 대해 몇 명의 학습자들이 전문가가 되는 것이다. 전문가가 된 학습자는 교실 앞쪽에 앉아서 친구들이 질문을 하면 자신만의 아이디어와 의견, 독특한 비법에 대해서 말해야 한다. 그것은 어떤 지식이나 인지적 접근이 아니므로 전문가가 된 학습자의 생각은 무엇이든 다 수용되어야 한다.

5) 즉흥극

이 활동은 두 사람 혹은 그 이상의 등장 인물이 나오는 이야기의 장면을 즉흥적으로 꾸며서 연기하는 것을 말한다. 이 활동은 교사가 각 그룹이 연기할 장면이나 이야기의 줄거리를 간단하게 제시할 수도 있고, 학습자들이 이야기의 한 장면을 선택해서 꾸밀 수도 있다. 처음에는 친구들 앞에서 연기를 하기 전에 연습을 하기도 하지만, 경험이 쌓여 자신감을 얻게 되면 연습 없이도 즉흥 장면을 연출하게 된다.

6) 인형극

인형극은 무대에 사람이 아닌 인형이 등장하여 연기하는 극예술이다. 부끄러움을 타는 학습자의 경우 자발적인 표현과 언어 사용을 효과적으로 할 수 있으며, 인형극을 통해 즉흥적인 이야기 말하기에도 쉽게 접근할 수 있다.

7) 이야기 말하기

이야기 말하기는 긴 사건 설명으로부터 시작, 중간, 끝으로 완성되는 독자적인 이야기이다. 개인이나 그룹 단위로 이야기 말하기(storytelling)를 할 수 있다. 연속적인 이야기 말하기는 각 아이들이 앞사람의 생각에 이어질 두 문장을 덧붙여서 이야기를 만드는 방법이다.

8) 나는 누구인가?

역할을 맡은 학습자들은 어떤 등장 인물인체 해야 하고, 다른 학습자들은 그 인물이 누구인지 알아맞힌다. 허락된 질문은 예, 아니오 라고 대답할 수 있는 것이어야 한다. 질문은 스무 가지 정도로 제한한다.

9) 이야기 의자(Hot seating)

교실 앞쪽에 빈 의자를 놓고 학습자 중 한 명이 동화 속 등장 인물의 역할을 맡아서 의자에 앉는다. 다른 학습자들은 그 인물에 대해 궁금한 것들을 질문하고, 의자에 앉은 사람은 다같이 공유한 정보를 바탕으로 성의 있게 대답한다. 역할을 맡은 사람은 최대한 그 사람의 입장이 되어 생각하고 이야기한다.

다. 다중지능 영역에 적용할 교육연극 방법

교육연극 방법은 다중지능 영역과 일대일 대응 관계로 연결되지 않는다. 연극은 문학, 음악, 미술 등의 독자적인 예술 분야가 함께 어우러져 유기적으로 결합되어 있는 종합 예술이다. 이러한 특성으로 인해 교육연극 방법 또한 다중지능의 여러 영역들과 공통적으로 연관되는 경우가 많다. 예를 들어 공간 만들기 활동은 자신에게 주어진 정보를 가지고 공간적으로 배열하거나 변형시킨다는 점에서는 공간적 지능과 관련이 깊으나, 몸으로 신체적 동작을 통제하거나 느낌을 표현한다는 점에서는 신체-운동적 지능과도 관련된다.

마찬가지로 다중지능의 한 영역에 해당하는 활동으로 여러 가지 교육연극 방법들이 적용된다. 신체-운동적 지능과 관련된 방법으로는 팬터마임, 조각 만들기, 공간 만들기, 거울 놀이, 즉흥극 등이 있고, 언어적 지능과 관련된 활동으로는 대화하기, 인터뷰, 이야기 말하기, 토론하기 등이 있다. 따라서 각 지능 영역에 적합한 교육연극 방법들을 주 활동과 보조 활동으로 구분하여 제시하고자 한다.

1) 신체-운동적 지능에 기초한 교육연극 방법

주 활동	팬터마임, 조각 만들기, 거울 놀이
보조 활동	이미지 그리기, 이미지 만들기, 공간 만들기, 즉흥극

2) 공간적 지능에 기초한 교육연극 방법

주 활동	이미지 그리기, 이미지 만들기, 공간 만들기
보조 활동	조각 만들기, 즉흥극

3) 음악적 지능에 기초한 교육연극 방법

주 활동	음향 효과 만들기, 배경 음악 만들기
보조 활동	마임을 음향으로 표현하기, 음향으로 이야기 말하기

4) 언어적 지능에 기초한 교육연극 방법

주 활동	대화하기, 인터뷰, 이야기 말하기
보조 활동	토론하기, 즉흥극, 인형극

5) 논리-수학적 지능에 기초한 교육연극 방법

주 활동	토론하기, 전문가 활동
보조 활동	인터뷰

6) 대인관계 지능에 기초한 교육연극 방법

주 활동	이야기 의자
보조 활동	대화하기, 토론하기, 인형극, 즉흥극

7) 개인이해 지능에 기초한 교육연극 방법

주 활동	나는 누구인가
보조 활동	즉흥극, 대화하기, 토론하기

Ⅳ. 다중지능이론에 기초한 문학교육 방법

1. 교수-학습 모형 구안의 전제

문학 제재를 학습자 중심으로 지도할 때 사용되는 반응 중심 학습 모형(초등학교 국어 교사용 지도서, 2000:360)은 〈반응의 형성→반응의 명료화→반응의 심화→반응의 일반화〉의 과정을 거친다. 그러나 이 모형은 반응에만 너무 치중한 나머지 텍스트의 존재를 무시하기 쉽고, 학습자들 각각의 반응을 무조건적으로 받아들이게 되면 자기 중심적으로 해석하고 감상하게 될 우려를 안고 있다.

황정현(2001a:99-106)이 문학 영역에 적용한 역할 수행 교수-학습 모형은 〈문제 설정 단계→감성 교류 단계→심미적 교감 단계→미정성의 공간 구성 단계→심미적 구체화 단계→공유하기 단계〉의 6단계로 설계되어 있다.

위에서 살펴 본 선행 교수-학습 모형과 문학교육에 대한 이해를 바탕으로 다중지능이론에 기초한 문학 교수-학습 모형을 구안할 때에는 다음과 같은 전제를 세울 필요가 있다.

첫째, 문학 텍스트를 지나치게 분석하거나 문학적 지식을 전달하기보다는, 학습자의 문학 텍스트에 대한 반응이나 감상을 다양한 방법으로 표현하도록 한다.

둘째, 문학 텍스트를 심미적 교감의 대상으로 보고 학습자의 상상력이 충분히 발휘되도록 한다.

셋째, 학습자 상호간의 의미 협상 과정을 두어 학습자들의 문학적 체험을 서로 공유하며, 그 과정에서 상호 평가가 이루어지도록 한다.

넷째, 구성주의적 학습관을 수용하여 학습자 스스로 활동하도록 도와주는 학습 환경을 제공하도록 하며, 다중지능이론과 교육연극의 논의를 고려한 모형을 설계하도록 한다.

2. 다중지능이론에 기초한 문학 교수-학습 모형

역할 수행 교수-학습 모형에 입각하여 구안한 다중지능이론에 기초한 문학 교수-학습 모형을 제시하면 다음과 같다.

〈표 1〉 다중지능이론에 기초한 문학 교수-학습 모형

단계	단계별 학습 활동	모형 구조의 구성 요소	다중지능 영역
문제 확인 단계	* 테스트에 대한 동기 유발하기 * 스키마 형성하기 * 학습 목표 확인하기		
감성 교류 단계	* 텍스트와 친밀감 갖기 - 움직임으로 표현하기 - 이미지 만들기 - 소리로 표현하기	► 신체/sign언어 의 사소통 기술 (주 요소) ► 음성/문자언어 의 사소통 기술 (보조 요소)	신체-운동적 지능 공간적 지능 음악적 지능
심미적 체험 단계	* 텍스트 속의 인물 되어 보기 - 감정이입하기 - 역할 놀이하기 - 학습자의 의식 투영	► 신체/sign언어 의 사소통 기술 ► 음성/문자언어 의 사소통 기술 (대등 요소)	신체-운동적 지능 공간적 지능 음악적 지능 언어적 지능 논리-수학적 지능 대인관계 지능 개인이해 지능
심미적 체험 확장 단계	* 미정성의 공간 구성 - 재구성할 장면 선택 - 표현활동 계획 세우기 - 표현 활동하기 - 의미 형성하기	► 신체/sign언어 의 사소통 기술 ► 음성/문자언어 의 사소통 기술 (대등 요소)	신체-운동적 지능 공간적 지능 음악적 지능 언어적 지능 논리-수학적 지능 대인관계 지능 개인이해 지능
공유 하기 단계	* 의미협상과정 거치기 - 상호 질문·대답하기 - 개연성 확보하기 - 문학 체험 공유하기	► 음성/문자언어 의 사소통 기술 (주 요소) ► 신체/sign언어 의 사소통 기술 (보조 요소)	언어적 지능 논리-수학적 지능 대인관계 지능 개인이해 지능

3. 다중지능이론에 기초한 문학 교수-학습 절차

다중지능이론에 기초한 문학 교수-학습 절차는 문제 확인, 감성 교류, 심미적 체험, 심미적 체험 확장, 공유하기의 5단계로 나눈다.

1) 문제 확인 단계

이 단계는 학습자들이 문학 텍스트를 읽기 전에 기존 경험을 활성화하고 동기를 유발하는 단계로, 이 단계에서 학습 목표를 확인하게 된다. 문학 텍스트에 대한 관심을 불러일으키고 동기를 유발하기 위해서 제목을 보고 내용 상상하기, 삽화를 보면서 이야기하기 등의 활동을 할 수 있다. 동기가 유발되면, 문학 텍스트에 대한 정보를 말하거나 안내해줌으로써 스키마를 형성하게 한다.

2) 감성 교류 단계

이 단계는 움직임 표현 활동, 이미지 표현 활동, 소리 표현 활동과 같은 신체언어/sign언어 활동을 통해 문학 텍스트에 대한 감수성을 확대하고 친밀감을 갖게 하는 단계로, 텍스트의 형식적인 면이나 특정 정보에 주목하기보다는 문학 텍스트에 흥미를 갖고 심미적 자세를 취하도록 도와주는 것이 중요하다. 교육연극 방법 중에서 팬터마임, 공간 만들기, 조각 만들기, 거울 놀이 같은 방법을 주로 활용하여 레포 (rapport)를 형성하게 하며, 텍스트에 감정이입하면서 몰입할 수 있는 분위기를 조성해준다. 이 단계에서는 신체언어/sign언어 활동과 관련 있는 신체-운동적 지능, 공간적 지능, 음악적 지능을 계발할 수 있으며 이런 활동을 통해 텍스트에 대한 이해를 돕게 된다.

3) 심미적 체험 단계

이 단계는 학습자들이 문학 텍스트에 자신의 의식 세계를 투영시키는 단계이다. 텍스트를 읽는 과정에서 학습자들은 작품 속 인물과 일치감을 느끼거나 거부 반응을 보이는 등 심미적인 체험이 일어난다. 또한 현실 속에서 해소하지 못한 자신의 감정을 문학 작품 속 인물을 통해 발산하는데 이 때 카타르시스를 맛보게 된다. 이 단계에는 텍스트 속의 인물 되어보기, 감정이입하기, 연극 놀이하기, 학습자의 의식 투영하기 등의 신체언어/sign언어 활동과 음성언어/문자언어 활동이 대등한 관계로 활용되며 이런 활동은 다중지능의 여러 영역과 관련된다.

4) 심미적 체험 확장 단계

이 단계는 텍스트에 드러나 있지 않은 미정성의 공간을 재구성하거나, 새로운 상황을 설정하여 교육연극 방법으로 구체화하는 단계이다. 학습자들은 나름대로의 스키마와 해석을 통해 창의적이고 다양하게 텍스트의 의미를 재구성하게 된다. 이 단계를 통해 자신의 생활과 연관지어 통합적으로 바라보는 안목을 갖게 되며, 다양한 교육연극 방법을 통해 표현하게 함으로써 심미적 체험을 확장·심화시키고 내면화하게 한다. 이 단계에서는 표현 활동을 통한 적극적인 이해와 감상을 도모하게 되는데, 교사가 재구성할 상황이나 연극적 방법을 제시해줄 수도 있고 모둠원끼리 협의해서 활동을 선택하여 수행할 수도 있다. 다중지능의 모든 영역과 관련되는 활동이 제시된다.

5) 공유하기 단계

이 단계는 표현 활동에 대한 생각과 느낌을 서로 질문하고 대답하며 의미 협상 과정을 거치는 단계이다. 이 단계를 통하여 학습자들은 구체적이고 개별적인 체험을 공유함으로써 개연성을 확보하게 된다. 상호 작용이 활발한 언어적 활동이 효과적이며, 이 단계에서 상호 평가와 자기 평가, 피드백이 이루어지기도 한다.

V. 다중지능이론에 기초한 문학 교수-학습의 적용

1. 문학 교수-학습 프로그램

다중지능이론에 기초한 문학 교수-학습 프로그램을 제시하면 다음과 같다.

〈표 2〉 다중지능이론에 기초한 문학 교수-학습 프로그램

주	차시	활동 주제	교수-학습 내용
1	1	학습 활동 소개	학습 내용, 활동 방법, 평가 기준
	2	무언극 감상	'패트와 매트' 비디오 감상
2	1	신체언어 활동 (움직임)	물건 전달하기/마네킹/거울 놀이/변형 놀이/풍선 불기/권투 훈련/공 던지기/느리게 달리기/빈 손 줄넘기
	2	sign언어 활동 (이미지/소리)	이미지 그리기/이미지 만들기/음향효과 만들기/마임을 음향으로 표현하기/음향으로 이야기말하기
3	1	음성언어/문자언어 활동	대화하기/인터뷰/토론하기/전문가활동/즉흥극/인형극/이야기 말하기/나는 누구인가/이야기 의자
	2	통합 활동	'잭과 콩나무' 수업 비디오 감상
4	1,2	다중지능이론에 기초한 문학 수업 (교육연극 방법 적용)	'선녀와 나무꾼' (동화교육방법론 중에서)
5			'친구 생각' (5-1, 말/듣/쓰기, 셋째 마당: 1단원)
6			'무지개를 찾아서' (5-1, 읽기, 셋째 마당: 2단원)
7			'도깨비 가족' (5-1, 말/듣/쓰기, 셋째 마당: 2단원)
8			'닭들에게 미안해' (5-1, 말/듣/쓰기, 셋째 마당: 한 걸음 더)
9	1,2	정리·평가	자신의 생각을 정리, 평가하고 서로 의견 나누기

2. 적용의 실제

다중지능이론에 기초한 문학 교수-학습 프로그램 중에서 동시 교수-학습 과정안을 제시하면 다음과 같다.

〈표 3〉 다중지능이론에 기초한 동시 교수-학습 과정안

단원	셋째마당: 한 걸음 더		교과서	말/듣/쓰기
제재	닭들에게 미안해		차시	8-9 / 9
학습 문제	여러 가지 방법을 사용하여 시의 일부분을 바꾸어 표현해 봅시다.			
단계	교수-학습 활동		관련 지능	자료 및 유의점
문제 확인 하기	* 동기 유발하기 - 제목보고 떠오르는 생각 발표하기 - 어떤 내용일까 상상해보기 * 학습 문제 확인하기		·	수행평가지
감성 교류 하기	* (다양한 방법으로 시 낭독하기) - 한 행, 또는 한 연씩 돌아가며 읽기 - 높낮이를 다르게 하여 읽기 - 왈츠 풍의 리듬(쿵 짝 짝)치며 읽기 - 락 풍의 리듬(쿵쿵 짝)치며 읽기 - 기존의 곡에 동시로 가사 붙이기 - 띄어읽기 표시가 있는 곳에서 손뼉치며 읽기 * (이미지 표현하기) - 모이를 주는지 알고 몰려나오는 닭들에게 모이는 주지 않고 달걀만 꺼내올 때의 미안한 마음을 표현해 보기 * (음향 효과) - 모이를 먹을 때와 달걀을 빼앗길 때의 닭 울음소리를 흉내내보기		신체-운동적 공간적 음악적 대인관계	모둠별로 하고싶은 방법을 한 가지 선택해서 활동하도록 한다. 색연필 싸인펜 색종이 고무찰흙 16절도화지 즉흥적으로 오는 느낌을 중시하도록 한다.

단계	교수-학습 활동	관련 지능	자료 및 유의점
심미적 체험 하기	* (이야기 말하기) - 닭의 입장이 되어서 말해보기 - 글쓴이처럼 미안했던 경험 발표하기 · 친구나 가족 가운데에서 · 동물이나 식물 가운데에서 · 생활에 필요한 물건 가운데에서	언어적 논리-수학적 대인관계 개인이해	학생들이 자신의 경험과 관련지어 자유롭게 말할 수 있는 분위기를 만들어준다.
심미적 체험 확장 하기	* (표현하기) - 말한 것을 바탕으로 한 가지 상황을 설정하여 여러 가지 방법으로 표현하기 ·인터뷰, 즉흥극, 대화하기 등 * (시 바꾸어 쓰기) - 표현한 내용을 바탕으로 각자의 경험과 관련짓거나, 생각을 다르게 하거나 상상하여 시를 바꾸어 쓰기	신체-운동적 언어적 논리-수학적 대인관계 개인이해	다양한 연극적 방법을 학생 스스로가 선택하여 표현하도록 한다.
공유 하기	* (수행평가 하기) - 표현한 내용에 대해 질문하고 대답하기 - 자신이 바꾸어 쓴 시를 발표하기 - 상호 평가, 자기 평가하기 - 바꾸어 쓴 시를 시화로 꾸미거나 엽서 만들어 오기	언어적 논리-수학적 대인관계 개인이해	수행평가지

Ⅵ. 결 론

현행 제7차 교육과정의 특성은 학습자 중심의 수준별 교육과정으로 학습자 개개인의 흥미와 능력을 고려하는 교육, 창의적 사고력을 계발하는 교육을 강조한다. 문학교육에서도 학습자에게 의미 있는 경험을 강조하는 구성주의적 관점들이 연계되면서 학습자의 능동적인 반응과 다양한 문학 경험을 통해서 미적 감수성과 문학적 상상력을 기르게 하는 방향으로 변화되고 있다. 그러나 실제 우리의 문학교육 현장에서 학습자의 수준, 요구, 능력, 흥미 등을 고려하여 학습자의 잠재력을 실현시킬 수 있도록 도와 주거나, 이를 바탕으로 수업을 진행하려는 노력은 아직까지 미흡한 실정이다.

이와 같은 상황에서 다중지능이론에 기반을 둔 문학교육의 필요성이 대두된다. 다중지능이론에 기초한 문학교육은 개별적인 학습자의 각기 다른 잠재 능력을 최대한 고려한 학습자 중심의 교육으로, 학습자의 배경 지식이나 상호 작용을 통해 작품의 의미를 스스로 구성해 나가는 과정을 중시한다. 또한 실제의 경험과 학습을 연계시키는 활동 중심의 문학 수업을 지향하며 다양한 지능 영역의 통합, 학습 활동의 통합을 강조한다. 본 연구에서는 이러한 특성을 고려하고 구현할 수 있는 문학교육의 구체적인 방법으로 교육연극을 제시하였다.

다중지능이론과 교육연극 방법론은 각각 다른 이론처럼 교실에서 독립적으로 적용되고 있으나, 우리가 지향하고자 하는 교육 패러다임의 구체적인 이론이자 교수-학습 모형이 될 수 있다고 생각하여, 이 두 가지가 통합될 수 있는 준거를 모색하고 그 가능성과 시사점을 알아보았다.

또한 다중지능의 각 영역에 적용할 교육연극 방법들을 살펴본 후, 이를 바탕으로 교수-학습 단계를 문제 확인 단계, 감성 교류 단계, 심미적 체험 단계, 심미적 체험 확장 단계, 공유하기 단계로 설정하고, 학습자의 지능 영역을 고루 활용하면서 단계별 학습 활동에 적합한 교육연극 방법들을 제시하였다.

이러한 논의를 바탕으로 다중지능이론에 기초한 문학 교수-학습 프로그램을 지도한 결과, 대부분의 학습자들은 다양한 교육연극 방법으로 문학 수업을 진행하는 것에 대해 '재미있다', '상상을 잘하게 되었다', '자신감이나 발표력이 향상되었다', '협동심이 길러졌다', '교우관계가 좋아졌다'고 응답해서 긍정적인 효과가 있음을 알 수 있었고, 다중지능과 관련하여 '친구들의 재능을 알게 되었다', '자신의 강점과 단점을 발견하였다' 등의 유의미한 반응을 보였다. 실제로 학습자들은 자신의 우수한 지능을 이용하여 문제를 해결하였고, 수업 시간에 능동적으로 참여하지 않았던 학습자들도 자신들의 강점인 능력을 새롭게 발견함으로써 자신감을 회복하고 학습에 적극적으로 참여하는 모습을 보여 주었다.

지금까지 논의한 다중지능이론에 기초한 문학 교수-학습 방법 연구는 다중지능이론과 교육연극 방법을 통합하여 초등학교 학습자의 발달 특성과 문학의 본질을 고려한 문학 교수-학습 방법을 모색했다는 점에서 중요한 의의를 갖는다. 특히 초등학교 학습자들은 문학 지식의 습득보다는 심미적 체험을 통해 다양하게 텍스트를 재구성하면서 상상력과 창의력을 신장시키는 것이 중요하다. 따라서 학습자들이 다양한 경험을 할 수 있는 활동 중심의 문학 교수-학습 방법들을 지속적으로 적용해야 할 필요가 있으며, 이런 점에서 다중지능이론에 기초한 문학교육 방법이 효과적이라 본다.

참고문헌

〈단행본〉

구인환 외(1998). 문학 교수·학습 방법론. 서울: 삼지원.
김대행(2000). 문학교육 틀짜기. 서울: 역락.
_____ 외(2000). 문학교육원론. 서울:서울대학교출판부.

김종문 외(2000). 구성주의 교육학. 서울: 교육과학사.

김중신(1997). 문학교육의 이해. 서울: 태학사.

문학과문학교육연구소(2001). 문학과 문학교육. 서울: 푸른사상.

민병욱·심상교(2001). 교육연극의 이론과 실제. 서울: 연극과 인간.

박영목 외(2001). 국어교육학 원론. 서울: 교학사.

서울다중지능교육연구회(2003). 다중지능이론과 교육. 연수교재.

신헌재·이재승(2001). 학습자 중심의 국어교육. 서울: 박이정.

우한용 외(1997). 문학교육 과정론. 서울: 삼지원.

이대규(1998). 문학교육과 수용론. 서울: 이회.

이삼형 외(2001). 국어교육학. 서울: 소명출판사.

이성은(1997). 국어과 열린교육. 서울:교육과학사.

이재승(2002). 국어교육의 원리와 방법. 서울: 박이정.

초등국어교육학회(2000). 문학 수업 방법. 서울: 박이정.

최현섭 외(1998). 국어교육학 개론. 서울: 삼지원.

한귀은(2001). 연행을 통한 문학교육. 서울: 박이정.

한국교육과정학회(2002). 교육과정: 이론과 실제. 서울: 교육과학사.

한순미(2000). 비고츠키와 교육. 서울: 교육과학사.

한철우 외(2001). 문학 중심 독서 지도. 서울: 대한교과서.

황정현 외(1996). 문학의 이해. 서울: 느티나무.

_____ 외(2000). 초등 국어과 교육. 서울: 박이정.

_____ (2001a). 동화교육 방법론. 서울: 열린교육.

_____ 외(2002). 21C 국어교육학의 현황과 과제. 서울: 한국문화사.

〈논 문〉

김대행(1998). 문학교육론의 시각. 문학교육학 2.

김양현(1999). 다중지능이론과 교육적 시사. 한국초등교육.

김용대(2000). 다중지능이론에 기반한 문학 교수-학습 활동 연구. 전남대학교 석사논문.

김중신(1999). 창의적 사고력과 문학교육. 문학교육학 4.

김창원(2001). 중핵 텍스트에 대한 다중 접근을 통한 시교육 방법. 국어교육학연구 12.

김홍이(2000). 초등학교 학습자 중심 시 감상학습 방법 연구. 한국교원대학교 석사논문.

류덕제(1995). 학습자 중심 문학교육 연구. 문학과 언어 16.

박태호(1995). 반응중심 문학 감상 전략과 교수 학습 방법. 청람어문학 13.

서경화(2002). 다중지능이론에 기초한 교육과정 통합 프로그램의 개발과 효과. 한국교원대학교 석사논문.

신동구(2000). 연극놀이를 활용한 희곡지도 방안 연구. 서울교육대학교 석사논문.

심우엽(1995). 지능의 관점과 교육적 시사. 초등교육연구 9.

_____(1999). 새 교육이론-다중지능이론. 새교육 2월호.

송충현(2001). 문학 감상 능력의 신장을 위한 '빈자리 메우기' 전략 화 방안. 한국교원대학교 석사논문.

오판진(2000). 교육연극을 통한 동화교육 방법 연구. 서울교육대학교 석사논문.

윤여탁(1999). 문학교육에서 상상력의 역할. 문학교육학 3.

이상구(2002) 구성주의적 학습자 중심 문학교육의 원리와 방법. 문학교육학 10.

이수동(1999) 시교육의 연극적 방법 적용 연구. 서울교육대학교 석사논문.

이지호(2001). 연행을 통한 아동의 문학 향유. 문학교육학 8.

이희정(1999). 초등학교의 반응중심 문학교육 방법 연구. 한국교원대학교 석사논문.

정태희(1998). 다중지능이론에 기초한 교수-학습 활동 개발 및 효과 분석: 개인적 지능을 중심으로. 한양대학교 박사논문.

최지영(1999). 교육연극, 그 무궁한 가능성의 세계. 우리교육 11월호.

한명숙(1996). 창의적 사고를 수용한 초등 문학 교육 연구. 한국교원대학교 석사논문.

황정현(1998). 제6차 교육과정 적용에 있어 문학교육의 문제. 한국어교육 13.

_____(1999). 드라마의 인지과정 이해. 문학교육학 3.

_____(2001b). 학습자중심교육을 위한 교육연극의 이해. 학습자중심교과교육연구 1.

_____(2001c). 창의력 개발을 위한 교육연극의 이해. 초등교육 41.

〈번역서 · 외서〉

황정현 역 낸시 킹(1998). 교육연극방법. 서울: 평민사.

이종인 역 로버트J.스턴버그(1997). 성공지능. 서울: 영림카디널.

신헌재 역 로버트 화이트헤드(1994). 아동문학교육론. 서울: 범우사.

전윤식 · 강영심 역 토마스 암스트롱(1997). 복합지능과 교육. 서울: 중앙적성출판사.

이경희 역 하워드 가드너(1995). 마음의 틀. 서울: 문음사.

김명희 · 이경희 역 하워드 가드너(2001). 다중지능의 이론과 실제. 서울: 양서원.

문용린 역 하워드 가드너(2001). 다중지능-인간지능의 새로운 이해. 서울: 김영사.

Bill Roper & David Davis(2000). *Howard Gardner: knowledge, learning, and development in drama and arts education.* Research in Drama Education, Vol.5, No.2.

Linda VerLee Williams(1983). *Teaching for the Two-Sided Mind.* Simon & Schuster, inc. New York.

Nancy King(1996). *Playing Their Part.* Heinemann Portsmouth. Richard Courtney(1990). *Drama and Intelligent,* McGoll-Queen's University.

비계 세우기 활동을 통한 읽기 능력
신장 방안(2004)

양태식* · 이재용**

I. 머리말

읽기는 기본적으로 의미 형성 과정이다. 하지만, 이것은 그것이 어떻게 소리나는가 하는 단순한 문제가 아니다. 읽기 이론과 연구는 읽을거리를 읽는 동안 의미가 어떻게 형성되는지를 정확하게 기술하는 방법을 밝히기 위해 여러 해 동안 매달려 왔다. 지금까지 제시된 읽기 모형은 크게 세 갈래로 나눌 수 있다. 첫째는 선형 모형이고, 둘째는 상호 작용 모형이며, 셋째는 교류 모형이다. 선형 모형에서 나온 교수법이 초보 독자 프로그램이고, 상호 작용 모형에서 나온 교수법이 질의-응답 관계법이며, 교류 모형에서 나온 교수법이 문학 기반적 접근법이다.

이 글은 이와 같은 기반을 지닌 읽기 학습에서 비계 세우기 활동을 통한 읽기 능력을 신장하는 방안을 검토해 보고자 하는 것이 목적이다. 비계 세우기는 어린이나 초급자에게 문제를 해결하고, 과제를 수행하거나 그의 자립적 노력의 범위 밖에 있을지 모르는 목적을 달성하게

---

* 서울 교육 대학교 국어 교육과 교수.

** 서울 수색 초등 학교 교사.

하는 절차라고 흔히 알려져 있다. 비계 세우기는 읽기 학습만을 위해 제시된 방법론은 아니다. 하지만, 비계 세우기 활동을 통해 읽기 능력을 신장하는 것은 읽기 학습의 계획 과정이나 이행 과정 모두에 많은 효용성이 기대되기 때문에, 이를 통해 읽기 학습이 어떻게 이루어져야 하는지를 밝히는 것은 매우 유익한 작업이 될 것이다.

이 연구는 비계 세우기 활동을 통한 읽기 능력 신장 방안을 모색하기 위해 계획 단계에서의 네 요소의 역할에 관해 먼저 검토해 보고, 비계 세우기 활동을 통한 읽기 학습의 이행 과정을 밝힌 후, 이어서 교실 수업에서의 비계 세우기 활동의 적용 사례를 저학년, 중학년, 고학년 읽기 중심으로 논의해 보고자 한다.

이 글은 읽기 학습이 이루어지는 상황과 관련하여 계획 단계, 이행 단계, 구체적인 적용 사례 차례로 논의하려고 한다. 계획 단계와 이행 단계에서의 일반적인 절차 및 고려 사항은 앞선 연구에 크게 기대고 있으며, 구체적인 적용은 초등학교 저, 중, 고학년 교실 수업에서의 읽기 학습을 염두에 두고 구성하였음을 미리 밝혀 두고자 한다.

Ⅱ. 계획 단계에서의 네 요소

계획 단계에서의 네 요소는 읽기 학습의 계획 단계에서 필수적인 요소가 나중에 이어질 읽기 학습의 읽기 전, 읽는 중, 읽은 후 활동 등 이행 단계에서 어떤 역할을 할지를 밝히고자 한다(Graves M. F. & C. Juel & B. B. Graves,2001; 248~256 참조).

텍스트 독해가 무엇을 뜻하는지 조심스레 살펴보면, 항상 포함되는 네 요소는 *왜, 무엇을, 누가, 어디서*이다. 교사가 학생들에게 교실에서의 읽기 활동 경험을 부과하려 할 때 이 네 요소의 중요성과 상호 관련성을 무시할 수 없을 것이다. 이 핵심 요소들은 교사가 학생들에게 책을 읽히고자 할 때 교사의 사고 활동에서 가장 중심적인 위치를 차지할 것이다.

1. 목 적

목적 없이 무언가를 읽는다는 것을 상상할 수 있는가? 당사자는 목적을 말하지 않거나 그것을 의식하지 못할지 몰라도, 책 읽는 목적은 반드시 있기 마련이다. 목적은 독자를 동기화하고, 독자의 관심을 초점화하고, 혹은 노력할 목표, 확실한 무언가를 독자에게 주는 것이다. 문자 식별 능력(literacy)이 있는 성인으로, 사람들은 독서가 유목적적 활동이라는 명제를 당연시해 왔다. 언어 기호의 결합 가운데 어딘가에 우리가 필요로 하거나 바라는 무언가가 있기 때문에 사람들은 독서를 하기 마련이다.

1) 목적의 기능

목적은 독서 과정에 다양한 기능을 제공한다. 첫째, 그것들은 읽고자 하는 이유를 동기화하거나 제공한다.[1] 읽기 목적을 만들기 위해 교사는 "지진에 관해 네가 조사하려고 하는 세 가지가 무엇이지? 그것을 쓰고, 저자가 네 의문에 무엇을 답하는지 알기 위해 제5장을 읽어 봐. 네가 배운 점에 대해서 나중에 이야기해 보자." 독서 이유를 제

---

[1] 교사가 단지 "과학 책을 펴고, 제5장을 읽어 봐."라고 하면 그런 동기화는 놓친다. 어떤 학생이 "왜요?"라고 물을지도 모르는데, 사실 그 말이 맞다.

시하기에 더하여, 목적은 또한 읽을거리가 어떻게 읽히게 될지를 결정한다.

또한, 누구나 독서를 할 때 명백한 목적을 가지는 것은 독해에 도움을 준다. 목적은 텍스트를 읽기 전 독자의 배경 지식을 활성화하기 위한 실마리로서 제공될 수 있고, 읽는 동안 독자가 사용할 계획을 제시할 수도 있으며, 읽는 동안 부적절한 정보에서 적절한 정보를 선별하는 데 도움을 줄 수 있는 것 등이다.

2) 읽기 목적을 텍스트 및 독자에게 맞추기

학생은 언제나 읽기 목적을 가져야 한다. 그들은 왜 읽을거리를 읽어야 하는지 이해해야 하고, 그 목적을 말할 수 있어야 한다. 그들은 그것의 달성이 자신들에게 만족을 줌을 깨닫기 때문에 그들 스스로 그 목적을 믿고 있어야 한다. 여기에 읽기 목적을 텍스트와 학생들에게 맞추기 위한 지침이 몇 가지 제시되어 있다.

- 목적은 텍스트에 적절해야 한다.
- 목적은 독자에게 적절해야 한다.
- 목적은 독자에게 의의와 가치를 지녀야 하고, 중요한 것이어야 한다.
- 단일 목적은 종종 복합 목적보다 나을 수가 있다.
- 학생은 자신의 읽기 목적을 개발하도록 격려받아야 한다.

목적은 성인으로 당연시할 수 있는 어떤 것, 우리가 읽을 때 그것에 관해 의식적으로 생각하지 않을 만큼 내면화되어 있는 어떤 것일 수 있다. 하지만, 그것은 학생들이 교실 수업을 통해 접하는 읽기 활동에서 성공하기를 바란다면 고려해야 할 가장 중요한 요소이다.

2. 읽을거리

읽기 학습에 임할 때 읽을거리는 목적을 토의할 때 알려지고 기술되거나 함의된다. 그것은 텍스트의 유형이란 목적과 뗄 수 없을 만큼 맞물려 있기 때문이다.

분명히, 학생들은 다양한 목적에 따라 여러 텍스트를 읽을 것이다. 학생들과 마찬가지로 교사의 목적은 학생들이 책을 성공리에 읽도록 하는 데 있다. 그들은 필자가 전하려고 하는 게 무엇인지를 이해하고, 또한 그들이 읽기 목적을 달성할 수 있도록 의미를 형성하는 게 필요하다. 텍스트를 성공적으로 읽은 뒤에, 학생들은 필자가 제시한 사건, 쟁점, 주제, 배경, 인물에 대한 그들 자신의 이해력을 개발할 것이다.

1) 읽을거리의 유형

이상적으로 말한다면, 학생들은 문화, 장르, 그리고 가능성 및 흥미 수준에서 다양한 너비를 나타내는, 폭 넓은 자료를 읽는 것이 좋을 것이다. 교사는 문학적인 질 및 아이들의 흥미뿐 아니라 다양성과 대표성의 쟁점거리를 포함하는 선정 기준의 설정을 바라고 있다. Rudin Sims Bishop(1997)은 아이들에게 다양한 문화, 주제, 관점을 반영하는 책을 접하도록 함이 중요하다는 것을 또한 강조한다.

다양한 흥미와 문화를 나타내는 읽기 자료를 학생들에게 접하게 하는 것 외에, 서사적 텍스트와 설명적 텍스트 양자를 모두 읽을 기회를 학생들에게 제공하고, 그들에게 이 두 가지 텍스트 사이의 차이점과, 그것들을 읽을 때 우리가 전형적으로 가지는 상이한 목적들을 가르치는 것이 매우 중요하다. 때문에, 우리는 여기서 두 텍스트의 유형을 좀 더 상세히 논의해 보고자 한다.

가. 서사적 텍스트

서사적 텍스트는 이야기이다. 전형적인 서사적 텍스트는 동기, 행동, 결과, 반응이 순차적으로 일어나고, 중심 인물 생활에서의 에피소드는 목적 및 부차적 목적에 의해 결합되는 실제 사건의 시간적 순서를 반영한다. 대다수 학생들은 서사적 텍스트를 즐기고, 그것들을 잘 해석하고 있다. 서사적 텍스트는 심미적 읽기(aesthetic reading)를 위한 완벽한 수단이기도 하다. 심미적 읽기의 기본 목적은 텍스트를 경험하는데 – 그것을 즐기고, 텍스트 및 그 인물의 세계에 들어가고, 텍스트가 제기하는 "연상, 느낌, 태도, 그리고 관념"에 반응하는 데 – 있다. 학생들은 서사적 텍스트에서 많은 것을 얻고 있으며, 서사적 텍스트는 핵심적 문학 교육 과정의 중요 부분인 것이다.

나. 설명적 텍스트

설명적 텍스트는 서사적 텍스트와 사뭇 다르다. 설명적 텍스트는 예컨대, 목록 기술, 시간적 진행, 설명, 비교/대조, 정의/사례, 그리고 문제/해결 등을 포함하는 다양한 조직을 가지고 있다. 설명적 텍스트에 대한 단일한 원형 구조가 없기 때문에, 대부분의 학생들이 설명적 텍스트 읽기에 대해 많은 경험을 갖지 않아서 서사적 텍스트보다 설명적 텍스트에 대해 더 어려움을 느낀다. 더욱이, 설명적 텍스트 읽기의 목적은 대개 서사적 텍스트 읽기 목적과 매우 다르다. Rosenblatt의 술어로 말하자면, 설명적 텍스트는 대개 정보 획득을 위한 읽기인 도출적 읽기(efferent reading)를 요구한다. 학생 및 성인이 하는 읽기의 대다수는 새 정보를 얻기 위한 것이기 때문에, 설명적 읽기 과정에 학생들을 도와주는 것은 필수적이다. 설명적 텍스트 읽기 과정에 학생들을 준비시키고 안내하는 것은 교사로서의 과제 가운데 매우 중요한 부분의 하나다.

다. 텍스트의 난이도

학생들이 텍스트를 이해하는 걸 돕는 교사의 역할을 논의했을 때, 너무 어려운 텍스트를 학생들에게 배정하지 않도록 하는 게 얼마나 중요한지 말한 바 있다. 여기서는 텍스트 난이도를 측정하는 데 쓰인 두 접근법에 관해 논의해 보고자 한다.

텍스트의 난이도를 측정하기 위한 전통적 접근법은 가독성(readability) 형성지 사용이다. 가독성 형성지는 난이도 측정에 대한 객관적 접근법이다. 가독성 형성지는 학년별 수준용으로 만든다. 그런 형성지는 실제 난이도에 영향을 미치는 많은 요소 가운데 단지 두 가지인 어휘 난이도와 통어적 복잡성의 난이도와 연관된 두 요소들을 대개 조사한다.[2]

텍스트 난이도 평가에 대한 둘째 접근법은 최근 심리학적 및 언어학적 연구에서 발견된 난이도에 영향을 주는 요소들의 배열을 고려하는 것이다. 이것은 학년용과 같은 단순한 답을 주지 않지만, 교사가 학생을 위해 다양한 읽을거리의 적절성을 고려할 때 조사하는 바를 제공하고 있다. 교사가 고려하기 바라는 요소들은 내용의 친숙성, 요구된 배경 지식, 조직, 작품의 완결성, 글쓰기의 질과 활기, 흥미도, 문장의 복잡성, 어휘, 길이 등이다.

2) 텍스트를 독자 및 목적에 맞추기

읽기 과정 가운데 읽을거리를 목적 및 독자에 맞추기 위한 몇 가지 지침이 있다.

---

[2] 그것들은 매우 개략적인 측정이기 때문에, 많은 비판을 받아 왔다. 그럼에도 불구하고, 그것들은 이용하기 쉽고, 난이도에 대한 약간의 측정을 제공한다.

학생들은 가능하면 언제나 그들 자신의 텍스트를 선정하도록 허용되어야 한다. 아이들은 그들에게 흥미 있는 것 그리고 그들이 생각하기에 성공적으로 읽을 수 있으리라 여기는 것을 선택하려는 경향이 있기 때문에, 자가 선정은 텍스트와 독자 사이를 잘 맞추는 것을 확실히해 준다.3) 특히 어린 학생들에 있어서, 그리고 읽기 교육 목적을 위해 사용할 자료에 대해, 어린이들은 교사의 조언을 필요로 하며 조언을 받아야 한다.

교사는 학생들이 읽도록 요구받은 텍스트를 읽고 친숙해져야 한다. 이 때 그는 그 텍스트가 요하는 배경 지식; 짜임새, 문장의 복잡성, 낯선 어휘, 혹은 다른 곤혹스런 부분; 또한 그 텍스트를 읽게 될 학생 집단을 위한 교수를 위해 그것이 나타내는 기회 등에 특별한 관심을 보여야 한다.

읽을거리는 학생에게 적절해야 한다. "오즈의 마법사"는 3학년 학생용 훌륭한 낭독거리일 테지만, 학생들 스스로 그것을 성공리에 읽을 수 있는 사람은 거의 없다. 학생들이 읽는 텍스트는 그들의 능력 및 흥미와 상응해야 한다. 학생-텍스트의 적합성을 빨리 점검하기 위해서는, 학생들에게 그 텍스트 한 쪽을 소리내어 읽어보게 해야 한다. 1분 동안에 100 낱말 이하를 읽을 수 있으면서 다섯 낱말 이상의 오류가 있다면, 그 텍스트는 그들에게 아마 좋은 선택이 아닐 것이다.

읽을거리와 읽기 목적이 서로 맞아야 한다. 읽기 목적이 유창성의 획득에 있다면, 마크 테인의 "허클베리 핀의 모험"은 대부분의 초등 학생들에게 부적절한 것이 될 것이다. 왜냐 하면, 그것은 방언과 난해 어휘로 채워져 있기 때문이다.

읽을거리는 학생들이 그것에 접근하는 방법과 어떤 학생들이 그것

---

3) 그러나, 학자들은 학생들이 어떻게 잘 선정을 할 수 있는지 교사가 가르칠 필요가 있다고 환기한다.

에서 얻게 될 점을 쓸 수 있어야 한다. 수학자 이야기 문제는 시와는 다른 종류의 읽기를 요할 것이다. 그래서, 읽기 경험을 준비하고, 안내하고, 강화하기 위해 설정하는 활동들은 각각에 따라 매우 다르다.

3. 독 자

학생들이 읽을거리를 읽는 방법을 도와 줄 방법을 찾기 위해 교사가 읽을거리를 분석할 때, 독자들이 어떠한가가 교사의 계획하기에서 분명 핵심 요소가 될 것이다.

학생들은 각자 경험의 독특한 집합, 기대, 그리고 독서 경험에 대한 각기 다른 능력을 지니고 있음을 이해하는 것은 그들이 읽고 있는 것을 이해하고, 반응하고, 배울 때 그들의 성공을 강화할 상황을 교사가 만드는 걸 도와 줄 것이다.

1) 배경 지식의 중심성

교사로서 당신의 계획에 대한 결정은 학생들의 배경 지식을 고려하여야 한다. 그들이 텍스트에서 의미를 형성하도록 도와 줄 수 있는 어떤 스키마를 학생들이 가지고 있는가? 그들이 읽으려는 텍스트의 화제, 개념, 어휘, 주제, 구조에 관해 그들은 무엇을 알고 있는가? 그들의 배경 지식이 그들에게 텍스트에 있는 관념들과 의미 있는 연결을 만들도록 허용할 것인가? 능력 있는 교사는 학생들이 이미 아는 바를 평가하여, "새로운 관념, 기능, 능력성을 사전 이해와 연결한다."

2) 독자를 텍스트 및 목적과 맞추기

학생들이 텍스트에 성공리에 참가하도록 돕기 위한 몇 가지 지침이 아래에 제시돼 있다.

독자들의 요구와 관심을 고려하라. 이 요구들이 읽을거리와 어떻게 부합될 수 있으며, 텍스트 읽기의 목적은 무엇인가?

독자들의 흥미를 고려하라. 읽기 경험을 의미 있게 하기 위해 교사는 이 흥미를 어떻게 극대화할 것인가?

텍스트에 대한 학생들의 스키마를 고려하라. 작품의 텍스트 구조, 작품의 화제, 개념, 어휘, 주제에 관해 그들이 무엇을 알고 있는가? 그들의 배경 지식이 그들에게 그 텍스트의 아이디어와 의미 있는 연결을 형성하도록 허용하겠는가?

학습자로서 독자들의 장점과 단점을 고려하라. 이것들이 교사가 제공하는 비계 세우기 활동의 종류에 어떻게 영향을 줄 것인가?

4. 환 경

학습이나 독서에 있어서 학생들이 지각하고 있는 심리적 환경은 매우 중요한 역할을 한다(박영목 외, 2003: 124~127 참조). 학습이 이루어지는 환경은 가정, 학교, 그리고 사회이다. 나이가 어린 학생들에게는 가정과 학교의 환경이 학습에 매우 중요하다. 이런 환경 요인은 읽기 및 읽기 태도에도 매우 중요하게 작용한다. 읽기에 중요하게 작용하고 읽기를 조장하는 환경을 특히 문식성 환경(literacy environment)이라고 하는데, 학생들에게는 가정과 학교가 주요한 문식성 환경이 된다.4) 여기서는 가정, 학교, 사회로 나누어 문식성 환경에 관해 살펴보고자 한다.

1) 가정의 문식성 환경

가정의 문식성이란 부모, 아이들, 그 외 다른 구성원들이 문식성을 사용하는 모든 방식을 말한다. 문식성 환경은 매일 매일의 생활에서 자연스럽게 일어나는 읽기, 쓰기, 대화하기, 읽은 것에 대해 이야기하기, 부모의 읽기 행위, 읽을거리를 포함한다.

학습의 모든 것은 부모가 아이들에게 책을 읽어 주는 것으로부터 시작한다. 읽기 능력의 습득은 유치원 또는 초등 학교에 입학하기 전에 가정에서부터 시작된다. 가정에서는 부모, 다른 구성원들로부터 읽기를 배운다. 읽기 능력의 습득에 필요한 어휘, 세상에 대한 지식, 부모의 읽기 습관 및 태도, 글을 읽고 사고하는 방식 등을 배운다.

2) 학교의 문식성 환경

점차 나이가 들고 학년이 올라갈수록 학생들이 가정의 문식성 환경보다는 학교의 문식성 환경에 더 지배를 받게 된다. 학교의 문식성 환경은 교사의 읽기에 대한 태도, 교사의 읽기 지도 방식, 독서 행사와 같은 학교의 정책 등을 포함한다.

학교에서의 읽기 지도는 교사가 전담하고 있는 것이 학교 교육의 현실이다. 그리고 교과서의 대부분은 읽기 자료 중심으로 편찬되어 있다. 교사가 읽기 능력뿐 아니라 읽기 태도 형성에 미치는 영향은 매우

---

4) '문식성 환경'이란 문식성이 발생되고 길러지는 교실, 학교, 집의 환경을 말한다. 문식성 환경의 구성 요소는 크게 네 가지로 나눌 수 있는데, 첫째는 사람들, 둘째는 물리적 환경, 셋째는 자료들, 넷째는 분위기이다(Graves M. F. & C. Juel & B. B. Graves, 2001; 47~50 참조).

크다고 할 수 있다.

교사의 읽기 지도 방식도 학생의 읽기 태도에 중요한 영향을 미친다고 볼 수 있다. 교사의 올바른 읽기 지도를 받고 읽기 능력이 향상된 학생은 책을 읽는 것에 대해 자신감을 갖게 될 것이고, 이러한 자신감은 책 읽기에 대한 긍정적인 태도로 발전할 것이다.

학교 정책도 학교의 문식성 환경을 이루는 주요 요소가 된다. 독서 행사를 실시하여 책 읽는 것을 격려한다든지, 독서 클럽을 운영하여 학교의 전반적 분위기를 책을 읽고, 읽은 내용에 대해 토의하는 분위기로 이끌어 간다면 학생들의 읽기 태도에 바람직한 영향을 미칠 것이다. 학급 문고나 학교 도서관 운영 실태도 학교의 문식성 환경을 이루는 중요한 요소다.

3) 사회의 문식성 환경

사회의 문식성 환경은 교우 환경, 지역 환경이나 사회 환경, 입시를 포함한 각종 교육 정책 등을 포함한다. 학생들의 경우에는 교우 환경이 읽기 태도에 큰 영향을 미친다. 이는 친구라는 또래 집단의 영향을 가장 많이 받는 청소년들의 일반적인 특징에 기인하는 것이기도 하다. 또래 집단이 여가 시간을 보내는 방식, 또래 집단의 지배적인 담론이 무엇이냐에 따라 읽기에 대한 태도는 크게 달라질 것이다.

지역 환경이나 사회 환경 또한 읽기 태도에 영향을 미친다. 지역 공동체 안에 학생들이 편안하고 자율적으로 드나들 수 있는 도서관이 있는지의 여부, 책을 많이 읽는 것을 권장하고 격려하는 분위기가 형성되어 있는지 여부, 독서 클럽과 같이 책 읽기에 쉽게 동참할 수 있는 제도적 장치가 마련되어 있는지 여부 등이 그 예이다.

현재와 같이 입시 정책이 모든 것의 위에서 군림하는 지배 논리로서 작용하는 사회에서는 입시 정책도 사회적 문식성 환경을 구성하는 중요한 요소가 된다. 대학 입시가 수학 능력 시험으로 바뀌면서 독서의 중요성이 부각되고 책을 많이 읽는 것을 강조하는 분위기가 고조된 점을 이를 잘 반영한다.

옥정인(1999:69, 박영목 외, 2003에서 재인용)에 따르면, 대도시 지역, 학부모의 교육 수준이 높은 가정, 가정의 사회 경제적인 수준이 높은 학생의 경우에는 가정의 문식성 환경이 학생들의 읽기 태도에 큰 영향을 미친 것으로 나타났다. 반면에 읍면 지역, 학부모의 교육 수준이 낮은 가정, 가정의 사회 경제적 수준이 낮은 학생의 경우에는 가정의 문식성 환경보다 학교 혹은 지역 공동체의 문식성 환경이 더 큰 영향을 미친 것으로 나타났다. 사회적 문식성 환경을 개선해야 하는 이유는 그 자체에도 정당성이 있지만, 이와 같이 가정 혹은 학교의 문식성 환경으로부터 소외된 학생을 돕는 차원에서도 고려해 볼 필요가 있다.

Ⅲ. 비계 세우기 활동을 통한 읽기 학습

비계 세우기 활동을 통한 읽기 학습에서는 읽기 학습에서 비계 세우기 활동이 어떤 배경과 근거로 채택되는지를 먼저 검토하고, 이를 바탕으로 읽기 학습의 거푸집은 대개 어떤 식으로 구성되는지를 밝힌 후, 읽기 전, 읽는 중, 읽은 후 등 읽기 학습의 단계별 전략이 어떻게 구사되는지를 제시해 보고자 한다. 여기서는 학생들이 교실에서 읽기 활동을 할 때 성공을 거둘 수 있도록 확실히 해 줄 수 있는 실질적인 거푸집을 제시하고자 한다(Graves M. F. & C. Juel & B. B. Graves, 2001; 256~284 참조).

1. 배경과 근거

비계 세우기란 "어린이나 초급자에게 문제를 해결하고, 과제를 수행하거나 그의 독립적 노력의 범위 밖에 있을지 모르는 목적을 달성하게 하는 절차"이다. 비계 세우기 활동을 통한 읽기 학습은 바로 이것을 하도록 설계되어 있다.

계획 단계				
독 자	⇨ ⇦	읽을거리	⇨ ⇦	목 적
⇧ ⇩		⇧ ⇩		⇧ ⇩
환 경				

⇩

이행 단계				
읽기 전 활동	⇨ ⇦	읽는 중 활동	⇨ ⇦	읽은 후 활동

〈그림 1〉 비계 세우기 활동을 통한 읽기 학습 과정

비계 세우기 활동을 설계함에 있어서, 교수-학습에 대한 사전 지식을 취하고, 형식이 그 목적에 맞는 유연한 거푸집을 설계하려고 시도하였다. 더욱이, 비계 세우기 활동은 요즘의 교실 실태의 실체에 또한 영향을 받고 있다. 물론, 오늘날의 교실 환경은 매우 복잡하다; 이 복잡성이 조화를 이루도록 하는 게 매우 어렵다. 비계 세우기 활동은 학생들의 성공을 잘 관리할 수 있도록 가르치고 강화함으로써, 학생들이 그런 환경에서 공부하기 위한 거푸집을 제공한다.

2. 비계 세우기 활동의 거푸집

비계 세우기 활동의 거푸집은 지금 막 논의한 네 가지 주요한 요소 – 목적, 읽을거리, 독자, 환경을 고려해야 하고, 그것들을 나타내기 위해 교실 학습 경험을 어떻게 만들어 낼 수 있는지를 예시한다. 읽기 목적, 읽을거리, 독자 집단, 독서 환경을 조심스레 고려한 후, 교사는 학생들이 실제 학습 과정에 그들의 읽기 목표를 달성하도록 지원해 주는 읽기 전, 읽는 중, 읽은 후 활동의 집합을 개발한다.

그림이 보여 주다시피, 비계 세우기 활동은 계획 단계와 이행 단계의 두 단계가 있다.

1) 계획 단계: 목적, 읽을거리, 독자, 환경

계획하기 단계에서, 교사는 다음과 같은 점을 고려한다.

- 읽기의 목적: 독자는 읽기 경험에서 무엇을 얻을 것인가? 그는 무슨 목적 때문에 책을 읽는가?
- 읽을거리: 텍스트의 화제와 주제, 요구된 배경 지식, 텍스트의 구조, 난해 어휘나 독자 수준 이상의 영역, 교육을 위해 텍스트가 나타내는 기회.
- 독자: 독자의 요구, 관심, 흥미, 장점, 단점, 배경 지식 – 특정 텍스트를 읽을 때 그의 성공(혹은 실패)에 영향을 줄 수 있는 어떤 것.
- 환경: 가정 문식성 환경, 학교 문식성 환경, 사회 문식성 환경 – 특히, 학교 문식성 환경을 어떻게 구성하는 것이 학생들의 읽기 학습에 긍정적인 효과를 나타낼까 고려한다.

이 네 가지는 상호 관계적이며, 한 요소에 관한 결정은 다른 세 요소에 관해 이루어질 수 있는 결정에 영향을 주고 제약을 가할 것이다. 곧, 목적은 텍스트와, 그것을 읽는 학생들과 관련되어 있으며, 학생의 능력과 흥미는 텍스트와 목적이 그들에게 적절한지, 그리고 이들 상호 관계는 어떤 환경에서 효율성을 지닐 수 있을지를 대체로 결정한다.

2) 이행 단계: 읽기 전, 읽는 중, 읽은 후 활동

비계 세우기의 이행 과정은 세 단계를 가지고 있다. 독자, 텍스트, 목적 및 환경을 고려한 뒤, 교사는 이 학생들이 텍스트의 생각을 잘 이해하고, 반응하고, 적용하도록 이끌어 줄 읽기 전, 읽는 중, 읽은 후 활동을 개발하고 실행하는 것이다.

대개 부진한 학생이 어려운 텍스트나, 달성하기 힘든 목적으로 공부할 경우, 더 많은 비계 세우기가 필요할 것이다. 어려운 설명적 텍스트는 몇 가지의 읽기 전, 읽는 중, 읽은 후 활동을 요할 것이다. 반면에, 더 숙달된 학생들에게는 덜 어려운 텍스트, 덜 부담스런 목적일 경우, 비계 세우기가 덜 필요할 것이다.[5]

다음 세 절에서는 비계 세우기 활동의 읽기 전 단계, 읽는 중 단계, 읽은 후 단계를 좀더 상세히 논의할 것이다.

3. 읽기 전 활동

읽기 전 활동은 학생들에게 텍스트를 읽기 위해 인지적이고 정의적으로 준비하게 한다. 그들이 읽기 전에 학생들을 준비하도록 시간을

---

5) 아주 짧은 이야기는 "이건 무서운 이야기야. 읽어 봐."하는 말만 요구할 수 있다. 그러면, 교사는 전체 이야기를 묵독으로 읽게 한 뒤, 나중에 그것이 재미있었는지, 그렇다면 왜 그런지에 관해 토의하게 하게 할 수 있다.

주는 것은 그들이 무엇을 읽는지 이해하고, 읽기에서 즐거운 경험을 발견함으로써 큰 이득을 얻을 수 있다. 분명히, 읽기 전 활동은 텍스트를 읽기 전에 일어난다. 아주 분명하지는 않지만, 그것들은 복합적 목표들을 제공한다. 다음 목록은 읽기 전 활동의 많은 용법 가운데 몇몇을 보여 준다.

1) 읽기 목적 동기화하고 설정하기

학생들이 무언가 곧 읽을거리를 읽도록 동기화될 필요가 있는 시간의 대부분은 예외가 없다. 당신 자신과 지금 하고 있는 읽기에 관해 생각해 보라. 무엇이 당신에게 이것을 읽도록 동기화하는가? 이상적인 세계에서, 우리의 동기는 본유적이고, 우리가 읽을 때 채워지는 내재적 요소는 소망에 뿌리박고 있다. 이것이 우리가 가르치는 학생들에게 개발하려 노력하는 이상이다.

동기화 활동은 문자 언어 어휘가 제공하는 바를 개발하기 위한 열정과 열의를 자극한다. 대개 동기화 활동은 읽기 학습을 하는 특정 집단의 흥미와 관심을 반영할 것이다. 꼭두각시와 인형 놀이는 1, 2학년용이고, 랩송이나 낱말 풀이는 4, 5, 6학년을 위한 동기화 활동의 일부가 될 수 있다.

동기화 활동은 흔히 건넬 수 있는 경험, 적극적인 학생 참여, 드라마 꾸미기, 구성 활동을 포함할 것이다.

2) 배경 지식 활성화하고 세우기

적절한 배경 지식을 가지는 것은 텍스트 이해에 절대적이다. 배경 지식을 활성화할 때, 교사는 학생들이 특정 주제에 대해 알고 있는 정보를 끌어올리도록 그들을 도와 주는 것이다; 배경 지식 세우기는 텍스트를 이해하는 데 필요한 정보를 학생들에게 제공하는 것이다.

분명히, 학생들이 가지는 배경 지식은 학년 수준에 따라, 그리고 학생 개개인에 따라 바뀔 것이다. 비슷하게, 플롯에 관한 토막글을 읽기 위해 우수아들이 가져오는 배경 지식은 같은 학년의 부진아의 배경 지식과 다를 것이다.

독해 과정에 읽은 것 기억해 내기에 대한 배경 지식의 결정적인 중요성을 인정한다면, 상이한 학생들이 사전 지식의 상이한 저장을 학습에 적용하고, 몇몇 텍스트를 읽도록 다르게 준비되어야 함을 인식하는 것이 중요하다. 오늘날 문화적으로나 언어학적으로 다양한 수준의 학급에서 이 차이들은 인식하고 조정하는 것은 교사가 직면하는 주요한 도전 가운데 하나다.

3) 텍스트 특유의 지식 만들기

고등 학교나 대학에서 당신이 세익스피어의 〈로미오와 줄리엣〉을 읽는다면, 기회는 당신이 그것을 읽기 전에 그것에 관해 무언가를 말해 준 당신의 강사에게 있다. 그렇게 할 때, 그는 텍스트 특유의 지식을 만들고 있다. 텍스트 특유의 지식을 세우는 이유는 배경 지식을 활성화하는 이유와 비슷하다: 그것을 읽기 전에 텍스트에 있는 컨셉을 위한 스키마를 가지는 것은 독해력을 크게 증진시켜 준다.

설명적 텍스트의 경우, 두 가지 거푸집 - 개요와 도상 조직자 - 가 텍스트 특유의 지식을 세우는 데 특히 도움이 된다. 학생들에게 그들이 읽으려는 자료의 제목이나 부제를 보여 주는 개요나 도상 조직자를 그들에게 주는 것은 이해와 기억을 위한 개념적 거푸집을 그들에게 제공한다.

텍스트 특유의 지식을 세우기 위한 다른 효과적인 방법은 그들이 읽으려는 자료의 줄거리를 그들에게 제공하는 것이다. 텍스트 읽기의 줄거리는 영화 TV 쇼의 시사회와 비슷하다. 정보적 텍스트의 줄거리는 화제, 사건, 인물, 숨겨진 장소들, 그리고 특이하거나 어려운 어휘들을 전형적으로 가지고 있다. 서사적 텍스트의 줄거리는 배경, 인물, 플롯에 관한 정보를 전형적으로 가지고 있다.

줄거리는 아마 독해력 증진을 위해 우리가 아는 가장 튼실한 읽기 전 활동이 될 것이다. 연구의 실제적 내용이 다양한 연령 및 능력 수준의 학생들에게 효과적임을 그들에게 보여 주고 있다.

4) 읽기를 학생들의 생활과 연결하기

배경 지식 활성화와 텍스트 특유의 지식 세우기와 같이, 읽기를 학생들의 생활과 연결하는 활동 또한 사전 지식에 기반을 두고 그것을 활성화한다. 하지만, 이 경우에 그 목표는 텍스트에 있는 것과 비슷한 그들 생활에서의 상황을 그들에게 기억하게 함으로써 학생들을 텍스트에 끌어들이는 것이다. 읽기 텍스트를 학생들의 생활과 연결하는 것은 텍스트에 스스로 참여하고, 자신이 그것의 주인임을 주장하게 하는 매우 강력한 접근법이다.[6]

읽기를 학생들의 생활과 연결하기는 많은 형식을 취할 수 있는데, 쓰기와 토의하기가 가장 흔하게 권장되는 두 가지인데, 이들은 모두 이해와 학생들이 읽는 텍스트에 관한 흥미 양자에 큰 이득을 줄 것이다.

---

6) 학생들이 무언가가 어떻게 그들의 생활과 관련되는지를 볼 수 있다면, 그들은 개인적 연결고리를 만들고 있는 것이다. 그들은 그것에 관해 갑자기 분명한 흥미를 가지게 된다.

5) 어휘와 개념 미리 가르치기

어휘와 개념 미리 가르치기 또한 배경 지식의 범위 아래 있다. 학생들이 텍스트를 읽기 전에 중요한 낱말과 개념들을 사전에 가르치는 시간을 들이는 것은 매우 유익하다. 그렇게 할 때 기억해야 할 핵심 사항은 상이한 수업을 요하는 상이한 낱말 학습 과제가 있을 수 있다는 것이다.

6) 미리 질문하기, 예측하기, 방침 정하기

미리 질문하기, 예측하기, 방침 정하기는 매우 비슷한 목표를 가지고 있다. 이 활동들은 학생들에게 텍스트의 특정 특징들을 안내하면서, 그들이 읽을 때 무엇을 찾아야 할지에 관해 관심을 기울이도록 한다. 미리 질문하기 활동은, 당신과 당신의 학생들이 답을 찾게 될, 앞으로 읽을 책에 관해 질문을 제기하는 것이다.

7) 독해 전략 제안하기

이 글을 읽을 때, 여기에 있는 아이디어를 이해하고 회상하는 데 도움을 주기 위해 당신은 무엇을 하는가? 당신은 그 아이디어를 그 주제에 관해 이미 아는 것과 관련짓고 있는가? "왜 이 절차가 필요하지?" 혹은 "어떤 상황에서 그것은 필요하지 않게 될까?"와 같은 질문을 제기하는가? 당신이 읽을 때 당신의 상상하기에서 교실과 학생이 그림을 만들고 있는가? 지난 몇 년 동안, 많은 독해 전략이 텍스트를 이해하고, 기억하고, 즐기는 데 가치가 있는 것으로 확인되었다. 이것들은 사전 지식 이용하기, 질문 제기하고 답하기, 심적 이미지 만들기, 독해 점검하기와 같은 적극적 절차를 포함한다.

8) 읽기 전 활동: 마무리와 안내

지금, 누구라도 아마 읽기 전 활동의 가능성이 거의 무한함을 믿을 것이다. 하지만, 그것들 모두에는 보편적인 끈이 있다. 각각은 학생들이 이미 아는 것을 그들이 텍스트에서 배우거나 접하게 될 것과 연결하면서 학생들과 텍스트 사이에 다리를 놓는다. 읽기 전 계획은 읽기의 목적, 텍스트 자체, 그것을 읽는 사람에 의해 정해질 것이다. 당신은 또한 읽기 전 활동을 읽는 중, 읽은 후의 학생 활동과 통합할 것이다.

읽기 전 활동을 계획할 때, 교사는 자신에게 다음과 같은 것을 물어보아야 한다:

- 무슨 목적 때문에 학생들은 이 글을 읽는가?
- 이 글에 관해 이 학생 집단이 실제 흥미를 느끼도록 나는 어떻게 할 수 있을까?
- 무슨 배경 지식을 학생들은 이 주제에 관해 가지고 있을까?
- 학생들은 그들의 읽을거리에 대해 가장 득을 많이 보기 바라는 바는 무엇일까?
- 교사가 학생들의 생활과 관련지을 수 있는 텍스트에 어떤 것이 있을까?
- 활동함으로써 득을 보게 되는, 그 텍스트의 개념이나 어휘들이 있을까?
- 텍스트를 더 잘 이해하도록 그들을 도와 줄 독해 전략의 레퍼토리의 몇 가지를 그들이 사용할 수 있었는가?

이 질문들이나 비슷한 질문들에 답한 후, 학생들이 성공적 읽기 학습을 동기화하고 준비할 읽기 전 활동의 계획 준비를 시작할 수 있다.

4. 읽는 중 활동

교사가 읽기 전 활동으로 독자와 텍스트 사이에 다리를 놓은 뒤, 학생들은 활동 자체에 들어갈 준비가 되어 있다. 읽는 중 활동은 학생들이 읽을 때 그들이 스스로 하는 일과 그들을 도와 주기 위해 교사가 하는 일 - 실제 읽기 절차를 촉진하거나 격려하는 활동들 - 양자를 다 포함한다. 다음에 제시하고자 하는 목록은 읽는 중 활동의 다섯 가지 유형을 보여 준다.

오늘날 독서에 대한 일반적 생각은, 독서가 구성주의적 절차 - 곧, 독자들은 그들이 읽을 때 의미를 형성하고, 그들이 아는 것과 저자의 말을 결합하고, 의미를 드러내는 것 - 라는 것이다. 교사로서 우리 책임의 한 가지는 독서 과정에 의미 형성이 일어나도록 하는 것이고, 텍스트에 대한 사고 활동과 추론 활동에의 적극적 참여를 강화하는 것이다.[7]

1) 묵 독

당신은 아마 지금 묵독하고 있을 것이며, 당신은 여러 해 동안 많은 묵독을 해 왔다. 저 학년 단계를 지나면, 대부분 읽을거리는 낱말을 소리 내지 않고 읽음으로써 가장 효율적으로 수행된다. 묵독은 중학년과 고학년에 의한 가장 빈번한 읽는 중 활동이 될 것이다.

2) 학생들에게 읽어 주기

학생들이 대체로 묵독을 한다고 해도, 때로 그들에게 텍스트를 읽어

---

7) 당신은 읽기 전 활동으로 이미 이 절차를 시작하였다; 지금 당신은 학생들이 텍스트와 상호 작용하도록 학생들의 노력을 도와 줄 부가적 기회를 가지고 있다.

주는 것이 적절하다. 어떤 이유에서건 - 언어가 아름답고 영감적이기 때문이건, 학생들이 길거나 어려운 텍스트에 대한 좋은 출발을 바라기 때문이건, 개념이 새롭거나 설명을 요하기 때문이건 간에 - 들릴 정도로 텍스트를 읽는다면, 낱말 청취는 학생들이 그 텍스트를 파악하는 데 도움이 될 수 있다. 그리고 나서, 그들이 스스로 그것을 읽는다면, 그것은 그들에게 더 많은 의미, 즐거움, 흥미를 줄 것이다.

학생들에게 낭독해 주기는 학생들이 어떤 텍스트에 접하게 해 줄 수 있고, 교사가 사용하는 억양, 높낮이, 세기, 쉼, 그리고 굴곡이 학생 자신들의 묵독이 줄 수 없었던 텍스트에서의 어떤 의미를 줄 수 있을 것이다. 어려운 텍스트의 처음 한두 문단이나 한두 쪽을 학생들에게 읽어 주기는 흔히 특별히 유익하다. 소리내어 읽기는 또한 토의를 유도하고, 사전 지식을 새 개념과 연결해 줄 분명한 시각적 자료를 포함해야 한다.

학생들에게 읽어 주기는 또한 표현적 읽기의 모형을 제공한다. 소리 내어 읽음으로써, 정보, 생각, 언어에 대한 교사의 열정을 보여 줄 수 있다. 아이들에게 읽어 주기는 그들의 어휘, 세상사에 대한 지식, 책들에 대한 지식, 그것들에 쓰이는 많은 규약들, 그리고 아마 가장 중요한 것으로 읽기에 대한 그들의 흥미를 북돋워 준다. 학생들에게 소리내어 읽어 주기는 언어의 아름다움과 힘을 제시해 주는 한 방법이고, 스스로 읽기에 고민하거나 책을 거의 접한 적이 없는 학생에게 그것은 가장 의미 있는 방법이 될 것이다.

3) 학생들의 낭독

학생들이 소리 내어 읽는 것은 물론, 또 다른 대안이다. 가장 인기 있는 세 가지 낭독 활동은 입 모아 읽기, 독자 극장, 함께 읽기이다.

입 모아 읽기(choral reading)에서 - 높고 낮은 음성, 상이한 음성 조합과 대조, 음향 효과, 움직임, 제스처 혹은 템포를 높이거나 낮추기와 같은 대조를 사용함으로써 - 학생들은 텍스트의 의미를 함께 전달하고 해석한다. 대개 학생들은 그들이 텍스트에서 형성하였던 의미를 다른 사람에게 표현하기 위해 그들의 목소리, 움직임, 제스처를 어떻게 사용할지를 결정하기 위해 소집단으로 어떤 작품에 관해 활동한다. 입 모아 읽기는 학생들이 텍스트에 창의적으로 반응할 때 자신감, 유창성, 자율성을 길러 준다.

독자 극장(readers' theater)에서, 학생들은 소리 내어 읽는 텍스트의 일부에서 배역들을 교대로 맡도록 가정하는데, 독자 극장은 시, 서사적 텍스트, 심지어 설명적 텍스트를 해석하는 데 효과적으로 이용될 수 있다. 독자 극장에서, 학생들은 "자기 목소리를 써서 큰 소리로 읽고, 빠르거나 느리게, 거칠거나 부드럽게 읽고, 읽기 진도, 억양에서 어떤 낱말이나 구절을 강조하고, 문자 언어를 살아 있는 것으로 만드는 의미 전달 운율에서의 강조에 의해" 드라마, 산문 혹는 시를 표현한다.

물론, 입 모아 읽기와 독자 극장은 둘 다 읽은 후 드라마 활동으로도 쓰일 수 있으며 그것들은 다양한 방법으로 사용될 수 있다.

함께 읽기(buddy reading)는 두 사람이 같은 글을 함께 소리 내어 읽거나 번갈아 읽는다. 이런 종류의 낭독은 어린 학생들과 가외의 지원이 필요한 사람들에게 특히 유용하다. 그것은 또한 저학년 친구와 함께 책을 읽는 고학년 학생의 읽기 기능과 자아 존중감을 높이는 데 특히 유용하다. 친구들은 두 명의 짝꿍들, 범연령층 학생들, 부모와 자녀, 도우미와 학생, 혹은 교사와 학생일 수도 있다.

이것이 지시적이고 완만한 방법으로 진행되면, 학생들의 소리 내어 읽기 활동은 읽기에 대한 그들의 흥미와 즐거움을 향상시키고, 유창성을 증진시키며, 어휘를 확장하고, 지식 및 개념 창고를 확충시킬 수 있을 것이다.

4) 안내적 읽기

안내적 읽기 활동은 학생들이 책을 읽을 때 어떤 생각에 그들의 관심을 모으는 데 있다. 시간의 대부분, 특히 서사적 텍스트에 관해, 학생들은 그들이 읽고 있는 것에 관해 기록하거나 반성하기 위해 멈추는 일 없이 처음부터 끝까지 텍스트를 읽게 된다. 반응은 그들이 다 읽은 후 공유하게 되거나, 아마 전혀 안 할 수도 있을 것이다. 하지만, 이따금, 설명적 텍스트의 경우, 그 텍스트의 특정한 특징들에서 이해하고, 배우는 데 초점을 맞추도록 그들을 도와 주기 위해, 학생들의 읽기를 안내하는 것이 적절하다.

설명적 텍스트에 대한 학생들의 읽기를 학생들에게 안내하기 위한 몇 가지 대안이 여기에 있다.

- 학생들에게 사실과 의견에 관한 사례를 적고, 추론을 하고, 결론을 쓰고, 결과를 예측하게 함으로써 비판적 사고 활동을 고무시킨다.
- 중심 생각과 뒷받침 요소 기록하기, 개요 적기, 요약하기, 그리고 도상 조직자 만들기 등 핵심 개념을 이해하고 지속하도록 학생들을 도와 줄 여러 방법으로 텍스트를 처리하도록 학생을 안내한다.
- 학생들이 읽는 바에 대한 이해를 학생들로 하여금 점검하도록 한다.

안내적 읽기 활동은 학생들이 설명적 텍스트를 읽도록 돕는 데 가장 빈번하게 쓰인다고 해도, 그것들은 또한 서사적 텍스트에도 쓰일 수 있다. 만일 학생들이 인물, 배경, 플롯, 그리고 주제의 어떤 특징에 그들의 관심을 쏟는다면, 그들이 어떤 이야기를 더 잘 이해하고 즐길 수 있음을 교사는 아마 느낄 것이다. 그렇지 않으면 당신은 그들이 생생한 표현이나 참신한 말을 알도록 바랄지도 모른다. 아마도 당신은 그들이 읽은 바에 대해 개인적 반응을 하고, 예상을 하거나, 그들이나 인물들이 느끼는 바를 고려하기를 바랄지도 모른다. 이것들이 서사적 텍스트에 대해 안내적 읽기 활동을 설계하기 위한 좋은 이유인 것이다.

서사적 텍스트를 위한 안내적 읽기는 다음 사항을 포함한다:

  - 저널 쓰기나 편지 쓰기와 같은 개인적 반응을 표현하는 비격식적인 글쓰기
  - 짝꿍과 함께 읽고 큰 소리로 반응 나타내기 위해 멈추기
  - 읽기 지침서 이용하기, 그것은 질문에 응답하기나 인물, 구성 전개, 시점, 언어나 문체의 특징에 초점을 맞추는 차트나 요지서 완성하기를 포함할 수 있다.

안내적 읽기 활동은 학생들이 텍스트를 더 잘 이해하고, 즐기고, 기억하도록 도와 줄 방법으로 텍스트에 있는 생각이나 개념에 관해 그들이 생각하고 조정하도록 해야 한다. 몇몇 학자들이 환기하고 있다시피, "아이들이 어떻게 읽어야 하는지 교사가 시범으로 보여 주고, 아이들이 읽을 때 그들을 교사가 지원할 수 있음"은 안내적 읽기를 통해서이다.

5) 텍스트 바꾸기

때때로, 교육 과정의 요구나 텍스트의 가능성 때문에, 길이나 어려움이 너무 많은 노력을 요구할 경우에 학생들은 제시글을 읽게 될 것이다. 이 경우에, 제시글을 바꾸거나 줄이기는 실제적이고 강력한 대안이다.

5학년 학생들이 역사책의 특정 단원을 읽으려 한다. 대다수 학생들

이 이 단원 읽기에 난점을 느끼고 있음을 당신은 안다. 당신은 그 장의 부분들을 소리 내어 읽거나 약간의 제시글을 녹음함으로써(아니면 고학년은 그것들을 녹음하게 함으로써) 당신의 학생들을 위해 텍스트를 바꿀 수 있으며, 그리고 나서 그들이 그 텍스트를 조용히 묵독할 때 그 테이프를 학생들에게 들려 줄 수 있다. 다른 대안은 그 장의 다른 부분 - 당신이 생각하기에 가장 결정적인 부분만을 학생들로 하여금 읽게 하는 것이다.

물론, 텍스트 바꾸기는 항상 바람직한 것은 아니다. 텍스트 일부를 읽거나 그것을 들려 주는 것은 원본 읽기와 같은 것은 아니다. 성공이 한결 같은 목적이 되어야 하고, 몇몇 학생들이 특정 텍스트의 원본 읽기에 성공적일 것 같지 않음을 염두에 두게 되면, 텍스트 바꾸기는 그 성공을 확실히 할 수 있는 더 좋은 기회가 될 것이다. 더욱이, 부진한 학습자나 이제 막 문자 입문기를 지난 학생들에게 매우 효과적일 수 있는 기술이다.

6) 읽는 중 활동: 마무리와 제안

읽기 전 활동과 같이, 읽는 중 활동에도 상이한 많은 방법이 있으며, 그것들을 바꾸는 많은 방법이 있다. 하지만, 모든 읽는 중 활동은 학생, 텍스트, 그들의 목표를 가장 잘 자리 잡게 하는 방법으로 그들이 그것을 읽을 때 텍스트를 지닌 학생이다. 읽는 중 활동을 설계하기 전에 교사가 물을 수 있는 질문이 몇 가지 여기 있다:

- 이 텍스트를 읽기 위한 학생의 목표는 무엇인가?
- 읽기 과정은 어떻게(묵독으로, 낭독으로, 짝과 함께, 혹은 이 접근법들의 조합으로) 하면 가장 잘 수행되겠는가?
- 학생들이 텍스트에 적극적으로 참여하도록 하기 위해 나는 무엇을

해야 하는가?
- 학생들이 책을 읽을 때, 그 텍스트가 그들에게 살아 있는 것처럼 느껴지도록 나는 무엇을 도와 주어야 하겠는가?
- 무엇이 이 텍스트를 학생들에게 더 접근하기 쉽게 만들겠는가?
- 학생들이 그들의 읽기 목표를 달성하기 위해, 그 텍스트를 더 이해하기 쉽거나 기억하기 쉽거나 즐기기 쉽도록 만들려면, 그들이 책을 읽을 때 그들은 무엇을 해야 하는가?

5. 읽은 후 활동

왜 학생들을 읽은 후 활동에 참여시킬까? 이 활동들이 비계 세우기에서 어떤 기능을 할까? 제시글을 읽은 후, 학생들은 왜 무언가 다른 것을 바로 하지 않으면 안 되는가? 일반적으로 읽은 후 활동은 학생들이 방금 읽은 텍스트에 관해 무언가를 하도록 격려하는 것이다.그들이 읽은 것에 관해 반응하거나, 때로는 그들의 생각을 행동으로 옮기기 위해 그들의 읽을거리에 드러나는 정보와 생각에 대해 비판적이고, 논리적이며, 창의적으로 생각하는 것이다. 이 반응들은 다양한 형식을 취할 수 있다. 적절성과 반응의 유형을 정하기 위해 우리는 다시 독자, 읽을거리, 목표를 상기할 수 있다. 그것들은 읽은 후 활동은 제안하거나 요구하는가?

여기서는 읽은 후 활동으로 일곱 가지를 범주화할 수 있다.

1) 질문하기

읽은 후 질문하기 활동은 학생들로 하여금 그들이 읽은 책에 있는 정보나 생각에 관해 말이나 글로 생각하고 반응하게 하는 것을 도와 준다. 그 책의 어떤 특징에 관해 생각하거나 질문에 답하기는 읽기 전 혹은 읽는 중 일어난 바에 대한 자연스런 산물이며, 독해와 참여 거멀쇠에 관한 마지막 연결고리로서 쓰일 것이다.

질문은 많은 단계의 사고 활동을 증진할 수 있다. 그것은 학생들이 읽은 바를 회상하고, 그들이 읽은 바를 이해하는 것을 보여 주고, 정보와 생각에 관해 적용하고, 분석하고, 종합하거나 정교화할 기회를 그들에게 주도록 도와 준다. 질문은 또한 창의적이고, 해석적이거나 상위인지적 사고 활동을 고무하고, 독자들에게 다양한 관점을 예시한다.

학생들이 다양한 수준으로 텍스트에 관한 사고 활동에의 참여를 확실히 하는 한 방법은 질문의 세 가지 유형을 신중히 고려하는 것이다. Pearson과 Johnson(1978)은 이것들을 텍스트 명시적 질문, 텍스트 암시적 질문, 대본 암시적 질문이라 명명하였다. 텍스트 명시적 질문은 제시글 읽기로 직접 응답된다.[8] 텍스트 암시적 질문도 제시글 읽기로 응답될 수 있지만, 그것은 적어도 하나의 추론을 요하고 있다.[9] 대본 암시적 질문은 텍스트 암시적 질문에 비해서, 독자로 하여금 응답을 형성하는 데 그의 사전 지식을 시용하도록 요구한다.[10] 이 세 가지 질문에 대해 배우고, 그것들에 답을 찾고자 하는 학생들은 그것들에 더 효과적인 답을 할 수 있었을 것이다.

---

8) 예컨대, 김향이는 언제 세종 문학상을 받았는가? 연보는 그녀가 언제 세종 문학상을 받았음을 밝히고 있다.

9) 예컨대, 여기에 김향이에 대한 하나의 텍스트 암시적 질문의 예가 있다. 김향이의 세종 문학상 수상은 그녀의 작가 생활에 어떤 영향을 끼쳤는가? 연보는 이 질문에 답하게 하는 많은 정보를 포함하고 있지만, 그것은 그것에 직접 답하지는 않는다.

10) 여기에 김향이와 관련하여 대본 암시적 질문이 하나 있다. 김향이처럼, 당신의 배경과 경험이 다른 사람들의 그것과 매우 다른 상황에 종종 부딪혔다면, 당신은 어떻게 느끼겠는가? 이 질문은 김향이의 연보에 의해 촉진되었다고 해도, 응답의 대다수는 독자의 스키마에 나온 게 틀림없다.

읽기 전 질문하기를 토의할 때 언급하였듯이, 질문하기는 교사나 학생들에 의해 제기될 수 있다. 김향이 연보를 가지고 제시했던 질문은 교사 제기 질문들이다. 학생 제기 질문들은 알고 싶어하는 흥미, 요구나 소망을 촉진할 것이다.

2) 토의하기

교실 읽기 경험은 큰 소리로 생각 교환하기인 토의를 포함하게 될 것이다. 여기서 핵심어는 교환하기이다. 토의의 주고받기의 본질을 나타내기 위해 대화라는 술어를 사용한 것도 있다. 토의의 의도는 한 사람이 줄 수 있는 것보다 많은 정보나 통찰력을 모음으로써 새로운 무언가를 배우거나 다른 관점을 얻기 위해, 생각을 자유롭게 탐색하는데 있다. 연구 결과는 아이들이 텍스트에 관한 소집단 토의에 참가할때 긍정적 효과가 생김을 보여 주고 있다. 이 토의들은 텍스트 회상, 텍스트에 대한 심미적 반응, 독해를 증진한다.

효과적인 토의의 실행을 도와 줄 지침은 다음과 같은 것이 있다:

- 분명한 목적을 개발하라. 토의가 수행하려고 하는 게 무엇이지?
- 토의 지도자는 허용적이고, 비판적이어서는 안 되고, 열린 마음이어야 한다. 지도자는 모은 회원의 반응을 격려해야 하며, 자신의 견해와 제안을 자제해야 한다.
- 교사들은 학생들에게 좋은 토의를 준비시킬 필요가 있다.
- 토의는 많은 종류 및 단계의 사고 활동을 통합해야 한다.
- 문자적 질문이나 회상적 질문에 관해 의견 차이가 생길 때, 그런 의견을 확인하거나 거부하기 위해 텍스트가 참조되어야 한다.
- 집단 구성원들은 토의를 평가하기 위해 격려 받아야 한다.
- 토의는 항상 신뢰 분위기 속에 행해져야 한다.

3) 글쓰기

글쓰기는 읽기의 쌍둥이 자매라고 불려 왔다.[11] 글쓰기는 독자로 하여금 정보와 생각을 적극적으로 손질하도록 요구하기 때문에, 글쓰기는 강력한 것이다. 글쓰기는 학생이 정보와 생각을 연결하도록 도와줄 수 있다. 글쓰기는 또한 학생으로 하여금 생각 확장하기, 사고하기, 행동하기, 관찰하기 ― 발견하고, 평가하고, 창조하고, 숙고하기의 새로운 방법을 탐색할 기회를 제공한다.

읽은 후 쓰기 활동은 제시글 읽기의 당초 목표, 제시글 자체, 그리고 독자와 관련을 지녀야 한다. 당신의 목표가 5학년 학생들에게 전기에 관한 단원을 읽게 하는 데 있다면, 그들이 그 정보를 이해하고 기억하는 것을 확실히 하는 데 있으며, 그러고 나서 그 단원의 각 절에 대한 요약을 쓰게 하는 것이 유용한 쓰기 활동이 될 것이다. 만약 당신의 목표가 저학년 학생들에게 시에 대한 느낌을 개인적으로 반응하게 하는 데 있다면, 그들이 느꼈던 것과 비슷한 느낌의 시를 그들로 하여금 써 보게 할 수 있을 것이다. 혹은, 당신의 목표가 학생들이 읽은 정보를 종합하게 하는 데 있다면, 그 주제에 관한 글자 그림책을 써 보게 할 수 있을 것이다.

인터넷 또한 많은 읽은 후 쓰기 활동의 기회를 가져다준다.[12] 인터넷 전자 우편 또한 학생들이 읽은 책에 관해 전 세계의 학생들과 지속

---

11) 그것은 당신이 이미 알고 있는 바와 당신이 모르는 바를 찾아내기 위해서와 마찬가지로, 텍스트에 제시된 정보에다가 당신이 이미 알고 있는 것을 통합하기 위한 강력한 방법이다.

12) 예컨대, 날씨에 관한 몇 권의 책을 읽은 4학년 학생이 회오리바람과 태풍에 관심을 가지게 되었다. 그녀는 회오리바람이 왜 태풍보다 빨리 진행되었는지 궁금하였다. 그녀의 담임은 그녀에게 웹 사이트를 찾아서, 태풍의 눈으로 휩쓸려 간 한 팀의 성원이었던 도선사의 이름을 찾게 하였다.

적인 글말 대화를 할 기회를 그들에게 준다. 더욱이 많은 필자들은 독자로부터의 편지를 받는 웹 사이트를 가지고 있다.

글쓰기는 그들이 아는 바에 관해 실제 생각해 보게 하기 때문에, 학생들이 읽는 바에 적극적으로 참여하도록 그들을 도와 주기 위한 강력한 방법이다. 글쓰기는 학생들이 읽을거리에서 모은 생각을 취하고, 그것들을 새 방법으로 종합하거나 적용할 기회를 그들에게 준다.

4) 드라마 활동

읽은 후 활동으로서의 드라마 활동은 학생들이 텍스트에서 형성하였던 사전 의미를 확장하고, 새로운 것으로 만들도록 고무한다. 유능하고, 민감한 교사의 노력으로, 드라마 활동은 이 절의 모두에서 적었던 모든 인지적 활동-회상하기, 적용하기, 분석하기, 종합하기, 평가하기, 창조하기에 학생들을 참여시키기 위한, 즐겁고 고도로 동기 유발적인 방법이 될 수 있다.

교실 드라마는 교육 과정 목표를 달성하기 위해 시각화하기, 움직임 활동, 판토마임, 즉흥극, 역할극과 같은 많은 다른 활동과 통합할 수 있다고 해도, 우리는 읽은 후 활동으로서 이야기 드라마하기에 초점을 맞추고 있다. 이야기 드라마하기에서, 학생들은 그들이 읽은 무언가를 즉흥극으로 하거나 고안하고 실연하기 위해, 대개 약간의 교사 도움으로, 함께 활동하게 된다. 드라마 꾸미기는 관객을 필요로 하지 않는다; 그들은 그들이 읽은 텍스트에 자신의 방법으로 참여하기와 의미 형성하기로서, 스스로 준비하고 실행하게 된다. 드라마 꾸미기는 다른 사람들과 공유될 수 있다.

대부분의 아이들은 연기하기를 좋아하기 때문에, 모든 종류의 드라마 공연(연극, 개그, 이야기 다시 들려주기, 판토마임, 독자 극장)은 그

들이 읽은 텍스트에 그들을 적극적으로 참여시키는 탁월한 방법을 제
공해 준다.

5) 예술적 활동과 비언어적 활동

질문하기, 토의, 글쓰기, 그리고 드라마 활동은 모두 어떤 방법으로
건 낱말을 포함하고 있다. 하지만, 앞에서 제시하였다시피, 또한
Howard(1993)의 작품에서 보았다시피, 사람들은 복합적 지능-그들이
아는 바를 배우고 표현하는 다양한 방법을 가지고 있다. 이 범주는 시
각 예술, 음악, 그리고 무용을 포함하는 주로 언어적이 아닌 표현 양식
들을 드러내게 된다. 우리는 또한 미디어 생성, 시각적 전시, 그리고
표상 활동의 창조를 포함하는 반응 활동도 포함한다.

미술, 음악, 그리고 무용은 모두 글말 의사 소통과 입말 의사 소통
에 대한 반응으로 쓰일 수 있는 특수화한 언어를 나타낸다.

수많은 어린이 책은 학생들을 많은 예술들과 연결할 것이다. 미술,
음악, 그리고 무용을 통해 제시글에 반응하기에 밖에도, 학생들은 다른
예술적 및 비언어적 활동에 참가할 수 있다. 이것들은 오디오 테이프,
비디오, 슬라이드 쇼 만들기와 같은 미디어 생성을 포함할 수 있다. 혹
은 학생들은 게시판을 이용한 시각적 전시, 가공품, 모형, 견본 만들기
를 즐길 수 있다. 정보의 시각적 표상물은 또 다른 탁월한 예술적 및
비언어적 반응 활동이다.

드라마 활동과 마찬가지로, 예술적 및 비언어적 활동은 언어가 변형
될 수 있으며, 생각이 보이고, 들리고, 느껴질 수 있음을 학생들에게
보여 주기 위한 큰 가능성을 가지고 있다.

6) 적용과 멀리 보기

책들은 문을 연다. 그것들은 우리에게 걸음을 내딛고, 스스로를 보기 위해 텍스트를 넘어서서, 새 지식에 따라 행동하고, 독특한 방법으로 그것을 적용하도록 한다. 한두 방법으로 앞에서 언급된 각 범주들은 정보 및 생각의 다른 영역 및 다른 적용법을 탐색하기 위해 텍스트를 넘어서는 생각을 반영한다. 적용과 멀리 보기 노력으로, 독자들은 텍스트에서 생각과 정보를 찾고, 그것들을 신중하게 검토하고, 이용하고, 더 탐색한다.[13] 무언가에 관해 읽은 후 논리적인 다음 단계는 그것을 실제 세계에서 해 보는 것이다.

학생들은 텍스트의 생각을 실제 세계로 전이하는 데 필요한 연결고리를 항상 스스로 만드는 것은 아니다. 실은 많은 학생들은 학교 공부를 생활과 연결하는 일이 너무 드물다. 그런 연결고리를 보여 주는 활동을 준비함으로써, 교사는 좋은 책의 본질 가운데 결정적 특징을 가정으로 유도할 수 있다. - 우리가 책을 읽은 뒤 같은 것이 되어서는 안 된다. 새로운 우리 자신들은 우리가 지금 쓸 수 있는 새 정보와 생각을 가지고 있다.

7) 다시 가르치기

우리가 방금 토의한 여섯 유형은 생각들 사이의 논리적 연결을 만들고, 사고 활동과 스스로 표현하기의 새 방법을 탐색하도록 학생들을 격려한다. 일곱째 범주인 다시 가르치기는 읽기 비계의 안전판이며, 잘

---

13) 학생들은 아이스크림 만들기에 관한 이야기나 몇몇 과학 실험을 기술하는 기사를 읽었을 테지만, 그것은 그 단계를 실제 따르기와 아이스크림 먹기나 실험하기만큼 그렇게 재미있는 것은 아니다.

이루어진 일의, 완수의 의미와 함께 학생들이 읽을거리에서 확실히 떠나게 해 주는 방법이다.

다시 가르치기는 읽을거리를 읽고, 읽기 학습의 다양한 활동에 참여한 후, 학생들이 그들의 읽기 목표에 도달하지 못했을 때, 흔히 필요하다.

8) 읽은 후 활동: 요약과 안내

읽은 후 활동은 읽기의 적절성, 곧 그것이 그들의 삶 및 더 넓은 세계와 어떤 관련을 가지는지를 그들이 발견하는 것을 돕기 위해, 학생들이 텍스트를 뛰어넘어, 그들이 읽은 읽을거리에 관해 무언가를 하도록 돕는 것이다. 이 활동의 유형들은 그들이 읽은 바를 더 잘 기억하도록 그들을 돕고, 다양한 방법으로 자신을 표현할 기회를 그들에게 제공하고, 복합적 지능의 개발을 고무하고, 그리고 그들에게 다른 사람이 텍스트를 어떻게 해석하는지 볼 기회와 성공할 부가적 기회를 그들에게 준다.

읽은 후 활동은 텍스트 자체, 학생, 그들의 목표에 맞추도록 습관화된 방법으로 텍스트에서 모은 생각들을 학생들에게 제공한다. 읽은 후 활동을 개발할 때, 교사는 다음과 같은 질문을 제기할 수 있다.

- 읽은 후 활동에서 학생들은 어떤 면에서 득을 보겠는가?
- 그 활동이 읽기의 당초 목표를 반영하는가, 그것이 읽기 전 및 읽는 중 활동의 논리적 성과인가?
- 그 활동이 텍스트에 있는 생각들에 대한 이해를 더 넓혀 가겠는가?
- 그 활동이 학생들의 비판적 문식성을 증진시키겠는가?
- 그 활동이 텍스트의 생각에 반응하는 방법을 위한 학생들의 스키마를 확장하겠는가?
- 그 활동은 행동화할 수 있고, 즐길 수 있는가?
- 어떤 반응 활동이 학생 자신들에 의해 제시되거나 생성되는가?

6. 비계 세우기를 활용한 읽기 학습 모형들

앞에서 우리는 읽기 전, 읽는 중, 읽은 후 활동을 살펴보았다. 지금 우리는 이 활동들이 어떻게 상호 작용되고 연결되는지 논의하기로 한다.

〈표 1〉 3학년 학생을 위한 표본적 읽기 학습 모형

독 자	읽을거리	목 표
3학년 학생(1년 정도 부진 학생)		명랑 소설을 이해하고, 즐기고, 예술적으로 반응하기 위해
읽기 전 활동	읽는 중 활동	읽은 후 활동
1 동기화하기 1 어휘 미리 가르치기 2 배경 지식 세우기 1 전략 제안하기	1 안내적 읽기 1 교사에 의한 낭독 1 묵독	1 토의하기 1 드라마 활동 1 예술적 및 비언어적 활동 1 다시 가르치기(학생들이 읽기 전 활동으로 제안되었던 전략 사용에 문제가 있음이 확실해졌을 때, 이것은 비계 세우기의 일부가 되었다.)

〈표 2〉 3학년 학생을 위한 대안적 읽기 학습 모형

독 자	읽을거리	목 표
3학년 학생(평균 이상과 우수학생)		명랑 소설을 이해하고, 즐기고, 반응하기 위해
읽기 전 활동	읽는 중 활동	읽은 후 활동
1 배경 지식 세우기, 그것이 동기화와 목표 설정을 결합한다.	1 묵독	1 (창의적) 글쓰기

〈표 3〉 5학년 학생을 위한 표본적 읽기 학습 모형

독　자	읽을거리	목　표
이질　집단의　5학년 학생	2차 세계 대전과 전후 시대에 관한 단원	그 단원의 중요 주제와 쟁점을 이해하고, 회상하고, 반응하고, 그리고 분석하기 위해
읽기 전 활동	읽는 중 활동	읽은 후 활동
1 동기 유발적 활동 1 개념 미리 가르치기 2 배경 지식 세우기 1 전략 제안하기	1 안내적 읽기 1 교사에 의한 낭독 1 학생에 의한 낭동 1 텍스트 바꾸기	1 토의하기 1 예술적 및 비언어적 활동 1 글쓰기

당신은 이 간략한 예를 통해 독자, 그들이 읽는 목표, 읽을거리들이 활동의 유형과 양에 미치는 효과를 알 수 있다. 그러면 당신은 (1) 학생들의 요구, 능력, 흥미를 식별하고, (2) 제시글의 화제, 주제, 어휘에 친숙해지고, 그리고 나서 (3) 당신의 목표, 그리고 활동의 선정과 계획하기를 시작할 수 있을 것이다.

이 절을 끝내기 전에, 우리는 비계 세우기 활동을 통한 읽기 학습의 목표가 많은 활동으로 정확한 읽기 시간을 채우는 데 있지 않고, 학생들이 읽는 텍스트에서 의미를 성공적으로 형성하고, 새로 얻은 그들의 지식과 통찰력으로 무언가를 하도록 학생들에게 비계를 제공하는 데 있음을 재차 강조하고자 한다.

Ⅳ. 교실 수업에서의 비계 세우기 활동의 적용

교실 수업에서의 비계 세우기 활동의 적용은 초등 학교 교실 수업에 비계 세우기 활동을 적용하는 절차를 제시하고자 한다. 먼저, 교실 수업에서 비계 세우기 활동을 적용할 가능성은 무엇이고 이에 따른 한계가 어떤 점이 있는지 검토하고, 저, 중, 고학년 읽기 수업에서 비계 세우기 활동을 구체적으로 적용하는 방안을 제시하고자 한다.

읽기가 단순히 글자를 소리로 바꾸는 것이 아니라, 글의 의미를 구성하는 사고 활동이며 교사는 이를 촉진시켜 주는 역할을 한다는 점에서 필요한 것이 비계 세우기이다. 교사가 미리 구안한 비계는 학습자가 텍스트를 접하기 이전부터 계획적인 학습의 과정을 밝게 해 준다. 교실 수업에서 치밀한 비계 세우기는 다양한 사고의 폭과 깊이를 가진 초등 학교 학생에게 능동적이고 창의적이며 의미 있는 읽기 학습에 성공하도록 안내하는 길라잡이가 될 수 있을 것이다.

1. 가능성과 한계

과정 중심의 읽기 지도는 제7차 교육 과정에서 드러나 있다. 전체 학년 국어과 교사용 지도서의 부록에 '국어과 교육 내용별 지도 방안'의 한 부분으로 읽기 전 활동의 예, 읽는 중 활동의 예, 읽은 후 활동의 예를 들어 설명해 놓았다. 그런데 이 지도 방안은 지도서 내의 차시별 지도 내용에 산발적으로 제시되어 있을 뿐, 어떤 읽기 교수-학습 장면에 투입되어야 효과를 발휘할지는 밝히지 않았다. 또한 읽기 교과서는 적용 학습 단계에 다섯 가지 색깔의 약물(회색 : 학습 제재에 대한 배경 지식의 활성화, 분홍색: 학습 제재의 안내, 파란색: 학습 제재 내용의 확인, 초록색: 학습 목표 관련 활동, 보라색: 학습 내용의 발전 및 심화)이 제시되어 교과서 집필 의도에 따라 학습 과정을 진행할 수 있도록 구성되어 있다. 다만 회색 약물은 5, 6학년부터 명시적으로 제시된다. 이런 관점에서 보면 과정 중심의 읽기 지도의 비계 세우기는 적어도 제7차 교육 과정부터는 교육 현장에 구체적으로 적용되었다고 볼 수 있다.

그러나 이 교수-학습 원리도 다른 것들과 마찬가지로 구체적인 장면에 명시적으로 제시되지 않았다는 점에서 한계를 안고 있다. 교육 과정에 제시된 '읽기의 실제' 부문은 정보를 전달하는 글 읽기, 설득하는 글 읽기, 정서 표현의 글 읽기, 친교의 글 읽기로 나뉘어 있고, 각각의 부문은 읽기의 본질, 원리, 태도에 따라 다양한 학습 장면으로 나뉜다. 여기에 더해지는 변수 가운데 하나는 학습의 주체인 학생 요인이다. 개선이 되고 있기는 하나 적정 인원을 초과하는 다인수 학급, 그 속에서 생활하는 수준과 성향이 다양한 학생들이 바로 그것이다. 다양한 교육의 장면과 다양한 학생들을 일 대 일로 대응시키다 보면 그 변수란 이루 헤아리기 어려울 정도이다. 적어도 교수-학습 원리라 하면 이런 요인들을 포함한 적절한 대안이어야 할 것이다.

학생들이 교실에서 읽기 활동을 할 때 성공을 거둘 수 있도록 확실히 해 줄 수 있는 실질적인 거푸집으로서의 비계 세우기가 성공을 거두기 위해서는 바로 이런 요인들을 고려한 치밀한 비계가 세워져야 한다. 정선된 교수-학습의 원리를 다양하게 세분된 교수-학습 장면에서 이질적인 학습자들에게 적용시켜 균질적 성과를 거두기 위해서는 매우 세밀하고 치밀한 준비가 필요한 것이다.

2. 저학년 읽기 수업 - 총체적 언어 접근법

초등 학교 저학년 학생들의 경우 음성 언어 능력은 상당한 수준에 이르지마는, 문자 언어 능력은 대체로 미숙한 상태에 이르고 있다. 이런 시기의 학생들에 대한 국어 학습은 기본적으로 총체적 언어 접근법

(Ruddell. R. B., 2002; 12~14)을 기반으로 하는 것이 효율적이라고 할 수 있다.

총체적 언어 접근법은 발달적으로 적절하고, 적극적이며, 실제적 학습 경험에 바탕을 둔 통합적 문식 수업을 위한 거푸집과 자료이다. 이 접근법에서는 읽기와 문식 기능은 "넉넉하고, 실제적이며, 발달적으로 적절한 학교 경험"을 아이들에게 제공함으로써 가장 효과적으로 개발될 수 있다는 신념에 기반을 두고 있다. 이 접근법은 교실에서의 고도로 통합적인 학습 경험을 요하는 언어 습득 및 문식 처리의 원리에 기반을 두고 있다. 이와 같은 관점에서 저학년의 읽기 수업에 대해 비계 세우기를 활용하여 총체적 언어 접근법을 중심으로 알아보고자 한다.

1) 단원 개요

- 단원: 1학년 2학기, [다섯째 마당] 어깨동무를 해요, 1. 손에 손잡고(2~3/6 차시)
- 교육과정 내용: 읽기(4) 글을 정확하게 소리내어 읽는다.
- 차시 학습 목표: 글을 정확하게 소리내어 읽어 봅시다.

2) 비계 세우기

- 읽기 전: 읽기 목적 동기화하고 설정하기
- 읽는 중: 학생들에게 읽어 주기
- 읽은 후: 응용하기

3) 수업 적용 예

이 단원은 글에 담긴 마음을 생각하면서 글을 정확하게 소리내어 읽는 활동으로 구성되어있다. 따라서 읽기 전 활동은 학습 부담 없이 자연스럽게 읽기 목적에 동기화할 수 있는 노래 부르기를 한다.

읽기 전 활동 1	읽기 목적 동기화하고 설정하기
【활동의 주안점】 교과서의 삽화는 자전거를 중심으로 제시되어 있다. 이 삽화를 먼저 본 후에 이와 관련된 동요 '자전거'를 함께 불러서 자연스러운 분위기, 학습 동기를 유발한다.	
【교사의 발문】 교과서 111쪽의 그림을 보세요. 이 아이는 왜 다쳤을까요? (학생 활동) 이제 114쪽의 그림을 보세요. 방금 본 그림과는 어떻게 다른가요? (학생 활동) 그래요. 우리가 읽을 이야기에는 어떤 탈 것이 나올 것 같은가요? (학생 활동) 그럴까요? 노래를 먼저 부르고 확인하도록 해요. 여러분이 잘 부르는 동요 중에 '자전거'를 함께 불러 보아요.	
【학생 활동의 예】 - 자전거를 타다 넘어졌어요. / 자전거에 치였나 봐요. - 아까는 못 타는 모습이었는데, 지금은 잘 타요. - 자전거요. - 동요 '자전거'를 부른다.	

동요 부르기로 학습 분위기를 조성하는 것과 함께, 정말 자신들의 예측이 맞는지 확인하고 싶은 욕구가 생기도록 유도하는 것이 중요하다. 동요 부르기 전후의 교사 발문이 그 성패를 좌우한다. 다음으로는 학습 목표인 '정확하게 소리내어 읽기'를 지지해 줄 수 있는 비계로 '학생들에게 읽어 주기'를 진행한다.

읽는 중 활동	학생들에게 읽어 주기

【활동의 주안점】

　학습 목표가 글을 정확하게 소리내어 읽어 보기이므로, 교사의 정확한 발음으로 시범 낭독이 필요하다. 그리고 교사의 모범독을 듣고 따라 읽는 과정도 함께 진행한다.

【교사의 발문】

　교과서 110쪽의 학습 문제를 읽어 보세요. (학생 활동) 우리는 이 글을 어떻게 읽어야 한다고 하였나요? (학생 활동) 특히 어떤 발음에 주의해야 하나요? (학생 활동) 그럼 먼저 선생님이 읽을 테니, 눈으로는 글자를 보면서 귀담아 듣도록 하세요. (교사의 모범독) 이제 파란색 글자가 있는 문장만 읽어 봅시다. 선생님을 따라 읽어 보세요. …….

【학생 활동의 예】

- 학습 제재 안내문을 읽는다.
- 정확하게 소리내어 읽어야 해요.
- 파란색으로 쓴 글자를 이어서 읽을 때의 발음이요.
- 선생님의 모범독을 듣는다.
- 선생님을 따라 읽는다.

읽은 후 활동	응용하기

【활동의 주안점】

　읽은 후 활동을 지지하는 비계의 초점은 '바르게 소리내어 읽기'이다. 이를 응용한 놀이를 통해 학습 내용을 발전시키고 내면화 시키는 기회를 제공한다.

【놀이 활동의 개요】

① 준비물
- 축구공 크기 정도의 정육면체 또는 정팔면체 주사위 1개
- 단계별 낱말 카드 10여 장: 1단계(제재글의 파란색 낱말), 2단계(제재글의 소리이음이 일어나는 다른 낱말), 3단계(제재글 이외의 다른 단원의 낱말)
- 낱말 카드를 주사위에 붙인다.

② 놀이 방법
- 교사 또는 학생이 주사위를 던진다.
- 던진 사람은 반 전체 학생이 잘 볼 수 있도록 낱말을 보여 준다.
- 학생들은 해당 낱말이 들어 있는 문장을 찾는다.
- 찾은 사람은 손을 들고 '빙고'라고 외친다.
- 주사위를 던진 사람이 먼저 찾은 사람에게 기회를 준다.
- 문장을 정확하게 소리내어 읽는 사람이나 모둠에게 승점을 준다.
- 학생의 응답 수준에 따라 난이도의 단계를 높일 수 있다.
- 한번 나온 낱말은 떼어 내고 다른 낱말을 붙인다.

③ 교사의 발문

　지금까지 배운 것을 바탕으로 놀이를 하겠어요. 주사위를 던져서 나온 낱말을 보고, 그 낱말이 들어 있는 문장을 찾아 정확하게 소리내어 읽는 거예요.

3. 중학년 읽기 수업 - 초보적 독자 접근법

초등 학교 중학년은 문자 해득에 대한 장애가 거의 없어지고, 문자 언어 능력은 비교적 안정적으로 정착되어 가는 시기이다. 이런 시기의 학생들에 대한 국어 학습은 기본적으로 초보적 독자 접근법(Ruddell, R. B., 2002; 11~12)을 기반으로 하는 것이 효율적이라고 할 수 있다.

초보적 독자 접근법은 학년별 독자와 미리 정해진 기능의 범위와 순서에 바탕을 둔 문식 능력 교수를 위한 거푸집과 자료이다. 이 견해의 기본 철학은 학생 독자가 읽을거리를 이용하면서, 미리 정해진 기능 순서에 따른 체계적 수업을 통해 읽기를 가장 잘 배우고, 교사 지도서의 추천에 의해 안내되고, 학생 워크북에서의 실행 활동을 통해 강화된다는 것이다. 이와 같은 관점에서 중학년 읽기 수업에 대해 비계 세우기를 활용하여 초보적 독자 접근법을 중심으로 알아보고자 한다.

1) 단원 개요

- 단원: 3학년 1학기, [다섯째 마당] 앎의 즐거움, 2. 알면 힘이 솟아요(4/9 차시)
- 교육과정 내용: 읽기(3) 내용을 확인하며 글을 읽는다.
- 차시 학습 목표: 글을 읽고, 문단의 중심 내용을 알아봅시다.

2) 비계 세우기

- 읽기 전: 배경 지식 활성화하기, 개념 미리 가르치기
- 읽는 중: 안내적 읽기
- 읽은 후: 적용과 멀리 보기

3) 수업 적용 예

이 단원의 특징은 학생들이 알고, 보고, 들은 것을 바탕으로 글을 읽으면서 문단의 중심 내용을 파악하는 활동을 하도록 설정되어 있다는 점이다. 따라서 읽기 전 활동은, 학생들의 선험적 지식을 활성화하고, 문단이라는 개념을 미리 지도하는 내용이 포함되어야 한다.

읽기 전 활동 1	배경 지식 활성화하기

【활동의 주안점】
교과서 126쪽의 사진 자료를 포함하여 학생들이 개와 관련된 경험을 떠올리게 하여 자유롭게 이야기하게 함으로써 배경 지식을 활성화한다.

【교사의 발문】
교과서 126쪽의 사진을 보세요. 무엇이 있나요? (학생 활동) 개와 관련된 경험을 떠올려 보세요. 개를 길렀거나 지금도 기르고 있다든지, 생활 주변에서 개를 보았다든지, 개가 주인공으로 나오는 영화나 만화책을 본 경험 등 모두 좋습니다. 자신의 경험을 말해 보세요.(학생 활동) 강아지를 기르면 어떤 점이 좋은가요? / 그 영화에 나오는 강아지는 어떤 강아지인가요?

【학생 활동의 예】
- 개가 있어요. / 강아지가 있어요.
- 우리 집에 강아지를 키워요. / 전에 개에게 물린 적이 있어요. / 강아지들이 자기를 잡으려는 나쁜 사람을 혼내주는 영화를 봤어요.
- 심심할 때 놀아주어요. / 나를 잘 따라서 좋아요. / 개들끼리 이야기를 하고 작전도 짜서 악당을 혼내 줘요. / 주인을 지켜요.

읽기 전 활동 2	개념 미리 가르치기

【활동의 주안점】
교과서 126쪽에 문단의 개념을 설명하는 부분이 있다. 이 내용을 학생들이 이해해야 본시 학습 과제를 해결할 수 있다. 따라서 읽기 전 활동의 하나로 문단의 개념을 미리 가르칠 필요가 있다.

【교사의 발문】
교과서 126쪽의 글을 보면, 문단이란 무엇인지 설명하고 있어요. 문단이 무엇인지 생각하며 소리내어 읽어 보세요. (학생 활동) 문단이란 무엇을 말하나요? (학생 활동) 글의 내용을 이해하려면 먼저 무엇을 생각하며 읽어야 하나요?

【학생 활동의 예】
- 소리내어 글을 읽는다.
- 여러 문장이 모여서 하나의 중심 생각을 나타내는 부분이에요.
- 문단의 중심 내용을 생각하면서 읽어야 해요.

위와 같은 활동을 통해 학생은 개에 관한 배경 지식을 활성화하고, 문단의 개념을 습득하게 된다. 이제 이를 바탕으로 개에 관한 글을 읽고, 문단의 중심 내용을 정리하는 과정으로 진행한다. 이 때의 비계는 '안내적 읽기' 방법을 사용한다.

읽기 중 활동	안내적 읽기
【활동의 주안점】 교사가 학생들이 학습 목표에 도달할 수 있도록 계획적인 질문으로 안내하는 것이 관건이다. 즉, 주변적인 것에서부터 시작하여 가장 핵심적으로 접근하는 방법으로 질문을 함으로써 학생은 답을 하다 보면 어느 새 학습 목표에 도달되어 있도록 하는 것이다.	
【교사의 발문】 첫째 문단은 문장 세 개로 이루어져 있습니다. 내용을 읽어 보세요. (학생 활동) 다 읽었나요? 사람들은 언제부터 개를 길렀나요? (학생 활동) 개는 원래 사나웠는데, 왜 온순해졌다고 했나요? (학생 활동) 세 개의 문장 중에서 첫째 문단의 내용을 대표할 수 있는 문단은 어느 것인가요? (학생 활동) 그것이 바로 1문단의 중심 내용이에요. 2문단은 1문단보다 조금 더 깁니다. 어느 것이 2문단을 대표하는 문장인지 찾아가며 내용을 읽어 보세요. ······.	
【학생의 활동 예】 - 글 읽기 - 먼 옛날부터예요. - 사람과 가까이 살면서요. - 첫째 문장, '개는 사람과 가장 가까운 동물입니다.'예요.	

위와 같은 방법으로 5개의 문단을 읽고, 각 문단의 주요 내용과 중심 내용을 알아본다. 그 다음으로는 이를 바탕으로 독자 자신의 새로운 사고를 구성할 수 있는 계기를 마련해 주어야 하는데 여기에서는 '적용과 멀리 보기'의 방법으로 읽은 후 활동을 제안한다.

읽은 후 활동	적용과 멀리 보기

【활동의 주안점】

'적용과 멀리 보기'는 텍스트를 통해 학습한 내용을 실제 세계로 전이시키는 과정의 하나다. 즉, 개에 관한 글을 읽고, 개의 특성을 파악한 것을 바탕으로 학생의 무한한 상상력과 꿈을 동원하여 새로운 아이디어를 생산히도록 하는 것이다.

【교사의 발문】

지금까지 '개'를 읽고, 문단의 중심 내용을 알아보았어요. 개가 인간보다 뛰어난 점을 두 가지만 꼽는다면 무엇 무엇일까요? (학생 활동) 그렇지요. 그래서 경찰이나 군인이 개를 이용해서 수색을 하기도 하지요. 만일에 여러분이 과학자라면 개의 그런 뛰어난 능력을 이용해서 무엇을 할 수 있을까요? 그리고 여러분이 그렇게 하기 위해서는 앞으로 무엇에 대해 좀 더 알아보아야 할까요? 학습지를 이용하여 여러분의 생각을 자유롭게 표현해 보세요.

【학생의 활동 예】 - 학습지 예시

　　내가 과학자라면……

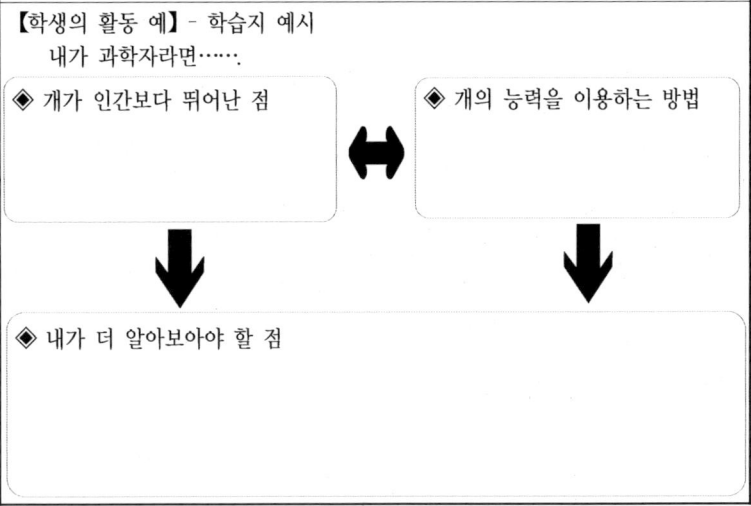

4. 고학년 읽기 수업 - 문학 기반의 접근법

초등 학교 고학년은 문자 언어 능력뿐 아니라, 다양한 매체를 통한 이해와 표현 능력이 어느 정도 정착되어 가는 시기이다. 이런 시기의 학생들에 대한 국어 학습은 기본적으로 문학 기반의 접근법(Ruddell,

R. B., 2002: 11~12)을 중심으로 하는 것이 효율적이라고 할 수 있다.

문학 기반의 접근법은 학생의 발달 목표에 대한 큰 강조와 함께 어린이 문학을 접해 보는 데 기반을 둔 문식 교육을 위한 거푸집과 자료이다. 제7차 국어과 교육 과정에 따른 읽기 영역의 학년별 내용은 학년이 올라갈수록 문학의 이해 및 감상과 평가에 대한 내용을 강조하였다. 이와 같은 관점에서 고학년의 읽기 수업에 대해 비계 세우기를 활용하여 문학 기반의 접근법을 중심으로 알아보고자 한다.

1) 단원 개요

- 단원: 6학년 1학기, [첫째 마당] 삶과 이야기, 2. 아름다운 삶(5~6/9 차시)
- 교육과정 내용: 문학 지식(2) 작품에서 사건의 전개와 배경의 관계를 파악한다.
- 차시 학습 목표: 사건과 배경의 관계를 파악하며 이야기를 읽어 봅시다.

2) 비계 세우기

- 읽기 전: 배경 지식 활성화하기, 중요 어휘 알아보기
- 읽는 중: 안내적 읽기, 그림 지도 그리기
- 읽은 후: 드라마 활동

3) 수업 적용 예

제7차 교육 과정의 5, 6학년 국어과 읽기 교과서에는 읽기 전 활동의 하나로 학습 제재에 대한 배경 지식 활성화 자료를 '회색책'으로 표

시하여 안내하고 있다. 고학년의 읽기 전 활동은 이를 활용하거나, 재구성하는 방법을 추천할 만하다. 이를 포함한 읽기 전 활동은 사진을 보고 알 수 있는 점을 이야기하여 배경 지식 활성화하기, 중요 어휘 알아보기로 구안한다.

읽기 전 활동 1	배경 지식 활성화하기
【활동의 주안점】 　교과서 30쪽에 제시된 자료 사진을 활용하여, 제재글의 시대적 배경이 되는 일제 강점기 우리 민족의 삶에 대하여 이야기하게 하여 배경 지식을 활성화한다.	
【교사의 발문】 　교과서 30쪽에는 일제 강점기 모습이 담긴 사진이 있습니다. 이것을 살펴보고, 일제 강점기 우리 민족의 삶이 어떠하였는지 말해 보세요.	
【학생 활동의 예】 　3·1만세 운동을 비롯한 독립 운동을 하였습니다. / 학생들이 농촌에서 계몽 활동을 하기도 하였습니다. / 학생들은 자유롭지 못하게 군대식으로 억압된 교육을 받았습니다. / 수확한 곡식을 일본에게 **빼앗겼습니다**.	

읽기 전 활동 2	중요 어휘 알아보기
【활동의 주안점】 　제재글 '방구 아저씨'는 글의 특성상 낯선 어휘가 많은 것이 특징이다. 따라서 이 글을 읽기 전에 중요 어휘를 미리 학습하는 것이 필요하다. 이 활동은 선행 학습 과제 또는 ICT 학습 자료14)로 해결할 수 있다.	
【교사의 발문】 　'방구 아저씨'에는 우리가 잘 알지 못하는 낱말들이 있습니다. 책을 읽기 전에 교과서 아래에 나와 있는 낱말의 뜻을 알아봅시다.	
【학생 활동의 예】 　- 교사가 묻는 낱말의 뜻 대답하기 　- 학생 상호간에 낱말의 뜻 묻고 대답하기 　- 어려운 낱말을 골라서 뜻 알아보기	

14) 제7차 교육 과정 읽기 교과서의 중요 어휘는 교과서 하단에 제시되어 있는데, 5, 6학년의 어휘는 에듀넷의 '초등 학생 - 교과서 따라 하기'에서 학습할 수 있다.
(http://www.edunet4u.net/edunetWebApp/jsp/student/study/cho_main.jsp)

위와 같이 두 가지 읽기 전 활동을 통하여 독자인 학생의 사고가 활성화되면, 읽기 활동으로 진행한다. 읽기 활동은 차시 목표를 근거로 하여 안내적 읽기와 그림 지도 그리기로 구안한다.

읽기 중 활동 1	안내적 읽기
【활동의 주안점】	

【활동의 주안점】
　이 글은 10쪽에 달하는 양으로 다양한 학생의 수준에 비추어 단숨에 읽어 내려가기에는 무리가 있다. 교과서에 숫자로 단락 구분이 되어 있으므로 이를 기준으로 부분의 내용을 확인하며 읽는다.

【교사의 발문】
　글에 나오는 '이 날'은 어떤 날인지 생각하며, 첫째 단락을 읽어 보세요. (학생 활동) 첫째 단락의 주요 내용은 무엇인가요? (학생 활동) 방구 아저씨는 어떤 사람인지 생각하며, 둘째 단락을 읽어 보세요. …….

【학생의 활동 예】
－ 글 읽기
－ 곳집에 혼자 살아요. / 마을 아이들을 잘 보살펴 주어요.

읽기 중 활동 2	그림 지도 그리기

【활동의 주안점】
　차시 목표가 '사건과 배경과의 관계 파악'이므로, 사건과 배경을 관련지을 수 있는 학습지 형태의 자료를 제공한다. 학습지는 글의 공간·시간적 배경과 그것을 알 수 있는 부분, 일제 강점기(시간적 배경)이기 때문에 일어난 사건을 알 수 있는 부분 등으로 구성한다.

【교사의 발문】
　이 글의 배경과 사건을 알아보도록 하겠어요. 공간적 배경과 그것을 알 수 있는 부분, 시간적 배경과 그것을 알 수 있는 부분을 찾아보세요. (학생 활동) 시간적 배경이 일제 강점기이기 때문에 일어난 사건은 무엇 무엇인가요? (학생 활동) 시간적 배경과 사건은 어떤 관계가 있나요?

┌───┐
│ 【학생의 활동 예】- 학습지 예시   │
│ ┌───────────────────────┐ ┌───────────────────────┐ │
│ │ [공간적 배경]   │ │ [시간적 배경]   │ │
│ │   │ │   │ │
│ │ [공간적 배경을 알 수 있는 부분] │ │ [시간직 배경을 알 수 있는 부분] │ │
│ └───────────────────────┘ └───────────────────────┘ │
│   │
│ ┌───┐ │
│ │   [시간적 배경이 일제 강점기이기 때문에 일어난 사건]   │ │
│ │   │ │
│ └───┘ │
│ ┌───┐ │
│ │ ◎ 시간적 배경과 사건은 어떤 관계가 있는가?   │ │
│ │   │ │
│ └───┘ │
└───┘

위의 두 가지 활동으로 학생들은 이해를 위한 과정을 거친다. 그 다음은 독자로서 읽은 내용을 새로운 사고로 재구성하는 과정이 필요한데, 이것이 바로 읽은 후 활동으로서의 드라마 활동이다.

읽은 후 활동	드라마 활동

【활동의 주안점】
 학생이 읽은 내용 속의 주인공 역할을 함으로써, 사건을 간접 경험하게 하고, 그 속에서 새로운 사고를 재구성할 기회를 준다. 일제 강점기 시대를 드러낼 수 있는 부분을 선정하여 인물, 주요 행동과 대사를 정하여 역할극을 수행하게 한다.

【교사의 발문】
 지금까지 알아본 내용을 바탕으로 역할극을 해 보아요. 어느 부분을 연극으로 꾸미는 게 좋을까요? (학생 활동) 네, 다섯째 단락의 내용은 어떤 사건인가요? (학생 활동) 그 사건을 연극으로 꾸미려면 등장 인물로 누가 필요한가요? (학생 활동) 등장 인물의 성격은 어떠해야 할까요? (학생활동) 그럼 역할을 나누어 연극을 하도록 해요. 일제 강점기라는 점, 그 때문에 일어난 사건이라는 점을 생각하면서 연극을 합니다.

【학생의 활동 예】
- 다섯째 부분요.
- 일본 순사 이토가 방구 아저씨를 죽인 사건이요.
- 순사, 방구 아저씨, 아이들이 필요해요.
- 순사는 버릇없고, 거만한 사람 / 방구 아저씨는 듬직하고 심지가 곧은 사람
  이요.
- 역할을 나누어 연극을 한다.

V. 맺음말

지금까지 비계 세우기 활동을 통한 읽기 능력 신장 방안에 관해 계획 단계에서의 네 요소, 비계 세우기 활동을 통한 읽기 학습, 교실 수업에서의 비계 세우기 활동의 적용을 중심으로 논의하였다. 이 가운데 주요한 것을 간추리면 다음과 같다.

(1) 계획 단계에서의 고려해야 할 요소는 목적, 읽을거리, 독자, 환경 등 네 가지이다. 읽기의 목적은 독자를 동기화하고, 독자의 관심을 초점화하고, 혹은 노력할 목표, 확실한 무언가를 독자에게 주는 것이다.

(2) 읽기 학습에서의 읽을거리는 문화, 장르, 그리고 가능성 및 흥미 수준에서 다양한 너비를 나타내는, 폭 넓은 자료를 택하는 것이 좋을 것이다. 그 밖에 서사적 텍스트와 설명적 텍스트 양자를 모두 읽을 기회를 학생들에게 제공하는 것이 좋을 것이다.

(3) 읽기 학습에서의 독자에 관해서는 요구와 관심, 흥미, 텍스트에 대한 그들의 스키마, 학습자로서 독자들의 장점과 단점을 고려하는 것이 중요할 것이다.

(4) 읽기 과정에 중요하게 작용하고 읽기를 조장하는 환경을 특히 문식성 환경이라고 하는데, 학생들에게는 가정, 학교, 사회 등이 주요한 문식성 환경이 된다고 할 수 있다.

(5) 비계 세우기란 "어린이나 초급자에게 문제를 해결하고, 과제를 수행하거나 그의 독립적 노력의 범위 밖에 있을지 모르는 목적을 달성하게 하는 절차"이다. 비계 세우기 활동을 통한 읽기 학습은 바로 이런 절차를 통해 읽기 능력을 신장하도록 설계되어 있는 것이다.

(6) 비계 세우기 활동의 거푸집은 목적, 읽을거리, 독자, 환경을 고려해야 하고, 그것들을 나타내기 위해 교실 학습 경험을 어떻게 만들어 낼 수 있는지를 예시한다. 이 때 교사는 학생들이 실제 학습 과정에 그들의 읽기 목표를 달성하도록 지원해 주는 읽기 전, 읽는 중, 읽은 후 활동의 집합을 개발한다.

(7) 읽기 전 활동은 학생들에게 텍스트를 읽기 위해 인지적이고 정의적으로 준비하게 한다. 그들이 읽기 전에 학생들을 준비하도록 시간을 주는 것은 그들이 무엇을 읽는지 이해하고, 읽기에서 즐거운 경험을 발견함으로써 큰 이득을 얻을 수 있다. 읽기 전 활동은 읽기 목적 동기화하고 설정하기, 배경 지식 활성화하고 세우기, 텍스트 특유의 지식 만들기, 읽기를 학생들의 생활과 연결하기, 어휘와 개념 미리 가르치기, 미리 질문하기-예측하기-방침 정하기, 독해 전략 제안하기 등이다.

(8) 읽는 중 활동은 학생들이 읽을 때 그들이 스스로 하는 일과 그들을 도와 주기 위해 교사가 하는 일 - 실제 읽기 절차를 촉진하거나 격려하는 활동들 - 양자를 다 포함한다. 읽는 중 활동은 묵독, 학생들에게 읽어 주기, 학생들의 낭독, 안내적 읽기, 텍스

트 바꾸기 등이다.

(9) 읽은 후 활동은 학생들이 방금 읽은 텍스트에 관해 무언가를 하도록 격려하는 것이다. 그들이 읽은 것에 관해 반응하거나, 때로는 그들의 생각을 행동으로 옮기기 위해 그들의 읽을거리에 드러나는 정보와 생각에 대해 비판적이고, 논리적이며, 창의적으로 생각하는 것이다. 읽은 후 활동은 질문하기, 토의하기, 글쓰기, 드라마 활동, 예술적 활동과 비언어적 활동, 응용과 전망, 다시 가르치기 등이다.

(10) 비계 세우기를 통한 읽기 학습 모형들의 예를 통해 독자, 그들이 읽는 목표, 읽을거리들이 활동의 유형과 양에 미치는 효과를 알 수 있다. 그러면 교사는 ① 학생들의 요구, 능력, 흥미를 식별하고, ② 제시글의 화제, 주제, 어휘에 친숙해지고, 그러고 나서 ③ 교사의 목표, 그리고 활동의 선정과 계획하기를 시작할 수 있을 것이다.

(11) 과정 중심의 읽기 지도의 비계 세우기는 적어도 제7차 교육 과정부터는 교육 현장에 구체적으로 적용되었다고 볼 수 있으나, 이 교수-학습 원리도 구체적인 장면에 명시적으로 제시되지 않았다는 점에서 한계를 안고 있다.

(12) 초등 학교 저학년은 교실에서의 고도로 통합적인 학습 경험을 요하는 언어 습득 및 문식 처리의 경험을 쌓는 것이 필수적이다. 이런 점을 고려하면, 저학년 교재에 대한 읽기 수업은 비계 세우기를 활용하여 총체적 언어 접근법을 중심으로 시도해 보는 것이 좋을 것이다.

(13) 초등 학교 중학년은 미리 정해진 기능 순서에 따른 체계적 수업을 통해 읽기를 가장 잘 배우고, 이행 활동을 통해 잘 강화

되는 특징이 있다. 이런 점을 고려하면 중학년 교재에 대한 읽기 수업은 비계 세우기를 활용하여 초보적 독자 접근법을 시도해 보는 것이 바람직할 것이다.

(14) 읽기 영역의 학년별 내용은 학년이 올라갈수록 문학의 이해 및 감상과 평가에 대한 내용을 강조하고 있다. 이런 점을 고려하면 고학년 교재에 대한 읽기 수업은 비계 세우기를 활용하여 문학 기반의 접근법을 중심으로 시도해 보는 것이 효과적일 것이다.

참고문헌

박영목 외(2003). 21세기 사회와 독서 지도. 도서 출판 박이정.

양태식(2002). "언어 학습의 환경", 〈초등 국어 교육〉 제12호, 초등 국어 교육 연구소. 7~28쪽

Cox. C.(2002). *Teaching Language Arts*. Allyn & Bacon.

Graves M. F. & C. Juel & B. B. Graves,(2001). *Teaching Reading in the 21st Century*. Allyn & Bacon.

Gredler. M. E.(2001). *Learning and Instruction*. Prentice-Hall.

Ruddell. R. B.(2002). *Teaching Children to Read and Write*. Allyn & Bacon.

실제적 텍스트를 활용한
협동적 읽기 학습 방안 연구(2004)

이 규 리

I. 머리말

1. 연구의 목적과 필요성

이 연구는 읽기 교과서의 적용 학습 또는 발전 학습을 위한 읽을거리의 일부로서 실제적 텍스트 자료를 활용하여, 이를 대상으로 협동적 읽기 수업 모형을 구안하여 적용함으로써, 초등 학생의 읽기 능력을 신장시키고자 하는 데 목적이 있다.

오늘날 국어과의 읽기 교육은 학생의 언어 사용 경험과 그것을 촉진하는 교육적 환경을 중시하는 입장을 취하고 있지만, 학교에서는 여전히 단일 교과서와 표준화된 지도서를 운영하고 있기 때문에, 학생들의 읽기 환경과 읽기 교육의 현실은 상당히 괴리가 있다.

이 연구에서는 읽기 학습 대상으로 실제적 텍스트 자료를 활용하려고 한다.읽기 학습 대상으로서의 읽을거리는 실제적이며 자연스럽고 전체적일 때, 학생에게 의미 있고 흥미 있을 때, 학습자와 관련이 있을

212

때, 학습자에게 쉽게 접근할 수 있을 때 배우기에 쉽다(이화자, 1993:5)고 한다. 따라서 다매체 환경에서 읽기 능력의 신장을 위해서는, 적용·발전 학습 과정에 언어의 실제성을 반영하고 있는 실제적 텍스트를 활용할 필요가 있을 것이다.

이러한 실제적 텍스트를 읽기 학습에 적용하는 데에 이 연구에서는 협동적 읽기 학습 모형을 제안한다. 협동 학습은 학생들이 학습에 능동적으로 참여하고, 의미를 구성하도록 하는 학습자 중심 구조이다. 특히 읽기에 관한 협동 학습 모형은 미비한 실정이므로, 이 연구에서 협동적 읽기 모형을 구안하여 현장에 적용하는 것은 의미가 있다고 하겠다.

이 연구는 읽기 교과서의 적용 학습 또는 발전 학습을 위한 읽을거리의 일부로서 실제적 텍스트 자료를 활용하여, 이를 대상으로 협동적 읽기 수업 모형을 구안하여 적용함으로써, 초등 학생의 읽기 능력을 신장시키고자 하는 데 목적이 있다.

2. 연구의 내용과 방법

앞으로 진행될 연구의 Ⅱ장에서는 읽기의 본질을 살피고, 이에 따른 바람직한 읽기 교육의 방향을 제시한 후, 실제적 텍스트 활용 학습의 의의를 밝히고 나아가 실제적 텍스트의 범위와 활용 방법을 제안하고자 한다.

Ⅲ장에서는 협동 학습 과정으로서의 읽기에 대해 먼저 살펴보고, 실제적 텍스트와 협동적 읽기 학습의 연결 근거를 제시한 뒤, 협동적 읽기 학습의 구체적인 방법을 텍스트 친숙, 텍스트 파악, 텍스트 점검 단계로 나누어 제안하고자 한다.

Ⅳ장에서는 읽기 목표를 설정하고 이에 알맞은 실제적 텍스트 자료

를 구성하여 협동적 읽기 학습 모형을 프로그램 투입 전, 투입 과정, 투입 후 단계로 나누어 제시하고자 한다. 또한 초등 학교 6학년을 대상으로 실제 적용하는 과정 및 그 결과를 구체적으로 보이고, 실험 집단에의 9주간의 지도를 통하여 그 결과를 읽기 능력 신장 면과 태도 면에서 검증할 것이다.

3. 연구의 제한점

이 연구는 그 대상 및 내용과 방법에서 다음과 같은 몇 가지 제한점을 갖는다.

첫째, 이 연구는 초등 학교 6학년 학생을 대상으로 하여 읽기 학습 능력 신장을 위해 구안된 것이고 2개 학급에 국한하였기 때문에, 보다 넓은 범위에서 일반화하기 위해서는 그 효과를 검증하는 추가적 연구들이 이루어져야 할 것이다.

둘째, 구안된 읽기 학습을 적용함에 있어서 읽기 목표는 크게 내용 파악하기, 표현의 적절성 판단하기, 근거 파악하기의 세 가지 기능으로 국한하였기 때문에, 이 연구 결과를 읽기의 모든 기능으로 일반화하는 데는 무리가 따를 수 있다.

셋째, 이 연구에서 사용한 실제적 텍스트는 문어 텍스트로 한정하였기 때문에, 구어 텍스트, 시각 텍스트, 미디어 텍스트 등 모든 텍스트에 적용하는 데는 문제점이 파생할 수 있다.

Ⅱ. 읽기 교육과 실제적 텍스트

1. 읽기와 읽기 교육

가. 읽기의 본질

읽기는 문자를 해독하는 과정에서 출발하여 글에 대한 독자의 지식과 경험을 바탕으로 언어 자료(텍스트)에서 새로운 의미를 재구성해나가는 고도의 인지적 행위라고 볼 수 있다.

읽기의 개념은 읽기 행위에 대한 여러 요인을 고려하여 정의할 수있을 것이다. 첫째, 읽기는 고등 수준의 정신 작용이며 둘째, 읽기는 사람과의 상호 작용 과정이고, 셋째, 읽기는 사회 심리적 과정이다.

이상을 고려하여 볼 때, 읽기란 보이지 않는 필자와의 의사 소통 과정임과 동시에 다른 사람들과의 상호 작용 과정이며, 사회 문화적·교육적 상황 속에서 다양한 언어 활동을 통해 얻어지는 고등 수준의 정신 작용으로 정의할 수 있을 것이다.

현대 사회에서는 사람들이 읽어야 할 글의 종류도 다양하고 그 양도 많아, 효과적으로 읽는 방법을 터득할 필요성이 더욱 커지고 있다. 읽기는 정보를 적극적으로 처리하는 능동적 태도를 길러 주고 독자에게 사회적인 의사 소통 능력을 길러 주며 독자의 정서적 함양에 알게모르게 도움을 준다. 또한 읽기는 국어뿐 아니라 모든 교과 학습에 도움을 준다는 점에서 중요하다.

읽기 과정 모형은 글 이해에 영향을 미치는 요인이 무엇이냐에 따라, 그리고 읽기 과정에서 어떤 요인을 좀더 주도적인 것으로 두느냐에 따라 크게 정보 처리 관점의 읽기 과정 모형과 구성주의 관점의 읽기 과정 모형으로 나눌 수 있으나, 이 연구에서는 독자에 초점을 두고 있는 구성주의적 관점의 읽기 과정 모형 가운데, 상호 작용 모형의 관점을 연구의 기본 방향으로 삼고자 한다. 읽기는 글과 독자가 만나는 과정이며 그렇게 하는 가운데 글에 녹아 있는 생각, 아이디어, 정보, 이미지가 독자의 스키마 및 가치관과 상호 작용하며, 필자와 독자뿐 아니라, 수많은 사회·문화적 요소와 상호 작용하는 과정으로 볼 수 있기 때문이다.

나. 읽기 교육의 방향

읽기의 본질을 읽기 상황에서의 사회적 상호 작용을 중시하는 활동으로 볼 경우 읽기 교육의 명제로서 중시해야 할 점은 읽기는 독자가 텍스트에서 의미를 형성해 가는 과정이며 실제적 맥락에서 이루어지고 독자가 삶의 의미를 찾는 데 영향을 준다는 것이다. 또한 읽기는 언어를 통한 사회적 상호 작용을 통해서 그 가치가 성립된다.

이러한 읽기 교육의 명제를 고려하였을 때, 교수·학습 상황에서 읽기 교육의 큰 방향은 다음과 같이 제시될 수 있다.

첫째, 읽기 교육은 학습자 중심으로 이루어져야 한다. 읽기 기능은 한두 번의 경험으로 습득될 수 있는 것이 아니므로 학생들이 스스로 충분한 연습을 통해서, 또한 다른 읽기 학습자와 의사 소통을 하며 의미를 구성해 가는 과정 속에서 이루어져야 한다.

둘째, 읽기 교재는 가능한 한 실제성 있는 자료가 중심이 되어야 한다. 학교 현장에서 제시되는 읽을거리는 교육적이긴 하나 너무 다듬어진 명문이어서 실제성 및 현실성과 상당히 거리가 있다. 따라서 실제적인 언어 활동을 경험할 수 있는 자연스러운 텍스트를 제공함으로써 학생들이 의미 있는 언어 학습을 할 수 있게 해야 한다.

셋째, 읽기 학습자는 풍부한 상호 작용의 경험을 쌓을 수 있도록 하여야 한다. 읽기 학습에서 이루어지는 상호 작용은 크게 교사-학생 간, 학생-학생 간, 학생-텍스트 간으로 나뉜다.

넷째, 읽기 학습 상황에서 독자의 읽기 태도가 바람직하게 형성되도록 배려되어야 한다. 읽기 교육에 있어서 학습자의 실제 언어 사용 상황·관심사·흥미 등을 읽기 학습에 반영하여 학습자가 읽기 학습에 능동적으로 참여할 수 있는 태도를 기를 수 있도록 해야 한다.

이러한 읽기 지도의 방향을 근거로 읽기 교육의 목표, 내용, 방법을 제시하면 다음과 같다.

읽기 교육의 목표는 읽기 능력의 신장을 이룰 수 있는 실제적인 것이 되어야 할 것이다. 읽기 목표는 읽기 교육의 기본이 되는 읽기 기능 가운데 해당 학년의 읽기 능력 수준에 적합한 것으로 선정한다. 이것은 실제 언어 생활 중의 읽기에서 기본적인 목표, 실제적 텍스트를 가져왔을 때 읽기 능력의 신장을 이룰 수 있는 목표, 동료와 협동적으로 읽을 때 읽기 능력의 신장을 꾀할 수 있는 목표로 추출되어야 한다.[1]

읽기 교육의 내용은 학생들의 실제 생활과 동기·흥미, 발달 단계에 적합한 것으로 고려하여야 할 것이다. 목표를 달성하기 위해 동원되는 언어 자료인 내용은 학생의 동기나 흥미, 발달 단계에 적합한 것이면서 동시에 교육적 방향에 맞고 목표에 부합하는 자료가 되어야 한다. 그러나 우리의 교육 현실에서는 이러한 고려 없이 그 동안 주로 교과서 위주의 수업으로 이루어져 왔다. 읽기 교육의 목적은 교과서에 실린 글을 정확하게 읽는 데에만 있는 것이 아니다. 따라서 읽기 내용을 읽기 교과서의 읽을거리에만 국한하지 않고 학생들의 실제 생활과 동

---

1) 제7차 교육과정 5학년의 읽기 기능인 낱말의 의미 파악하기, 비유적 표현의 의미 알기, 사실과 의견 구별하기 기능과 연계를 고려할 때, 6학년 과정의 읽기 기능은 내용 파악하기, 표현의 적절성 판단하기, 근거 파악하기의 세 가지가 중심이 될 수 있다.

기·흥미, 발달 단계에 적합한 실제적 텍스트를 자료로 구성해야 한다. 이를 위해서는 문집, 만화, 신문, 잡지 텍스트로 선정하고, 활용의 기본 절차를 세워 교수·학습에 적용하는 과정이 필요할 것이다.

읽기 교육의 방법은 협동적 읽기 모형을 구안해 보는 것이 좋을 것이다. 목표와 내용이 추출되면 다음에는 이것을 효과적으로 교수·학습하도록 해야 한다. 교실 수업 상황에서의 교수·학습은 동시에 이루어지는 것으로 보이지만, 이의 준비 과정에서는 학습 내용에 대한 분석과 함께 어떤 교수 과정을 투입해야 하는지 살펴보아야 한다. 국어과 교육 목표에 따른 다양한 전략과 교수 모형을 개발하고 그것을 적절하게 교재와 함께 투입해야 하기 때문이다. 따라서 읽기 교수·학습에 대한 모형 탐색이 필요한데, 읽기 지도의 방향, 읽기 학습의 상호 작용과 태도의 중요성을 고려할 때, 그 방법 모형으로 협동적 읽기 모형을 구안하고자 한다. 협동적 읽기 모형은 학습자간의 능동적인 상호 작용을 보장함으로써 자발적 독자를 기르고자 하는 읽기 목표를 실현시키기에 바람직한 학습 형태이기 때문이다. 또한 학습자가 읽기에 대해 가지는 정의적 태도에도 긍정적인 영향을 줄 수 있다.[2]

2. 읽기 학습의 자료로서의 실제적 텍스트

가. 실제적 텍스트의 개념

이 연구에서 취하고자 하는 읽기 학습의 자료로서의 실제적 텍스트[3]에 대한 기준은, 당초 언어 교육의 목적으로 산출되지 않은 텍스

---

2) 정혜영(2001: 34)에서는 협동적 읽기 프로그램이 읽기 태도에 미치는 효과를 검증한 결과 읽기 행동에 유의미한 변화가 있었음을 보여주고 있다.

3) 읽기 교재로서의 텍스트란, 교과서인 1차 텍스트와 국어과 수업에 활용할

트로서 읽기 학습에 도입할 수 있는 문어 텍스트라고 정의한다.

교과 교육에서 논의되는 실제적 텍스트(authentic text)란 언어 교육을 목적으로 쓰이거나 발해지지 않은 텍스트(Tomlinson, 1998:8)를 말한다. 신문, 잡지, 사용법, 상표, 지원서, 일기, 편지, 생활문, 노래 가사, 소설, 라디오 인터뷰, 전래 동화, 우화 등이 이에 속한다.

나. 실제적 텍스트 활용 학습의 의의

국어 교육 상황에서 사용되는 언어 교재는 텍스트로서 실행되어 있는 제재로서의 교재 개념으로 보아야 한다. 지금까지의 지배적인 관점은 교과서에만 중점을 둔 닫힌 교재관이었지만, 국어 교육의 질적 향상을 위해서는 교수·학습의 매체가 되는 모든 것을 교재로 보는 열린 교재관을 가지는 것이 필요할 것이다.

읽기 교육에 실제적 텍스트를 활용함으로써 학습자에게 폭넓은 국어 사용 경험을 제공할 수 있을 것이다. 실제적 텍스트를 읽기 교재로 활용하는 학습의 의의를 살펴보면 다음과 같다.

첫째, 실제적 텍스트를 활용하는 학습은 급변하는 정보화 사회에 부응하는 힘을 길러 준다. 이미 알고 있는 텍스트에 비해 고도의 정보성을 갖는 실제적 텍스트는 학습자로 하여금 현실 세계에 대한 비판적 인식과 실천을 가능하게 해 줄 뿐 아니라[4] 현실과 연결시키는 통로의

수 있도록 변용된 2차 텍스트로 나뉜다. 예를 들어 텔레비전 텍스트가 1차 텍스트가 되면, 이것을 국어과 수업에 활용할 수 있도록 변용한 것을 2차 텍스트의 의미로 사용된다(박인기, 2000:21). 읽기 교재는 학생들의 언어 능력을 신장시키기 위한 넓은 의미의 2차 텍스트까지를 포함하며 이 연구에서는 학생들의 현실 경험과 매체 환경에 부응하는 2차 텍스트로서 실제적 텍스트를 소개하기로 한다.

4) 종전의 교육과정 국어과의 목표 진술은 국어과 교육의 하위 영역(국어 사용 기능/국어 지식/문학)을 각론 진술하는 방식으로 되어 있었다. 7차 교

역할을 하며, 이를 통해 학습자는 보다 다양하고 복잡해진 사회에서 의사 소통하는 방식을 배울 수 있게 된다.

둘째, 실제적 텍스트를 활용하는 학습은 다듬어지지 않은 불완전한 자료를 이용하기도 하므로 진정한 의미의 언어 이해 과정을 돕는 데 도움이 될 수 있다. 읽기란 독자가 자신의 인지 체계를 통해 텍스트의 빈 곳을 메워 가는 작업이므로 자료 자체의 불완전성은 때로는 학습자에게 언어의 진정한 의미화를 경험해 볼 수 있게 한다. 제7차 국어과 교육 과정의 목표 가항의 '……다양한 국어 사용 상황……'에서도 알 수 있듯이, 국어과 교재는 지식의 위계나 학문의 구조로 존재하기 보다는 언어 사용의 다양한 상황을 보여주는 것을 강조한다.

셋째, 실제적 텍스트를 활용하는 학습은 텍스트 자체의 신선함과 친근함으로 이전의 읽기 학습에 비해 더 많은 흥미를 주게 된다. 실제적 텍스트는 교과서 밖의 읽을거리의 제시라는 점에서 신선함을 줄 뿐만 아니라, 자기 또래의 글, 어린이 수준에 맞는 어휘와 내용, 자기와 관련된 문화 요소, 다채로운 표현 등 학습자가 이끌리기에 충분한 흥미를 제공해 줄 수 있다.

3. 실제적 텍스트와 텍스트 활용의 절차

가. 실제적 텍스트의 범위 설정

읽기 학습에 투입할 수 있는 실제적 텍스트 종류들을 매체의 유형에 따라 분류하면 문자 언어 텍스트, 음성 언어 텍스트, 문자·음성 언

육 과정에서는 지식, 원리, 태도의 토대에서 국어 사용 및 언어 현상에 대한 실천 능력을 길러 나가는 것에 목표를 두고 있다(교육부,「국어과 교육 과정, 교육부 고시 제 1997-15호, 1997:29).

어 텍스트로 나눌 수 있다. 이 연구에서는 이 가운데 특히 문자 언어 텍스트를 중심으로 실제적 텍스트를 구성해 보고자 한다.

문자 언어로 이루어진 실제적 텍스트 중에서 읽기 학습에 투입하고자 하는 텍스트 활용집은 〈표 1〉과 같이 추출할 수 있다. 이는 문자 언어로 이루어진 실제적 텍스트 중에서 초등 학생의 읽기 수준에 맞는 것을 모아 그에 상응하는 텍스트 활용집을 구성해 본 것이다.

〈표 1〉 문자 언어 텍스트 활용집

문자 언어 텍스트의 종류		텍스트 활용집
문집의 학생 작품, 일기, 편지, 생활문	→	문집
만평, 단행본 만화, 역사·위인 만화, 학습 만화	→	만화
기사, 학생 수상작, 기고문, 광고	→	신문
광고, 기사, 만평, 이야기, 지시문(메뉴, 요리법 등)	→	잡지

나. 실제적 텍스트 자료들의 활용 근거

읽기 학습에 투입할 수 있는 실제적 텍스트의 범위는 매우 넓다. 그러나, 이 연구에서 다루고자 하는 텍스트는 학습자가 쉽게 접할 수 있고, 교수 자료로서의 수준을 갖추고 있으며, 교사가 활용하기에 용이한 문집, 만화, 신문, 잡지에 한한다.

문집에는 일기, 편지, 보고서, 동시, 에세이, 기행문, 설명문, 논설문, 짧은 이야기, 광고, 만화 등 다채로운 학습자 자신의 글이 실려 있으며, 학생들이 서로의 글을 읽게 됨으로써 많은 것을 얻을 수 있다. 특히 글, 작자, 독자의 상호 작용이 풍부하게 이루어질 수 있고, 또래의 글은 글에 대한 흥미와 관심을 높여 준다. 또한 문집에 들어 있는 다양한 형식의 읽기 자료는 읽기 이해에 도움을 줄 수 있다.

만화는 매체의 성격에 따라 출판 만화, 신문 만화 등의 인쇄 매체와 영화, 텔레비전 만화 영화 등의 영상 매체로 구분할 수 있는데, 이 연구에서는 인쇄 매체의 유형만을 다루고자 한다. 만화 텍스트는 글과 그림이 유기적으로 결합되어 있으므로 읽기 이해에 상승 작용을 일으킬 수 있다. 또한 만화 텍스트는 읽기 부담감이 적어 학습자가 읽기에 자연스럽게 다가가게 해주며, 현실감 있는 일상 생활의 말을 사용하고 있어서 다양한 형식의 언어 경험을 줄 수 있고, 시·공간적 배경, 희곡의 구성 요소 등이 나타나 있어 문학적 경험을 풍부하게 한다.

신문 텍스트는 교과서의 단점을 보완해 주는 시사성과 현실성이 있는 자료로서 큰 가치를 지니고 있는데,5) 이러한 신문 텍스트는 그 자체만으로 정보화 사회를 살아가는 데에 새로운 정보와 지식을 준다. 또한 신문은 비판적으로 생각할 거리를 제공해 줌으로써 읽은 후 학습 효과에도 도움을 주며, 특히 어린이용 신문은 아동의 읽기 발달 수준에 적합하여 친근하게 접할 수 있고, 신문에는 시각적 흥미 요소가 있어 학습에 대한 관심과 동기를 효과적으로 불러일으킬 수 있다.

잡지란 종이를 매개체로 하여 불특정 다수에게 특정 메시지를 전달하기 위한 수단이다. 이 연구에서는 청소년을 대상으로 만들어진 청소년 단체의 잡지 텍스트와 상업용 잡지 중에서 어린이의 발달 수준에 적합한 교육적 텍스트들을 추출하고자 한다. 잡지 텍스트는 어린이들의 또래 문화를 반영하여 공감대를 형성하는 친근한 텍스트이다.6) 또한 잡지는 현재 통용되는 또래 집단의 다양한 언어 현상에 대한 이해를 돕고, 매력적인 디자인과 구어체 표현으로 학습자의 다양한 감각을

---

5) 미국에서 시작되어 캐나다, 유럽, 일본 등에서도 활발히 이루어져 온 신문 활용 교육은 우리 나라에도 확산되어 각 교과 교육에 활용되고 있다. 특히 도구 교과로서의 국어과 성격을 감안한다면 신문 텍스트는 응당 국어과 교재로서 자리매김해야 한다.

6) 이 글 4장에서는 읽기 태도의 측면에 대한 사전 인터뷰를 실시한 결과, 학습자의 텍스트별 선호도에서 잡지는 3위, 10%의 선호도를 보임을 확인하였다.

자극시켜 읽기에 흥미를 더해준다.

다. 실제적 텍스트 활용의 절차

이 연구에 활용된 실제적 텍스트는 자료의 수집, 선별, 선정, 활용 단계의 절차를 거쳐 교수·학습 과정에 적용되었다. 실제적 텍스트를 교수·학습 과정에 투입하기 위해서는 많은 양의 텍스트들을 정리, 선정해야 하므로 교사와 학생이 함께 텍스트를 수집, 선별, 선정, 활용하는 절차가 필요하기 때문이다.

〈표 2〉 실제적 텍스트 활용의 절차

단 계		절 차	참여자
1	자료 수집	텍스트 활용집 탐색 → 활용 가능 텍스트 수집	학생 교사
2	자료 선별	텍스트 종류별 분류 → 종류별 텍스트 선별	학생 교사
3	자료 선정	활용할 텍스트 검색 → 차시별 선정 안배	교사
4	자료 활용	차시별 텍스트 질문지 고안 → 교수·학습 과정에 활용	교사

Ⅲ. 실제적 텍스트를 활용한 협동적
읽기 학습의 방안

1. 협동 학습 과정으로서의 읽기

협동 학습에 관한 일반적 정의들은 협동 학습을 이론적으로 고찰하

여 보다 광범위한 용어로 정의되어 있으므로 이를 실제 적용하는 상황
에서는 구체적인 정의 방식이 필요하리라 본다. 따라서 여기에서는 목
표, 방법, 결과의 세 가지 측면으로 정의하고자 한다.

목표는 공동의 학습 목표를 이룬다. 목표의 측면에서 협동 학습은
공동의 학습 목표를 이루기 위하여 함께 활동하는 수업 방법이다.

방법은 이질적 학습 집단원의 상호 협력성을 강조한다. 방법의 측면
에서 협동 학습은 학습 능력이 각기 다른 학생들이 모둠을 구성하여
각자의 책임을 가지고 모둠 내의 다른 학습자와 서로 협력하여 학습
활동을 공동으로 수행해 나가는 학습 방법이다.

결과는 구성원 전체에게 주어진다. 결과의 측면에서 협동 학습은 모
둠의 성패가 개인의 성패와 연결되며 정해진 규준에 따라 결과에 대한
보상이 구성원 전체에게 주어지는 학습 방법이다.

협동 학습의 개념을 위와 같이 정의할 때, 협동적 읽기 학습이란 읽
기 능력이 서로 다른 학습자들이 모둠을 구성하고, 정해진 읽기 목표
에 도달하기 위해 각자 맡은 책임을 다하며 상호 작용함으로써 읽기
기능을 향상시키는 학습으로 볼 수 있겠다.

이러한 협동 학습에는 학습자들 간의 상호 작용을 촉진하여 학습을
효과적으로 수행하는 원리가 필요하다.[7] 이 연구에서는 이러한 협동
학습의 원리를 개인적 측면과 모둠원으로서의 측면으로 나눈다. 개인
적 측면으로는 학습 과정에서의 '개인적인 책임'이 중요하며, 모둠원으
로서의 측면으로는 '긍정적 의존 관계'와 '사회적 의사 소통 기술'이 필
요하기 때문이다. 이러한 협동 학습을 국어과 읽기 학습에 적용하는

---

7) Slavin(1990)은 협동 학습에 반드시 포함되어야 할 요소로 집단 보상, 개
   별적 책무성, 공평한 성공 기회의 세 가지 원리를 들고 있으며, Kagan
   (1990)은 이를 위하여 협동 학습의 4가지 기본 원리로서 긍정적인 상호
   의존, 면 대 면의 언어적 상호 작용, 개인적인 책임과 동등한 참여, 동시
   다발적인 상호 작용을 제시하였다.

일은 다음과 같은 의의를 갖는다.

첫째, 협동 학습은 능동적인 언어 사용 능력을 길러 준다. 협동 학습에서 학생들은 읽기 과제를 수행하기 위해 다른 사람의 의견을 듣고, 그에 대한 자신의 생각을 말하며, 텍스트를 읽고, 과제를 해결하기 위해 쓰는 활동을 꾸준히 하게 된다. 이러한 활동들을 통해 자발적인 언어 사용 능력이 길러진다.

둘째, 협동 학습은 학습자에게 사회적 의사 소통 능력을 길러 준다. 학습자는 읽기 학습에서 자신이 구성한 의미를 전달하고 동료 학생들의 반응을 통해서 의미를 재구성하고 피드백하며 의견을 맞추어 가는 과정에서 사회적 의사 소통 기능을 익혀 가게 된다.

셋째, 협동 학습은 학습자가 읽기 목표를 보다 쉽게 달성하도록 도와 준다. 읽기 기능이 상대적으로 부족한 학습자의 경우, 읽기 과제 해결에 어려움을 겪기 때문에 주어진 읽기 목표에 접근하지 못하기도 한다. 그러나 협동 학습에서는 구성원 각자가 역할을 가지고 서로 협력하여 학습 과제를 해결하기 때문에 읽기 기능이 부족한 학습자라도 읽기 목표에 보다 쉽게 접근할 수 있다.

넷째, 협동 학습은 학습자에게 읽기에 대한 자신감과 흥미 등의 긍정적 태도를 길러 준다. 협동 학습에서는 학습자가 글을 읽으면서 어려운 부분을 서로 가르쳐 주고 배움으로써 텍스트를 좀더 쉽게 이해할 수 있게 된다. 따라서 학습자는 읽기에 대한 부담을 덜 가질 뿐 아니라 과제를 해냈다는 자신감과 읽기 학습에 대한 즐거움을 느낄 수 있으므로 긍정적인 읽기 태도가 형성된다고 볼 수 있다.

다섯째, 협동 학습은 학습자의 책임감을 길러 준다. 학습자는 모둠 구성원으로서 자신의 역할을 수행해야 모둠의 성공을 이룰 수 있음을 깨닫고, 각자의 능력에 따라 맡은 책임을 다하게 된다.

2. 실제적 텍스트와 협동적 읽기 학습

읽기 교육 내용으로서의 실제적 텍스트와 읽기 교육 방법으로서의 협동적 읽기 학습이 어떤 연결 고리는 읽기 교육의 방향에 비추어 볼 때, 상호 작용적 측면, 교육 과정의 측면, 읽기 태도의 측면 등에서 찾을 수 있다.

읽기 교육의 명제에서는 읽기의 본질을 읽기 상황 하에서의 사회적 상호 작용을 중시하는 활동으로 보았다. 읽기를 사회적 상호 작용으로 볼 때, 의미는 텍스트나 독자 어느 한 요인에 있는 것이 아니라 텍스트를 매개로 한 학습자 간의 사회적 협동을 통해 구성된다. 이는 텍스트에 대한 개인적 상호 작용과 의미를 구성하기 위한 사회적 협동 과정을 중시하는 것이다. 읽기 학습자는 풍부한 상호 작용의 경험을 쌓을 수 있어야 하며, 이러한 의사 소통 과정으로서의 읽기는 교육적 상황에서 교사-학생 간, 학생-학생 간, 학생-텍스트 간의 적절한 상호 작용을 통해 그 효과를 달성할 수 있다. 이와 같이 의사 소통적 측면에서 읽기 교육을 고찰할 때, 실제적 텍스트와 협동적 읽기 학습 방법은 상호 보완적으로 상호 작용을 극대화시키는 읽기 교육의 내용과 방법이 된다. 읽기 학습에 있어서 개인적, 사회적 상호 작용을 풍부하게 해 줌으로써 의미 구성에 도움을 주는 것이다.

제7차 국어과의 교육과정에서 제시하는 국어과 교수·학습 방법을 살펴보면, 이 연구에서 지향하는 실제적 텍스트와 협동적 읽기 학습 방법의 연결이 읽기 학습을 위해 효과적임을 알 수 있다. '가' 절의 교수·학습 계획에서는 '……읽기 영역의 학습 내용은 실제적인 목적을 지니면서 이해하고 표현하는 언어 활동을 강조하는……'라고 하였으며, 그 구체적 예로 신문, 만화 등의 다양한 언어 자료를 이용하는 것이 이해를 높이기 위해 좋다고 하였고, '나' 절의 교수·학습 방법에서는 '본질, 원리, 태도의 학습 내용이 실제의 국어 사용과 연관되도록……'라고 하여, 글을 읽고 나서 자신의 생각을 다른 학생들과 서로 나누고 사고의 지평을 넓히는 소집단 협력 학습을 계획할 필요가 있음을 제시하였다.

현장 교사들은 읽기 지도에서 가장 중요시해야 할 것으로 긍정적인 읽기 태도의 형성(40%)을 들고 있다(김춘이, 2002:50에서 재인용). 이러한 읽기 태도를 중시하는 교사의 반응은 제7차 교육 과정에서 읽기 태도의 형성이 읽기 지도에 한 영역으로 설정되어 중요성을 견지하는 것과 맥을 같이하는 것으로, 매우 바람직하다고 볼 수 있다. 실제적 텍스트와 협동 학습은 실제 언어 사용 상황, 관심사, 흥미를 반영해 준다는 점, 그리고 서로에게 감정적 위안과 격려를 준다는 점에서 학생들에게 긍정적 동기를 줄 수 있다. 이는 읽기 교육의 내용과 방법의 양 측면에서 학습에 대한 준비도를 높여 주는 정의적 효과가 클 것이라 여겨진다.

3. 실제적 텍스트를 활용한 협동적 읽기 학습의 방법

이 연구에서 제안한 '생각-짝-모둠' 학습 전략은 읽기의 과정에서 동료 학습자와 상호 작용을 하면서, 폭넓은 의미를 구성해갈 수 있는 협동적 읽기 학습의 방법이다. 이 학습 방법은 읽기에 있어서 의미 구성 과정에 도움을 준다. 학습자는 대화하면서 서로의 생각에 반응하고, 보완하면서 읽기 이해의 폭이 넓어질 수 있다. 또한 상호간의 교육적인 토의는 읽기에 있어서 이러한 의논이 가치 있는 일임을 경험하게 함으로써 읽기에 대한 긍정적 태도를 심어 줄 수 있다.

구체적으로 이 방법은 텍스트를 읽어가면서 짝과 함께 생각하고 과

제를 해결하여 모둠 안에서 점검하는 순서로 이루어진다. 이 연구에서
는 이러한 순서에 의해 읽기 학습의 단계를 텍스트 친숙 단계, 텍스트
파악 단계, 텍스트 점검 단계로 나누고, 텍스트 친숙 단계에서는 '생각
하기'에 해당하는 활동을, 텍스트 파악 단계에서는 '짝과 읽기'에 해당
하는 활동을, 텍스트 점검 단계에서는 '모둠 읽기'의 활동 방법들을 제
안한다.

　텍스트 친숙 단계의 '생각하기' 학습 방법은 학습자가 텍스트를 읽
고 자신의 사고를 정리하는 방법으로, 이러한 활동에는 낱말 찾기, 훑
어 읽기, 퀴즈 만들기 방법이 있다.

　'낱말 찾기' 활동에서는 새로운 낱말 뿐 아니라, 문맥 속에서 낱말이
나타내는 의미를 파악함으로써 읽기에 있어서 기본이 되는 낱말 이해
를 가능하게 해 준다. '훑어 읽기' 활동에서는 읽기 목표에 비추어 중
요하다고 생각하는 부분에 동그라미나 밑줄을 치면서 묵독을 함으로써
읽기 자료에 대한 내용 이해를 가능하게 해 준다. '퀴즈 만들기' 활동
에서는 읽기 자료에서 등장 인물, 배경, 사건, 문제 해결 등의 관련 사
항을 발견하고, 퀴즈를 만들어 냄으로써 텍스트에 대한 추론적 이해를
가능하게 해 준다.

〈낱말 찾기 활동 자료의 예〉
　▪읽기 목표: 감각적 표현에 주의하며 시 읽기
　▪텍스트 자료: 유서린(2003). "철새". 2003.4.16 소년 한국 일보 .
　▪활동 방법: '철새'라는 낱말을 중심으로 관련된 낱말을 찾아보고,
주변 낱말들의 의미와 함께 '철새'의 정확한 의미를 알아낸다. 각 짝꿍
팀에서 읽기 능력이 나은 학생은 철새와 관련된 낱말의 마인드 맵을
하고, 나머지 학생은 그 낱말들을 사전에서 찾아본다. 마지막으로 철새
의 낱말 뜻을 찾아봄으로써 그 의미를 정확히 알아낸다.

228

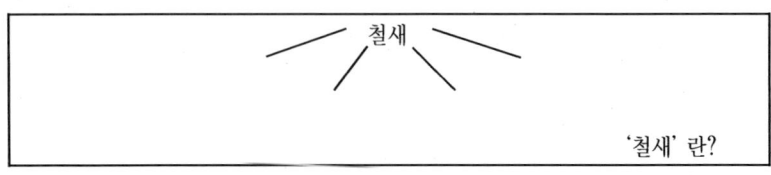

'철새' 란?

텍스트 파악 단계의 '짝과 읽기' 학습 방법은 짝과 함께 서로 읽고 들으며 반응하는 방법으로, 이를 위한 활동으로는 교대로 읽기, 함께 활동하기, 정보 나누기 방법이 있다.

'교대로 읽기' 활동에서는 짝과 함께 소리내어 읽으면서 텍스트에 대한 공감대를 형성하여 주어진 질문에 함께 답하면서 텍스트를 파악할 수 있게 해 준다.

〈교대로 읽기 활동 자료의 예〉
· 읽기 목표: 감각적 표현에 주의하며 시 읽기
· 텍스트 자료: 송예진(2000). "춤추는 나뭇잎".「꿈 키우며 정 나누며」. 서울 D 초교 5-7 학급 문집.
· 활동 방법: A, B 학생은 텍스트를 교대로 읽어 주고, 첫 번째 문제를 함께 푼 뒤, B 학생이 글에서 이해하기 어려운 부분을 제시하고, 이를 해결하기 위해 함께 의논한다. 읽고 난 후 느낀 점과 의문점을 정리한다.

▷ '빠알간 단풍잎'은 무엇에 비유하였나?	
▷ 글에서 이해하기 어려운 부분은 무엇인가?	
▷ 글에서 짝을 통해 알게 된 점은 무엇인가?	

'함께 활동하기'는 목표의 특성에 맞게 구안된 활동지에 의해 주요 내용 이어 그리기, 광고문 만들기, 인터뷰하기, 의견의 근거 제시하기, 생각 그물 만들기 등의 활동을 하게 되고, 짝과 번갈아 공란을 메워가면서 텍스트를 파악해 갈 수 있다.

〈주요 내용 이어 그리기 활동 자료의 예〉

· 학습 목표: 글을 읽고 전체의 내용 요약하기

· 텍스트 자료: "e-신기한 곤충 세계". 「생각쟁이」. 2001년 8월호 98쪽. 웅진 인물 잡지.

· 활동 방법: 글을 읽고 중요한 내용을 장면별로 이어 그리는 방법이다. 이는 내용을 그림으로 표현한다는 데에서 흥미를 느끼게 되므로 자연스럽게 읽기 이해에 도움을 준다. 사건의 일관성 있는 순서에 의해 A 학생과 B 학생이 한 공간씩을 메워 나간다. 이러한 활동은 순차적인 사건의 전개를 알아갈 수 있으므로, '문단의 내용 요약하며 글 읽기'와 '글을 읽고 전체의 내용 요약하기'의 읽기 목표를 달성하는 데 도움을 줄 수 있다.

1문단 내용 그리기	2문단 내용 그리기	3문단 내용 그리기	4문단 내용 그리기	5문단 내용 그리기

〈광고문 만들기(스토리 보드) 활동 자료의 예〉

'정보 나누기' 활동에서는 서로 질문하고 자신의 생각을 말하는 형식으로 경험이나 능력이 서로 다른 짝 학습자와 정보를 나누는 과정에서 텍스트를 파악해 나간다.

〈정보 나누기 활동 자료의 예〉

· 학습 목표: 문단의 내용 요약하며 글 읽기

• 텍스트 자료: "사스 발병 원인은 코로나 바이러스". 2003.4.18 소년 동아 일보 1면.

• 활동 방법: 글에서 이해가 되지 않는 부분이나, 자신의 경험과 생각을 벗어난 부분, 또는 짝의 느낌이 궁금한 부분에 대한 질문을 만든다. 간단히 만든 질문을 서로 교환하면서, 텍스트에 대한 스키마를 공유하게 된다.

질문할 내용	짝의 대답	내 생각
▷ 사스란 무엇인가?		
▷ 우리나라에도 감염자가 있나?		
▷ 이 바이러스에 대한 생각은?		

텍스트 점검 단계의 '모둠 읽기' 학습 방법은 짝과의 활동이 '모둠'으로 확대되는 단계이고, 이를 위한 활동으로는 함께 활동 내용 공유하기, 토의하기 방법이 있다.

'활동 내용 공유하기'에서는 한 모둠 안의 세 짝이 이루어낸 활동지를 서로 보여주며 내용을 확인한다. 잘된 부분이나 일치가 보이는 부분은 서로 칭찬해 주고, 잘못된 부분은 조언을 받아 고쳐 가며 텍스트에 대한 점검이 이루어질 수 있다. '토의하기'에서는 사회자를 중심으로 활동지를 확인하면서, 최종 답안을 작성한다. 모둠 안의 점검을 한 후 모둠간 점검을 하며, 피드백하는 형태로 텍스트 점검이 이루어진다.

〈활동 내용 공유하기 활동 자료의 예〉

• 학습 목표: 효과적으로 표현한 부분 찾으며 이야기 읽기

• 텍스트 자료: 이의영(2000). "의영이의 겨울 방학 첫 번째·두 번째 이야기".「꿈 키우며 정 나누며」. 서울 D초교 5-7 학급 문집.

• 활동 방법: 사회자의 역할을 맡은 학생은 짝꿍팀의 활동지를 모

으고, 주제와 활동 내용에 맞는 과제 해결이 되었는지 확인한다. 격려
자인 2번 학생을 중심으로 특히 재미있는 점이나 잘된 점을 찾아 칭찬
해 주고, 부족하거나 조언해 주고 싶은 내용을 이야기해 준다. 기록자
인 3번 학생은 모둠원들의 이야기 내용을 간략히 기술한다. 다음으로
조언을 받은 짝꿍팀은 활동지를 보완하거나 수정한다. 이러한 과정은
칭찬 받기 → 조언 받기 → 점수 받기의 순서로 이루어진다.

▷ 재미있는 점이나 잘된 점은 무엇인가?	칭찬 받기				
▷ 잘못되었거나 고칠 점은 무엇인가?	조언 받기				
▷ 짝꿍팀의 활동이 잘 이루어졌으며, 모둠원 의 조언에 따라 적절히 수정, 보완하였나?	점수 받기	5	10	15	20

　　의사 소통 촉진을 위한 협동적 읽기 학습 전략으로는 여러 방법[8])이
있을 수 있겠으나 그 중 이 연구에서 제안한 '생각-짝-모둠'전략은 협동
학습 모형에 전략이 적용되는 적절한 예를 제시하는 데 그 의의가 있다.
이러한 전략의 단계별 활동 내용을 표로 정리하면 〈표 3〉과 같다.

〈표 3〉 협동적 읽기 학습의 단계

단　계		활동 내용
읽기 단계	텍스트 친숙 단계	▶생각하기 – 낱말 찾기, 훑어 읽기, 퀴즈 만들기
		↓
	텍스트 파악 단계	▶짝과 읽기 – 교대로 읽기, 함께 활동하기, 정보 나누기
		↓
	텍스트 점검 단계	▶모둠 읽기 – 활동 내용 공유하기, 토의하기

---

8) 의사 소통 촉진을 위한 협동 학습 전략으로 팀 인터뷰하기, 생각-짝-나누
　기, 삼 단계 인터뷰, 장점과 단점, 짝과 함께 읽기 등을 제시하기도 한다
　(신헌재, 2003:235~251).

Ⅳ. 실제적 텍스트를 활용한 협동적
읽기 학습의 실제

1. 실제적 텍스트를 활용한 협동적 읽기 학습의 구안

가. 읽기 목표 설정

국어 교육의 목표에 따른 교육 내용을 구조화할 때, 읽기의 교육 활동은 '본질, 원리, 태도'의 범주와 '실제'의 범주가 유기적으로 관련되어야 의도한 교육 목표가 달성될 수 있다. 따라서 이 연구에서는 읽기 교과서의 기본 흐름도를 그대로 활용하여 모형을 적용하는 방향을 취하였다.

이 연구에서는 적용, 발전 학습에 실제적 텍스트를 활용한 협동적 읽기 학습을 적용해 보기로 한다. 단원의 목표는 같지만, 도입·원리 학습 단계에서는 교과서와 직접 교수를 통한 수업을 진행하고, 적용·발전 학습 단계에서는 실제적 텍스트를 자료로 하여 협동적 읽기 학습을 적용하는 것이다. 이러한 읽기의 단원 또는 차시 목표를 설정하기 위하여 7차 교육과정의 6학년 읽기 기능을 살펴 보면, 글을 읽고 전체 내용 요약하기, 표현의 적절성 판단하기, 주장에 대한 근거의 적절성 판단하기, 문제 해결 방안의 적절성 판단하기 등이 제시되어 있다. 따라서 이 연구에서는 주요 읽기 기능으로 내용 파악하기, 표현의 적절성 판단하기, 근거 파악하기를 선정하였다. 이는 5학년의 읽기 기능인 낱말의 의미 파악하기, 비유적 표현의 의미 알기, 사실과 의견 구별하기 등과 위계적인 연계성을 가지며, 중학교 이후 과정에서의 고등 수준의 읽기 기능 신장을 위한 기초 기능으로 적용의 타당성이 크기 때문이다.

선정한 읽기 기능에 따라 읽기 목표는 다음의 세 가지 원리에 따라 구성하였다. 첫째, 일상적인 언어 생활 속의 읽기 과정에 가장 기본이 되는 목표를 설정한다. 둘째, 실제적 텍스트를 가져왔을 때 읽기 능력의 변화를 이끌 수 있는 목표를 설정한다. 셋째, 일상의 삶에서 겪는 이야기들을 동료와 협동적으로 읽으면서 읽기 기능을 신장시킬 수 있는 목표를 설정한다. 이러한 세 가지의 원리에 근거하여 각 기능에 따라 활용할 읽기 목표는 〈표 4〉와 같이 제시될 수 있다.

〈표 4〉 읽기 기능별 읽기 목표 설정

읽기 기능	읽 기 목 표	차시	기 대 수 준
내용 파악 하기	▶문단의 내용을 요약하며 글 읽기	2	▶문단의 내용을 요약하는 일반적인 방법 및 절차 이해하기
	▶글을 읽고 전체의 내용을 요약하기	2	▶글 전체의 내용을 요약하는 일반적인 방법 및 절차 이해하기
표현의 적절성 판단하 기	▶감각적 표현에 주의하며 시 읽기	2	▶감각적 표현을 음미하며 시 읽기
	▶효과적으로 표현한 부분 찾으며 이야기 읽기	2	▶표현의 효과 판단하며 읽기
근거 파악 하기	▶이야기 읽고, 사건과 배경 정리하기	2	▶공간적 배경, 시간적 배경의 개념 이해하기
	▶주장과 근거 파악하며 글 읽기	2	▶글을 읽고, 주장과 근거 정리하기

내용 파악하기에서는 문단의 내용을 파악한 후에 글 전체의 내용을 요약하는 수준, 표현의 적절성 판단하기에서는 감각적인 표현과 효과적인 표현을 파악하는 수준, 근거 파악하기에서는 심미적 텍스트에서 사건과 배경을 파악하고 논리적 텍스트에서 주장과 근거를 파악하는

수준으로 각각의 목표를 설정한다.

읽기 지도는 학습 심리학적 난이도, 부분에서 전체로의 전략 수준, 쉬운 것에서 복잡한 것으로 나아가는 지도의 원리에 따라 문단 요약 → 전체 요약, 감각적 표현 파악 → 효과적 표현 파악, 사건·배경 파악 → 주장·근거 파악으로 그 순서를 정한다.

나. 실제적 텍스트 자료의 구성

실제적 텍스트는 자료 수집, 자료 선별, 자료 선정, 자료 활용의 단계를 거쳐 구성되었다.

자료의 수집 단계에서는 읽기 수업에 활용할 실제적 텍스트 활용집을 문집, 만화, 신문, 잡지별로 탐색하고 수집하였다. 자료 선별 단계에서는 추출한 읽기 목표에 부합하는 많은 자료들을 찾아 종류별로 분류하고, 학생들과 함께 활용하고자 하는 텍스트를 종류별로 선별하여 보존용 스크랩북을 만들었다. 자료의 선정 단계에서는 동료 교사와 함께 각각의 목표에 맞는 자료들 중에서 읽기 수업에 적합한 텍스트만을 선정하여 재배열하거나 분류하여 각 차시에 체계적으로 안배하였다. 자료의 활용 단계에서는 각 차시의 목표와 텍스트에 따른 학생 활동지나 질문지를 미리 고안하여 실제 국어 읽기 수업의 교수·학습 과정에 투입하여 활용하였다.

이러한 일련의 과정은 실제적 텍스트 자료를 구성하는 데에 반드시 필요하다고 여겨진다. 실제적 텍스트를 활용하기 위해서는 교과서와 달리 설정된 읽기 기능에 따라 읽기 목표를 추출해야 하고, 다양한 텍스트를 교사·학생이 함께 수집, 선별, 선정해야만 목표와 수준, 학습자의 요구와 흥미에 부합하는 텍스트 활용이 가능하기 때문이다.

다. 협동적 읽기 학습의 구안

국어 교육에서도 협동 학습의 중요성이 밝혀지고 있지만, 국어과 고유의 모형 개발을 위한 연구는 아직 미흡한 편이다.

이 연구에서 구안한 협동적 읽기 학습 모형은 여러 차시에 걸쳐 실제 교수·학습에 일정 기간 적용, 지속적으로 유지하는 프로그램의 성격을 가진다. 이 모형은 프로그램 투입 전, 프로그램 투입, 프로그램 투입 후 단계로 나뉜다.

프로그램 투입 전 단계의 교수·학습 요소에는 사전 인터뷰, 소그룹 구성·역할 분담, 상호 작용 기술 훈련 등이 포함된다.

프로그램 투입 단계의 협동적 읽기 학습의 단계는 크게 읽기 전 단계, 읽기 단계, 읽은 후 단계로 나뉜다. 이 중 읽기 단계는 텍스트 친숙 → 텍스트 파악 → 텍스트 점검 단계로 나뉘어진다.

읽기 전 단계에서는 개관하기 단계로 수업 목표에 대한 인지가 이루어지며, 텍스트 유형의 확인으로 동기 유발이 이루어지고 미리보기·예측하기 등 내용을 짐작하는 활동을 한다.

읽기 학습의 단계는 텍스트 친숙 단계, 파악 단계, 점검 단계로 나누어진다. 앞 장에서 제시한 바와 같이 이 세 단계에 적용한 협동 학습 방법은 생각-짝-모둠 전략이다.

텍스트 친숙 단계에서의 교수·학습 요소는 '생각하기'이다. 학습자가 스스로 생각하는 단계이고, 이를 위한 방법으로는 낱말 찾기, 훑어 읽기, 퀴즈 만들기 등이 있다. 이 활동에서는 A 학생이 단서를 주고, B 학생이 질문하면서 내용과 친숙해지고, 이러한 활동으로 텍스트에 대한 의미를 구성해 나간다.

텍스트 파악 단계에서의 교수·학습 요소는 '짝과 읽기'이다. 학습자가 자신의 사고를 표현하며 서로 듣고 반응하는 단계이고, 이를 위한

236

방법으로는 교대로 읽기, 함께 활동하기, 정보 나누기 등이 있다. A 학생은 과제의 역할을 파악하여 제시해 주고, B 학생이 활동에 반응을 보이도록 이끌어 주며, 불일치가 보이는 부분을 함께 탐구하여 서로의 활동을 보완하며 배운다.

텍스트 점검 단계에서의 교수·학습 요소는 '모둠 읽기'이다. 짝끼리의 활동이 '모둠'으로 확대되는 단계이고, 그 방법으로는 활동 내용 공유하기, 토의하기 등이 있다. 이 단계에서는 사회자의 역할을 맡은 1번 학생의 주도로 세 팀의 짝끼리 학습한 내용을 확인한다. 격려자인 2번 학생은 특히 잘된 점이나 특징적인 부분을 칭찬해 주고, 기록자인 3번 학생은 모둠 활동 내용을 간략히 기술한다. 점검자인 4번 학생은 시간 안에 해결되지 않은 부분을 토의하도록 한다. 이러한 역할 속에서 모둠원들은 모둠 내에서의 확인을 거쳐 같은 텍스트 과제를 지닌 다른 모둠과 다시 점검한다. 여기에서는 5번 학생의 도움으로 다른 모둠을 존중하고 방해하지 않으며, 활동이 끝나면 6번 학생이 활동지를 걷고 정리한다. 마지막으로 모둠별 참여도와 태도 점수를 모둠에서 스스로 평가한다.

읽은 후 단계에서는 교사 점검, 결과 확인, 피드백 등의 활동을 한다. 이 단계는 내면화 단계로 교사와의 점검을 거쳐 이해하지 못한 텍스트 과제에 대하여 확인하는 시간을 가진다. 이 단계에서는 짝꿍팀 학습자가 제출하는 결과물과 모둠 스스로 평가한 결과가 합산되어 소집단 평가 결과가 나온다(모둠 스스로 점검표 40점 + 짝꿍팀별 학습지 60점[9] = 100점).

프로그램 투입 후 단계의 교수·학습 요소로는 협동적 읽기에 대한 반성과 개선점 논의, 사후 인터뷰, 평가 결과의 보상 등이 있다.

이러한 협동적 읽기 학습 방법을 정리하면 〈표 5〉와 같다.

---

9) 짝꿍팀당 20점×3으로 한다.

〈표 5〉 협동적 읽기 학습 모형

단계	교수·학습 활동			평가	교사·학생 주도성
프로그램투입 전 단계	▶사전 인터뷰 ▶소그룹 배치, 역할 분담 ▶상호 작용 기술 훈련			읽기 사전 평가	교사
프로그램 투입 단계	읽기 전	개관하기	·수업 목표를 상세화하기 ·동기유발 ·텍스트 유형과 제목으로 내용 짐작		
	읽기	텍스트 친숙	·생각하기 -낱말 찾기, 훑어 읽기, 퀴즈 만들기	소집단 평가	
		텍스트 파악	·짝과 읽기 -교대로 읽기, 함께 활동하기, 정보 나누기		
		텍스트 점검	·모둠 읽기 -활동 내용 나누기, 토의하기		
	읽은 후	내면화	·교사 점검 ·결과 확인 ·피드백	개별평가 +소집단 평가	
프로그램투입 후 단계	▶협동적 읽기에 대한 반성과 개선점 논의 ▶사후 인터뷰 ▶평가 결과에 따른 보상			읽기 사후 평가	학생

2. 실제적 텍스트를 활용한 협동적 읽기 학습의 적용

가. 실제적 텍스트를 활용한 협동적 읽기 학습의 실제

이 연구의 실험은 서울시 소재 M 초등 학교 6학년의 두 학급 남녀 어린이 76명을 대상으로 실시하였다. 연구의 기간은 2003년 4월 19일부터 2003년 6월 23일까지 약 9주간이었다. 첫 주에는 실험 집단과 통제 집단 사이에 읽기 능력의 차이가 있는지 알아보기 위하여 사전 검사를 실시하여 결과를 분석하였다. 사전 검사 항목은 이 연구에서 설정한 읽기 목표와 일치한다. 이는 사후 검사 항목에도 동일하게 적용된다. 협동적 읽기 프로그램은 각 차시별로 세 가지 종류의 텍스트에 의해 수업이 이루어지며, 이는 총 12차시로 구성되어 있으나, 그 중 '이야기를 읽고 사건과 배경 정리하기'의 2/2차시를 예로 들면 다음과 같다.

가) 읽기 목표: 이야기를 읽고 사건과 배경 정리하기(2/2)
나) 실제적 텍스트 자료: 만화 - "타임머신이 있다면".「과학 소년」
  2003년 5월호 122-129쪽. 교원.
다) 협동적 읽기 학습 절차:

단계	세부단계	교수·학습 절차	교수·학습 활동 내용
읽기 전 단계	개관 하기	수업 목표 상세화, 동기유발, 내용 짐작하기	1. 목표 확인하기 2. 텍스트 유형과 제목을 보고 내용 짐작하기
읽기 단계	텍스트 친숙	생각하기	3. 등장 인물, 배경, 사건, 문제 해결 등에 대한 퀴즈 만들기
	텍스트 파악	짝과 읽기	4. 등장 인물과 독자가 되어 인터뷰하기
	텍스트 점검	모둠 읽기	5. 주제에 맞는 과제 해결 확인을 위해 활동 내용 공유하기
읽은 후 단계	내면화	교사 점검, 결과 확인, 피드백	6. 읽기 학습 결과 확인 및 반성하기 7. 평가 결과 확인하기

나. 실제적 텍스트를 활용한 협동적 읽기 학습의 결과 및 해석

실제적 텍스트를 활용한 협동적 읽기 학습의 의의는 읽기 교육의 본래 목적 달성, 그리고 읽기 학습에 대한 정의적인 태도와 관련하여 찾아볼 수 있다.

실험 집단과 통제 집단의 읽기 능력 사전·사후 검사의 검증 결과, 실제적 텍스트를 활용한 협동적 읽기 학습을 실시한 실험 집단이 통제 집단에 비해 상대적으로 읽기 능력이 향상되었다.

읽기 능력 사전 검사는 총점 50점의 18문항으로 내용 파악하기, 표현의 적절성 파악하기, 근거 파악하기의 세 기능별로 5문항에서 7문항을 제작하였다. 문항 유형은 객관식 문항으로 생길 수 있는 읽기 능력 평가의 부정확성을 줄이기 위하여 주관식을 원칙으로 하였다. 사후 검사는 읽기 기능, 문항 수, 문항 유형, 질문 유형을 사전 검사와 같게 하였으므로 사전·사후 검사 간의 1대 1 대응 관계를 가지게 되어 직접 비교가 가능하다.

여섯 항목의 목표에 해당하는 사전 검사와 사후 검사의 결과를 총점을 기준으로 살펴보면 다음과 같다.

사전 검사에서 두 종속 표본은 t검증한 결과, t값이 0.047로 1.645를 넘지 않으므로 유의미한 차이를 보이지 않고 있다(P<.05). 그러나 사후 검사에서 두 종속 표본을 t검증한 결과 4.665로 큰 차이가 났으며, 이로써 유의미한 차이가 있음을 알 수 있다(P<.05). 이것은 실제적 텍스트를 활용한 협동적 읽기 학습을 실시한 실험 집단의 읽기 능력이 향상되었음을 의미한다. 이는 내용 파악하기, 표현의 적절성 판단하기, 근거 파악하기의 읽기 기능별의 사전 검사 및 사후 검사 결과에서도 유의미한 차이를 보이고 있다.

또한 정의적 측면의 인터뷰 내용은 자료(텍스트) 측면, 방법(협동적 읽기) 측면, 읽기에 대한 자신감, 흥미의 측면 등이다. 실제적 텍스트를 활용한 협동적 읽기 학습은 자료(텍스트) 측면, 방법(협동적 읽기) 측면, 읽기에 대한 자신감, 흥미의 측면에서 모두 정의적 태도에 긍정적 영향을 주었다.

자료 측면의 텍스트별 선호도에서는 학습자가 문집, 만화, 신문, 잡지 텍스트를 선호하고 있음을 알 수 있었으며, 교과서와 실제적 텍스트에 대한 흥미 비교에서는 교과서 글에 대한 선호도는 43%가 긍정적인 반응을 보인 데 반해, 실제적 텍스트에 대한 선호도는 74%로 월등한 차이를 드러내었다. 방법 측면의 읽기 학습 방법에 대한 흥미와 읽기 학습이 읽기 능력에 미치는 효과에 대한 응답 모두 프로그램 투입 후에 긍정적 반응이 증가하였다. 읽기 학습에 대한 자신감 역시 프로그램 투입 후에 긍정적으로 변화하였으며, 흥미의 측면에서 읽기 학습에 대한 흥미와 읽기에 대한 흥미 모두 긍정적 반응이 증가하였다.

이상과 같은 읽기 태도의 변화는 실제적 텍스트를 활용한 협동적 읽기 학습이 내용(텍스트)의 측면, 방법(협동적 읽기)의 측면, 읽기 자신감 측면, 흥미의 측면에서 모두 정의적 태도에 긍정적 영향을 주었음을 시사하고 있다.

V. 맺음말

이 연구는 교과서에 한정되었던 텍스트의 범위를 확대시켜 지금까지 읽기 교육에서 크게 다루어지지 않았던 실제적 텍스트를 교재화하는 방법과 활용 방안을 제시하였다. 또한 이를 읽기 수업에 적합하게 구안한 협동적 읽기 모형에 적용해 봄으로써, 초등 학생의 읽기 능력의 신장시킬 수 있는 방법을 제안하였다는 점에서 그 의의가 있다고 생각하며, 앞으로 읽기 능력을 신장시키기 위한 내용, 방법 측면의 심층적인 연구가 이어지기를 바란다.

참고문헌

강인애(1998). 「왜 구성주의인가」. 문음사.

교육 인적 자원부(2002). 「초등 학교 교사용 지도서」. 국어6-1. 대한 교과
　　서 주식 회사.

교육부(1990). 「국민 학교 국어」읽기 교과서 6-1,6-2. 대한 교과서 주식회사.

교육부(1997). 「국어과 교육 과정」. 교육부 고시 제1997-15호 [별책 5].
　　대한 교과서 주식회사.

교재 편찬 위원회(2000). 「매체의 다변화와 열린 글쓰기」. 세종 출판사.

권경숙 외(1996). 「신문, 살아 있는 교과서」. 중앙일보사.

김명순(2000). "협동 학습의 국어 교육적 의의". 「한국 어문 교육」제9집.
　　한국 교원 대학교 한국 어문 교육 연구소.

김춘이(2002). "신문 활용 교육을 통한 읽기 교육의 활성화 방안", 경희
　　대학교 석사 학위 논문.

노명완(1988). 「국어과 교육론」. 갑을 출판사.

류성기 외(2002). "제7차 교육 과정에 따른 국어과 읽기·쓰기 수행 평가 연
　　구(Ⅰ)". 「한국 초등 국어 교육」제20집. 한국 초등국어 교육 학회.

박수자(2001). 「읽기 지도의 이해」. 서울대학교 출판부.

박인기 외(2000). 「국어 교육과 미디어 텍스트」. 삼지사.

방인태 외(2000). 「초등 국어과 교육」. 박이정.

신헌재·이재승(1994). 「학습자 중심의 국어교육-그 원리와 방법」. 서광
　　학술 자료사.

＿＿＿＿ 외(2003). 「국어과 협동 학습 방안」. 박이정.

양태식(1992). 「국어 구조 의미론」. 서광 학술 자료사.

＿＿＿＿(1996). "읽기 교재 지도의 얼안". 「한국 초등 교육」제8권 1호. 서
　　울 교육 대학교.

＿＿＿＿(2002). "언어 학습의 환경". 〈초등 국어 교육〉제12호. 초등 국어
　　교육 연구소. 7 ～28쪽.

이경화(2003). 「읽기 교육의 원리와 방법」. 박이정.

이부영(2002). "협동 학습의 교육적 의의". 서울 교육 대학교 석사학위 논문.

이성영(2001). "구성주의적 읽기 교육의 방향". 「한국 초등 국어 교육」제 18집. 한국 초등 국어 교육 학회.

이성은(1997). 「국어과 열린 교육」. 교육 과학사.

이은희(2000). 「텍스트 언어학과 국어 교육」. 서울 대학교 출판부.

이종두(1997). "구조화된 협동 학습 전략과 집단 보상 제공이 학업 성취 에 미치는 효과". 서울대학교 석사 학위 논문.

이종억(1997). "협동적 통합 읽기·작문(CIRC) 프로그램이 초등 학생의 읽기 메타 인지에 미치는 영향". 한국 교원 대학교 석사 학위 논문.

이태영 외(2000). 「언어와 대중 매체」. 신아 출판사.

이화자(1993). 「전체 언어에서 전체란 무엇인가」. 한국 문화사.

이희도 외(1996). 「수업의 이론과 실제」. 중앙적성출판사.

정문성·김동일(1998). 「열린 교육을 위한 협동 학습의 이론과 실제」. 형 설 출판사.

_____(2002). 협동 학습의 이해와 실천. 교육과학사.

정혜영(2001). "협동적 읽기·쓰기 통합(CIRC) 프로그램이 초등 학생의 읽기 전략과 읽기 태도에 미치는 효과". 부산 교육 대학교 석사 학위 논문.

천경록·이재승(1997). 「읽기 교육의 이해」. 우리교육.

최현섭 외(1999). 「국어 교육학 개론」제2판. 삼지원.

Kagan, S. (1990). *A structure approach to cooperative learning.* Educational Leadership. 47(4).

Moffett. J, and Betty Jane Wagner(1992). *Student Centered Language arts. K-12.* Boynton/Cook Publishers, Inc.

Slavin, R. E. (1990). *Cooperative learning: Theory, research, and practice.* Boston Allyn and Bacon.

Tomlinson. B. (1998). *Materials Development in Language Teaching.*

Cambridge University Press.

Weaver. C.(1990). *Understanding Whole Language: From Principle to Practice.* Heinemann Portsmouth, NH.

영문 제목: A Study on the Direction of Cooperative Reading Learning through Authentic Texts (Lee Kyu-ry)

귀국 학생을 위한 웹 기반 문화 교재 개발 방안 연구(2005)

김 대 희

1. 연구의 목적과 필요성

이 연구는 귀국 학생을 위한 문화 교재를 개발함에 있어서 웹에 기반을 둔 문화 교육 교재를 개발하는 방안을 제시하는 데 그 목적이 있다.

1990년대 이후 해외에서 거주하다 귀국하는 가정의 수가 증가하고 있다. 따라서 외국에서 학교를 다니다 부모를 따라 국내로 이주하는 귀국 학생들의 숫자도 점점 증가하고 있어 1997년 이후에는 매년 6천 명 이상의 귀국 학생들이 발생하고 있다(김창호, 2002). 자연히 이들 귀국 학생들을 위한 국내에서의 교육이 중요한 사안으로 떠오르고 있다. 그러나 지금까지는 필요성만 인지하고 있을 뿐 실질적인 교육의 시행이 이루어지고 있지는 못하다. 1992년 한 초등학교의 귀국 자녀반 개설로부터 시작된 귀국 학생의 교육은 10여 년이 지난 지금까지도 몇몇 학교에서 소수의 학생을 대상으로 실험적으로 운영되고 있을 뿐이다.[1] 귀국 학생들을 위한 교육이 이처럼 지지부진하게 진행되고 있는

---

1) 국제교육진흥원 보고서(2000a)에 따르면, 귀국 학생을 위한 정부 주도의 교육은 1992년 서울대학교 사범대학 부속 초등학교의 귀국 자녀반 개설에서 시작되며, 이후 1997년 교육부에서는 전국 5개 초등학교에서 14개 특별

것은 심각한 문제가 아닐 수 없다. 언어·문화적으로 전혀 다른 환경에 적응을 해야 하는 어린 학생들을 위한 교육적 배려가 없다면 이들이 학교와 사회 생활에서 도태되기 십상이기 때문이다.

귀국 학생들이 안고 있는 가장 큰 문제는 한국어를 사용한 의사소통 능력의 부족과 한국 문화에 대한 부적응이다. 이들을 둘러싼 모든 생활이, 적어도 학교에서의 모든 생활이 한국어지로만 이루어지고, 기존에 가지고 있던 문화 양식과 많은 충돌을 일으키기 때문에 소외감을 느끼거나 나아가 학습 장애나 행동 장애로 이어지는 경우도 있다. 그렇지만, 귀국 학생들에게 제공되는 교재는 대부분 일반 학급에서 해당 학년의 학생들이 배우는 교과서가 전부인데 이것은 모국어 화자를 대상으로 한 모국어 학습용 교재이기 때문에 학습자의 요구를 고려한다면, 이들에게 적절치 않음은 너무나 당연한 사실이다. 더군다나 귀국 학생들에게 제공되는 국어 교과서는 언어 사용 능력을 신장시키기 위한 목적으로 제공된 것이기 때문에, 한국 문화에 대한 교재는 전무한 실정이다. 한국 사회에 놓여 있기 때문에 오고가면서 접하는 것이 한국 문화라는 이유로 한국 문화에 대한 교육을 별도로 실시할 필요가 없다는 논리는 그다지 설득력이 없어 보인다. 그것은 마치 국어를 매일 사용한다고 해서 국어 교육이 필요없다는 논리와 다를 게 없다.

이에 본 연구에서는 귀국 학생반 학생들에게 한국 문화에 대한 교육을 실시함에 있어서 그 교재로 웹(web)을 기반으로 한 문화 교육 교재를 개발하는 방안에 대해 생각해 보고자 한다. 웹을 기반으로 한 교재는 그 특성상 인쇄 매체 교재와는 상당히 다른 성격을 띤다. 각기 장단점이 있겠지만, 웹이 가진 가장 큰 장점이라면, 학습자의 요구를

학급을 시범 운영하였다. 1998년에는 초·중등 교육법 시행령을 제정하여 귀국 학생 특별학급 설치 근거를 마련하였으며, 2000년에는 14개 초등학교와 5개 중학교를 시범학교로 운영하고 있다.

언제든지 반영하여 교재를 구성할 수 있다는 것이다.

이것이 문화 교육에서 요구하는 융통성과 변화성을 충족시킬 수 있을 것이다.[2]

윤여탁(2000)에서도 한국어 교재를 구성할 때, 다양한 매체 언어를 고려하여야 한다고 하였다. 이미 현대 사회는 문자 매체만으로 소통되지 않는 형편이다. 다양한 대중 매체가 전 지구촌을 장악하고 있으며, 그동안 문자 매체가 차지했던 자리를 상당 부분 잠식하고 있는 형편이다. 그리고 이같은 추세는 앞으로도 더욱 심화될 것으로 예측된다. 따라서 미래 사회에서도 적용될 수 있는 한국어 교재는 이런 지향을 적극 수용하여야 한다. 특히 인터넷의 보급은 이 같은 추세를 더욱 촉진하고 있다. 이를 위하여 한국어 교재는 대중문화 매체를 적극 활용할 필요가 있다. 더구나 최근에는 컴퓨터가 널리 보급되어 있는 상황에서 인터넷이나 웹을 활용하는 한국어 교육 방법은 큰 기여를 할 수 있을 것으로 기대된다. 그리고 이 분야는 이미 연구 차원에서 활발한 움직임이 나타나고 있기 때문에, 그 실용화의 방향으로 전환하거나 확대하기는 어렵지 않으리라고 생각된다. 또한가지 염두해 두어야 할 점이 있다면, 보편적으로 적용될 수 있으면서도 각 언어권의 사정에 따라 변용이 가능한 탄력성을 지니고 있어야 한다는 사실이다. 체계화를 추구하되, 획일화를 지양〈止揚〉하여야 한다는 말이다. 이것은 웹이 가진 고유의 특성으로 충분히 해결할 수 있는 문제이다.

이 연구는 문화 교육의 성격에 비추어 볼 때, 웹 기반 교재를 개발하는 것이 얼마나 적절한지, 그리고 어떻게 교재를 구성해야 하는지에 대해 살펴보고자 한다.

---

2) 문화는 그 특성상 시대나 상황에 따라 변해가기 마련이다. 문화 교육은 이러한 문화의 특성까지 반영할 수 있어야 하고, 문화 교육을 위한 교재도 이를 수용해야 한다.

2. 귀국 학생의 개념과 일반적 특징

일선 학교에서 귀국 학생반을 운영하는 이유는 특별한 것이 아니다. 외국의 문화와 언어의 영향을 받은 학생들에게 우리 나라의 문화와 언어의 영향 받은 학생들에게 적용했던 교육 환경을 똑같이 적용하기에는 무리가 있다는 것을 인지하기 때문이다. 귀국 학생들은 교육 처방의 대상이 되는 동시에, 그들이 지니고 있는 특성은 처방의 근거가 된다(김창호, 2002). 두 집단의 차이를 인지하면서도 똑같은 처방을 내리는 것은 교육의 의미를 상실하는 것과 다를 바 없다. 따라서 어떤 대상을 가리켜 귀국 학생이라 부르며, 귀국 학생들이 국내 학생들에 비해 어떤 다른 특성을 지니는지에 대해 살펴볼 필요가 있다.

가. 귀국 학생의 개념

우리 나라에서는 아직까지 귀국 학생에 대한 개념 정립이 되어 있지 않은 상태이나 현재 교육인적자원부의 규정에 따르면 귀국 학생은 해외 거주 기간이 2년 이상인 학생으로서 귀국한지 1년 미만인 초·중·고학생을 의미하는 것으로 되어 있다(김왕근, 1997). 그러나 일반적으로 귀국 학생들의 언어적인 면과 생활 적응 면을 교육적 차원에서 볼 때, 귀국 학생이라 함은 한국에서 출생하여 출국 후 2년 이상 해외에서 거주하다가 귀국한지 1년 미만인 학생들과 한국 국적을 가진 부모가 외국에서 출산 후 학령기에 귀국한 학생 중 귀국 후 1년 미만인 학생으로 보아야 할 것이다.

귀국 학생 교육의 범주 속에 논의되는 귀국 학생의 개념은 논리적인 개념이라기보다는 조작적인 개념으로의 특징을 지닌다. 즉 귀국 학

생의 개념은 귀국의 의미와 학생의 의미가 논리적으로 결합된 개념이
아니라 귀국의 의미와 자녀의 의미 그리고 초·중·고학생의 의지가
실제적인 맥락에서 규정된 조작적 개념이라 할 수 있다.

나. 귀국 학생의 특징

귀국 학생들은 개개인마다 다른 교육적, 문화적 환경에서 성장하였
으며, 비교적 체재국의 언어를 유창하게 구사하고 해외에서 체득한 독
특한 생활경험을 가지고 있다. 따라서 이들에게서 일반 학습의 학생들
과는 달리 공통적으로 나타나는 특성은 다음과 같이 요약할 수 있다
(김창호; 2000, 대덕초; 2001).

1) 성격 및 행동 측면

국제교육진흥원의 보고자료(2000b)에 의하면 귀국 학생들의 성격
및 행동 측면의 특징은 다음과 같다.

첫째, 대체적으로 솔직하고 명랑하며, 봉사정신이 투철한 것으로 나
타난다. 또한 자기 표현과 주장이 강하고 자립적이며, 사고의 폭과 관
점이 객관성을 지향하는 가운데 탄력적이고 비판적이다. 아울러 이들
은 우리나라의 문화와 가치관에 대한 인식이 부족하고 학교생활 속에
서의 단체 행동이나 경쟁적인 활동을 힘들어하는 것으로 보고되고 있
다. 이러한 특성은 학생들이나 국내 학교 문화와의 이질적인 것으로서
귀국 후 국내 생활에 적응하는 것을 어렵게 하는 요인으로 작용한다.
귀국 후 학생들이 보이는 그러한 특성들이 장기적으로 특별히 세계화
의 과정에서 모두가 지향해야 할 표준이 되는 것임에도 불구하고, 오
히려 국내 학생들과 학교 문화에 의해 배척당하는 경향이 나타나는 가
운데 귀국 학생들에게 일방적인 적응을 강요하는 전도 현상이 이들을

더욱 어렵게 하고 있다.

둘째, 귀국 학생들은 적응 초기에 자신감이 없는 편이다. 이러한 현상은 정확하게 자기의 의사를 표현하기 어렵고, 상대방과 시원스럽게 의사 소통을 하지 못하는 데서 오는 것이라 분석된다. 특히 상위권에 속해 있는 학생일수록 엘리트 의식이 강해 큰 좌절감을 느낀다. 심한 경우에는 신체적으로 거부 반응을 일으키는 학생도 종종 나타난다.

셋째, 귀국 학생들은 어느 정도의 초기 적응 단계를 거쳐 심리적으로 안정되면 매우 적극적이고 우호적이며 사교적인 태도를 지닌다. 그들은 외국에서 자신이 언어적으로나 문화적, 인종적인 면에서 소수 인에 속해 있었으므로 자신과 다른 문화나 환경을 수용할 수 있는 능력과 경험을 지녔기 때문이다.

2) 언어 발달 측면

귀국 학생들이 국내 학교 생활에 가장 어려워하는 것이 언어상의 문제이다(권선미, 1997). 외국에서의 거주 기간이 5년 이상인 귀국학생들을 대상으로 한 그의 연구에서 귀국 학생들은 정확하지 못한 발음과 표현법이 친구들의 놀림의 대상이 되기 때문에 6개월에서 1년 동안은 표현 자체를 두려워하는 가운데 주로 듣는 입장을 취하는 것으로 나타난다. 시간이 지나감에 따라 우리나라의 생활과 언어에 어느 정도 익숙해지면서 한국어로의 표현이 늘기 시작하는 반면 체류국에서 사용한 언어에 대한 표현이 점점 줄어들게 된다. 결국 '외국어의 손실기'를 맞는 것이다.

한경옥(1998)에 따르면 귀국 이후 체류국에서 사용한 언어에 대한 지속적인 관심과 접촉의 정도에 따라 언어 손실의 정도가 달라진다고 한다. 즉 가정과 학교에서의 노력 여하에 따라 언어를 유지하거나 잃게 되는 것이다. 부모가 관심을 갖고 자녀와 함께 체류국에서 사용한 언어로 계속 이야기를 나누거나 그 언어를 계속 접할 수 있는 환경을 만들어 주는 가정에 속한 경우, 그리고 귀국 학생들을 대상으로 특별 언어 프로그램을 시행하는 학교에 다니는 경우, 귀국 학생들이 해당 언어에 대한 손실이 적고 오랜 동안 그 언어를 유지하는 것으로 나타 났다.3)

3) 학업 성취 측면

귀국 학생에 대한 우리나라의 교육에 대한 일반적 견해는 교과목의 종류가 많고 학습 내용 수준이 필요 이상으로 높아 학업 성취에 어려 움을 겪고 있다는 것이 보통이다. 이는 한국어에 대한 듣기, 말하기, 읽기, 쓰기의 언어 영역에서만이 아니라 수학, 사회, 과학 등과 같은 기초과목에서도 나타나는 현상이다(권선미, 1997). 물론 이러한 현상이 체류국에서의 교과과정과 다르다는 점, 또는 학습내용 난이도에 커다 란 차이가 있음에 기인할 수 있겠으나, 근본적으로 귀국 학생들의 학 업 성취 정도는 그들의 한국어 사용 능력의 정도와 비례한다는 연구 결과가 있다. 김미경(1999)의 연구에 따르면 귀국 학생들은 한국어 사 용 능력이 뛰어날수록 학업 성취가 뛰어난 반면, 한국어 능력이 부족 한 경우 연쇄적으로 교과학습에 장애가 일어난다. 즉 학업 성취에 직·간접적으로 영향을 줄 수 있는 여러 요소 중에서 우리말 사용 능 력 정도가 핵심이 될 수 있다는 것이다. 결국 많은 귀국 학생들의 경

---

3) 외국어의 손실에 대해서는 가정에서 제공하는 교육 환경에 따라 학생들마 다 달리 나타난다. 학생의 언어 손실을 막기 위해 가정에서 의도적으로 외 국어를 사용하기도 한다. 특히 영어권에 거주하다 온 가정의 경우, 학부모 의 대부분이 학생의 영어에 대한 손실을 원하지 않기 때문에 지속적으로 사설 교육 기관을 통해 교육을 시키는 것이 일반적이다.

우 해외체류시 우리말에 대한 교육을 지속적으로 받지 못했다는 이유로, 그리고 귀국 후 체류국에서 익힌 언어로 교육을 받을 기회를 가질수 없다는 이유로 학업 성취 측면에서의 피해자가 되는 셈이다.

4) 환경 적응 측면

귀국 학생 반과 같은 그들을 위한 특별 과정에 속한 귀국 학생들, 즉 소수 집단에 속해 있는 학생들보다 일반 학교의 일반 학급에 바로 전입되어 생활하고 학습하는 귀국 학생들이 더욱 큰 불편과 불만을 나타내는 것으로 나타났다. 이들은 외국의 소인수 학급 환경에서 생활하고 학습하였기 때문에 다 인수 학급에서 자신의 의사 표현과 자가 확인의 어려움을 느끼고 부정하며, 다인 수 학급을 통솔하고 통제하는 과정에서의 교사의 태도에 불친절과 권위적이라는 저항감을 표시한다.

귀국 학생들은 위와 같은 일반적인 특성이 있지만, 그들을 좀더 잘 이해하는 측면에서 관찰해 보면 그들은 그들 나름대로 어려움이 매우 크다. 외국에서는 외국에서대로 문화적, 교육적으로 뿐만 아니라 얼굴 생김새, 피부색이 다름으로 인해 외국 생활에 완전 동화하지 못하고 이방인으로 생활하게 되며, 모국에 돌아와서는 모국에서대로 문화, 언어, 관습 등에 적응하지 못하여 심리적으로 소외되어 제3문화를 형성한 주변인으로 생활하기 때문이다.

이 현상은 자아가 형성되고 학년이 올라갈수록 적응에 더욱 어려움을 크게 느낀다. 물론 모든 학생이 부적응으로만 일관하지는 않는다. 오히려 이를 극복해 두 언어를 능통하게 구사하고, 여러 문화를 소화해 두 체제를 공유하는 성공적인 사례도 없지 않으나 대체로 어려움을 느끼는 것이 일반적이라 할 수 있다.

따라서 귀국 학생을 담당하고 있는 학교나 교사는 한국 땅에서 낳아 한국 땅에서 성장한 학생들과 같은 관점에서 비교하려 하지 말고, 그들의 어려움을 진심으로 이해하고, 따뜻한 마음으로 그들을 받아들여야 할 것이다. 그들을 진정으로 이해하려는 교사들의 의식만으로도 우리나라 귀국 학생 교육의 방향은 설정되는 것이다. 그들이 주변인이 아니라 주체 의식을 갖고 우리 문화와 우리 언어에 서서히 적응할 수 있는 물리적, 심리적으로 편안한 교육 환경이 절실히 요구된다.

3. 귀국 학생을 위한 문화 교육과 웹 기반 학습

한국어 교육에 있어서 문화 교육을 강조하는 것은 그리 새로운 일이 아니다. 단지 최근에는 문화 교육에 대한 목소리가 높아지면서 이에 연구가 활발해지는 것은 주목할 만한 일이다. 목표 언어에 대한 문화적 지식이 동반되었을 때 학습 동기나 의욕이 높아짐은 물론 자신의 정체성에 대한 갈등을 겪고 있는 귀국 학생들에게 한국 문화에 대한 교육을 실시하는 것은 자신들의 정체성 확인의 수단이 되기 때문이다.

문화 교육이 언어 교육과 함께 한국어를 배우는 학습자에게 꼭 필요한 것임은 모든 학자가 의견을 같이 하고 있다. 그러나 문화를 어떻게 가르쳐야 하느냐에 따라 그 교육의 내용과 방법이 달라진다.

이 장에서는 귀국 학생들에게 적합한 문화 교육의 방향을 살펴보고, 웹 기반 학습의 특징을 살펴보고자 한다. 이는 궁극적으로 웹 기반 학습이 귀국 학생을 위한 문화 교육의 방향에 얼마나 부합될 수 있는지에 대한 논의를 전개해 나가기 위한 전제가 된다.

가. 귀국 학생을 위한 문화 교육의 방향

1) 한국 문화 자체가 교육 대상이 되어야 한다.

외국어 교육에서 문화 요소를 교육하는 방법이나 이론은 대략 두 가지 측면에서 모색될 수 있다(윤여탁, 2000). 그 하나는 문화를 통한 언어 능력의 함양이라는 측면이다. 이는 외국어 능력을 함양할 때, 학습할 외국의 문화, 즉 문학 작품, 음악, 다매체 등을 언어 교육에 활용하여, 의사 소통 능력을 기르는 방법이다. 이 경우는 실용적인 언어 자료나 설명적인 텍스트를 중심으로 교수·학습을 하던 외국어 교육을 극복하는 방법론 차원에서 비교적 널리 실천되고 있다.[4]

두 번째로는 외국의 문화 자체가 교육 대상이 되어야 한다는 측면이다. 즉 외국의 문화 요소를 학습함으로써 보다 폭넓은 차원의 의사 소통 능력을 같이 함양하여야 한다는 사실이다. 귀국 학생들에게 한국어가 외국어로 받아들여진다는 가정에서 본다면, 전자의 교육 방법이 더 적합할 것으로 보이지만, 귀국 학생을 위한 문화 교육은 후자에 가까워야 한다. 귀국 학생은 한국어를 처음 배우는 외국인과는 다르게 한국어로 의사소통이 기본적으로 가능한 학생들이며, 이들은 앞으로 한국 사회에 적응하며 살아나가야 하기 때문에, 외국인을 대상으로 하는 문화 교육과는 다르게 문화 교육에 대한 폭을 넓혀 교육시킬 필요가 있다. 물론 학생의 수준에 맞추어 학습 과정에서 적절한 단계를 설정하여 교육하는 방법도 있을 것이다. 한국어나 한국 문화에 전혀 익숙하지 않은 귀국 학생이라면 오히려 문화를 언어 교육에 활용하는 방법이 더 효율적일 것이며, 한국어와 한국 문화에 어느 정도 적응한 학

---

[4] 이와 관련하여 조현용(2003)에서는 한국어 교육에서 문화 교육을 강조하는 연구자들은 문화 교육의 범위를 광의로 정하고 있어서 한국어 교육과 연계성이 적은 부분도 나타나고 있다고 지적하면서 다음과 같이 말하고 있다.

생이라면 후자 쪽이 더 효율적일 것이다.

국어 교육에서 국어 활동을 지배하는 원리는 사용 원리와 문화원리라는 두 가지로 설명하고 있다(윤여탁, 2000). 이 두 원리는 국어 교육에서는 나름의 단계에 따라 적용될 수 있는 것으로, 내략 초보적인 학습 단계에서는 사용 원리가 중시되고, 고등의 학습단계로 "현장학습이라는 이름으로 실시하는 문화 교육은 대부분 한국어 학습과는 별개의 것이다 또한 교재에서 다루고 있는 문화요소도 한국어 학습과 직접적으로 연관을 맺지 않는 '쉬어가는 곳'의 역할을 하는 경우가 많다. 언어를 가르칠 때, 언어 속에 나타나는 문화적인 요소를 어떻게 가르칠 것인가에 대한 고민이 언어 교육자가 우선적으로 가져야 할 생각일 것이다."

이러한 시각은 문화 교육의 범위가 소극적이었던 과거에 대한 비판 의식에서 기인한 것이다. 올라갈수록 문화 원리가 중시된다. 그리고 이 두 원리를 엄격하게 위계화하여 설명할 수는 없지만, 이를 학습 단계와 관련하여 그림으로 나타내면 대략 다음과 같다. 이는 귀국 학생들에게도 적용하기에 충분해 보인다.

취학전 단계 → 초등 단계 → 중등 단계 → 고등 단계
문화 원리(요소)
사용 원리(요소)

〈그림 1〉 언어 학습 단계에 따른 언어 사용 원리와 문화 원리의 비중

2) 학생들의 발달 수준에 알맞은 내용과 방법을 선정해야 한다.

귀국 학생을 대상으로 하는 한국어 교육은 외국에서 온 성인을 대상으로 하는 그것과는 확실히 구분되어야 한다. 귀국 학생들은 정서나

인지적인 측면에서 성인과는 달리 완전히 성숙한 상태가 아니기 때문에 학생의 인지나 정서 발달에 맞추어 문화 교육의 내용이나 방법을 선정해야 한다.

Piaget, J.의 인지 발달 이론5)에 따르면, 이 시기는 구체적 조작기 (7-11세)와 형식적 조작기(12세 이후)에 해당된다. 구체적 조작기에 접어들면 아동의 사고는 급격한 진전을 보이게 된다. 즉 전조작기에는 지각적으로 두드러진 대상에게만 자가의 관점을 한정시키는 데 비해 구체적 조작기에는 일반적인 것으로 관점이 확대되고 내적 표상을 여러 가지 방법으로 조정할 수도 있게 된다. 그래서 이 시기의 아동은 자기 중심에서 벗어나 탈 중심화가 된다. 구체적인 세계에만 한정될 뿐 추상적으로 사고하지는 못한다. 형식적 조작기의 아동은 추상적이고 논리적인 사고를 할 수 있고 문제 해결을 하는 데 가설을 사용하며 성인과 같은 형태로 사고 할 수 있다. '미래와 눈에 보이지 않는 먼 곳 (Remote & Future)'까지 사고가 가능하고 연역적 문제 해결 방법을 사용할 줄 알게 된다.

Erikson, E. H.의 심리사회 이론6)에 따르면, 이 시기는 제4단계 (5-12세), '근면성 대 열등감'와 제5단계(청소년기) '정체감 대 정체감 혼미'의 시기에 해당된다. 4단계의 특징은 지적 호기심과 성취동기에 의해 활동이 유발된다. 성취기회와 성취 과업의 인정과 격려가 있다면

---

5) Piaget, J.에 의하면 인간의 인지발달은 자연적인 성숙과 환경의 상호 작용에 의해 발달한다. 그 과정은 질적으로 다른 4단계를 순서적으로 거친다고 하였고, 그 속도는 아동들마다 약간의 차이가 있으나 거의 문화적 보편성을 나타낸다고 하였다.

6) Erikson, E. H.은 인간의 발달을 8단계로 나누고 각 단계별로 극복해야 할 위기(developmental crisis)와 발달 과업을 제시하였다. 이 위기 동안 발달 과업의 성취여부를 양극(polarity)의 개념으로 설명하였다. 발달과업의 성취여부에 따라 발달의 위기 극복의 여부가 좌우된다.

성취감이 길러진다. 그러나 그렇지 못하면 좌절감과 열등감을 갖게 된다. 5단계는 자신이 어떤 사람이 될 것인가에 대해 깊은 관심을 갖게 된다. 그래서 심리적 혁명이 마음에서 일어난다. 끊임없는 자기 질문을 통해 자신에 대한 통찰과 자아상을 찾기 위한 노력을 하게 된다. 그 결과 얻는 것이 자아 정체성(ego-identity)이다. 이것이 형성되지 못하고 방황하게 되면 역할 혼란(role confusion) 또는 자아 정체성 혼미(identity diffusion)가 온다. 이는 직업 선택이나 성 역할 등에 혼란을 가져오고 인생관과 가치관의 확립에 심한 갈등을 일으킨다.

초등학생과 중학생 시기의 귀국 학생들은 이러한 인지적, 심리적 특징을 가지고 있기 때문에 그들의 특성에 맞는 교육이 제공되어야 한다. 이것은 문화 교육에 있어서 교육과정 설계에서부터 교재 개발, 교수·학습, 평가에 이르기까지 바탕을 이루고 있어야 할 점이다.

3) 공부가 아닌 놀이로서의 학습이 되어야 한다.

놀이는 두 가지 관점에서 교육적으로 관심거리가 될 수 있다. 첫째는 놀이 그 자체가 교육의 방법으로 중요하다고 보는 '교육방법으로서의 놀이' 관점이다. 놀이를 통해서 무엇인가 의도적으로 가치로운 것을 가르칠 수 있다는 생각이다. 둘째는 청소년의 심리·사회·문화적 특징을 이해할 수 있다고 보는 '학생 이해의 수단으로서의 놀이'의 관점이다. 이것은 놀이를 연구하면 거기에 스며들어 있는 아동의 가치관과 행동양식을 알 수 있기 때문에 놀이를 통해서 아동 문화를 알 수 있다는 생각이다(유한구, 1983). 언어 또는 문화에 대한 학습을 전제로 하는 개념에서는 전자를 우선시해야 할 것이다.

어린이의 활동은 놀이와 작업(일)으로 크게 나눌 수 있다. 다른 의도가 없이 활동하는 거 자체가 즐거움을 주고 또 목적인 것을 놀이라

하고 반면에 활동의 결과가 목적인 것을 작업(일)이라고 한다. 그러나 어린이들은 놀이와 작업이 미분화된 상태이기 때문에 별도의 작업이라는 개념은 존재하지 않으며 깨어있는 대부분의 시간은 여러 가지 형태의 놀이 활동으로 연속된다고 볼 수 있다.

놀이는 곧 어린이의 생활이며 그들의 모든 것이 담겨질 수 있는 매체로서 어린이 발달에서 갖는 의미가 매우 크다. 놀이는 기쁨을 창조하고 정신적인 즐거움을 느끼게 해준다. 어린이들은 놀이를 통해서 자신을 발견하며 인격의 기초를 형성하게 된다.

이 시기의 학생들에게는 학습은 곧 놀이라는 인식을 갖게 할 필요가 있다. 적어도 문화 교육은 그러한 목표를 설정해 둘 필요가 있다고 본다. 학습은 그것을 학습으로 인식하는 순간부터 부담으로 작용하게 되며, 지속이 불가능한 한계점이 있기 마련이다. 그러나 문화 교육을 하는 자체가 학습이 아니라 하나의 놀이라고 인식한다면, 학습 의욕이 연쇄적으로 일어날 가능성이 많다. 교육 방법이나 교재 구성이 이를 뒷받침해야 하지만, 문화 교육에서는 충분히 가능한 일이다.

4) 학생 자신이 한국인이라는 정체성을 갖게 해야 한다.

귀국 학생들은 장기간 해외에서 생활했기 때문에 모국어의 구사능력이 부족하여 의사소통에 어려움을 겪고 있으며, 우리 나라와 체재국 간의 이질 문화에 따른 가치관의 차이로 사고 방식에 혼돈이 따르고 있다. 또한, 학교 교육 내용과 방법 등 많은 환경적 변화 때문에 성장기의 학생에게는 정신적인 충격과 갈등, 자아 정체성의 혼란, 학습 결손의 누적 등으로 학교 생활에 빨리 적응하지 못하는 것이 전반적인 특징이며, 그 결손 부분을 채우는 데는 상당한 시간이 필요한 실정이다. 그러나 무엇보다도 문화 교육을 통해 귀국 학생들에게 심어주어야 할 의식은 그들 자신이 한국인이라는 정체성을 갖게 하는 것이다.

귀국 학생을 대상으로 하는 교육은 적응 교육의 성격과 발달 교육의 성격을 동시에 지니며, 이는 결국 세계화 시대에 대응하는 바람직한 한국인을 양성하는 교육이라고 할 수 있으며, 이것이 바로 귀국 학생을 대상으로 하는 문화 교육의 최종 종착점이라고 할 수 있다.

5) 가정과의 연계 지도가 수반되어야 한다.

귀국 학생들을 위한 이중언어교육에 있어서 걸림돌이 되고 있는 요소 중 하나는 학교와 가정의 연계 학습이 이루어지지 않고 있다는 것이다. 학교에서 무엇을 배웠는지에 대한 확인 또는 재학습이 가정에서 이루어져야 하며, 교실 환경적인 영향 때문에 미처 배우지 못했던 부분을 가정에서 뒷받침해 주어야 하는데, 그러한 체제가 갖추어져 있지 않다. 가정과 학교에서 사용하는 언어가 이질적인 경우에는 더욱 그러하지만, 언어 학습을 제외하더라도 문화에 대한 교육이 보충되고 심화되어야 하는데 교사와 학부모간의 상호작용이 잘 이루어지지 못하고 있는 실정이라 그것이 말처럼 그렇게 쉽지 않다. 그러나 현재로는 학교와 가정에서의 연계 필요성에 대한 인식이 부족하고, 자연히 연계성을 위한 제도적인 장치가 전무한 실정이다. 연계성 확보를 위해서는 우선 학교당국의 노력이 필요하다(김창호, 2002). 교육과정을 개발하고 홍보하는 과정에 학부모들을 참여시키거나, 외국어와 외국문화에 익숙한 학부모들을 프로그램 운영에 적극 활용하는 것도 한 방법이 될 수 있을 것이다. 아울러 한국어 습득과 외국어 유지에 큰 관심을 보이면서도 방법을 몰라 실행에 옮기지 못하는 학부모들에게 방향을 제시해 주고 필요에 따라 자료와 학습기술을 제공하는 것도 학교와 가정의 연계교육을 위해 학교가 담당할 몫이 될 것이다.

나. 웹 기반 학습의 특징

웹 기반 학습(WBI; Web Based Instruction)은 월드 와이드 웹 (World Wide Web)에 기반을 둔 학습, 즉 월드 와이드 웹의 특성을 교육의 효과성과 효율성의 증진에 활용하는 학습을 말한다. 다시 말하면, 유의미한 학습 환경을 조성하기 위하여 웹의 특성과 웹이 제공하는 자료들을 충분히 활용하여 수업을 전개하는 하이퍼미디어기반의 교수 프로그램을 뜻한다. 즉, 특정한 그리고 미리 계획된 방법으로써 학습자의 지식이나 능력을 육성하기 위한 의도적인 상호 작용을 웹을 통해 전달하는 활동이라고 정의내릴 수 있다.

이처럼 웹 기반 수업을 가능하게 한 네트워크의 발달 특히 웹의 발달과 급속한 보급은 학습의 형태를 보다 자유롭게 하였으며, 가르치는 사람의 직접적인 도움 없이도 학습자 스스로 학습할 수 있는 교육환경을 가능하게 하고 있다.

웹을 활용한 학습은 첨단 정보 통신 기술에 의하여 구현된 가상의 공간 또는 사이버 공간에서, 웹의 다양한 상호작용적 특성을 살려서 실제 교실에서 일어나는 상호작용 활동 및 여러 가지 교수-학습 활동을 수행하는 새로운 학습 형태이다. 가상 수업에서 학습자들은 자신이 편리한 시간에 웹 상에 제시되어 있는 다양한 학습 자료들을 탐색하며, 공간적으로 멀리 떨어져 있는 교사와 다른 학습자들과 전자 메일, 전자 게시판, 실시간 웹 채팅, 리얼 오디오, 화상 회의 시스템 등을 활용하여 다양한 상호작용 활동을 수행하게 된다. 특히 웹은 구성주의적 학습 원리들, 예컨대 능동적인 학습, 실제적인 학습, 상호작용적이면서 협동적인 학습을 가능하게 하는 매체이므로, 이 같은 웹을 활용한 학습은 교수-학습 활동에 있어서 기존의 학습과는 다른, 다음과 같은 독특한 특징을 갖고 있다(백영균, http://www. gnedu.net).

첫째, 웹 기반 학습은 어떤 통신 수단보다도 많은 양의 최신 정보를 빠른 시간 내에 교류할 수 있도록 함으로써 학교체제와 같이 외부 정보의 습득이 뒤지기 쉬운 사회에 효과적인 정보 교류의 수단을 제공한다. 또한 정보나 의견 교류의 대상을 학습자와 학습자, 교사와 학습자, 교사와 다른 교육 전문가, 혹은 특정 분야의 전문가, 동료 및 선배 학습자들에 이르기까지 전통적인 학습상황에서는 쉽게 접할 수 없는 범위까지 넓혀주어 정보 공유의 영역을 확대시켜 준다.

둘째, 웹 기반 학습은 기존의 단방향(One Way) 매체 전송과는 달리 고도의 상호작용적 의사소통을 가능하게 해 준다. 웹 기반 학습에서 학습자들은 자기들끼리는 물론 교사와 온라인 자원과도 상호작용할 수 있다. 웹 기반 학습에서 학습자들은 컴퓨터 통신을 이용하여 다른 학습자나 교수자, 혹은 다른 전문가들과 정보나 의견을 교환하고, 온라인 토론 등을 통해 창의적이면서도 활발한 상호 작용 활동을 수행할 수 있다.

셋째, 웹 기반 학습은 기존의 전통적인 교실수업 체제나 면대면 수업, 혹은 전화 통화에서와 같은 동시적 상호작용뿐만 아니라 시간과 공간을 초월한 비 동시적 상호작용을 가능하게 해 준다. 학습 환경이 개방적이라는 말로 요약할 수 있을 것이다. 학습자들은 설계자가 미리 설정한 환경을 벗어나 자유롭게 이동하면서 학습하는 것이 가능하다. 이러한 특성은 종래의 학습 과정과는 구별되는 형태의 상호작용을 구성할 수 있도록 허용하여 교사와 학습자, 학습자간의 다중 연결망을 통한 학습을 유도한다. 즉, 학습자들은 정해 진 시간과 장소에서 교사를 만날 필요 없이 자신이 원하는 시간에 원하는 장소에서 원하는 정보를 다양하게 탐색할 수 있고, 자신의 생각을 체계적으로 잘 정리한 뒤 교사나 다른 학습자에게 전송할 수 있으며, 수시로 다양한 전자 통신 수단을 활용하여 정보를 주고받을 수 있다. 이러한 특성은 융통성 있는 상호작용의 기회를 부여함으로써 수요자 중심의 탄력적인 수업체제의 운영을 가능하게 해 준다.

넷째, 웹 기반 학습은 고도의 동시적·비동시적 상호작용을 통해 협력 학습 체제를 가능하게 해 준다. 웹 기반 수업에서 학습자들은 기존의 학습 형태와 마찬가지로 개별적인 학습을 할 수 있을 뿐만 아니라, 수많은 사용자와의 상호작용을 통해 협력학습을 수행할 수 있다. 즉, 특정 주제에 대해 개인들이 조사하고 관찰한 내용을 다른 사람과 교류하면서 보다 체계적이고도 다양한 관점으로 과제나 문제에 접근함으로써 이를 통해 성공적인 과제 수행을 할 수 있다는 것이다.

다섯째, 웹 기반 학습은 독특한 사회 심리적 커뮤니케이션 구조를 제공하여 줌으로써 면대면의 교실에서 어려운 긍정적 학습 효과를 가져올 수 있다(정인성, 1999). 웹 기반 학습에서 학습자들은 면대면이 아닌 매개 커뮤니케이션에 참여함으로써 자심의 사회·경제적 배경, 성의 차이 등 외부 조건이나 사람들의 선입견 등에서 오는 사회 심리적 부담 없이 활발하게 상호작용을 할 수 있으며, 대인관계가 원만하지 못하거나 소극적인 성격을 갖고 있는 사람들도 실제로 사람과 만나는 것보다 훨씬 수월한 참여의 기회를 부여받을 수 있게 된다. 이에 따라 학습에의 참여 기회가 확대되고, 학습 동기가 지속되며, 보다 역동적인 의사소통이 가능해지는 것이다.

여섯째, 웹 기반 학습은 다른 매체들의 활용보다 교육의 비용효과 면에서 보다 경제적이라는 특징을 갖고 있다. 웹 기반 학습에서는 각종 전자도서관이나 학습자원센터의 데이터베이스 내에 있는 디지털 자료들을 공유할 수 있기 때문에 개인이 혼자 필요한 자료를 탐색, 수집하는 것보다 훨씬 비용이 적게 들뿐만 아니라 여러 학습자가 편리한 시간에 편리한 공간에서 자료 확보가 가능하기 때문에 낭비요소를 최소화할 수 있다. 그리고 별도의 시설 구축비용이 없이도 기존의 전화선이나 통신 전용선 등 공중 통신망을 활용할 수 있기 때문에 방대하고 유익한 정보를 값싸게 활용할 수 있어서 또한 경제적이다.

일곱째, 웹 기반 학습은 학습자를 보다 능동적인 위치에 있게 한다. 전자 출판을 예로 들 수 있다. 학습자들은 자신의 글이나 수업내용을 전자 우편이나 뉴스 그룹, 서버, HTML편집기, 저작도구 등을 통해 저작 발간하고 전송할 수 있다. 따라서 동료와 심지어 교사에게도 자신의 생각이나 의도를 적극적으로 피력할 수 있는 기회를 갖출 수 있다.

마지막으로 문화 교차적 상호작용이 가능하여 중요한 체험을 직접적으로 할 수 있다. 학습자들은 온라인 의사소통을 통해 서로 다른 배경의 문화를 교차적으로 학습하고 다문화적인 관점을 발전시킬 수 있다. 교사와 학습자들이 전세계로부터 나온 자료로 온라인 통신을 하도록 하는 매체를 제공받기 때문에 학습자들은 교과 내용에 관한 다각적인 견해로부터 도움을 얻을 뿐만 아니라 자신들의 문화를 대변하기도 한다. 멀리 떨어진 문화와 문명에 관하여 탐구하고 학습하는 능력은 웹을 통해 촉진된다. 학습자들은 한 사람의 저자, 편집자, 또는 교사의 단편적인 견해로 제한받지 않는다.

4. 귀국학생을 위한 웹 기반 문화 교재 개발 방안

가. 문화 교육 내용의 범주화

성인을 대상으로 하는 한국어 교육의 경우, 문화 교육 내용을 범주화하려는 시도가 많았다. 민현식(2001)에서는 현행 교재들의 문화 항목들을 정리하면서 가급적 한국 문화 전체, 즉, 국어, 문학, 국사, 예술, 사회학, 건축, 과학 등 모든 학문 영역에 걸친 한국학 연구의 내용 속에서 국어 문화론의 내용을 추출해야 한다고 지적하고 있다. 실제로 조항록 · 김정숙 · 이미혜(2002)의 〈한국어와 한국 생활〉에 담겨진 '한국 생활'에서는 한국 지리와 계절, 현대 한국 개관, 한국어 · 한글, 한국인의 의식주, 한국인의 일생, 언어생활 공공시설과 제도 이해, 한국인의 여가 취미 활동, 한국의 역사, 한국인의 사고방식 등의 광범위한 한국학적인 시각으로 문화를 바라보았다.

기존의 한국어 교재에 나타난 문화 교육 범주 설정에 대한 비판도 없지 않다. 조항록(1998)에서 지적한 바와 같이 기존의 한국어 교재들이 대부분 문화 교육 측면을 충분히 반영하지 못하고 있으며, 기존에 포함된 문화적 영역 또한 전통 문화에 치우쳐 현대 한국 사회의 제 영역을 이해하는 데 부족함이 많음을 반영하고 있다. 김정숙(1997)에서도 기존 대부분의 교재들이 구분하고 있는 문화 내용 중 인사하기, 감사 표하기, 사과하기 등과 같은 실용적인 행동 양식이, 속담, 관용어, 문화적 지시어 등과 같은 언어적 요소나 정치 경제적 요소, 문학과 예술 면과 같은 전통 문화 면에 비해 소홀히 다루어지고 있음을 지적하고 있다.

그러나 이러한 범주의 설정은 성인을 대상으로 하는 한국어 교육을 전제로 하기 때문에 귀국 학생을 대상으로 하는 한국어 교육에서 문화 교재의 구성 방향은 이와는 다른 방향을 추구해야 할 것이다. 그렇다고 백과사전처럼 교육 내용을 펼쳐놓고 아무거나 가져가라는 식으로 문화를 교육시킬 수는 없다. 귀국 학생들을 대상으로 하는 문화 교육에서도 교육 내용의 범주화가 반드시 필요하다. 귀국 학생들을 위한 문화 교육 요소를 추출한다면, 한 예로 〈표 1〉과 같이 제시할 수 있을 것이다. 귀국 학생을 대상으로 하는 문화 교육의 범주는 크게 학교 생활, 가정 생활, 사회 생활로 나누어 구분 할 수 있을 것이다.

<표1> 귀국 학생들을 위한 문화 교육 요소 범주화

범 주	문화 교육 요소
학교생활	학교활동 - 한국학교에 대한 일반적 정보, 학교 소개, 시설물 소개 등 학급 활동 - 수업 시간, 회의, 역할 분담, 급식 등 특별 활동 - 특기 적성 교육, 동아리 활동 등 인간 관계 - 친구와의 과의 관계, 선생님과의 관계, 상급생이나 하급생과의 관계 등
가정생활	의식주 관련 - 한국인의 식생활, 한국 학생들의 의복 문화, 한국의 집 등 가정 일반 - 한국 가정의 특징, 부모의 역할과 자녀의 역할 등
사회생활	교육 관련 - 사설 학원, 학습지 등 인간 관계 - 친구 사귀기, 어른에 대한 태도 등 사회 일반 - 우리 나라에 대한 기본적 정보, 한국의 문화재, 화폐, 교통수단 이용하기, 교통 신호와 안전 등

나. 학생의 수준에 따른 교육 내용의 위계화

같은 학습 내용이라 하더라도 학습자의 읽기 수준에 맞추어 그에 맞는 교육 내용을 달리 구성하여 제공함으로써 수준별 학습이 이루어질 수 있다. 이것은 학습자들에게 좀 더 나은 학습 환경을 마련해 주고, 효율적인 학습을 이룰 수 있는 기반이 될 것이다. 또한 학습자들은 자신의 능력에 맞는 학습을 함으로써 성취감도 높일 수가 있다.

한 가지 문화 교육의 내용이라 하더라도 초등학교 1학년 학생을 대상으로 만든 교재와 중학교 3학년을 대상으로 하는 교재는 분명히 달라야 한다. 이것은 앞서 논의한 학생의 발달 수준에 맞추어 교육 내용을 범주별로 위계화해야 한다는 의미이다.

위계화는 학생의 발달을 전제로 하기 때문에, 학생의 발달 과정에 맞추어 학생이 원하는 정보를 제공해 줄 수 있다. 웹의 특성상 학생 스스로도 자기 수준에 맞는 학습 내용을 선택할 수 있으며, 교육 내용을 비판적으로 바라볼 수 있는 시각을 기를 수도 있을 것이다.

교육 내용의 위계화를 위해서는 다음과 같은 점을 고려해야 한다.

첫째, 개별 학습 요소의 수준을 설정할 필요가 있다. 예를 들어 초등학교 3학년에서 '한국의 교통'에 대한 문화 학습을 요구한다면, 이것은 6학년 또는 중학교 3학년에서도 다룰 수 있다. 그런데 초등학교 3학년에 다루게 되는 교통에 대한 학습이 어느 정도의 수준을 요구하는지를 분명히 설정하여야 한다. 또한 초등학교 6학년이나 중학교 3학년에서 다룬다면 초등학교 3학년과 어떻게 수준을 달리 할 것인지를 설정하여야 한다. 학년별로 구분하기 어렵다면, 고급·중급·초급 등의 3단계라도 구분하여 기준과 교육 내용을 제시할 필요가 있을 것이다. 그래야만 교과서를 구성할 때, 어느 정도의 수준을 요구할 것인지를 분명할 수 있다.

둘째, 문화 교육 내용에 따른 적용 상황을 설정할 필요가 있다. 대상이 귀국 학생이며, 교재가 웹을 기반으로 하기 때문에 학생들에게 문화 교육 내용에 대한 적용 상황을 제시해야 하며, 그 문화와 관련된 어떤 다양한 상황이 있는지를 제시할 수 있어야 한다. 예를 들어 '시장'이라는 문화 요소를 학습한다고 하면, 이와 관련된 언어 사용 상황 또는 직·간접적인 경험 상황은 어떤 것인지를 생각해 볼 필요가 있다. 예를 들어 시장에서 물건을 사는 경우, 시장에서 물건을 파는 경우, 시장에서 흥정하는 경우 등을 설정할 수 있을 것이다. 이들 상황을 설정할 때에는 주제나 목적이 뚜렷이 나타나도록 할 필요가 있다. 그래야만 좀더 실제 삶과 관련을 맺을 수 있을 것이며, 자신의 경험을 생각하며 효과적인 학습으로 진행시킬 수 있다.

셋째, 학습 내용뿐만 아니라 학습 과제도 위계화할 필요가 있다.

웹이 교재라고 해서 읽고 넘어가는 것으로는 학습이 부족하다. 반드시 학생들에게 수행할 수 있는 과제가 주어져야 하며, 그것을 초급·중급·고급별로 어떻게 차별화할 것인지를 생각해 보아야 할 것이다. 과제의 목표는 문화 교육으로 인한 일반적인 결과물(의사소통적, 정의적, 인지적)의 영역이나 학습자의 행동을 직접적으로 기술하는 것일 수도 있다. 예를 들어, '시장'이라는 문화 요소로 과제를 준다면, 초급에서는 '시장에서 물건 사기'와 같은 아주 기본적인 과제를 줄 수 있을 것이며, 중급에서는 '시장의 종류 알아보기'와 같은 과제를, 고급에서는, '시장의 기능과 입지 조건 알아보기'와 같은 심화된 과제를 제시할 수 있을 것이다.

다. 멀티미디어 요소의 적극적 활용

교재를 개발할 때 흥미와 동기 유발은 다른 무엇보다도 중요하다고 할 수 있다. 따라서 웹을 활용한 문화 교육에서는 학습자의 흥미를 유발하고, 학습이 지속적으로 일어날 수 있도록 모든 도구들이 동원되어야 한다. 이를 위해 다양한 멀티미디어적 요소들을 충분히 활용하여 교재를 구성해야 한다. 이것은 앞서 논의한 학습을 놀이라고 생각하며, 학습에 임하도록 하는 필수적인 요소라고 할 수 있다. 학생들이 흥미를 느끼면서 학습을 지속할 수 있도록 교재를 구성해야 한다.

무엇보다 정보화 시대의 한국어 교육도 학습자의 요구를 충족시키기 위해서는 지금보다 더 재미있는 교육 내용과 다양화된 학습 방법이 필요하다. 정보화 시대의 교육적 요구에 부응하려면 한국어 학습자들이 자신의 필요에 맞는 지식 정보를 선택하고 좀더 능동적으로 학습에 참여할 수 있는 장치의 개발이 필요한데, 이러한 방안의 하나로 멀티미디어 정보 통신 매체를 교육에 활용하는 것이다. 학습자가 나이가 어린 귀국 학생이라면 이러한 필요성은 더 증가된다.

동영상, 애니메이션, 그림, 사진, 소리 등의 비언어적 도구를 한국어 문화 교육에 적극 활용한다면, 학생들의 학습 효과는 더욱 증가할 것이다.7) 교실이라는 한정된 공간에서 교사에 의해 전달되는 방법을 취하는 경우에는 교육에 의한 지식의 전달이 언어적 방법에 의존할 수밖에 없었다. 그러나 웹을 활용한 수업은 멀티미디어가 지원하는 종합적 교육 환경을 제공하며, 여기에는 기존 수업의 도구로 활용되었던 언어적 도구에 덧붙여 그림, 시뮬레이션, 동영상 등 비언어적 수단들을 다양하게 활용할 수 있다. 비언어적 도구들은 화용적 능력이 떨어지거나 더 많은 정보를 필요로 하는 학습자들이 텍스트를 이해하고, 의미를 재구성할 수 있도록 돕는 역할을 수행하게 될 것이다.

학습 내용을 만들 때 교재 개발자들은 효율적인 멀티미디어 자료와 학습자가 선호하는 멀티미디어 자료 중에서 적절한 선택을 할 수 있어야 한다. 여기서 흥미 있는 것은 다양한 정보에 노출된다는 것이 곧 학습한다는 것을 의미하진 않는다는 사실이다. 즉, 하이퍼미디어를 통해 학습한다는 것이 실제로 학습이 이뤄지는 것과는 다르며 사용된 멀티미디어의 다양성이나 자료의 양과 학습 효과가 비례하는 것은 아니다. 시각적, 청각적으로 화려한 교재를 제작하는 것이 학습에 진정으로 도움을 줄 수 있을 것인가의 여부를 교재개발자들은 늘 의심해야 한다 (지현숙, 2001).

---

7) 멀티미디어 자료들은 제시되는 주제나 학습목표에 대한 학습자의 흥미를 높여서 학습 동기를 자극하게 된다. 따라서 학습자는 주의집중을 하게 되고 학습을 지속할 수 있게 된다. 또 멀티미디어 자료들은 이해하기 어렵고 기억하기 힘든 내용을 효과적으로 전달할 수 있게 하며 만화 같은 도구는 학습 내용을 친숙한 개념으로 바꿔주기 때문에 학습 내용의 단기 기억으로의 전환을 쉽게 하고 장기 기억 속에 저장하기 쉬운 형태로 만들어 준다.

라. 문화의 변화성과 다양성 반영

한 사회의 문화는 변화하기 마련이다. 사회가 다양화되고 복잡화됨에 따라 없어지기도 하고, 새롭게 생겨나기도 한다. 기존의 문화가 변형되기도 한다. 문화 교육에 있어서 간과하지 말아야 할 부분 중의 하나는 이러한 문화의 특성을 반영한 교재를 구성해야 한다는 것이다. 문화 교육의 요소에 따라 다르겠지만, 전통에 대한 문화 요소보다는 현대 사회 일반에 대한 문화 요소는 시간이 지날수록 많은 변화 과정을 겪는다. 문화 교육을 위한 교재라면 문화의 이러한 변화성을 수용할 수 있어야 한다. 웹을 기반으로 하는 교재라면 이에 대해서는 가장 적극적인 교재라고 말할 수 있다. 예를 들면, 초등학생 사회에서 불고 있는 유행이 어떤 것이며, 그 유행에 대한 정보를 시시각각 제공해 줄 수 있어야 한다. 그리고 그 유행이 지나고 다른 유행이 생겨나면 교재도 내용도 이를 반영해야 한다.

웹 교재와 인쇄 매체가 다른 가장 큰 특징이라면 수정의 여부이다. 웹 교재는 학습자의 요구를 즉각적으로 수용하여 반영할 수 있는 장점이 있다. 그렇지만, 인쇄 매체의 교재는 학습자의 요구가 있어도 책을 다시 찍어내지 않고서는 수정이나 삭제, 또는 첨가가 거의 불가능하다.

문화 교육에 있어서 교재가 교재로서 그 이름값을 다하기 위해서는 문화의 다양한 양상을 담을 수 있어야 한다. 한 가지의 시각이 아니라 객관적이고 타당한 관점으로 문화를 바라보아야 하며, 그에 대한 비판도 수용할 수 있어야 한다. 학습자에게 보기 좋은 것만을 주는 것은 그리 좋은 학습이 아니다. 문화에 대해 비판할 수 있는 능력을 길러주기 위해서라도 사회에 대한 다양한 모습을 제시할 수 있어야 한다.

마. 개인별 문화 교육 포트폴리오 제공

웹을 활용하여 문화 교육을 함에 있어서 가장 중요한 점 가운데 하나는 학생이 무엇을 배우고 어떤 과제를 어떻게 수행했는지에 대한 기록을 담아 두어야 한다는 것이다. 이것이 바로 문화 교육 포트폴리오이다.

포트폴리오의 기본적인 가치는 학생들의 학습 발달에 관한 계속적인 기록을 제공함으로써 학습 성취도를 평가하고, 더 나은 학습방향을 설정하는 데 있다. 오프라인(off-line)상에서 이루어지는 수업에 있어서 학생들의 수업 결과물은 주제에 따른 별다른 구분없이 바인더나 클리어 파일 등에 보관해 두는 경우가 최선이다. 이것은 보관의 불편함에서 오는 귀찮음이나 2차적 활용에 대한 대책이 없기 때문일 것이다. 그러나, 웹을 이용한다면, 그러한 한계점을 상당 부분 극복할 수 있을 것이다. 학습자가 자신이 생산한 작품을 일부러 없애지 않는 한, 자동으로 보관이 되고 반영구적으로 포트폴리오가 존속될 수 있기 때문이다.

포트폴리오는 학생의 성장 과정을 보여주는 중요한 증거물임과 동시에, 역사적 산물이다. 장기적으로는 학생의 언어 발달 과정을 설명할 수 있게 하는 중요한 토대가 된다. 이러한 가치를 지니고 있는 포트폴리오가 버려진다는 것은 언어 학습 발달을 저해하는 요인으로 작용할 수 있다.

웹 기반 문화 교육에서 포트폴리오는 학습자 개개인뿐만 아니라, 학습자와 교사, 학습자와 학습자 간의 상호작용의 결과도 모두 포함하고 있다. 이것은 기존의 포트폴리오가 가진 장점들을 한층 더 강화시킬 수 있다. 여기에서는 문화 학습의 결과물들, 학습과 관련하여 학생이 수행한/수행중/미수행한 과제, 학습 결과에 대한 반성 또는 평가 등을 넣을 수 있다. 각각의 포트폴리오는 날짜가 기록되어야 하며, 작성된 상황은 어떠했는지, 왜 그것이 잘 된 포트폴리오에 포함되었는지 등 적절한 설명을 적어 놓아야 한다.

기존 오프라인상의 포트폴리오는 학생이 보관하기 때문에, 교사나 부모, 다른 교사, 교육 전문가들의 접근은 불편했다. 그러나, 웹 기반의 포트폴리오는 필요한 사람 누구에게나 공유될 수 있는 장점도 가지고 있다. 이 점은 또한, 학생의 언어 발달에 도움을 줄 수 있는 모든 사람들에게 학생에 대한 중요한 정보를 제공할 수 있을 것이다.

5. 맺음말

이 연구의 목적은 귀국 학생을 위해 웹에 기반을 둔 문화 교육 교재를 개발하는 방안을 제시하는 데에 두었다. 이 연구에서 주장하는 웹 기반 문화 교재는 웹에 아무렇게나 널려 있는 문화 요소 중 적절한 것을 찾아 학습을 한다는 것이 아니라, 주제 중심으로 집약적인 새로운 교재를 구성하는 것을 원칙으로 한다.

이 연구의 대상이 되는 귀국 학생은 장기간 해외 생활로 인하여 모국어의 구사 능력이 부족해서 의사소통에 어려움을 겪고 있으며, 우리나라와 체재국간의 이질 문화에 따른 가치관의 차이로 사고방식에 혼돈을 겪고 있고, 학교 교육 내용과 방법에 있어서 많은 환경적 변화때문에 정신적인 충격과 갈등, 자아 정체성의 혼란, 학습 결손의 누적등 학교 생활에 빨리 적응하지 못하는 특징을 지니고 있다. 현재 이들을 위한 문화 교육 교재는 전무한 실정이며, 학생들의 발달 단계에 따른 인지적, 심리적 특징을 고려해 보았을 때, 웹을 기반으로 한 문화교육 교재를 구성하는 것은 학습 효과를 극대화시킬 것으로 생각된다.

귀국 학생을 대상으로 한 문화 교육은 다음과 같은 점을 지향해야 된다. 첫째, 한국 문화 자체가 교육 대상이 되어야 한다. 둘째, 학생들의 발달 수준에 알맞은 내용과 방법을 선정해야 한다. 셋째, 공부가 아닌 놀이로서의 학습이 되어야 한다. 넷째, 학생 자신이 한국인이라는 정체성을 갖게 해야 한다. 다섯째, 가정과의 연계 지도가 수반되어야 한다.

이 연구에서 제안한 웹 기반 학습은 웹의 특성을 교육의 효과성과 효율성의 증진에 활용하는 학습을 말한다. 즉 의미있는 학습 환경을 조성하기 위하여 웹의 특성과 웹이 제공하는 자료들을 충분히 활용하여 수업을 전개하는 하이퍼미디어 기반의 교수 프로그램을 뜻한다. 웹을 활용한 학습은 정보 통신 기술에 의하여 구현된 가상의 공간 또는 사이버 공간에서, 웹의 다양한 상호작용적 특성을 살려서 실제 교실에서 일어나는 상호작용 활동 및 여러 가지 교수－학습 활동을 수행하는 새로운 학습 형태이다. 가상 수업에서 학습자들은 자신이 편리한 시간에 웹 상에 제시되어 있는 다양한 학습 자료들을 탐색하며, 공간적으로 멀리 떨어져 있는 교사와 다른 학습자들과 다양한 상호작용 활동을 수행하게 된다.

이러한 웹의 특성을 활용하여 귀국 학생용 문화 교육 교재를 구성하기 위한 방안을 다음과 같이 제시하였다.

첫째, 문화 교육 내용을 범주화해야 한다. 백과사전식의 구성이 아니라 문화 요소별로 범주를 설정하여 짜임새 있게 구성해야 한다. 귀국 학생들을 위한 문화 요소의 범주를 설정한다면, 학교 생활, 가정 생활, 사회 생활로 크게 구분지을 수 있을 것이다.

둘째, 학생의 수준에 따라 교육 내용을 위계화해야 한다. 같은 학습 내용이라 하더라도 학습자의 읽기 수준에 맞추어 그에 맞는 교육 내용을 달리 구성하여 제공함으로써 수준별 학습이 이루어질 수 있다. 이것은 학습자들에게 좀 더 나은 학습 환경을 마련해 주고, 효율적인 학습을 이룰 수 있는 기반이 될 것이다. 또한 웹의 특성상 학습자들은 자신의 능력에 맞는 학습을 선택하고 수행함으로써 성취감도 높일 수가 있다.

셋째, 멀티미디어 요소를 적극적으로 활용하여 구성한다. 웹을 활용한 문화 교육에서 학습자의 흥미를 유발하고, 학습이 지속적으로 일어날 수 있도록 모든 도구들이 동원되어야 한다. 이를 위해 다양한 멀티미디어적 요소들을 충분히 활용하여 교재를 구성해야 한다. 웹을 활용한 수업은 멀티미디어가 지원하는 종합적 교육 환경을 제공하며, 여기에는 기존 수업의 도구로 활용되었던 언어적 도구에 덧붙여 그림, 시뮬레이션, 동영상 등 비언어적 수단들을 다양하게 활용할 수 있다.

넷째, 문화의 변화성과 다양성을 반영할 수 있어야 한다. 문화 교육 교재라면 문화의 변화성을 수용할 수 있어야 한다. 웹을 기반으로 하는 교재라면 이에 대해서는 가장 적극적인 교재라고 말할 수 있다. 웹 교재와 인쇄 매체가 다른 가장 큰 특징이라면 수정의 여부이다. 웹 교재는 학습자의 요구를 즉각적으로 수용하여 반영할 수 있는 장점이 있다.

다섯째, 개인별 문화 교육 포트폴리오를 제공해야 한다. 웹을 활용하여 문화 교육을 하면, 학생이 무엇을 배우고 어떤 과제를 어떻게 수행했는지, 문화 교육 포트폴리오를 남겨둘 수 있다는 것이다. 문화 학습의 결과물들, 학습과 관련한 과제, 학습 결과에 대한 반성 또는 평가 등을 넣어서 보관할 수 있어야 한다. 또한 이것은 학생의 언어 발달에 도움을 줄 수 있는 모든 사람들에게 학생에 대한 중요한 정보를 제공할 수 있을 것이다.

참고문헌

강인애(1997). 왜 구성주의인가?. 문음사.

국제교육진흥원(2000a). 연구활동보고서.

국제교육진흥원(2000b). 귀국 학생교육담당 초등교원 연수 자료.

권선미(1997). "해외귀국아동의 초등학교 적응에 관한 문화기술적 연구". 한국교원대학교 대학원 석사학위 논문. 한국교원대학교.

김대희(2002). "초등 국어과 전자 교과서 개발을 위한 기초 연구". 서울교육대학교 교육대학원 석사 학위 논문. 서울교육대학교.

김문조(1997). "정보화 시대의 문화와 문화 교육".〈이중언어학〉제14권. 이중언어학회.

김미경(1999). "해외 귀국아동의 학교생활 적응에 관한 연구-초등학교 학생을 중심으로". 숙명여자대학교 교육대학원 석사학위 논문. 숙명여자대학교.

김왕근(1997). 귀국 학생 조기 적응교육 및 국제성 유지 신장 방안, '97하계 귀국 학생 교육담당자 연수 자료. 교육부 국제교육진흥원.

김정숙(1997). "한국어 숙달도 배양을 위한 한국 문화 교육 방안".〈교육 한글〉10. 한글학회.

김창호(2002). "귀국 학생을 위한 이중언어교육의 필요성".〈이중언어학〉제21호. 이중언어학회.

대덕초등학교(2001). 귀국 학생 특별 학급 시범학교 운영 보고서. 대전광역시 교육청.

라혜민·우인혜(1999). "한국어 교재의 효율적 개발 방향".〈한국어 교육〉제10권 2호. 국제한국어교육학회.

민현식(1996), "국제한국어교육학회한국어 교육을 위한 국어 문화론의 내용 구성 연구",〈한국말교육〉제7집, 국제한국어교육학회.

민현식(2001). 응용 국어학 연구. 국어교육연구소 총서 20. 서울대학교 출판부.

박건숙(2003). "국내 웹 기반의 한국어 교육 사이트에 대한 비교·분석 연구". 〈한국어교육〉 제14권 3호. 국제한국어교육학회.

박노자(2000). "한국 문화 교육의 현황과 문제점". 〈한국어교육〉 제11권 2호. 국제한국어교육학회.

박영순(1989). "제2언어 교육으로서의 문화교육", 〈이중언어학〉 5집. 이중언어학회.

박영순(2002a). "한국어교육으로서의 문화 교육에 대하여". 『21세기 국어교육학의 현황과 과제』. 한국문화사.

박영순(2002b). 한국어 교육을 위한 한국문화론. 한국문화사.

박영순(2003). "한국어 교재 개발의 현황과 발전 방향". 〈한국어교육〉 제14권 3호. 국제한국어교육학회.

배현숙(2002). "한국어 교육에서 문화교육 현황 및 문제점", 〈이중언어학〉 제21호. 이중언어학회.

백영균(?). http://www.gnedu.net

백영균·설영환(1997). 인터넷과 교육. 양서원.

성기철(2001). "한국어교육과 문화 교육". 〈한국어교육〉 제12권 2호. 국제한국어교육학회.

심민아(1998). "외국어로서의 한국어 교육에 있어서 문화 교육 방안", 이화여자대학교 석사학위논문. 이화여자대학교.

원진숙·박나리(2002). "영어권 교포 자녀를 위한 한국어 교재 개발방향". 〈이중언어학〉 제20호. 이중언어학회.

유한구(1983). 교육방법으로서의 놀이, 그 인식론적 고찰". 〈초등교육연구〉 제16집. 서울교육대학교.

윤여탁(2000). "한국어 교육에서 문화의 위상과 역할". 〈국어교육연구〉 제7집. 서울대학교 국어교육연구소.

윤여탁(2002). "한국어 문화 교수 학습론". 『21세기 한국어교육학의 현황과 과제』(박영순 편). 한국문화사.

윤희경(2002). "초등귀국 학생의 모국어 교육과 외국어 유지를 위한 노력

에 관한 연구". 부산외국어대학교 교육대학원 석사학위논문. 부산
외국어대학교.

장연희(1988), "외국어교육에 있어서의 문화교육", 이화여자대학교 교육대
학원 영어교육전공 석사 논문. 이화여자대학교.

장윤정(2002). "한국어 교재에서의 문화 교육 분석". 연세대학교 교육대학
원 석사학위논문. 연세대학교.

정인성(1999). "웹 기반 교수·학습 체제 설계 모형". 「웹 기반 교육」. 교
육과학사.

조영미(2000). "외국어로서의 한국어 학습자들의 문화 학습 연구-한국어
화자와의 문화간 의사소통 양상을 중심으로-". 연세대학교 석사
학위논문. 연세대학교.

조욱경(1987). "외국어 교육에 있어서 문화교육의 중요성", 연세대학교 교
육대학원 석사학위논문. 연세대학교.

조창환(1996). "한국어 교육과 연계된 한국 문화 소개 방안", 〈한국어교
육〉 제7권. 국제한국어교육학회.

조항록(1998). "한국어 고급과정 학습자를 위한 한국 문화 교육 방안".
〈한국어 교육〉 제9권 2호. 국제한국어교육학회.

조항록(2001). 한국어 교재 개발의 원리와 실제. 연세대 한국어학당.

조항록·김정숙, 이미혜(2002). 한국어와 한국 생활. 한국산업인력공단.

조항록·강승혜 (2001). "초급 단계 한국어 학습자를 위한 문화 교수 요
목의 개발(1)". 〈한국어교육〉 제12권 2호. 국제한국어교육학회.

조현용(2003). "한국어문화 교육방안에 대한 연구". 〈이중언어학〉제22호.
이중언어학회.

지현숙(2001). "웹 기반 한국어 교재 개발의 쟁점". 〈한국어교육〉제12권 1
호. 국제한국어교육학회.

지현숙·이효정(1999). "인터넷을 이용한 한국어 수업의 실제". 〈한국어교
육〉 제10권 2호. 국제한국어교육학회.

최정순(1998). "웹 기반의 한국어 교육 프로그램 개발의 실제". 〈한국어교

육〉제9권 2호. 국제한국어교육학회.

최정순(1999). "새로운 수업도구로서의 컴퓨터 (웹)". 〈한국어교육〉 제10
권 2호. 국제한국어교육학회.

한경옥(1998). "귀국 학생의 영어 손실에 관한 연구 - 초등하생을 중심으
로". 연세대학교 교육대학원 석사학위 논문. 연세대학교.

황인교(1998). "외국인을 위한 한국어 교재 개발". 〈한국어교육〉 제9권 2
호. 국제한국어교육학회.

초등학교 6학년의 조어법 실태 연구(2005)
-생산성이 높은 접사 '-기'를 중심으로-

우창현·김명광 *

I. 서 론

일반적으로 어린이들의 언어 발달은 크게 습득 단계와 발달 단계로 구분된다. 그런데 언어 습득이 보통 4세 전후에 완성이 되는 반면 언어 발달은 학습 측면이 내재되어 있기 때문에 성인이 되어서도 계속적으로 지속된다.

이러한 언어 발달 단계 중 초등학교 시기가 통사 구조의 정교화 단계라는 점에 대해서는 이미 많은 논의들이 있어왔다(Carol Chomsky: 1969, 이영옥: 1978, 1982, 이성영: 2000 등). 그리고 의미 구조의 경우에도 구체성에서 추상성으로, 원 의미에서 전이 의미로 정교화 되고 있음에 대해서도 많은 논의들이 있었다(이인섭: 1979, 1981, 1984, 1986, 김명광: 1999 등).

그런데 이러한 두 문법 부문의 언어 발달에 대해서는 기존의 연구를 통하여 일부분이나마 밝혀진 반면, 또 다른 문법의 한 축을 이루는 조어 부문의 언어 발달에 대해서는 구체적으로 논의되지 않았다. 그

---

* 우창현(한국어세계화재단 수석연구원)/김명광(한국어세계화재단 책임연구원)

이유는 구조주의 문법 시기에는 단어의 내적 구성을 밝히는 데 치중하였기 때문이며, 생성문법 시기에서도 통사 구조에 대해서만 중점적으로 논의되었기 때문이다. 특히 생성문법에서는 통사구조 투사 후 맨 나중에 어휘 삽입의 문제가 잠깐 언급되었을 뿐이 어휘가 어떻게 만들어지는지, 또한 화자의 등재부의 체계는 어떻게 되는지는 논의의 대상이 아니었다. 따라서 화자의 조어 기제와 발달에 대한 연구는 소홀히 다루어질 수밖에 없었으며 연쇄적으로 초등학교 시기의 조어법의 발달에 대해서는 사실상 거의 논의가 이루어지지 않았다고 할 수 있다.

어린이가 최초로 저장하는 단어는 머리 속에 비교할 대상이 없기 때문에 그대로 저장되고, 어린이는 이 단어를 통하여 최초의 등재부를 만든다. 이후에 저장되는 단어는 최초의 등재부에 계속해서 입력되지만, 체계를 구성할 구성원이 빈약하기 때문에 단어들이 무분별하게 등재부에 입력된다. 저장된 단어가 일정량 구축되었을 때, 어린이는 내재되어 있는 등재부의 단어와 새로 입력될 단어의 유사성(또는 차이점)을 경험하게 된다. 이 경험이 등재부의 구조를 바꾸게 되는 계기가 된다. 곧 입력된 단어와 입력될 단어 한 쌍이 등재 부 내의 체계성을 확보하는데 단초가 된다는 것이다. 이러한 과정을 거친 이후 해당 어린이는 성인이 쓰는 단어를 인지하고 기억할 때 단순히 그 단어를 암송하는 것이 아닌, 체계 속의 다른 단어와 비교하여(다른 말로 말하면 유추하여) 등재부에 해당 단어를 저장하게 된다. 이는 체계의 구성원을 확장시키는 역할을 한다. 이러한 유추의 기제는 성인의 경우에도 그대로 남아있게 되어 새로운 단어를 만들어 저장할 때 이 기제를 활용하기도 한다.

예를 들어 '팔찌'에서 '발찌'가 나왔으며, 이 '팔찌'와 '발찌'의 유사성, 곧 '신체의 일부분'이라는 점이 유추의 기제('팔찌')를 발현시킨다. 그래서 한계적 부류의 집합인 '신체의 일부분'의 내적 구성 요소 (귀, 목, 배꼽 등)를 다 활용할 때까지 유추의 기제는 화자의 머리 속에 남아있게 된다. 물론 유추 기제의 활용은 공시적으로 해당 개념의 필요성이 제기되었을 경우에만 발현된다. 그것은 공시적으로 [배꼽에 거는 장신구]가 나오고 이것을 단어로 만들 필요가 있을 때까지, 등재부 체계 내에서는 '배꼽찌'가 빈칸으로 남아 있게 된다.

개방부류의 경우에도 역시 등재부에 등재되어 있는 단어를 비교하여 새로운 단어를 만들어내지만, 원천적으로 집합이 무한하기 때문에, 화자는 일일이 기준어를 찾은 후 새로운 단어를 만들어 내는 것을 포기하고, 체계 내 구성원의 관계 내에서 나름대로의 규칙을 설정한다. 그리고 그 설정된 규칙은 독립적으로 등재부 이외의 부문, 예를 들어 단어 형성부 내에 구축된다. 그리고 이 규칙을 활용하여 해당 단어를 만들 필요가 있을 경우, 등재부의 실재어를 참조하는 것이 아닌 규칙을 참조하여 단어를 형성하게 된다. 이를 통해 조어법 발달이 동시적으로 이루어지는 것이 아님을 확인할 수 있고, 유추보다는 규칙의 개념이 언어 발달의 시기에서 나중에 출현함을 예측할 수 있다.

이 글은 이와 같이 언어 발달의 중요한 한 축을 이루는 초등학교 6학년 어린이의 조어법 부문에 대해 조사·분석하는 것을 목적으로 한다. 이 글에서 이처럼 초등학교 6학년 어린이의 조어법을 논의의 대상으로 삼은 이유는 이 시기가 '교육 과정', '교재', '놀이', '운동' 등이 많이 분화된 상태이고 또 새로운 개념을 하나의 단어로 만들 필요성을 많이 느끼는 시기이기 때문이다. 예컨대, 국어과 교재 및 교육 과정이 '말하기·듣기, 읽기, 쓰기'의 언어 사용 영역으로 분화되는데, 이 분화를 통하여 해당하는 과목 자체가 단어의 자격을 확보하게 됨은 물론, 이로 파생되는 '숙제, 시간, 공부'와 관련된 형식들이 단어의 자격(임시

280

어의 자격)을 갖추는 예들이 많이 보인다는 것이다.

다음으로 이 글에서는 논의의 범위를 접사 '-기'로 한정한다. 이처럼 논의의 범위를 '-기'로 한정하는 이유는 다음과 같다.[1]

첫째, 접사 '-기'와 어기가 결합하는 양상이 초등학교 시기에 본격적으로 대두되기 때문이다.

둘째, 명사 범주로 한정해서 볼 때, 성인에게서 가장 활발한 조어 능력을 보이는 것이 접사 '-기'이다. 따라서 이러한 연구를 통해 성인과 어린이의 '-기'를 활용한 조어 실태의 유사성과 차이점을 분명하게 확인할 수 있기 때문이다.

셋째, 어떤 특정 형태가 조어 능력이 있다고 하였을 때, 그 조어 능

---

1) 접사 '-기'에 대하여 문법적으로 상이한 두 가지 유형이 있다. 그 하나는 형태론적 접사이며 다른 하나는 통사론적인 접사이다. 전통적으로 형태론적 접사만이 단어 형성에 참여한다고 보았으나, 이글은 통사론적인 접사도 단어 형성에 참여할 수 있음을 배제하지 않는다. 통사론적인 접사가 단어 형성에 참여할 수 없다는 근거로 통사부의 단위가 어휘부의 단위로 회귀할 수 없다는 점을 드나, 이 근거는 상당히 미약하다. 우선 명백히 통사부 단위로 보이는 관용어구가 화자의 등재 의도로 말미암아, 단어의 자격을 확보한 대표적인 예이며, 단어 내부에 통사적 요소가 나타난 예, 예를 들어 '이어달리기, 막고차기'와 같은 단어들이 활발함을 볼 때, 이 통사부의 단위가 어휘부로 회귀할 수 있음은 명백하다. 또한 이러한 단어가 과거의 사실 때문에 기인한다고 볼 수 있으나, 뒤에서 살펴볼 많은 단어들이 공시적으로도 내부에 통사적 요소를 내포하고 있는 요소가 많이 있음으로 해서 이도 역시 근거가 될 수 없다. 김명광(2004)에서는 이러한 요소에 대하여 총칭적 대상화라는 규칙을 설정하여 이를 설명하였다. 요지는 화자가 어떠한 형식이든 등재부에 등재하고자 하는 의도가 있으면 이는 단어(임시어 포함)의 자격을 갖춘다는 논리이다. 이때 이러한 형식들이 어떻게 단어의 자격을 가졌다고 확인할 수 있느냐하는 물음에 대하여 통사적 환경에서 이들이 XO의 환경에 나타나는 여러 사례를 들고, 이를 통해 충분히 이 형식들이 단어의 자격인지 아닌지를 파악할 수 있다고 보았다. 아울러 이 논문에서 기존의 20가지의 단어 판별법은 모두 순환론적인 설명을 가졌다고 비판하였다.

력은 해당 접사를 통하여 만들어지는 임시어가 많다는 것을 통해 확인할 수 있다. 임시어란 사회적으로 공인 받지는 못하였으나, 특정 사회 집단에서 그 임시어를 사용했을 경우, 그 집단 내에서는 통용되는 단어를 뜻한다. 이러한 임시어가 많으면 많을수록 해당 접사가 생산성이 높다는 것을 분명하게 확인할 수 있는데, 바로 접사 '기'가 이 유형에 속하기 때문이다.[2]

II. 등재어에서의 실태·분석

초등학교 6학년에서 접사 '-기'를 활용하여 이루어진 단어는 총 701개이다. 이 중에서 표준국어대사전에 실린 등재어의 수는 329개이며, 미등재어의 수는 372개이다. 총 단어에서 미등재어의 비율을 볼 때, 약 53.1%로 초등학교 6학년에서 접사 '-기'를 이용한 단어형성이 매우 생산적임을 확인할 수 있다.

우선 초등학교 6학년에서 쓰이고 있는 등재어 항목을 보면 다음과 같다.

> (1) 가. 비석치기[2], 앞구르기[6], 주먹지르기[1], 벼락치기[1], 약속 겨루기[1], 장기내기[1], 장애물, 곱빼기[1], 새침떼기[1], 판치기[1], 구슬치기[1], 딱지치기[4], 손뼉치기[1], 팽이치기

---

2) 이 글에서는 총 121명(석관초등학교 44명, 소의 초등학교 35명, 청량초등학교 9명 중화 초 33명)의 일기문 말뭉치(1998년, 1999년)를 대상으로 접사 '-기'를 조사·분석하였다. 이 121명은 성적이나 성별에 관계없이 무작위로 선정하였다. 아울러 1998년 1999년 일기문 말뭉치를 선택한 이유는 김명광(1999), 안찬원(2000), 우창현(2003)의 논문 자료 시기와 평행성을 유지하기 위해서이다.

[3], 이어달리기[2], 그리기[3], 겨루기[2], 곱하기[2], 구르기
[1], 나누기[1], 내기[4], 달리기[63], 듣기[2], 띄어쓰기[2],
말하기[2], 밀어내기[1], 빠르기[2], 쓰기[5], 읽기[11], 지르
기[1], 크기[3], 내기[1], 손짚고 앞돌기[1], 제자리멀리뛰기
[1], 높이뛰기[1], 멀리뛰기[2], 뺑튀기[1], 발차기[6], 그네뛰
기[1], 도움닫기[1], 물구나무서기[12], 승부차기[5], 고무줄
넘기[1], 글짓기[11], 꼬리잡기, 끝말잇기[3], 도둑잡기[1], 도
움닫기[1], 땅따먹기[1], 뜀틀넘기[1], 말뚝박기[1], 물동이나
르기[1], 술레잡기[13], 썰매타기[1], 연날리기[1], 윗몸일으
키기[3], 이산가족찾기[4], 장보기[1], 장애물넘기[5], 재주넘
기[2], 제비뽑기[3], 줄넘기[57], 짝짓기[1], 파도타기[1], 제
기차기[4], 말뚝박기[1], 보물찾기[10], 수건 돌리기[1], 보물
찾기, 줄다리기[3], 던지기[2], 돌기[2]
　나. 떡볶기[18]　　※[ ]는 빈도수를 뜻함.

위에 제시된 등재어의 특성을 분석해 보면 다음과 같다.
첫째, (1가)에서 6학년 어린이들이 가장 많이 쓰는 등재어의 순위는
다음과 같다.

(2) 달리기[63]〉줄넘기[57]〉술레잡기[13]〉물구나무서기[12]〉읽기, 글
짓기[11]〉보물찾기[10]〉장애물달리기[7]〉발차기, 앞구르기[6]〉승
부차기, 쓰기, 장애물넘기[5]〉제기차기, 이산가족찾기[4]

성인의 경우 '-기'는 크게 [유희(遊戱)], [농(農)], [의(依)], 〔식
(食)], [주(住)] 그리고 [행위], 〔놀이], [물건], [결과물]들을 표현하
는 형식과 주로 결합하는 반면3) 6학년 어린이들이 자주 사용하는 '-
기'는 주로[놀이]와 [물건]을 나타내는 형식에 치중되어 있다. 그런데

---

3) 김명광(2004), pp.184-185 참조.

Piaget의 인지 발달 단계에서 보면 6학년은 구체적 조작의 후기 시기로 신체적 조작 행위에 논리적, 추상적 사고가 형성되는 시기이다. 따라서 초등학교 6학년 시기에서 접사 '-기'는 [구체물]과 [행위](추상성) 두 가지 형식 모두와 결합할 수 있어야 한다. 그러나 앞서 논의했던 것처럼 '-기'가 결합하는 경우 [놀이], [물건], [결과물]과 같이 구체적인 개념을 뜻하는 등재어가 주로 나타난다. 따라서 이 결과만 놓고 보면 Piaget의 인지 발달 단계와 맞지 않는다는 사실을 확인할 수 있다. 왜냐하면 구체적인 개념을 주로 쓰는 발달 시기는 저학년의 전 조작 후기 시기이인데 6학년 단계에서 이러한 특징이 나타나기 때문이다.

(1나)의 '떡볶기'는 원래 접사 '-이'가 결합된 형식으로 맞춤법으로 볼 때 '떡볶이'가 맞다. 그런데 이 오류 형식이 자주 보이는 이유는 '떡볶이'에 대한 내적 구조를 어린이들이 '떡볶-'+'-기'로 잘못 분석하고 있기 때문이다. 즉 '-이' 파생은 공시적으로 비생산적인 규칙4)으로, 초등학교 시기에는 생산성이 극히 미약하다. 따라서 52.9%에 해당하는 미등재어를 만들어 내는 조어 '-기'에 이끌려 '떡볶이'가 '떡볶기'로 나타난 현상이라고 할 수 있다. 곧 이 '떡볶기'의 경우 이른바 조어의 기제가 분석의 기제로 과잉 활용된 경우이다.

둘째, 선행 동사와 '-기' 결합체의 빈도수는 다음과 같다는 것을 확인할 수 있다.

(3) 가. V+기=단어형(자립형)
  겨루기[3], 곱하기[2], 구르기[7], 그리기[3], 나누기[1], 내기[7], 달리기[72], 듣기[2], 말하기[2], **빠르기**[2], **빼기**[1], 쓰기[7], 읽기[11], 지르기[2], 크기[3], …….

---

4) 대신에 'X이'와 같은 형식이 접미사화하여 이루어진 단어 형성법은 공시적으로 매우 생산성이 높다.

나. V+기=통사형[비자립형]

넘기[65],닫기[2],당기기[3],던지기[2],돌기[2],돌리기[1],따기
[1],따먹기[1],뛰기[5],바꾸기[1],박기[2],보기[1],뽑기[3],서기
[12],일으키기[3],잇기[3],잡기[15],짓기[14],차기[16],찾기[15],
타기[1],치기[13],떼기[1],…….

위 (3가)와 (3나)의 'V+기'[5]의 빈도 순위는 (4가, 나)와 같다.

    (4) 가. 달리기[72]>읽기[11]>내기[8]>구르기, 쓰기[7]>그리기 쓰기,
        크기[3], …….
        나. 넘기[65]>차기[16]>잡기[15]>짓기[14]>치기[13]>서기[12]>일
        으키기, 잇기, 당기기[3], …….

최소핵결합체가 의미하는 바는 구조 분석에 대한 실마리를 제공해
준다는 것이다. 곧 자립형 최소핵결합체는 이 결합체와 선행 어기가
결합할 때 그 구조 형식이 합성어 형식이 될 가능성이 높음을 의미하
고 비자립형 최소핵결합체는 핵에 대한 논항 요구를 할 가능성이 높아
서, 파생어 형식이 될 가능성이 높음을 의미한다.
  예를 들면 (5)와 같다.

    (5) 가. 장애물달리기, 장기내기, 약속겨루기, …….
        나. 줄넘기, 공차기, 술레잡기, 글짓기, 딱지치기, 줄서기, 윗몸일으
        키기, …….

  (5가)의 구조는 [[N]R[[V]suf]]이며 (5나)의 구조는 [[N+V]suf]
이다. 곧 (5가)는 [[장애물]R[[달리]기]], [[장기]R[[내]기]], [[약

---

5) 이 글에서는 'V+기'와 같은 구성을 잠정적으로 '최소핵결합체'라고 부르기
  로 한다.

속]R[[겨루]기]]의 구조로서, 변수 R 규칙의 적용을 받는 합성어 구조에 해당한다. 반면에 (5나)는 [[줄+넘]기], [[공+차]기], [[술레+잡]기], [[글+짓]기], [[딱지+치]기], [[줄+서]기], [[윗몸+일으키]기]와 같이 동사와 선행 어기가 먼저 결합한 다음 접사 '-기'가 결합하는 전형적인 파생어 구조이다. 이때 최소핵결합체(V+기) 자체는 비자립형식이어서 핵의 논항을 요구한다. 통사적 대응체를 통해 이를 확인하도록 한다.

(6) 줄을 넘다, 공을 차다, 술레를 잡다, 글을 짓다, 딱지를 치다, 줄을 서다, 윗몸을 일으키다 …….

그런데 여기서 유념해야 할 사실은 이러한 이분적인 구조가 필연적인 문법적 성격을 띠지는 않는다는 점이다. 곧 (3가)의 비자립형 최소핵결합체가 선행 어기와 결합할 때 반드시 합성어 형식이 되고 (3나)와 같이 자립형 최소핵결합체가 선행어기와 결합할 때 반드시 파생어 구조가 됨을 의미하지는 않는다는 것이다.[6]

(1) 가. <u>읽기</u> 시간이 시작되고 4절지에다 공룡에 대한 주제로 마인드맵을 시작하였다. <u>읽기</u> 책을 보고 하는 것이 없는데 우리 조는 그걸 깜박 잊고 했다. (청량 김병규)
나. 나의 <u>달리기</u> 실력을 아는 8반에 미정이가 (석관 신민경)
다. <u>달리기대회</u>를 대비해 (석관 이성준)
라. 타원형으로 <u>달리기</u> 시합을 하였다. (소의 김창섭)
마. 이제부터는 밤마다 <u>달리기연습</u>을 해서 먼길도 지치지 안토록 하겠다(청량 전재호)

---

6) '-기' 결합체의 경우 또 하나의 특성은 명사와의 결합에 제약을 보이지 않는다는 것이다.

바. 식물을 찾다가 다른 친구들이 <u>제기차기 놀이</u>를 하며 놀고 있
   었다.(소의 김진영)

사. 거의끝나갈 무렵 우리반의 지훈이가 우리학교 <u>제기차기대표</u>로
   뽑혔다.(소의 김진영)

아. 이벤트: 팔씨름대회, <u>제기차기 대회</u>, 장기두기 대회, 선생님
   회의에 따라 반대항 축구 야구, 발야구 대회 등을 열면 좋겠
   다.(석관 이준수)

　이러한 현상은 '-기'의 성격에 달려 있다. 본래 '-기'의 뜻은 [규식
성]이지만, 이는 매우 다양한 변이 의미를 가지고 있는 것의 공통 의
미로 학자들이 임의적으로 정한 것일 뿐이다. 따라서 실제 자료에서
보면 '-기'는 다양한 의미의 어기들과 결합할 수 있다. 예를 들어 [유
희(遊戲)], [농(農)], [의(依)], [식(食)], [주(住)] 그리고 그 밖에
[행위]와 [놀이], [물건], [결과물]의 의미를 가진 어기들과 결합할 수
있다. 그런데 이처럼 다양한 의미의 어기들과의 결합이 경우에 따라서
는 추상성을 내포할 수도 있기 때문에 어린이들의 입장에서 이 추상적
의미에 대한 명확성을 확보하기 위하여 '시간', '실력', '대회', '시합',
'연습', '놀이', '대표', '대회'와 같은 구체적인 명사를 씀으로써 '-기'의
의미를 분명하게 드러내고자 한 것이라 판단된다.

　(7) 옆구르기, 앞구르기, 주먹지르기…….

　(8) 그네뛰기, 승부차기, 물구나무서기…….

　(7)이 자립적인 최소핵결합체 '구르기, 지르기'를 가지고 있음에도
불구하고 그 구조 분석은 반대로 될 수 있다. 즉 '옆구르기', '앞구르기'
를 시각에 따라서는 [[A(으로)+V]suf]로 분석할 수 있고, '주먹지르
기'를 [[N(으로)+V]suf]'로 분석할 수도 있기 때문이다. 그것은 통사

적 대응체를 '옆으로 구르다, 앞으로 구르다', '주먹으로 지르다'라고 보았을 때, '구르다'의 수의 논항으로 '옆, 앞'을, '지르다'의 수의 논항으로 '주먹'을 처리할 수도 있기 때문이다. 반면에 (8)의 경우, '뛰기, 차기, 서기'의 경우는 비자립 형식으로 동사 '뛰-, 차-, 서-'의 논항이 선행해야만 함에도 불구하고 '그네, 승부, 물구나무'를 이 동사의 논항이라 볼 수 없다.

(9) *그네를 뛰다, *승부를 차다, *물구나무를 서다…….

그러므로 이 형식은 [[그네]R[[뛰]기]], [[승부]R[[차]기]], [[물구나무]R[[서기]기]]로 파악해야 한다. 여기서 조어론의 일반적인 특성 가운데 조어 규칙이 필연적이지 않고, 경향성을 띤다는 점이 확인된다. 그러나 이러한 예들은 전체 '-기' 결합체 중 극히 일부분이어서, 예외로 처리하는 것이 더 나은 설명 방법이라고 할 수 있다.

지금까지의 논의를 바탕으로 6학년 초등학생들의 등재어 구조를 정리하면 크게 다음과 같이 구분된다.

(10) 가. [[[N][V]]기]: 고무줄넘기, 술래잡기……. [154]
    나. [[[V]기]고[[AV]기]: 손 짚고 앞돌기……. [1]
    다. [[A(으로)V]기]: 앞구르기, 옆구르기……. [5]
    라. [[A][[AV]기]]: 제자리멀리뛰기……. [1]
    마. [[AV]기]: 높이뛰기, 멀리뛰기……. [5]
    바. [[N(으로)V]기]: 주먹지르기, 발차기……. [7]
    사. [[N(이)V]기]: 벼락치기……. [1]
    아. [[N]R[[V]기]]: 장기내기, 약속겨루기……. [3]
    자. [[V]어[[V]기]]: 이어달리기……. [2]
    카. [[V]기]: 달리기, 구르기, 내기……. [113]

(10)을 빈도수로 다시 분류하면 (11)과 같다.

    (11) [[[N][V]]기](155)〉[[V]기](113)〉[[N(으로)V]기](7)〉[[AV]
        기], [[A(으로)V]기(5)…….

    우리는 여기서 초등학교 6학년 어린이들의 등재어 구조에 대한 인식이 [[[N]+[V]]기가 가장 우세함을 확인할 수 있다. 다음 순위는 [[V]기가 되는데 이것은 '달리기' '쓰기', '읽기', '내기'와 같은 형식들의 빈도수가 높기 때문이며 실제로 이에 해당하는 동사는 그리 많지 않다. 다음으로 [[AV]기], [[A(으로)V]기]의 A는 동사의 수의 논항에 해당하기 때문에 엄밀히 따지자면 [[[N][V]]기] 형식과 의미적으로 유사한 관계라 할 수 있다.

    우리는 여기서 초등학교 6학년 어린이들의 '-기' 결합체에 대한 구조 인식은 [[V]suf]]나 [[[N+V]suf]이고 이것이 초등학교 어린이의 등재부 체계임을 확인할 수 있다. 여기에 [[V]suf]]에 해당하는 동사가 다양하지 않다는 점을 고려하면, 접사 '-기'에 대한 초등학교 어린이의 구조 인식은 [[[N+V]suf]라고 파악된다.

    이상의 논의를 정리하면 초등학교 6학년 어린이들이 새로운 단어(임시어)를 만들 때 적용되는 규칙은 이 [[[N+V]suf]라고 할 수 있다.

Ⅲ. 미등재어에서의 실태·분석

    먼저 미등재어 항목을 보면 다음과 같다.

(12) 가. '[[N]+[V]]기'형

폭포넘기[2], 모빌접기[1], 태극기그리기[1], 깡통차기[1], 꽃만들기[5], 꽃심기[2], 나이먹기[1], 노래부르기[3], 눈가리기[1], 담넘기[1], 독후감쓰기[1], 동시쓰기[1], 동시외우기[2], 딱지치기[4], 롤러타기[2], 만화보기[1], 매듭매기[1], 모자돌리기[1], 몸풀기[3], 무국끓이기[1], 무궁화키우기[1], 문제풀기[1], 반성문쓰기[1], 밥상차리기[1], 밥짓기[1], 벽면꾸미기[1], 비행기날리기[1], 삼각그리기[1], 색종이접기[1], 손빼치기[1], 수건돌리기[1], 술래뽑기[1], 숨쉬기[1], 시간표만들기[1], 시짓기[1], 신문만들기[1], 쓰레기줍기[1], 쓰레기치기[1], 악기배우기[1], 연철만들기[1], 용돈지키기[1], 음식만들기[1], 이름쓰기[1], 인형뽑기[4], 일기쓰기[3], 자전거고치기[1], 자전거타기[1], 자화상만들기[1], 잠자기[1], 장선구만들기[1], 종이접기[38], 종이학접기[1], 쥐잡기[1], 지우개따기[1], 직업맞추기[1], 짝바꾸기[1], 책상나르기[1], 책읽기[3], 총만들기[1], 친구만나기[1], 카네이션만들기[5], 카드만들기[6], 타일꾸미기[1], 텐트치기[2], 팽이치기[3], 편지만들기[1], 편지쓰기[13], 포스터그리기[8], 풍경화그리기[1]제3, 피아노치기[1], 하나빼기[1], 한발뛰기[5], 한자쓰기[1], 햄스터기르기[1], 허리돌리기[1], 화분심기[1], 환경꾸미기[1], 후프돌리기[1], 훌라후르돌리기[1], 휴지통비우기[1], CD빌리기[1], TV보기[2], 딱지따먹기[1], ······.

나. '[[V]기]' 형

꾸미기[1], 뛰기[2], 만들기[6], 빨래하기[1], 뽑기[6], 밥하기[1], 삐지기[1], 서기[1], 말리기[1], 잡아떼기[1], 식사하기[1], 외우기[1], 접기[2], 치기[1].

다. '[[NP]+[V]]기]'형

가) 내속뒤집기[1], 만화책보기[1], 모둠신문만들기[1], 미니북만들기[1], 반응시간재기[1], 방학숙제하기[1], 봉사활동시간채우기[2], 비행기골인시키기[1], 새파일만들기[1], 생명의

나무1000만그루심기[1], 얼굴대칭만들기[1], (얼굴을 대칭으로 만들기), 열기구날리기[1], 인간뜀틀넘기[1], 종이비행기통과시키기[1], 조각그림맞추기[1], 좋은세상만들기[1], 포스터밑그림그리기[2], 하늘의별따기[1], 학급신문만들기[1], 학습지2장풀기[2], 해결방법찾기[1], 동시2편외우기[2], 바흐음악듣기[2], 마르모트기르기[1]······.

나) 학종이따먹기[11], 학종이접기[1], 말주머니넣기[1]······.[7]

라. 잠재형식형

   가) '[[[V]기][N]]'형

   걷기대회[1], 버티기시합[1], 잡기놀이[2], 숨기놀이[1], 웃기연습[1], 닦기시작[1].

   나) '[[[[N][V]]기][N]]'형

   의자들기별[1], 시조짓기대회[1], 요리만들기시간[1], 용돈벌기대작전[1], 이웃돕기성금[1], 장기두기대회[1], 카네이션접기종이[1], 카드따기놀이[2] 퀴즈풀기게임[1].

   다) '[[[[NP][V]]]기[N]]'형

   전국어린이건강글짓기대회[1], 중소기업살리기행사[1], 백혈병, 소아암어린이돕기국악공연[1], 말하기듣기시간[1]······.

마. '[[N]R[V기]]'형

   대회달리기[1], 세줄타기[1], 슈퍼달리기[1], 아이스크림내기[1], 접영발차기[1], 축구내기[1], 태권도겨루기[1], 판치기[1]······.

바. 문장형

   화살을 항아리에 집어넣기[1], 공벽에 붙이기[1], 사탄과 싸움해서 이기기[1], 풍선기둥에 홀라후프 넣기[1], 반환점을**빨리돌기**[1], 엉덩이로이름쓰기[1], 리듬에 맞춰 표현하기[3] 나의삶을 써보기[1], 눈감고지내보기[1], 대들지않기[1], 동

---

7) 선행 명사 어기, '학종이'나 '말주머니'는 등재되어 있지 않은 형식이지만, 'NP'형은 아니다. 왜냐하면, '학종이'나 '말주머니'는 이 일기문을 부려 쓰는 학년에서는 이미 공인받은 단어 형식이기 때문이다.

생돌보며위로해주기[1], 뒤로한발뛰고한발넘기[1], 민요조사
하고배우기[1], 박자에맞춰따라부르기[1], 수건밑으로보아서
잡고풍선달리기[1], 의자들고서있기[1], 손을 짚고 앞돌기[1],
푸대입었다가벗기[1], 포대입었다벗기[1], 풍선을가랭이에끼
어서이어달리기[1], 신문지위에다서기[1], 죽은 날까지 나
의 삶을 만들어 써보기[1], 주장하는글써오기[1], 줄넘기로
100m더뛰기[1], 테니스공으로던지기[1], CF를 따라하기[1],
책위에구슬을얹고이어달리기[1], 친구랑같이뛰기[1]…….

사. 내부 연결어미 포함형

　　가) ‘[[V]어[V]]’형

　　　　뒹굴러보기[1]

　　나) ‘[[V]고[V]]’형

　　　　먹고자기[1], 주고받기[1], 줄넘고뛰기[1].

　　다) ‘[[V]면서[V]]’ 형

　　　　달리면서 넘기[1]

　　라) ‘[[[N][V]]어[V]]’ 형

　　　　땀흘려일하기[1]

　　마) ‘[[[A][V]]어[V]]’ 형

　　　　차례차례넣어볶기[1]

아. 부사형 포함형

　　가) [[A(으로)]+[V]]+기]

　　　　앞돌기[1], 옆돌기[2]…….

　　나) [[A(에)]+[V]]+기]

　　　　제자리뛰기[1], 제자리돌기[1]…….

　　다) [[A]+[V]]+기]

　　　　몰래버리기[1], 오래돌리기[2]…….

　　라) [[AP]+[V]]+기]

　　　　뒤로꺽기[1], 뒤로넘기[1], 두발로 뛰기[1]…….

자. [[[N][V]]어[(N)][[V]기]]]

　　커피끓여드리기[1], 학원다녀오기[1], 생라면뿌셔먹기[1]…….

카. [[[N][[A][V]기]]]

　철봉꺼꾸로매달리기[1]

타. 연필깎기[연필깎이][3]

※[ ]는 빈도수를 뜻함.

위에 제시된 미등재어의 특성을 분석해 보면 다음과 같다.

첫째, 6학년 어린이들이 가장 많이 쓰는 미등재어의 순위는 다음과 같다.

(13) 종이접기[38]〉편지쓰기[13]〉포스터그리기[8]〉만들기, 뽑기[6]〉팽이치기, 한발뛰기, 꽃만들기, 카네이션만들기[5]〉인형뽑기, 딱지치기[4]〉몸풀기, 일기쓰기, 책읽기, 리듬에맞춰표현하기[3]……

위 순위에서 상위 순위를 차지하고 있는 미등재어의 구조를 살펴보면 가장 보편적인 구조가 '[[N]+[V]]기]'형과 [[V]기]]형이라는 사실을 확인할 수 있다. 이러한 구조는 등재어의 보편적인 구조와 일치하는 경우라고 한다. 그리고 의미적으로 [놀이], [운동]의 의미를 가진 어기와 결합한다는 점에서도 등재어의 경우와 유사하다고 할 수 있다. 그러나 [공부](종이접기, 편지쓰기, 포스터그리기, 만들기, 꽃만들기, 카네이션만들기, 일기쓰기, 책읽기, 리듬에맞춰표현하기)의 의미를 가진 어기와 결합한다는 점은 등재어의 경우와 차이를 보이는 경우라 할 수 있다.[8]

둘째, 등재어와 달리 통사구에 해당하는 형식들이 많다는 것을확인

---

8) 김명광(2004b)에서는 이러한 형식의 발현은 ① 개념의 선존재, ② 등재부와 규칙의 관계, ③ 개념과 규칙의 관계, 그리고 ④ 화자의 의도 등 다양한 요인 때문에 이루어지는 것이며, (13)과 같은 순서에 의해 미등재어가 발현된다고 보았다.

할 수 있다.9)

　(12다)의 ‘[[NP]+[V]]기’형, (12라~다))의 ‘[[NP]+[V]]기]’형, (12바)의 문장형, 그리고 (12아~라))의 [[AP]+[V]]+기]형이 그것 이다.10)

　셋째, 선행 동사와 ‘-기’결합체의 빈도수를 분석하면 다음과 같다.

　　(14) 가. V+기=단어형(자립형)

　　　　　달리기, 쓰기[17], 뽑기1[6]11), 그리기[5]…….

　　　　나. V+기=통사형[비자립형]

　　　　　만들기[23], 짓기[8], 치기[6], 뽑기2[5], 넣기[5], 먹기[5], 부르기[4], 외우기[5], 타기[5], 던지기[4], 돌기[4], 돌리기 [4], 날리기[4], 넘기[3], 돕기[3]……

---

9) 셋째, 앞서 등재어의 경우 최소핵결합체와 후행 형식이 임의 결합인 반면, 미등재어 형식은 후행 형식과의 결합을 이룰 경우, 필수적인 결합형이 존재하는 예들이 많이 있다.

(12가~라))의 ‘걷기대회, 버티기시합, 잡기놀이, 숨기놀이, 웃기연습, 닦기시작’의 예들이 그것이다. 등재어와 다른 점은 예를 들어 ‘줄넘기 연습’의 경우, ‘줄넘기’ 자체가 단어로 굳어진 형이지만, ‘걷기, 버티기, 잡기, 숨기, 웃기, 닦기’따위는 이른바 잠재어의 성격을 지닌 것으로, 후행 형식과 필수적으로 결합하여 나타난 형식만이 단어 형식을 갖추게 된다는 것이다. 달리 말하면 ‘줄넘기 연습’의 경우 ‘-기’의 변이 의미를 확실하게 나타내기 위하여 후행에 ‘연습’이라는 구체적 명사를 수의적으로 결합한 반면, ‘걷기대회’류의 ‘걷기’는 잠재어의 성격만 갖기 때문에 후행하는 형식과 필수적인 결합을 요구한다. 물론 변이의미는 후행하는 형식에 의해 결정된다.

10) 이러한 형식들이 의미하는 바는 이것이 형태론적인 접사의 전형적인 결합 방법과 다른 문법적 과정을 겪었음을 뜻한다. 곧 이들은 형태론적 접사 ‘-기’와 선행어기가 결합하였다기 보다는 통사부로 투사되는 과정 중에 화자의 어휘부 회귀의 의도 달리 말하면 총칭적 객관화 원리와 조건의 적용을 받았다고 설명해야지만 어휘부 내의 통사구 흔적을 설명할 수 있다.

11) 뽑기1: 먹는 음식의 한 종류 뽑기2: 뽑는 행위

등재어의 경우, 자립형 최소핵결합체는 이 결합체와 선행 어기가 결합할 때 그 구조 형식이 합성어가 될 가능성이 높음을 의미하고, 비자립형 최소핵결합체는 핵에 해당하는 논항을 요구할 가능성이 높아서, 파생어가 될 가능성이 높음을 의미한다고 논의하였다. 그러면 이러한 등재어에서의 특성이 미등재어에도 적용되는지에 대해 살펴보기로 한다.

(15) 가. 장애물 달리기, 100m 달리기, 80m 달리기, 개인달리기, 건강
　　　 달리기, …….
　　 나. 경필쓰기, 삼각그리기
　　 다. 교환일기쓰기, 독후감쓰기, 동시쓰기, 반성문쓰기, 엉덩이로이
　　　 름쓰기, 일기쓰기, 색종이그리기, 그림그리기, 포스터그리기,
　　　 풍경화그리기

(15가, 나)는 등재어와 같이 변수 R의 적용을 받는 합성어 구조를 보이는 미등재어의 예들이다. 반면에 (15다)는 합성어 구조가 아닌 파생어 구조([[N+V]suf])를 보이는 미등재어의 예들이다. 따라서 등재어에서의 특성이 미등재어에서도 그대로 적용된다고 할 수 있다.

그리고 'V+기=통사형[비자립형]'이 파생어가 될 가능성이 높다는 것은 [[신문+만들]기], [[인형+뽑]기], [밥+짓]기], [[공+치]기] 등과 같이 동사와 선행 어기가 먼저 결합한 다음 접사 '-기'와 결합하는 전형적인 파생어 구조라는 점과 최소핵결합체 자체가 비자립형식이어서 핵의 논항을 요구한다는 점을 통해 확인할 수 있다. 이러한 사실은 통사적 대응체를 통해서도 확인된다.

(16) 신문을 만들다, 인형을 뽑다, 밥을 짓다, 공을 치다…….

곧 핵에 대한 대격형이 논항으로 오게 되고 '논항+핵'의 강한 긴밀
성을 유지한다. 이러한 현상은 등재어의 최소핵결합체와 동일하다. 그
리고 여기서 유념할 사실은 앞서도 논의했던 것처럼 이러한 이분적인
구조가 필연적인 문법적 성격을 띠지 않는다는 점이다. 즉 다음과 같
이 (14가)나 (14나)와 같이 일방적으로 합성어나 파생어 구조로 되지
않는 몇몇 예들이 보인다는 것이다.

(17) 앞돌기, 옆돌기…….
(18) 눈감잡기, 세줄타기, 판치기…….

(17)은 자립적인 최소핵결합체 '돌기'를 가지고 있음에도 불구하고
그 구조 분석이 반대로 될 수 있다. 즉 '옆돌기', '앞돌기'를 시각에 따
라서는 [[A(으로)+V]suf]로 분석할 수 있다. 그것은 통사적 대응체
를 '옆으로 돌다, 앞으로 돌다'라고 보았을 때, '돌다'의 수의 논항으로
'옆, 앞'을 처리할 수도 있기 때문이다. 반면에 (18)의 경우, '돌리기,
타기, 치기'의 경우는 비자립 형식으로 동사 '잡-, 타-, 치-'의 논항
이 선행해야만 함에도 불구하고 '그네, 승부, 물구나무'를 이동사의 논
항이라 볼 수 없다.

(19) *눈감을 잡다, *세줄을 타다, *판을 치다…….

그러므로 이 형식은 [[눈감]R[[잡]기]], [[세줄]R[[타]기]], [
[판]R[[치]기]]로 파악해야 한다. 여기서 조어론의 일반적인 특성 가
운데 조어 규칙이 필연적이지 않고 경향성을 띤다는 점을 유념할 필요
가 있다. 그러나 이러한 예들은 전체 '-기' 결합체 중 극히 일부분이
어서, 예외로 처리하는 것이 더 나은 설명 방법이라고 할 수 있다.

(12타)의 '연필깎기'는 원래 접사 '-이'가 결합된 형식으로 맞춤법으로 볼 때 '연필깎이'가 맞다. 그런데 이 오류 형식이 자주 보이는 이유는 '연필깎이'에 대한 내적 구조를 어린이들이 '연필깎-'+'-기'로 잘못 분석하였기 때문이다. '-이'는 앞에서도 설명하였지만 공시적으로 비생산적인 규칙이다. 미등재어를 만들어 내는 조어 '-기'에 이끌려 '연필깎이'가 '연필깎기'로 나타난 현상이다. 곧 이 기제도 '떡볶기'와 마찬가지로 조어의 기제가 분석의 기제로 과잉 활용된 경우이다.

지금까지의 논의를 바탕으로 6학년 초등학생들의 미등재어 구조를 정리하면 다음과 같다.

(20) 가. '[[N]+[V]]기]'형 - 폭포넘기, 모빌접기…….
　　　나. '[[V]기]'형 - 꾸미기, 뛰기…….
　　　다. '[[NP]+[V]]기]'형 - 내속뒤집기, 만화책보기…….
　　　라. '[[[V]기][N]]'형 - 걷기대회, 버티기시합…….
　　　마. '[[[[N][V]]기][N]]'형 - 의자들기별, 시조짓기대회…….
　　　바. '[[[[NP][V]]]기[N]]'형 - 전국어린이건강글짓기대회, 중소기업살리기행사…….
　　　마. '[[N]R[V기]]'형 - 대회달리기, 슈퍼달리기…….
　　　바. 문장형 - 화살을 항아리에 집어넣기, 공벽에 붙이기…….
　　　사. '[[V]어[V]]'형 - 뒹굴러보기…….
　　　아. '[[V]고[V]]'형 - 먹고자기, 주고받기…….
　　　자. '[[V]면서[V]]'형 - 달리면서 넘기…….
　　　차. '[[[N][V]어[V]]'형 - 땀흘려 일하기…….
　　　카. '[[[A][v]]어[V]]'형 - 차례차례넣어볶기…….
　　　타. [[A(으로)]+[V]]+기] - 앞돌기, 옆돌기…….
　　　파. [[A(에)]+[V]]+기] - 제자리뛰기, 제자리돌기…….
　　　하. [[A]+[V]]+기] - 몰래버리기, 오래돌리기…….
　　　거. [[AP]+[V]]+기] - 뒤로꺾기, 뒤로넘기, 두발로 뛰기…….

너. [[[N][V]어[(N)[[V]기]]] 커피끓여드리기, 학원다녀오기…….
더. [[[N][[A][V]기]]] – 철봉꺼꾸로매달리기…….

이를 등재어와 비교해보면 [[[N][V]]기], [[[V]기]고[[AV]기], [[A(으로)V]기], [[A][[AV]기]], [[AV]기], [[N(으로)V]기], [[N(이)V]기], [[N]R[[V]기]], [[V]어[[V]기]], [[V]기]가 공통적이고 '[[NP]+[V]]기'형, '[[[V]기][N]]'형, '[[[[N][V]]기][N]]'형, '[[[[NP][V]]]기[N]]'형, 문장형, '[[V]면서[V]]'형, '[[[N][V]]어[V]]'형 '[[[A][V]]어[V]]'형, [[A(에)]+[V]]+기], [[AP]+[V]]+기], [[[N][V]어[(N)[[V]기]]], [[[N][[A][V]기]]]형은 미등재어에서만 확인되는 경우라 할 수 있다. 이중에서도 등재어와 같이 빈도수로 따지면 [[[N][V]]기](177)와 [[V]](35) 형이 우세하다는 것을 확인할 수 있다.

따라서 미등재어에서도 초등학교 6학년 어린이들의 '–기' 결합체에 대한 구조 인식이 [[V]suf]]나 [[[N+V]suf]임을 알 수 있다. 그런데 앞서도 논의했던 것처럼 [[V]suf]]에 해당하는 동사가 많지 않다는 점을 고려하면 초등학교 6학년 어린이들이 임시어를 만드는 경우 [[[N+V]suf] 규칙이 일반적으로 적용된다고 할 수 있다.

IV. 결 론

이 글은 초등학교 6학년 어린이의 조어법 실태를 접사 '–기'를 중심으로 등재어의 경우와 미등재어의 경우로 구분해서 그 각각의 특성에 대해 논의하는 것을 목적으로 하였다. 논의 과정을 통해 등재어에서는 다음과 같은 특성이 나타난다는 점을 확인하였다.

첫째, [놀이], [물건]의 의미를 갖는 형식과 결합하는 경우가 가장 많았다. 그리고 이러한 결합 현상이 두드러지게 나타난다는 것은 조어 규칙이 다른 인지 발달 단계보다 한단계 늦게 시작된나는 것을 뜻한다고 보았다.

둘째, 선행 동사와 '-기'결합체(최소핵결합체)의 빈도수를 자립형과 비자립형으로 구분해서 살펴보았다. 이때 자립형 최소핵결합체는 이 결합체와 선행 어기가 결합할 때, 그 구조가 합성어 형식이 될 가능성이 높음을 의미하고 비자립형 최소핵결합체는 파생어 형식이 될 가능성이 높음을 의미한다고 논의하였다.

셋째, '-기'결합 구조에는 [[[N][V]]기], [[[V]기]고[[AV]기], [[A(으로)V]기], [[A][[AV]기]], [[AV]기], [[N(으로)V]기], [[N(이)V]기], [[N]R[[V]기]], [[V]어[[V]기]], [[V]기] 등이 있으며 이 중에서도 [[[N][V]]기]와[[V]기] 구조가 우세하다는 점에 대해 논의하였다.

미등재어를 대상으로 논의되었던 내용을 정리하면 다음과 같다.

첫째, 6학년 어린이들이 가장 많이 쓰는 미등재어의 순위는 종이접기, 편지쓰기, 포스터그리기, 만들기, 뽑기 등이며, 등재어와 마찬가지로 [놀이]류가 보편적이다. 그러나 등재어와 달리 [운동]의 의미를 가진 형식과도 자연스럽게 결합할 수 있다는 사실을 확인하였다.

둘째, 등재어와 달리 통사구에 해당하는 형식들이 많이 있다는 점이 확인되었다. '[[NP]+[V]]기'형, '[[NP]+[V]]기'형, 문장형, [[AP]+[V]]+기]형이 그것이다.

셋째, 선행 동사와 '-기'결합체의 경우, 등재어와 마찬가지로 자립형 최소핵결합체는 그 구조 형식이 합성어 형식을 나타내는 경향이 있으며, 비자립형 최소핵결합체는 파생어 형식을 나타내는 경향이 있다는 사실에 대해 논의하였다.

넷째, 미등재어에서의 '-기' 결합 구조에는 '[[[N][V]]기]형', '[[V]기]형', '[[NP]+[V]]기]'형, '[[[V]기][N]]'형, '[[[[N][V]]기][N]]'형, '[[[[NP][V]]]기[N]]'형, 문장형, '[[V]면서[V]]'형, '[[[N][V]]어[V]]'형 '[[[A][V]]어[V]]'형, [[A(에)]+[V]]+기], [[[AP]+[V]]+기], [[[N][V]]어[(N)[[V]기]]], [[[N][[A][V]기]]] 등이 있으며 등재어와 마찬가지로 이 중에서도 [[[N][V]]기]와 [[V]기] 구조가 우세하다는 점에 대해 논의하였다. 그리고 이러한 논의를 통해 초등학교 6학년 어린이들이 임시어를 만드는 경우 [[[N+V]suf] 규칙을 일반적으로 적용한다는 사실이 확인되었다.

참고문헌

구본관(1992), "생성 문법과 국어 조어법 연구 방법론, 주시경학보9, 탑출판사.

권경안(1981), 한국 아동의 언어 발달 연구-음운 발달 및 어휘 발달을 중심으로, 한국교육개발원.

김명광(1999), "초등 학교 어린이의 어휘 발달 연구", 한국어 교육 16호, 한국어문교육학회.

김명광(2004), "국어 접사 '-음', '-기'에 의한 단어 형성 연구", 서강대학교 박사학위 논문.

김명광(2004b), "잠재어와 어휘부의 상호 관계", p.59-78, 언어와 정보사회 5, 서강대학교.

장경희(1981), '아동의 단어 습득", 서울 사대 국어 국문학 연구회 논문집 11집.

김현주(1994), "아동 언어의 통사 구조 발달-국민 학교 아동을 중심으로

-", 연세 대학교 대학원 석사 학위 논문

박붕배(1975), "초등 교육에 있어 우리말 기초 학습 어휘에 관한 조사 연구", 서울 교육 대학교 논문집 8집.

우창현(2003), "국어 교육에서 나타나는 겹받침 오류", 어문학 81권. 한국어문학회.

위호연(1989), "중학생의 정서법 오류 분석 및 그 교정을 위한 실험연구 - 형태음소론적 오류를 중심으로-", 서울대학교 국어교육과 석사논문.

이상금 외(1971), "3.4.5세 아동의 일상 회화에 나타난 어휘 조사". 이화여자 대학교 인간 발달 연구소

이성구(1974), "아동의 언어 발달", Language Teaching Vol.6 No.2

이성영(2000), '글쓰기 능력 발달 단계 연구', 국어국문학 126, 국어국문학회.

이연섭 외(1979), "한국 아동의 구문 발달 (Ⅰ)", 한국 교육 개발원.이연섭 외(1980), "한국 아동의 어휘 발달 연구(Ⅰ)", 한국 교육 개발원.

이영옥(1978), "한국어린이의 관계화 구문 습득에 관한 연구", 언어 3.2

이영옥 외(1982), "한국 어린이의 언어 발달 연구", 재단 법인 언어교육.

이인섭(1979), 基礎 語彙 把持力에 관하여 - 국민 학교 어린이를 대상으로 -, 서울 여자 대학 논문집 제8호 (1979년 5월)

이인섭(1981), "국민학교 아동의 언어 경험과 언어 능력 - 설문지에 의한 조사 보고(언어 발달 과업에 관한 연구 Ⅱ)-", 서울 여대 논문집 10호.

이인섭(1984), "언어와 사고의 연상 구조에 관한 연구(1)", 서울 여대 논문집 13호.

이인섭(1985), "언어와 사고의 연상 구조에 관한 연구(2)", 서울 여대 논문집 14호.

이인섭(1986), "연상어휘의 의미 구조(3)", 국어학신연구, 탑출판사.

이인섭(1986), "한국 아동의 언어발달 연구", 고려 대학교 대학원 박사 학위 논문.

이응백(1972), "국민학교 학습용 기초 어휘", 국어 교육 18-20호.

이응백(1978), "국민학교 입문기 학습용 기본 어휘 연구", 국어 교육 32.

이응백 외(1982), "국민학교 학생의 어휘력 조사", 국어 교육 42, 43.

이정민(1974), Abstract Syntax and Korean with Reference to English, Seoul:Pan Korea Book Co.

이지영(1974), "어린이의 언어 발달에 영향을 미치는 외적 요인", 이화여대 대학원 석사학위 논문.

조명화(1991), 어린이의 사동 · 피동언어발달, 중앙대학교 교육대학원 석사학위논문.

조행자(1986), "아동의 크기 관계 형용사 발달에 관한 연구. 중앙대학교 석사학위논문.

조명원(1974) "언어 습득 모형에 관한 연구: 특히 SYNTAX 습득을 중심으로", 언어교육 6권 2호.

장애자(1979), "아동의 사용 어휘에 관한 연구-국민 학교 1학년 아동을 중심으로-", 고려 대학교 교육 대학원 석사학위논문.

Aronoff, M(1976), *Word Formation in Generative Grammar*, Cambridge: Univ Press.

Bauer, L. (1983), *English Word-Formation*, Cambridge University Press.

Carol Chomsky(1969), *The Acquisition of Syntax in Children from 5 to 10*, M. I. T. Press, Cambridge. Massachusetts, and London. England.

Brown R.(1970), *A First Language: The Early Stages*, Camb. Mass.: HVP.

Massimo Piattelli-Palmarini(1979), *The Debate between Jean Piaget and Noam Chomsky*. Harvard University Press. Cambridge, Massachusetts.

Susan L. Tavakolian(1981), *Language Acquisition and Linguistic Theory*, The M. I. T. Press, Cambridge. Massachusetts, and London. England.

Vigotsky, L. S(1962). *Language and Thought*, Camb., Mass: The MIT Press.

비판적 사고력 신장을 위한 문학비평문 쓰기 지도 방안 연구(2005)

백 규 리

I. 서 론

1. 연구의 목적 및 필요성

본 연구는 21세기를 살아가기 위하여 비판적 사고가 중요하다는 인식을 바탕으로 하여, 이를 육성하기 위하여 초등 학생들의 특성과 발달 수준에 적합한 문학비평문 쓰기 지도 방안을 모색하기 위한 연구의 일환이다. 이를 위하여, 초등 학생들의 인지 발달 단계에 맞게 공동탐구 과정의 한 방법인 소집단 토의학습을 적용한 문학비평문 쓰기 지도 방안을 제안하고, 초등교육에 있어 문학비평문 쓰기 지도의 가능성과 실제적인 지도 방안을 제시하는 데 목적이 있다.

현대의 정보화 사회를 살아가는 우리는 하루에도 무수히 쏟아지는 정보와 지식을 접하며 살고 있다. 정보화 사회에서의 '지식'이란 이제 더 이상 객관적으로 진위가 판별 가능한 인식 대상으로서가 아니라 유용성과 적합성이라는 차원에서 정보와 정보가 새롭게 관련되고 연계됨으로써 새롭게 재구성되는 것으로 보아야 한다. 학습자 스스로 많은 정보들 속에서 자신에게 필요한 정보가 무엇인지를 파악하여 정보를 선택하고 그것을 자신의 필요에 맞게 가공하여 활용할 수 있는 능력이 중요하며, 이러한 능력의 바탕이 되는 것이 바로 비판적 사고라 할 수 있다.

이러한 비판적 사고의 필요성은 제 7차 국어과 교육과정의 목표에서도 강조되고 있다. 제 7차 국어과 교육 목표를 보면 국어자료를 비판적으로 이해할 것[1]을 말하고 있다. 이러한 비판적 이해를 바탕으로 구성된 지식은 창의적으로 표현하는 고등사고 단계로 발전하여야 한다. 그러나 지금까지 우리의 문학교육은 지식 전달위주의 교육으로 학습자의 능동적 사고활동을 제한하는 측면이 강했고 학습자의 비판적 사고를 바탕으로 한 문학비평 교육은 거의 이루어 지지 않았다고 해도 과언이 아닐 것이다. 따라서 학습자의 비판적 사고를 바탕으로 한 적극적이고 능동적인 고등사고 능력을 길러줄 수 있는 문학교육이 되어야 하겠다.

피아제의 인지발달 단계에 따르면 초등학교 저학년은 구체적 조작기, 고학년은 형식적 조작기에 해당한다. 형식적 조작기에 해당하는 고학년 학생들은 더 이상 구체적인 사실에 의존하지 않고 추상적이고 이론적인 사고를 발달시키기 시작한다. 가설을 설정하고 논리적인 결론을 추론할 수 있으며 이를 바탕으로 비판적 사고를 할 수 있다. 그러므로 초등학교 고학년은 앞으로 다가올 고등수준의 비판적 사고를 준비하는 단계로서 의의를 가지며 적절하게 비판적 사고를 발달시킬 장치가 필요한 것이다. 따라서 이러한 장치로서의 문학비평은 이 시기의

---

1) 제7차 국어과 교육과정의 목표를 보면 '나'항에서 '정확하고 효과적인 국어 사용의 작용 양상을 익혀, 다양한 유형의 국어 자료를 비판적으로 이해하고, 사상과 정서를 창의적으로 표현하는 능력을 기른다'고 명시하고 있다 (교육부, 제 7차 초등학교 국어과 교육과정 해설, 1999).

학생들에게 적절하게 소개되어질 수 있다[2].

문학비평은 문학 작품에 관한 일체의 논의 즉 문학 작품을 정의, 분류, 분석, 평가하는 작업이며 나아가 그것을 해석, 선별, 판단, 비교하는 작업이다. 문학비평 활동은 정보화 시대, 다양한 문화를 접하며 살아가고 있는 21세기, 더 나아가 앞으로의 시대에 문화를 주체적, 능동적으로 대하고 평가하는데 반드시 필요한 것이다. 이러한 문학비평 활동에 기초가 되는 사고가 비판적 사고라 할 수 있다.

비판적 사고를 효과적으로 육성할 수 있는 방법으로 공동탐구 과정의 한 학습 방법인 토의학습을 적용한 문학비평문 쓰기 지도 방안을 제안하고자 한다. 토의학습은 단지 의견을 나누는 것 이상으로, 의미를 재구성하는 과정으로 파악할 수 있다. 특히 공동탐구 과정으로서의 토의학습은 공동체 내에서의 소통을 통해 사회적 의사소통 능력과 인지 능력이 개발될 수 있다. 또한 다양한 인지 수준에 따라 동화와 조절의 과정을 거치게 되고, 자신의 사고를 대상화하여 바라볼 수도 있는 기회를 가짐으로서, 비판적 사고를 좀 더 성공적으로 수행할 수 있다.

이상의 논의에 따라 본고에서는 현대정보화 사회를 살아가는 데 비판적 사고가 필요하다는 것을 인식하고 초등 학생들의 비판적 사고를 육성할 수 있는 방안으로 공동탐구 과정인 토의학습을 적용한 문학비평문 쓰기 지도 방안을 제시하고자 한다.

2. 선행 연구 검토

본 연구와 관련된 선행연구는 사회인지 관련 연구, 구성주의 쓰기 연구, 비판적 읽기 연구, 문학비평문 쓰기 관련 연구, 토론·토의학습

---

2) 황정현 외(2000), 초등국어과교육론, 박이정

연구로 나누어 볼 수 있겠다. 그러나 문학비평문 쓰기에 대한 연구물은 거의 없었다고 볼 수 있다. 이는 비평이라는 개념을 전문적 비평가들만의 전유물로 생각하고 학습자는 고등사고 능력을 필요로 하는 비평을 하기에는 어려움과 부담이 있을 것이라는 인식의 영향이라 볼 수 있다. 비평을 가능하게 하는 비판적, 추론적, 종합적인 고등사고 능력은 어느 날 갑자기 얻어지는 것이 아니므로 초등학교 때부터 이러한 고등사고 능력을 키워줄 수 있는 노력이필요하다 하겠다. 또한 초등학교 시기는 그런 고등사고 능력을 준비하는 입문기로서의 의의가 크다.

위에 제시된 선행 연구들을 살펴보면, 비판적 사고 육성을 위한 노력의 흔적을 볼 수 있다. 그러나 읽기에 관한 연구물에 한정되어 있고 말하기나 쓰기를 통한 표현에까지는 연결을 시키지 못하고 그 가능성만을 언급하는 데서 그치고 있다. 따라서 초등학생들의 비판적 사고를 위한 문학비평문 쓰기 지도에 관한 연구는 매우 부진하다는 것을 알 수 있다. 따라서 본고에서는 이러한 점에 착안하여 비판적 읽기에서 끝나는 것이 아니라 비평적 탐구과정을 통해 문학 비평문 쓰기로 재생산하는 과정까지의 지도 방안을 제안해 보고자 한다.

3. 연구 방법과 제한점

가. 연구방법

본고는 문학비평문 쓰기의 과정과 공동탐구 과정의 사고 과정이 비판적 사고를 바탕으로 한 문제해결 과정이란 공통점에 주목하여 초등학교 고학년 학생들의 비판적 사고를 육성할 수 있는 문학비평문 쓰기 지도 방안을 제시해 보고자 한다.

이를 위해 Ⅱ장에서는 비판적 사고 과정과 문학비평문 쓰기에 대하여 논의하고자 한다. 이를 위하여 1절에서는 비판적 사고의 개념과 필요성, 국어교육에서 비판적 사고 교육이 어느 정도 이루어지고 있는지에 대해 알아보겠다. 2절에서는 문학비평문과 독서감상문의 개념을 비교하고, 문학비평문 쓰기의 사고 과정을 알아봄으로써 문학비평이 무엇이며, 기본적으로 비판적 사고를 바탕으로 하고 있기 때문에, 비판적 사고를 육성하기 위한 방법으로 문학비평문 쓰기 지도가 효과적임을 언급하고자 한다.

Ⅲ장에서는 문학비평문 쓰기 지도에 적용할 공동탐구 과정에 대한 이론적 토대를 마련하는 장으로 1절에서는 공동탐구 과정의 개념과 특성, 필요성에 대하여 언급하겠다. 2절에서는 문학비평문 쓰기 지도에 공동탐구 과정을 적용하고자 하는 가능성에 대하여 알아보겠다. 마지막 3절에서는 공동탐구 과정을 적용하여 마련한 문학 비평문 쓰기 지도의 의의에 대하여 언급을 하고자 한다.

Ⅳ장에서는 Ⅱ, Ⅲ장에서 살펴본 이론적 토대를 바탕으로 문학비평문 쓰기 지도의 원리를 마련하고 그 원리를 바탕으로 한 지도 모형과 절차(비판적 글 읽기→공동탐구 과정→내용 조직하기→초고쓰기→평가하기→고쳐쓰기→출판하기)에 대하여 살펴보겠다.

Ⅴ장에서는 Ⅳ장에서 마련한 지도원리와 모형, 절차를 실제 초등학교 고학년 학생들(E학교 5학년 학생들)에게 적용해 보겠다. 이를 위하여 사전에 지도 계획을 철저히 세우고 이에 따라 지도를 한 과정, 그리고 그 결과에 대하여 언급하고자 한다.

나. 연구의 제한점

본 연구는 다음과 같은 제한점을 갖는다.

첫째, 문학비평문 쓰기 지도의 대상을 초등학교 고학년에 제한을 두었다.

둘째, 본 연구에서는 사회인지 이론의 관점을 수용하여 학습에 있어서는 개인의 인지 능력이 사회적으로 확산된다는 생각을 바탕으로 하고 있다.

셋째, 본 연구는 문학비평문 쓰기 지도 방법론을 모색하기 위한 연구로 실증적인 연구이기보다는 문학비평문 쓰기 지도의 새로운 방안을 제안하는데 그 의의가 있다.

넷째, 본 연구는 문학비평문의 개념이 전문적 비평가들이 하는 문학비평문의 개념이 아니라는 것을 밝혀둔다.

다섯째, 여러 텍스트들 중에 고학년 학생들에게 적합한 서사 중심의 문학텍스트를 선택한 것은 언어 교과과정에 문학 작품을 예전보다 많이 이용하는 추세이고, 문학 작품이야말로 독해와 반응을 포함한 학생 중심 활동을 골고루 하기에 적당하기 때문이다.

다. 용어의 정의

·비판적 사고: 주체가 능동적으로 대상을 선택하고 분간한 후, 일정한 가치체계를 기준으로 반성적 사고를 작용하여 어떤 대상을 분석, 판단, 평가하는 일련의 정신 작용

·공동탐구 과정: 사실과 가치의 문제를 인식하고, 이에 기초가 되는 일련의 준거에 비추어 평가하고 평가 기준에 입각하여 타당한 결론을 도출해 나가는 탐구활동을 여럿이 공동으로 수행해 나가는 과정

·비평: 문맥 속에 드러나는 혹은 감춰져 있는 의도를 파악하는 단계에서 한 걸음 더 나아가, 그 의도의 적절성에 대해 혹은 정당성에 대해 주체가 판단을 내리는 일련의 담론

·문학비평: 주체가 텍스트 안에 적극적으로 개입하는 의미화 실천이면서 가치화 과정인 비평에 기반을 둔 것으로, 주체가 텍스트와의 비판적·반성적인 소통을 통해 자신의 가치를 수정하거나 재구성하여 새로운 담론을 생산하는 과정

Ⅱ. 비판적 사고 과정과 문학비평문 쓰기

1. 비판적 사고의 개념과 필요성

가. 비판적 사고의 개념과 구성요소

1) 비판적 사고의 개념

어떤 추상적인 개념에 대해서 완전한 합의를 본다는 것은 지극히 어려운 일이다. 비판적 사고가 교육목표로서 중요하다는 것이 널리 인정되면서 최근 커다란 관심을 끌고 있는 것에 비해 그 개념에 대해서는 서로 다른 관점을 가지고 다양한 의미로 쓰이고 있다. 따라서 비판적 사고라는 말이 가진 모호성을 없애고 비판적 사고의 본질을 파악하기 위해서는 비판적 사고라는 용어의 개념규정을 둘러 싼 기존의 개념화와 논의를 정리하고 자기 나름대로의 비판적 사고에 대한 구조화된 체계를 가지는 것이 필요하다.

원래 'critical'이라는 말은 '식별할 수 있는'이라는 의미를 지닌 '크리티코스(kritikos)'와 '선택하다', '분간하다', '결정하다', '논박하다', '평가하다' 등의 의미를 지닌 '크리노(krino)'라는 말에서 유래한 것으로써,

주어진 대상을 구성하고 있는 요소로 나누고 그 요소와 전체의 관련을 밝혀냄으로써 그 대상을 평가하는 것을 가리킨다.

비판적 사고를 망라한 개념 규정은 비판적 사고력에 대한 여러 학자들의 논의를 모아 놓은 수준에 지나지 않으며 이는 곧 가설의 수준을 뛰어 넘을 수 없다. 그러나 비판적 사고에 대한 여러 학자들의 다양한 개념 정의를 깊이 살펴보면 근본적으로 의견의 일치를 보고 있는 점이 있다. 그것은 비판적 사고의 'critical'이라는 말이 결코 타인의 주장이나 행위의 약점을 궤변론적으로 들추어내거나 자기중심적으로 자신의 이익을 일방적으로 옹호하거나 또는 부정적이고 소극적인 공격성을 의미하지는 않는다는 점이다. 비판이란 대상에 대한 주체의 일정한 가치 평가이며, 그것은 긍정적일 수도 부정일 수도 있다. 즉 비판은 '대상에 대한 주체의 부정적 인식'이 아니라 '주체의 대상에 대한 긍정적일 수도 부정적일 수도 있는 인식'이다.

이상의 국어대사전(1998), 에니스(1962), 스텐버그(1986), 한국교육개발원(1987) 등 여러 학자들의 논의를 바탕으로 본고에서는 비판적 사고라 함은 '주체가 능동적으로 대상을 선택하고 분간한 후, 일정한 가치체계를 기준으로 반성적 사고를 작용하여 어떤 대상을 분석, 판단, 평가하는 일련의 정신 작용'으로 정의하고자 한다.

2) 비판적 사고의 구성요소

비판적 사고에 대한 여러 학자들의 개념 정의를 살펴보는 과정을 통하여 비판적 사고가 의미하는 바가 무엇인지에 대하여 나름대로 정의하였다. 비판적 사고에 대한 이해를 한층 심화하기 위하여 비판적 사고의 하위 구성요소에는 무엇이 있는지를 구체화해 보기로 하겠다. 그리고 이를 비판적 사고 교육의 틀로 삼고자 한다.

비판적 사고를 교육하고자 한다면 비판적 사고를 하위 유형으로 나누어 보고 살펴보는 것이 선행되어야 하고, 이를 후속의 비판적 사고교육의 내용을 마련하는 기초로 삼아야 할 것이다. 또한 현 7차 교육과정에 나타난 비판적 사고 지도 요소를 살펴보는 작업도 뒤따라야 할 것이다.

따라서 위에 제시한 한국 교육개발원(1991), Paul(1990), Ennis(1962) 등 여러 학자들의 비판적 사고의 성향, 기능, 태도, 과정을 살펴보면 몇 가지 공통되는 유형들을 추출할 수 있다. 크게 기능적 측면과 성향적 측면으로 나누어보면 다음과 같다. 기능적언 측면으로는 자료 · 정보의 선택, 분석, 평가, 주장이나 논증에 대한 평가, 해석, 숨은 의미 조사, 정확성, 검증, 문제를 다양한 관점으로 조망하기, 가설 정립, 논리적 탐구 및 추론, 평가 준거 세워 평가하기가 있다. 성향적 측면으로는 지적 열망, 지적 회의성, 지적 정직성, 합리적 태도, 객관적 태도, 신중함이 있다.

제7차 교육과정에 나타난 비판적 사고 지도 요소를 추출해 보면 ① 판단하기 ②구분하기 ③탐색하기 ④파악하기 ⑤비교하기 ⑥선택하기 ⑦조망하기 ⑧검증하기 ⑨분석하기 ⑩평가 기준 세우기 ⑪준거 사용하기 등으로 요약할 수 있다.

이상에서 여러 학자들의 비판적 사고 구성 요소에 대한 관점과 제 7차 교육과정에서 제시한 비판적 사고 지도 요소를 알아보았다. 이를 바탕으로 하여 본 연구자는 공동탐구 과정을 적용한 문학비평문 쓰기에 적용할 비판적 사고의 구성요소와 사고 과정, 하위 지도 요소들을 다음과 같이 제시하고자 한다. 우선 비판적 사고의 구성 요소로는 첫째 비판적 사고의 대상을 탐색하는 것, 둘째 탐색을 통하여 해결해야 할 문제를 인식하고 선정하는 것, 셋째 문제 해결을 위한 논점과 평가 준거를 마련하는 것, 넷째 마련된 논점과 평가 준거를 바탕으로 비교 검토하는 과정, 다섯째 결론 도출하기로 들 수 있다. 이를 사고하는 순서에 따라 과정으로 정리하면 '1. 자료 탐색 2. 문제점 선정 3. 논점 · 준거 마련 4. 비교 · 검토 5. 결론도출'이라고 할 수 있다. 표로 제사하면 다음과 같다.

〈표 1〉 비판적 사고의 과정

| 자료탐색 | → | 문제점 선정 | → | 논점 · 준거 마련 | → | 비교 · 검토 | → | 결론도출 |

각각의 비판적 사고 과정에서 필요한 하위 요소를 표로 정리하면 다음과 같다.

〈표 2〉 비판적 사고 과정의 구성 요소

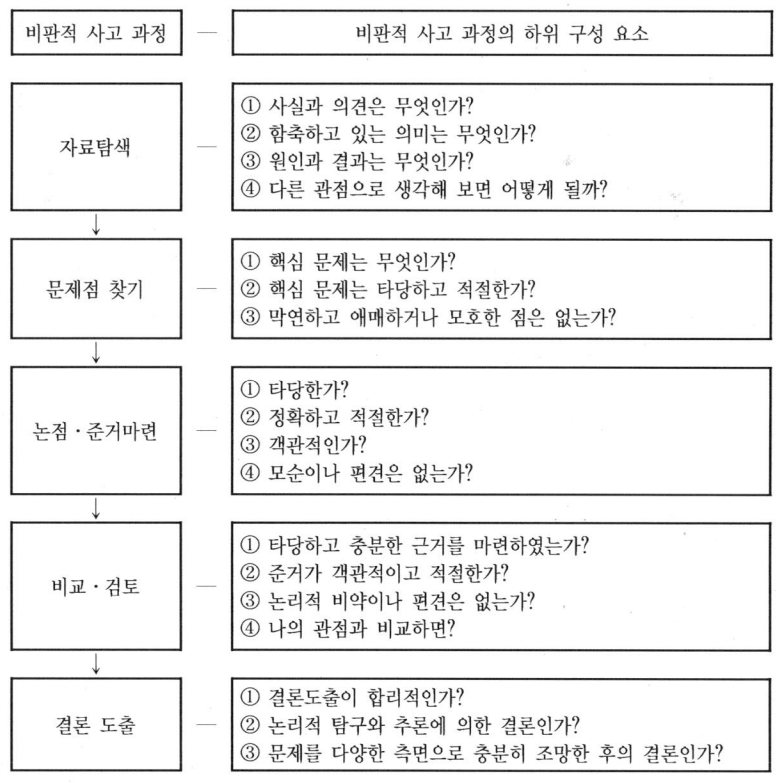

비판적 사고 과정	—	비판적 사고 과정의 하위 구성 요소
자료탐색	—	① 사실과 의견은 무엇인가? ② 함축하고 있는 의미는 무엇인가? ③ 원인과 결과는 무엇인가? ④ 다른 관점으로 생각해 보면 어떻게 될까?
문제점 찾기	—	① 핵심 문제는 무엇인가? ② 핵심 문제는 타당하고 적절한가? ③ 막연하고 애매하거나 모호한 점은 없는가?
논점 · 준거마련	—	① 타당한가? ② 정확하고 적절한가? ③ 객관적인가? ④ 모순이나 편견은 없는가?
비교 · 검토	—	① 타당하고 충분한 근거를 마련하였는가? ② 준거가 객관적이고 적절한가? ③ 논리적 비약이나 편견은 없는가? ④ 나의 관점과 비교하면?
결론 도출	—	① 결론도출이 합리적인가? ② 논리적 탐구와 추론에 의한 결론인가? ③ 문제를 다양한 측면으로 충분히 조망한 후의 결론인가?

312

나. 국어교육에서 비판적 사고의 위상

전통적으로 국어교육에서는 학습자의 국어사용 능력 신장을 강조하여 왔다. 이 능력은 기존 지식의 단순 수용이나 표출 능력이 아니라 언어 기능을 통합적으로 운용하며 사고(의미)와 언어를 연결지어야 하는 지적 기능(知的技能, intellectual skills)으로서의 고등정신 능력이다. 이 능력은 단순히 문자를 읽고 쓸 수 있는 기초 기능이 아닌, 의미를 언어화(표현)하고 언어에서 의미를 추출하여 재구성(이해)하는 데 필요한 지식, 기능, 태도의 학습이 균형 있게 이루어질 때에 효과적으로 신장되는 능력이다.3) 이는 제 7차 교육 과정까지 이어져 내려오는 국어과의 성격이며, 국어과의 목표에도 그대로 구현되어 있다.

제 7차 국어과 교육과정에서는 인지적 교육내용과 관련한 목표 중 '나'항4)에서 다양한 유형의 국어자료를 비판적으로 이해하는 능력과 사상과 정서를 창의적으로 표현하는 능력의 향상을 강조하고 있다.

국어과에서 말하는 언어기능이란 구체적으로 듣기·말하기·읽기·쓰기 등 음성 언어와 문자 언어에 의한 표현-이해 활동이다. 국어교육이 가르치고자 하는 언어 능력은 결코 투명하지 않은 언어의 감추어진 의도까지를 파악해 낼 수 있는 능력이어야 하며, 의사소통에 개입하는 다양한 가치들의 문제와 관련되어 있는 비판적 문해력(critical literacy)5)에 관한 개념을 포함하고 있는 것이다.

---

3) 교육부(1998), 『초등학교 교육과정 해설 Ⅲ』
4) 제 7차 교육 과정에 제시한 국어과 교육 목표 중 '나'항에서는 '정확하고 효과적인 국어 사용의 원리와 작용양상을 익혀, 다양한 유형의 국어 자료를 비판적으로 이해하고, 사상과 정서를 창의적으로 표현하는 능력을 기른다'고 명시되어 있다.
5) 김대행은 "능동적이고 주체적인 비판 능력까지를 가리켜 'literacy'라는 말을 사용"하는 영국의 예를 참고하면서, "litgracy라는 말의 번역도 말뜻을

그러나 국어과의 주요 목표로서 비판적 이해가 명시되어 있고, 이를 위한 비판적 사고력 함양의 중요성에 대하여 인식이 높음에도 불구하고, 그 구체적인 함양 방법은 물론이고 공통적으로 합의된 개념화 작업이나 교수·학습에 관련된 논의는 명확하게 이루어지지 않고 있다. 이러한 점에 대하여 Beyer(1985)는 다섯 가지 이유를 제시하고 있다. 첫째 함양하고자 하는 사고력에 대한 명확한 개념정의의 부재와 의견의 불일치, 둘째 사고력의 구성요소, 사고의 절차, 사고의 규칙 등에 대한 구체적인 지식의 부족, 셋째 적절한 사고력 함양 방법의 부족, 넷째 단기간에 너무 많은 사고력의 기능들을 가르치려고 하는 것, 다섯째 함양된 사고력을 평가할 수 있는 평가도구의 부족이 그것이다. 따라서 비판적 사고에 대한 많은 연구를 바탕으로 개념정의와 구체적 지식을 마련해야 하고 이를 바탕으로 비판적 사고력을 함양할 수 있는 적절한 교수-학습 방안이 제시되어야 한다. 또한 이를 평가할 수 있는 평가도구의 마련이 시급하다 하겠다.

다. 비판적 사고 교육의 필요성

1) 21세기 정보화 사회의 시대적 특징에 따른 필요성

21세기의 넘쳐나는 지식과 정보의 홍수 속에서는 이전과는 달리 절대적인 지식의 개념이 존재하지도 않고, 일일이 모든 지식을 외우고 암기할 수도 없으며 또 그럴 필요도 없다. 도처에 검증되지 않은 정보가 산재해 있는 상황이다. 과학의 발달에 따라 세계에 대한 새로운 사

알아듣는 '文識性'의 개념을 넘어서서 그 의미와 관계를 헤아려 내는 '文辨性'으로까지 나아가는 것이 마땅"하다고 지적한 바 있다. (김대행(1998), 「매체언어와 국어교육」, 한국국어교육연구회 봄 학술발표자료집 『다매체 시대의 국어교육』, 한국국어교육연구회)

실들이 밝혀지고 책이나 사람으로부터만 지식을 얻던 데서 PC통신이나 인터넷 등으로 지식의 양이 폭증하면서, 교과적 지식은 객관적 진리로서의 지위를 상실했다. 그리고 기하급수적으로 불어나는 지식과 정보를 그대로 받아들여 재생해 내는 것은 더 이상 유용하지도 가능하지도 않게 되었다. 따라서 주변의 많은 정보 중 자신에게 가장 적합하고 신뢰로운 정보만을 선택하여 목적에 맞게 재구성하는 능력은 현대인에게 필수적인 과제가 되었다.

2) 현대 사회의 속성과 관련된 대중교육의 확대에 따른 필요성

전통사회에서는 일정한 질서 안에서 사람들은 삶의 근거를 쉽게 찾을 수 있었으며 사회 속의 공인된 가치를 별다른 갈등 없이 내면화할 수 있었다. 그러나 현대 사회는 전통사회에서 그랬던 것처럼 획일적인 질서로 운용되지 않는다. 현대 사회에서 개인은 자신과 연관된 모든 종류의 정보를 걸러내는 여과 과정에 근거해서 행위 해야 한다. 사회 성원으로서의 개인은 삶의 도처에서 스스로의 사고나 행동에 대한 근거를 마련해야 하고 외부로부터 유입되는 정보들을 반성적으로 걸러내야만 한다. 이러한 상황은 주체의 세계에 대한 대응 방식으로서의 비판적 사고를 필요로 한다.

3) 초등학생들의 인지발달 단계에 따른 필요성

비판적 사고 교육은 과연 초등학교 학생들에게 가능할까? 패스모어는 단지 대학에서만 학생들이 비판적 사고를 교육받을 수 있다고 말한다. 그러나 이 주장은 이미 지식 습득의 유형이 고착화되어 버린 다음에 비판적 사고 교육을 시킨다 해도 정형화된 사고 교육의 한계를 넘지 못한다는 비판이 제기된다. 지식 습득 습관이 고착되기 이전에 비판적 사고 교육을 시킴으로써 보다 많은 지식을 자신에게 맞도록 조직하는 방법들을 배우는 것이 바람직할 것이다[6]

논리모형에 입각해서 비판적 사고를 논하는 학자들은 너무 어리지만 않으면 초등학교 수준에서도 비판적 사고교육이 충분히 가능하다고 이야기하고 있다. 초등학교 고학년 학생들은 형식적 조작기에 해당하는 시기로 비판적 사고가 발달하기 시작하는 시기이다. 이 시기의 비판적 사고의 개발은 이후의 성숙된 비판적 사고를 위한 초기단계로써의 중요성을 가진다. 따라서 초등 고학년 학생들의 비판적 사고를 발견하고 육성할 수 있는 장치의 필요성이 제기되며 그 하나의 방안으로 문학비평문 쓰기 지도의 필요성이 제기된다.

4) 언어의 가치 지향성에 따른 필요성

우리는 말을 하고 싶은 데로만 할 수는 없으며 우리가 사용하는 언어에는 여러 제약들이 가해진다. 즉 언어 활동에는 발음과 어휘, 구문을 결정하는 언어적 제약뿐 아니라 사회적 차원에서의 다른 제약들, 즉 이데올로기적 제약들이 개입한다. 사람들의 일상적인 언어 표현들조차 사용 맥락에 따라 의미를 달리 할 수 있으며, 여기서 문제가 되는 맥락이 바로 이데올로기이다[7]. 따라서 언어는 의사소통의 순진한 매개체가 아니며 의사소통에 개입하는 다양한 가치들의 문제와 관련되어 있다. 구체적인 언어 활동 속에 어떤 식으로든 개입하는 다양한 가치들을 고려할 때, 국어교육은 학습독자의 능동적이고 주체적인 비판 능력에 주목해야 한다. 언어활동 자체에는 이미 가치의 문제가 내재해

---

6) 오지연(2001), 비판적 사고력 신장을 위한 읽기 교수·학습 모형 연구, 전주교육대학교 교육대학원 석사학위 논문

7) 김미혜(2000), 비판적 읽기 교육의 내용 연구, 서울대학교 대학원 석사학위논문

있으나 가치의 문제를 직접적으로 다루는 것은 교과교육으로서의 국어교육이 담당해야 할 부분이 아니다. 국어교육은 가치를 다루는 것이 아니라, '가치를 접하고 해석하고 비판하는 능력'을 길러줌으로써 보다 포괄적인 교육의 지향에 답할 수 있을 것이다[8].

2. 문학비평문 쓰기의 개념과 사고 과정

가. 문학비평문과 독서감상문의 개념

반성적 사고에 기초한 주체와 텍스트와의 상호작용인 비평의 과정이 문학작품을 대상으로 이루어졌을 때 우리는 이것을 문학비평이라 한다. 문학비평이라 함은 주체가 텍스트 안에 적극적으로 개입하는 의미화 실천이면서 가치화 과정인 비평에 기반을 둔 것으로, 주체가 텍스트와의 비판적·반성적인 소통을 통해 자신의 가치를 수정하거나 재구성하여 새로운 담론을 생산하는 과정을 포괄하는 것이다. 이러한 과정 속에서 끊임없이 생산되는 의문들과 담론들을 조직화 할 수 있는 기제가 필요하다. 이러한 비평적 담론은 공동탐구의 과정을 통해 말하기의 표현단계를 거치고, 문자 표현의 과정을 거치게 되는데 이것이 바로 문학비평문이다.

초등학교에서 지향하는 문학비평 교육은 비평 텍스트를 가르치거나 전문적인 비평가를 가르기 위한 것이 아니다. 대상 텍스트를 비판적으로 읽고 사고하여 의미를 재구성하여 생산할 수 있는 능력을 길러주기 위한 것이다. 따라서 초등학교 문학비평문 쓰기 지도에 있어 비평문의

---

8) 김상욱(1992), 「담화, 이데올로기, 국어교육」, 『선청어문』 제 20집, 서울대학교 사범대학교

형식을 전문비평가 들이 하는 비평의 원리나 형식으로 제한하지 않기로 한다.

문학비평문의 개념에 대한 이해를 더하기 위하여 기존의 독서감상문과의 비교를 통하여 그 의미를 정립해 보고자 한다. 학습자가 텍스트를 읽고 난 후속 활동으로 독서감상문과 문학비평문 쓰기의 활동이 이루어질 수 있다. 그러나 이 두 가지 활동에는 차이점이 있다. 독서감상문이라 함은 학습자가 텍스트를 읽고 난 후의 생각과 느낌, 의견을 문자언어에 의해서 일정한 형식을 갖추어 표현하는 것으로 주관성이 강한 글이다. 텍스트를 읽고 난 후의 학습자의 생각과 느낌, 의견을 문자언어로 표현하는 점에 있어서는 독서감상문과 문학비평문이 공통적이다. 그러나 문학비평문은 독서감상문의 과정에서 나아가 비판적 사고 과정을 바탕으로 관점을 명확히 하는 과정, 공동탐구 과정, 자기 관점에서 텍스트 재해석하기의 과정이 더해진다. 이를 표로 정리하면 다음과 같다.

〈표 3〉독서감상문과 문학비평문 쓰기의 과정

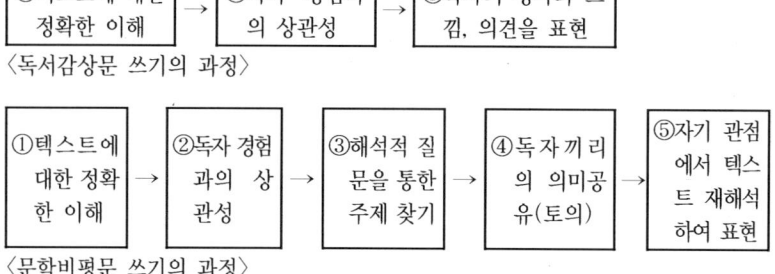

① 텍스트에 대한 정확한 이해 → ② 독자 경험과의 상관성 → ③ 독자의 생각과 느낌, 의견을 표현

〈독서감상문 쓰기의 과정〉

① 텍스트에 대한 정확한 이해 → ② 독자 경험과의 상관성 → ③ 해석적 질문을 통한 주제 찾기 → ④ 독자 끼리의 의미공유(토의) → ⑤ 자기 관점에서 텍스트 재해석하여 표현

〈문학비평문 쓰기의 과정〉

위에서 살펴본 것처럼 독서감상문은 텍스트에 대해 정확히 이해를 한 후에 독자 경험과의 상관성을 바탕으로 텍스트에 대한 자신의 느낌

을 주관적으로 표현하는 개인적인 글쓰기 행위이다. 그러나 문학비평문은 독서감상문의 3단계 과정을 거친 후에 해석적 질문을 통해 주제를 찾고 그 주제에 대한 공동탐구의 과정을 거쳐 형성된 자신의 관점으로 텍스트를 재해석하여 표현하게 된다. 따라서 텍스트뿐만 아니라 텍스트와 관련된 상황맥락, 즉 작자, 작품의 역사, 사회적 배경, 다른 독자들과의 의미협상과 합의 등을 모두 고려하여 자기 관점을 가지고 객관적으로 표현하는 사회적 글쓰기 행위이다. 또한 문학비평문 쓰기의 전 과정은 비판적 사고의 과정과도 일맥상통한다.

나. 문학비평문 쓰기 과정의 사고 특성

비판적 사고를 바탕으로 하는 문학비평문 쓰기의 과정은 비판적사고 과정과 그 맥을 같이 한다. 문학비평문 쓰기 과정의 사고 특성은 다음과 같다.

첫째, 비판적 사고가 확산된다는 것이다.

둘째, 개인의 인지능력은 사회적으로 확산된다.

셋째, 평가적이고 객관적이라는 점이다.

Ⅲ. 공동탐구 과정을 통한 문학비평문 쓰기 지도

1. 공동탐구 과정의 개념과 필요성

가. 공동탐구 과정의 개념

탐구라는 말이 교수-학습에 있어 많이 사용되고 있지만 누구에게

나 수용될 수 있는 일반화된 정의를 찾아내기는 어려운 일이다. 이는 탐구라는 말 자체가 가진 의미의 다양성에서 기인한다고 할 수 있다. 따라서 탐구라는 용어에 대하여 살펴본 후 나름대로의 개념 정의가 필요하다.

탐구는 지식 자체가 아니라 지식을 얻기 위한 과정, 방법 혹은 활동으로 표현되며, 흔히 문제 해결, 반성적 사고의 과정을 포함하고 있다. 탐구의 기초가 되는 반성적 사고는 비판적 사고 과정에서도 없어서는 안될 중요한 기초 사고이다. 탐구의 목표는 주어진 정보로부터 새로운 의미를 만들어내는 것이며 새로운 관점을 얻고 주어진 문제 상황을 해결하고 결론을 도출하는 것인데, 이는 비판적 사고의 과정, 문학비평문 쓰기 과정의 목표와 일치한다고 할 수 있다. 이상에서 설명한 공동탐구의 과정을 표로 제시하면 다음과 같다.

〈표 4〉 공동탐구의 과정

문제상황인식 → 자료 수집·탐색 → 논점·준거마련 → 검증·평가 → 결론도출

탐구를 적용한 공동탐구 과정의 수업방법에는 여러 가지가 있는데, 각 학과의 특징에 맞게 다양한 수업방법들을 적용한 교수-학습 모형들이 제시되고 있다. 본 연구에서는 공동탐구 과정이라는 학습의 형태에 토의학습 방법을 적용하여 문학비평문 쓰기 지도 방안을 제시하려고 한다. 토의는 단지 의견을 나누는 것 이상으로, 의미를 재구성하는 과정으로 파악할 수 있다. 예를 들어 한 편의 글을 읽은 다음에, 그 글에 대해서 토의를 한다는 것은 단순히 그 글을 읽고 난 후에 서로의 느낌을 이야기하는 것이 아니라 의미를 재구성 하는 과정으로 파악할 필요가 있다. 토의학습을 적용한 공동탐구 과정의 목적은 비판적 사고

라는 고등정신 기능의 신장과 학습자의 머리 속에서 의미 있는 인지적 학습활동을 통해 새로운 의미를 재구성하고 발견해 나가는 능력신장에 있다. 이상에서 설명한 비판적 사고와 문학비평문 쓰기 과정, 공동탐구 과정을 적용한 문학비평문 쓰기 지도 단계 사이의 관계를 표로 세시하면 다음과 같다.

(1) 비판적 사고 과정

(2) 문학비평문 쓰기 과정

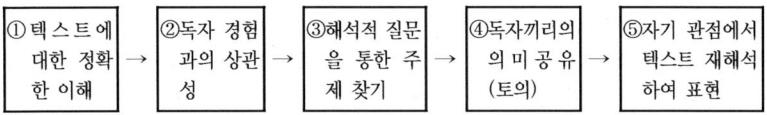

① 텍스트에 대한 정확한 이해 → ② 독자 경험과의 상관성 → ③ 해석적 질문을 통한 주제 찾기 → ④ 독자끼리의 의미 공유 (토의) → ⑤ 자기 관점에서 텍스트 재해석하여 표현

(3) 공동탐구 과정을 적용한 문학비평문 쓰기 지도 단계

〈표 5〉 비판적 사고와 문학비평문 쓰기 과정, 공동탐구를 적용한
문학비평문 쓰기 지도 단계 사이의 관계

비판적 글 읽기 단계	→	공동탐구 과정	→	글쓰기 단계

비판적 글 읽기	공동탐구 과정으로서의 토의학습	내용조직하기
- 글 읽기 - 자기 질문 만들기 - 아이디어 생성하기	- 자기 질문을 바탕으로 한 핵심 주제 설정하기 - 주제에 대한 논점 · 준거 마련하기 - 토의하기	초고하기 평가하기 고쳐쓰기 출판하기

나. 공동탐구 과정으로서 토의학습의 필요성

1) 일반론과 주관론 사이의 불균형을 조절해주는 기제로서의 필요성

비평주체는 비평 담론을 생산해 내면서 주체 자신의 가치와 긴밀하게 결합하지 못하고 담론 자체가 일반론에 머물 수 있다. 반대로 주체 자신의 가치에 너무 기울어서 텍스트의 의미를 충분히 고려하지 못하고 담론 자체가 주관론에 머물 수가 있다. 따라서 일반론과 주관론 사이의 불균형을 해소하기 위한 장치가 필요한데 이 장치가 바로 공동탐구 과정으로서의 토의학습이다. 비평주체는 타자와의 의사소통을 통해 일반론과 주관론 사이의 불균형을 해소할 수 있을 것이다.

2) 전문적 비평 지식의 부재로 인한 두려움 해소를 위한 필요성

학습자들은 비평가들에 비해 전문적 지식이 부족하며 텍스트를 자신의 삶과 관련짓는 경향이 강하다. 즉 이론적 지식들보다는 텍스트 경험이나 자신의 삶의 가치와 관련된 정서적 체험에 더 많이 호소하며, 자신의 비평 담론을 대상화해서 바라보고 그것을 반성적으로 수정하는 경우가 드물다. 그러나 비평 담론은 담론의 생산과정 자체가 타자와의 의사소통을 지향하기 때문에 타자가 읽고 공감할 수 있어야 한다. 또한 학습자들에게는 전문적 지식의 부족이 비평담론을 생산함에 있어 약간의 두려움으로 작용할 수 있다. 따라서, 학습자의 두려움을 해소하고 또래 집단 속 타자와의 교류를 통해 전문지식의 부재를 상호보완할 수 있는 장치가 필요하다. 이 장치가 바로 공동탐구의 과정으로서의 토의학습이다.

3) 논리와 타당성 확보를 위한 장치로서의 필요성

학습자는 끊임없이 타자를 의식해야 하고, 타자를 의식해서 가치를 표현해야 한다. 이 과정은 주체 자신을 설득하는 과정이면서 타자를 설득하는 과정이다. 학습자는 자신이 구성한 의미와 가치를 공개적으로 소통함으로써 학습공동체의 성원들과 가치를 공유하게 되고 스스로의 가치를 논리와 타당성을 지닌 가치로 수정해 나가야 할 필요가 있는데, 이러한 공개적 소통 장치가 바로 공동탐구 과정으로서의 토의학습인 것이다.

2. 공동탐구 과정으로서의 토의학습 적용 가능성

가. 토의학습과 쓰기의 역동적 관계

쓰기는 말하기의 일반적 특성과 깊은 관련이 있다. 글을 쓰는 학습자는 쓸 것의 의미를 얻는 수단으로서 말하기를 사용하기 때문에 말하기는 쓰기를 강화시킬 수 있다. 또 사회적 관계 속의 말하기는 쓰기를 지원해 준다. 마치 말하기가 인간관계 속에 쓰기를 끌어들이는 것처럼, 쓰기는 텍스트에 의해 말하기를 통하여 엮어지는 관계, 그 새로운 인간관계를 형성하는 방법으로서 말하기를 이끌어 간다. 이때 쓰기 자체만을 위한 활동보다는 다른 활동과의 관련 속에서 부담 없이 글쓰기 활동이 이루어지도록 하는 것이 좋은데 이러한 방법으로 토의학습을 쓰기 전 단계에 가져오는 것은 바람직한 방법이다. 토의를 통해 중요한 내용을 메모하고 토의 현장에서 보충할 내용들을 첨가한 뒤 최종적으로 이를 정리해 문학비평문으로 쓰는 활동은 이처럼 말하기와 쓰기의 역동적 관계를 바르게 활용하는 결과가 되게 한다. 그러므로 토의 학습 형태는 공동탐구 과정을 적용한 문학비평문 쓰기 활동에 효과적 으로 접근하는 방법이 될 수 있다.

나. 비판적 사고와 토의학습의 연계성

김현진(1994), 변홍규(1997), 변영계 외(1999), 정병기 외(1991) 외 에도 토의학습이 비판적 사고력을 신장하는데 효과적이라는 많은 연구 들이 있다. 이렇게 볼 때 토의학습은 학습자들의 의사소통 능력을 증 진시키며 학습자들에게 반성적 사고의 기회를 부여하여 비판적 사고, 논리적 사고를 함양할 수 있다고 하겠다.

3. 토의학습을 적용한 문학비평문 쓰기 지도의 의의

가. 이해와 표현 통합으로서의 읽기와 쓰기

표현과 이해의 과정은 확연하게 분리되어 있는 것이 아니라 긴밀하 게 관련되어 있으며, "이해란 표현한 것을 단순히 받아들이는 수동적 인 활동"이 아니라 "받아들인 것을 바탕으로 추론과 같은 사고과정을 통해 무엇인가를 얻는 활동"이라는 점에서 이해 과정 역시 넓게 보면 표현 과정이라 할 수 있다[9]. 문학비평문은 주체의 비판적 읽기에서부 터 시작되며, 읽기 자체가 수동적 과정이 아닌 능동적인 의미의 재구 성이라는 관점에서 볼 때 쓰기의 과정이기도 하다. 문학비평문 쓰기 과정은 주체가 텍스트 읽기를 통해 자신의 담론을 생산하는 과정이면

---

9) 이도영(1998), 언어사용 영역의 내용 체계에 대한 연구, 서울대학교 대학 원 박사학위논문

서, 동시에 읽기를 통해 쓰기를 수행하고 더 나아가 쓰기를 통해 읽기를 수정하고 보완하는 행위이다. 따라서 문학비평문 쓰기의 과정은 이해이면서 표현이기도 한 특성을 지니고 있으며 산술적 통합을 넘어서는 읽기와 쓰기, 이해와 표현이 통합될 수 있는 활동이다.

나. 합리적 의사소통의 토대 마련

학습자들은 특정한 텍스트에 대한 비판적 읽기 과정을 거치고, 토의학습을 통한 타자와의 상호소통을 통해 자신의 사회적 정체성을 구성하고 규정하는 보다 넓은 과정을 경험한다. 자신의 비평 담론을 토의학습을 통해 타자와 소통하는 과정 속에서 사람들의 정체성과 사회적 위치를 확인하게 된다. 텍스트의 의미를 비판적 사고를 통하여 새롭게 구성하고 가치를 선택하며 그것에 대해 설명할 수 있는 능력을 길러주는 문학비평문 쓰기 지도는 개인적 자율성과 사회적 안정성의 갈등관계가 공동체 성원들간의 자유로운 의사소통을 통해 합리적으로 중재될 수 있도록 할 것이다. 텍스트에 대해 새로운 담론을 생산해 내는 주체의 능력은 그러한 합리적 의사소통의 중요한 토대가 될 것이다.

다. 문화적 대응력 신장

이러한 비평 주체의 담론 생산 능력은 교실 밖의 현실문화에 대한 학습자의 문화적 대응력을 신장시킬 수 있다. 현재의 국어 교육은 교과교육의 역할뿐 아니라, 그들 자신의 생활문화 속에서 주체성과 자발성을 발휘할 수 있도록 하는 문화교육으로서의 목표를 아우르고 있다. 그런데 수용자들이 생활문화 속에서 주체성과 자발성을 발휘할 수 있도록 하기 위해서는 현실 문화 속에서 다양하게 갈등하는 가치들을 비판적으로 바라볼 수 있도록 해야 한다. 학습자에게 문제와 상황에 대한 정의력을 길러주고, 대응력, 비판력, 의미 재구성 능력을 길러주는 문학비평문 쓰기 지도를 통해 국어교육은 학습자들의 생활문화 속으로 파급될 수 있다.

라. 사회적 중재활동을 통한 자기주도성 신장

문학비평문 쓰기 과정 동안 이루어지는 타자와의 상호소통작용을 통해서 학습자는 자기주도적 학습능력을 획득하게 된다. 모든 학습자는 학습 활동시 독자적으로 과제를 해결할 수 있는 실제발달 수준과 교사나 유능한 동료의 도움을 받으면서 과제를 해결할 수 있는 잠정적인 발달 수준을 갖는다. 그리고 이 두 수준 사이에는 약간의 틈이 발생하는 데 그 사이의 거리를 인접발달 영역이라고 한다. 교수－학습은 바로 인접발달 영역 내에서 발생하므로 그것을 만들어내고 두 수준 사이의 거리를 좁히는 활동에 초점을 두어야 한다. 이 두 수준 사이의 거리를 좁혀주는 활동이 '토의'활동이다.

Ⅳ. 문학비평문 쓰기 지도 방안

1. 공동탐구 과정을 통한 문학비평문 쓰기 지도 원리

공동탐구 과정을 적용한 문학비평문 쓰기 지도 모형을 설계하기에 앞서 설계를 위한 기본 원칙이 필요하다. 본고에서는 기본적으로 사회인지 구성주의에 바탕을 둔 원칙을 추출하고자 한다.

가. 비판적 읽기의 원리

읽기는 독자가 글과 만나는 심리적인 행위일 뿐만 아니라, 다른 사람과 교류하고 반응하는 사회저인 행위이다. 읽기는 교사와 학생의 상호 작용 및 글과의 상호 작용을 통해서 교사와 학생의 사회적 관계가 형성된다. 서로를 '교사' 또는 '학생'으로 규정하고, 어떻게 행동해야 할지, 글을 어떻게 해석해야 할지, 의미를 어떻게 형성해 갈지 등에 대하여 책임과 권리를 나누게 된다. 글을 읽으면서 의미를 공유할 수도 있고, 토의를 벌일 수도 있다. 의미를 구성하기까지 다양한 해석과 방법이 오갈 수도 있으며, 비학문적인 지식이나 경험도 동원될 수 있다.

나. 능동적 의미구성의 원리

읽기는 일련의 개별 기능을 수행하는 것이 아니라 진정한 목적을 추구하는 가운데 다양한 요인이 동시에 상호 작용하는 과정이다. 읽기는 지금 읽고 있는 글만을 이해하는 것이 아니다. 독자가 의미를 구성하기 위해 자신의 배경 지식을 총동원하는 것은 물론이고, 글의 내용을 지금까지 읽었던 다른 글의 내용과 관련지으면서 통합적으로 의미를 구성하는 것이며, 자신이 구성한 의미를 다른 사람과 나누고, 이 과정에서 의미를 재구성하는 것이다. 읽기란 의미를 탐색하는 것에서 시작하여, 다양한 읽기 자원을 동원해서, 사회적 맥락에서 의미를 해석하고 비판하는 것이다.

요컨대, 읽기의 개념은 글의 '의미파악'이나 '의미구성'보다 글에 대한 독자의 주관적 '해석과 비판'으로 재정립되어야 한다.[10] 읽기 교육

---

10) 노명완(1997), 문식성의 개념·발달·그리고 사회적 요구에 관한 연구, 한국교원대학교 교과교육공동연구소

도 학생이 나름대로 글의 의미를 해석해 보고 공동의 장에서 다른 사람의 비판을 거치고, 다른 사람이 해석한 의미를 비판하는 의미의 해석과 비판의 장을 마련하는 방향으로 나아가야 한다.

다. 긍정적 상호작용성의 원리

학습자는 토의를 통하여 점차 높은 단계의 사고와 결합된 일종의 해석적 행동을 내면화하게 될 것이며, 사회적 관점에서 학습자는 상호작용 능력을 향상시킬 것이다. 또한 정의적 효과를 끌어낼 수 있다. 학습자는 학습과정 중에 얻게되는 새로운 지식을 능동적으로 처리하게 되고, 집단 구성원들의 아이디어로부터 새로운 관점과 새로운 아이디어를 얻게 함으로써 학습을 향상시킬 수 있고, 학습자는 자기 존중감의 형성, 타인을 돕는 행위의 증가, 대인관계 기능의 향상, 동료들과의 상호 호혜적인 관심이 증가하게 된다.

긍정적인 상호작용성은 구성원인 모든 학습자들이 상호도움이 된다는 인식을 갖고 집단의 과제를 수행할 때 이루어진다. 따라서 집단 전체의 이익을 위해 그들 자신에게 맡겨진 역할을 수행해야 함을 느껴야 한다.

라. 학습자 중심의 학습 원리

학생들의 사고력 신장을 목적으로 하는 교수-학습이라면 학습자가 스스로 자신감 있게 자신의 학습을 관리하며, 학습목표에 따른 방향을 설정해 나갈 수 있도록 배려해야 한다. 물론 모든 수업내용을 학습자가 중심이 되어 이끌어 나갈 수 없겠지만 여러 가지 학습 활동은 학습자가 적극적으로 참여할 수 있는 내용으로 조직·구성 되어야 할 것이다.

마. 구체적인 언어사용 맥락에서의 학습 원리

학습자의 비판적 사고 과정은 구체적인 언어사용의 맥락에서만 효과저으로 신장 될 수 있다. 비판적 사고력은 언어처리 과정에서 동원되어야 할 기능과 전략에 대한 설명만으로는 절대 향상되지 않는다. 물론 본 수업에서 의도하고 있는 비판적 사고 기능이나 이를 달성하기 위한 전략들과 과정에 대하여 교사는 설명해 줄 필요가 있다. 또 지식 습득 그 자체가 목적인 교수-학습 상황도 있을 수 있을 수 있다. 그러나 분명한 것은 학습자가 수행해야 할 비판적 사고 기능은 구체적인 목적으로 국어를 사용하는 맥락에서만 효과적으로 신장되는 지적 능력이라는 점을 충분하게 고려하여 지도 계획을 수립해야 할 것이다.

2. 지도 모형과 절차

공통탐구 과정을 적용한 문학비평문 쓰기 지도는 앞서 이야기한 바와 같이 비판적 읽기의 원리, 능동적 의미구성의 원리, 긍정적 상호작용성의 원리, 학습자 중심의 학습 원리, 구체적인 언어사용 맥락에서의 학습 원리로 이루어진다. 이 다섯 가지 원리에 맞게 구안 된 지도 모형과 각 단계별 지도 절치를 제시하면 다음과 같다.

가. 지도 모형

공통탐구 과정을 적용한 문학비평문 쓰기 지도는 교사의 일방적 설명보다는 학습자들의 상호 소통의 과정이 무엇보다 중요하다. 여기에서의 상호소통이라 함은 교사와 학습자, 학습자와 학습자, 학습자와 텍

스트 등 다방면에서 일어나는 주체와 외부와의 상호작용을 말하는 것
이다. 이 상호작용의 중심은 '대화'이고 따라서 대화 중심 쓰기 지도
모형을 생각할 수 있다. 또한 문학비평문 쓰기의 과정이 문제를 찾아
해결하는 문제해결 과정이기 때문에 문제 해결 과정 중심 쓰기 모형을
생각할 수 있다. 따라서 본고에서는 대화 중심 쓰기 지도 모형과 문제
해결 과정 중심 쓰기 모형11)에 입각하여 문학비평문 쓰기 지도 모형
을 제안하고자 한다.

나. 지도 절차

공동탐구 과정을 적용한 문학비평문 쓰기 지도의 절차는 크게 쓰기
전, 쓰기, 쓰기 후의 단계로 나뉘며 이는 다시 비판적 글 읽기 - 공동탐
구 과정 - 내용조직하기 - 초고쓰기 - 평가하기 - 고쳐쓰기 - 출판하기의 7
단계로 세분화된다. 각 단계의 특징과 세부학습 활동들은 다음과 같다.

1) 쓰기 전 단계

쓰기 전 단계에서는 비판적 글 읽기, 공동탐구 과정으로서의 토의학
습이 이루어진다.

가) 비판적 글 읽기

학습자는 자신의 문학적 경험에 맞는 의미를 찾아내고 그것을 바탕으

---

11) 문제해결 과정으로서의 작문 모형안 계획하기→내용생성하기→내용조직
하기·조정하기→고쳐쓰기의 단계이고, 박태호(1996)의 대화 중심 쓰기
지도 모형은 생각꺼내기→생각묶기→초고쓰기→다듬기→평가하기→출판
하기의 단계이다. 이 두 모형과의 관련성을 생각하면서 연구자가 구안한
문학비평문 쓰기 지도 모형의 단계는 비판적 글 읽기→공동탐구 과정→
내용조직하기→초고쓰기→평가하기→고쳐쓰기→출판하기이다.

로 텍스트의 가치를 발견하고 자신의 가치에 비추어 평가하며 자기화한
다. 텍스트와의 상호작용을 통한 가치 지향적 읽기를 통해 텍스트에 대
한 비평 담론을 생산하게 된다. 비판적 읽기는 텍스트에서 정보를 찾아
일관성 있게 의미를 구축하는 구성적인 과정이며 주체가 능동적으로 각
각의 새로운 아이디어들을 자신이 이미 알고 있는 것들과 연결시켜 이
해하는 과정이라는 점에서 적극적 읽기이다. 즉 학습자가 자신의 의미체
계와 가치를 바탕으로 텍스트를 능동적으로 재구성하고 적극적인 개입
을 통해 텍스트를 평가하고 새로운 담론으로 생산해 내는 과정이다.

나) 공동탐구 과정(소집단 토의학습)

공동탐구 과정으로서의 토의학습은 학습자들의 상호소통적 경험을
통하여 비판적 읽기를 수정·보완하게 된다. 공동탐구의 단계는 문학
비평문의 내용을 생성하는 단계이다. 공동탐구 과정에서 학습자는 개
인 인지사고를 통하여 생성한 내용을 바탕으로 다른 학습자와의 상호
소통의 과정을 거치게 된다. 이러한 타자와의 대화를 통해 자신이 구
성한 담론의 의미를 반성하고 자신의 가치를 수정·보완해 나가며, 재
구성한 담론의 일반성과 주관성 사이의 간극을 조절할 수 있게 된다.

2) 쓰기 단계

쓰기 단계에서는 쓰기 전 단계에서 생성된 내용을 바탕으로 내용
조직의 단계를 거쳐 초고 형태의 글을 쓰는 단계이다. 아무리 내용을
잘 생성했다 하더라도 그 내용들을 바르게 조직하지 않으면 좋은 비평
문을 쓸 수가 없다. 초고란 문자 그대로 완결된 글이 아니라 고쳐 쓸
것을 전제로 하여 쓰여지는 글이기 때문에 형식적인 면에 너무나 치우
치지 않으면서 내용 생성에 집중할 수 있도록 지도할 필요성이 있다.

다) 개요짜기

공통탐구 단계를 거치는 동안 정해진 주제에 대한 여러 학습자들의 의견을 통하여 학습자는 주제에 대한 자신의 생각을 수정·보완에 대한 자신의 생각을 정리하여 자신이 쓰려고 하는 글의 논점을 정하고, 자신의 논점이 잘 드러나는 문학비평문을 쓰기 위한 개요를 짜게 된다. 학습자는 개요짜기의 중요성에 대하여 인식을 소홀히 할 수 있다. 아무리 좋은 생각이라도 그 생각을 효과적으로 조직하지 않으면 좋은 글이 나올 수 없다는 것을 학습자에게 주지시켜야 한다.

라) 초고쓰기

초고쓰기는 비판적 읽기와 공통탐구 과정을 거치는 동안 생성된 담론들을 글로 표현하는 단계이다. 개요와 초고쓰기의 구분을 확실히 인식하지 못하고 개요에 쓴 내용을 그대로 초고에 쓰는 경우가 많다. 따라서 개요와 초고의 차이점을 인식시키고 이를 위한 여러 가지 방법을 예시로 보여주며 지도할 필요성이 있다.

문학비평문에서 가장 중요한 것은 문제에 대한 자신의 명확한 관점임을 주지시켜 논점이 확실히 드러나게 하고 타당하고 논리적인 준거에 의해 자신의 생각을 써나가야 하는 것이다. 문학비평문의 내용이 극단적 일반론이나 주관론에 머물지 않고 이를 잘 조합한 내용이어야 함을 강조한다. 또한 상대를 설득할 수 있는 타당성이 비평문의 생명임을 명시하고 확실한 근거를 뒷받침 할 수 있게 한다. 무엇보다 주제에 대한 자신의 중심생각이 잘 드러날 수 있도록 글을 쓴다.

3) 쓰기 후 단계

쓰기 후 단계는 학습자 스스로, 또 학습동료와의 돌려읽기를 통하여 평가하고 수정하여 보다 완성도 높은 글로 다듬어 나가는 과정이다. 평가하기와 고쳐쓰기, 출판하기의 단계로 이루어지는데 자신의 글에 대하여도 스스로 비판적 읽기를 진행함으로써 스스로의 글을 수정·보완해 나갈 수 있는 기회를 가지게 된다.

마) 평가하기

평가하기는 자기 평가 혹은 상호 평가를 통해 자신의 글을 완성해 나가는 단계이다. 평가하기는 학습자가 자신이 생산한 담론을 반성적으로 바라볼 수 있는 거리를 만들어 준다. 자신의 글에 대한 비판적 읽기, 다른 학습 동료의 비판적 읽기를 통하여 서로 의견을 교환하고 그것을 바탕으로 자신의 글을 대상화하여 바라볼 수 있는 기회를 가짐으로써, 보다 타당하고 적절한 완성도 높은 글이 될 수 있는 것이다.

바) 고쳐쓰기

고쳐쓰기는 평가하기 단계에서 이루어진 메타비평의 결과를 바탕으로 자신의 글을 수정·보완하는 단계이다. 평가 내용 중에서 적극 수용할 것은 수용하여 글을 발전시키게 한다. 고쳐쓰기는 일반적으로 삭제·부가·재구성의 원칙에 따라 이루어진다. 삭제 원칙은 불필요하고 잘못된 부분들을 삭제하는 것이고, 부가의 원칙은 미비하고 빠뜨린 부분을 첨가·보충하는 것이며, 재구성 원칙은 글 순서를 바꾸어 표현 효과를 높이는 것이다.

사) 출판하기

고쳐쓰기 단계를 거쳐 완성된 글은 출판하기의 단계를 거친다. 글은 읽히기 위하여 쓰여진다. 즉 다른 사람들과 공유되어져야 한다. 학습자는 문자를 통한 자신의 의사전달이 인정받고 격찬을 받으면서 그 가치를 깨닫게 된다. 따라서 글쓰는 단계에서 중요한 것은 학습자의 글로 표현된 사고를 공유하는 것이다. 출판하기는 극화하기, 게시하기, 다른 문종의 문집 만들기, 쓰기 경연대회, 학생 신문에 싣기, 글로 개작하기 등 다양한 방법으로 이루어진다.

V. 문학비평문 쓰기 지도의 실제

V장에서는 Ⅳ장에서 살펴본 공동탐구 과정을 통한 문학비평문 쓰기 지도 원리와 지도 모형을 바탕으로 한 지도의 실제를 제시하고자 한다.

1. 교수-학습 계획

가. 교수-학습 대상 및 방법
나. 공동탐구 과정을 통한 문학비평문 쓰기 지도 계획

2. 지도 과정

가. 프로그램에 따른 지도 과정

　1) 비판적 글 읽기 방법 알기(1주)
　2) 아이디어 생성하기(2주)
　3) 소집단 토의학습 방법과 주의점, 규칙 안내하기(3주)

　　4) 소집단 토의 학습 활동(4-5주)

　　5) 공동탐구 과정 후의 문학비평문 쓰기(6-10주)

나. 적용의 실제

3. 교수-학습의 결과 분석

가. 결과 분석 방법

나. 교수-학습의 결과 및 분석

Ⅵ. 결 론

　현 21세기 사회의 특정인 정보의 범람 속에서 살아가는 우리들에게 가장 필요한 것은 정보를 선택하여 스스로 재구성해 내는 능력이라 할 수 있다. 하루에도 무수히 많은 지식과 정보들이 출현했다 사라지고 있다. 이런 사회 속에서 정보와 지식이라 함은 전달되는 것이 목적이 아니다. 중요한 것은 많은 정보들 속에서 필요한 정보를 찾아내어 새롭게 의미를 재구성하고 창출해내는 능력이고 이 때 필요한 사고가 비판적 사고라 할 수 있다. 사회의 변화에 발맞추어 교육도 이러한 방향으로 나아가야 한다. 교육의 역할은 더 이상 지식을 전달하는 것이 아닌 스스로 지식을 만들어내고 구성해 나가는 교육이 되어야 한다. 현행 7차 교육과정의 국어과 목표에서도 비판적 사고의 중요성을 언급하고 있다. 따라서 문학교육 또한 학습자의 비판적 사고를 육성할 수 있는 교육이 되어야 한다.

 그러나 지금까지 문학교육을 보면 단순 지식 전달 위주의 교육이 이루어졌었다. 지금이라도 학습자의 비판적 사고를 바탕으로 한 적극적이고 능동적인 고등사고능력을 길러줄 수 있는 문학교육이 되어야 한다. 이러한 생각을 바탕으로 연구자는 비판적 사고를 길러 줄 수 있는 새로운 문학교육의 방법으로 공동탐구 과정을 적용한 문학비평문 쓰기 지도 방안을 제시해 보았다.

 비평이라는 용어가 가진 다양한 의미와 비평활동에 필요한 고등 사고능력을 의식한 나머지 비평문이라 함은 어려운 것. 전문적 지식이 필요한 전문가의 영역으로만 인식되어 초등문학교육에 있어서는 시도된 적이 없었다. 그러나 비평의 가장 중요한 것은 비판적 사고이고 비판적 사고 방식은 이라 함은 일정하고 적당한 시기가 있는 것이 아니다. 중요한 것은 사고가 정형화되기 이전에 비판적 사고를 할 수 있는 여건을 마련해 주어야 한다는 것이다. 따라서 학습자의 문학비평문이라는 용어에 대한 생소함과 두려움을 없애고 초등에서 필요한 문학비평문의 개념 정의를 통하여 다양한 사고를 가능하게 하는 공동탐구 과정으로서의 토의학습을 적용해 보았다. 연구자는 비판적 읽기에서 시작하여 공동탐구 과정인 토의학습을 거치고 문학비평문 쓰기라는 글쓰기 활동에 이르기까지의 지도 과정을 거치면서 이해와 표현, 듣기, 말하기, 읽기, 쓰기의 영역들을 통합하였다. 연구자는 본 연구를 통하여 지도방안을 제시하여 효과를 검증하기보다는 문학교육에 있어 비판적 사고를 신장할 수 있는 문학비평문 쓰기 지도 방안을 제시하는데 의의를 두었다.

 이를 위해 I장에서는 연구의 목적과 필요성에 대하여 언급하였고 II장에서는 비판적 사고의 개념과 필요성, 문학비평문의 개념과 사고 과정에 대하여 알아보았다. III장에서는 공동탐구 과정의 개념과 필요성,

공동탐구 과정의 적용 가능성, 공동탐구 과정을 적용한 문학비평문 쓰기의 지도 의의에 대하여 알아보았다. IV장에서는 앞의 내용을 바탕으로 문학비평문 쓰기 지도 원리와 모형, 절차를 마련하여 V장에서는 적용한 실제를 제시하였다.

연구자가 마련한 공동탐구 과정을 적용한 문학비평문 쓰기 지도 프로그램은 크게는 비판적 글 읽기 단계, 공동탐구 과정 단계, 문학비평문 쓰기 단계의 세 단계로 나뉘어 진다. 세부적으로 보면 비판적 글 읽기, 공동탐구 과정, 내용조직 하기, 초고쓰기, 평가하기, 고쳐쓰기, 출판하기의 7단계이다. 비판적 글 읽기란 학습자가 텍스트를 읽으면서 수동적 읽기가 아난 적극적인 자세로 텍스트가 이야기 하고자 하는 것에 의문을 가지고 질문을 던져가며 읽는 것으로 그때 그 때의 느낌과 생각들을 메모하면서 읽게 된다. 이것이 자기질문 만들기의 과정이며 다양한 아이디어 생성을 위한 언어적 활동을 하게 된다. 공동탐구 과정이라 함은 앞의 활동을 바탕으로 공동탐구의 한 방법인 토의학습의 규칙과 주의점을 지켜가면서 소집단으로 타학습자와 자기질문을 바탕으로 핵심 주제 질문을 정하고 이에 대하여 토의하는 과정이다. 이 과정을 통하여 학습자는 새로운 의미를 구성하고 수정·보완해 나간다. 내용 조직하기는 토의내용을 떠올리며 문학비평문을 쓰기 위한 개요를 작성하는 단계이며 초고쓰기는 개요를 바탕으로 자신의 생각이 잘 드러나게 한 편의 글을 쓰는 단계이다. 다음으로 자기·상호 평가하기를 통해 자신의 글을 완성된 한편의 글로 발전시켜 나간다. 출판·정리하기 활동을 통해 글 쓴 후의 활동의 재미와 중요성을 느끼게 하였다.

공동탐구 과정을 적용한 문학비평문 쓰기 지도 프로그램을 적용한 결과 다음과 같은 결과를 얻었다. 첫째, 자료탐색 측면에서 작가의 의도와 함축된 의미, 글의 흐름을 파악하는 능력이 향상되었다. 둘째, 문제점·논점 마련 측면에서 논점 설정의 타당성·적절성이 증가하였고, 모순이나 편견, 막연하고 애매·모호한 점이 줄어들었다. 셋째, 내용전개 측면에서는 타당하고 충분한 근거를 마련하였고, 준거가 객관적이고 적절하며 논리적 비약이 줄어들었고 자신의 관점이 적극 반영되었다. 넷째, 결론도출 측면에서는 합리적으로 결론을 도출하는 능력이 향상되었고, 논리적 탐구와 추론의 과정을 통하여, 또한 문제에 대하며 다양한 측면으로 조망하는 과정을 통하여 결론을 도출하는 학습자가 증가하였음을 확인할 수 있었다.

지금까지 논의한 공동탐구 과정인 토의학습을 적용한 문학비평문 쓰기 지도 프로그램은 다음과 같은 점에서 의의를 지닌다. 첫째, 문학비평문을 도입하여 비판적 사고력 신장을 위한 문학비평문 지도프로그램을 마련하고자 시도하였다는 것이 무엇보다 큰 의의라 할 것이다. 둘째, 비판적 읽기에서 시작하여 공동탐구 과정을 통한 말하기, 듣기, 문학비평문 쓰기에 이르기까지 하나의 프로그램을 거치는 동안 학습자는 듣기, 말하기, 읽기, 쓰기의 전 과정을 거치게 된다. 따라서 4가지 영역이 모두 통합되었다는 것이 두 번째 의의이다. 셋째, 전 과정에 있어 이해와 표현을 분리·다른 영역으로 본 것이 아니라 이해와 표현은 하나의 과정임을 인식하여 통합하였다는 것이다.

비판적 사고가 중요하고 필요함은 누구나 인정하는 사실이다. 따라서 국어과 교육에 있어서도 비판적 사고를 육성할 수 있는 다양한 교수-학습 방법이 마련되어야 하며 문학교육에 있어서도 학습자의 비판적 사고를 바탕으로 하고 신장시키기 위한 구체적 지도 방안들이 마련되기를 기대한다.

338

참고문헌

1. 자 료

교육부(1999), 초등학교 교육과정 해설(Ⅲ), 교육인적자원부.

2. 단행본

강인애(1997), 왜 구성주의인가?, 문음사.

김경일(1997), 독서감상문의 이론과 실제, 문지사.

김광길, 심원섭(1997), 문학비평이란 무엇인가?, 국학자료원.

김공하(1998), 비판적 사고와 교육, 교육과학사.

김덕환 역(1984), 피아제 지적발달론, 성울사.

김복영, 김유미 역(1995), 아이들은 어떻게 생각하는가?, 양서원.

김영희(1993), 비평의 객관성과 실천적 지평, 창작과 비평사.

김욱동(1999), 대화적 상상력, 문학과 지성사.

김인환(1994), 비평의 원리, 나남출판사.

김판수(2000), 구성주의와 교과교육, 학지사.

권명옥 외(1998), 문학이란 무엇인가?, 이회문화사.

문용린 역(1997), 피아제가 보여주는 아이들의 인지세계, 학지사.

박덕규(1980), 피아제의 발생학적 인식론과 구조론, 민성사.

박수자(2001), 읽기 지도의 이해, 서울대학교 출판부.

박영목(1996), 국어 이해론, 법인 문화사.

박영순 편(2002), 21세기 국어교육학의 현황과 과제, 한국문화사.

박태호(2000), 장르 중심 작문 교수 학습론, 박이정.

변영계(2001), 교수·학습 이론의 이해. 학지사.

변영계 외(1999), 교육방법 및 교육공학, 학지사.

변홍규(1997), 능률적 토론학습의 기법, 교육과학사.

엄기원(1994), 올바른 독서감상문의 쓰기, 지경사.

이명재(1997), 문학비평의 이론과 실제, 집문당.

애들러 모티어. J.(1992), 독서의 기술, 범우사.

이상섭 (1988), 자세히 읽기로서의 비평, 문학과 지성사.

이상우, 이기한(1995), 문학비평의 이해, 집문당.

이성호(2002), 교수방법론, 학지사.

이홍우, (1997), 증보 교육과정탐구, 박영사.

윤형두(1984), 비평문학론, 범우사.

정병기 외(1991), 사회과 교수법, 형설출판사.

조연주 외(1997), 구성주의와 교육, 학지사.

차경수(1996), 현대의 사회과 교육, 학문사.

차봉희(1993), 독자반응 비평, 고려원.

최현섭외(2000), 구성주의 작문 교수·학습론, 박이정.

한국교육개발원(1987), 사고력 신장을 위한 프로그램 개발 연구 Ⅱ.

한국교육개발원(1991), 사고력 신장을 위한 프로그램 개발 연구 Ⅴ.

한철우 외(2001), 과정 중심 독서 지도, 교학사.

황병하(1997), 메타비평을 위하여, 민음사.

황정현(2000), 창의력 계발을 위한 동화교육방법론, 열린교육.

황정현 외(2000), 초등국어과 교육론, 박이정.

3. 논 문

김대행(1998), 「매체언어와 국어교육」, 한국국어교육연구회 봄 학술발표자
　　료집.

김동환, 비평적 에세이 쓰기, 문학과 교육 제 9호, 문학과 교육 연구회.

김명순(2000), 구성주의와 읽기 교육의 방향, 청람어문학 22집, 청람어문
　　학회.

김미혜(2000), 비판적 읽기 교육의 내용 연구, 서울대학교 석사학위 논문.

340

김상욱(1992), 「담화, 이데올로기, 국어교육」, 『선청어문』 제 20집, 서울대
학교 사범대학 국어교육과.

김성균(2002), 초등학교 과학과의 탐구학습에서 형식논리 교육이 과학 탐
구능력에 미치는 영향, 한국교원대학교 대학원 석사학위 논문.

김영훈(1996), 독서토의 학습이 아동의 논리적 사고력 형성에 미치는 영
향, 한국교원대학교 석사학위 논문.

김정란(2000), 초등 사회과에서 쟁점토론을 통한 비판적 사고력 육성을
위한 수업 모형 연구, 진주교육대학교 석사학위 논문.

김현진(1994), 비판적 사고력을 함양시키기 위한 사회과 수업의 효과적인
토의 유형 연구, 서울대학교 대학원 석사학위논문.

김학섭(2001), 토의학습을 통한 단계별 논술지도 방안, 전주대학교 대학원
석사 학위논문.

고제영(2002), 비판적 사고력 신장을 위한 토론학습 프로그램 연구, 청주
교육대학교 대학원 석사학위논문.

남청자(2000), 교육연극을 통한 말하기 교육 연구, 서울교육대학교 석사학
위 논문.

문혜경(2000), 협동학습을 통한 작문 지도 방법 연구, 서울교육대학교 석
사학위 논문.

박경선(1998), 어항식 토의학습을 적용한 대화중심 쓰기 교수·학습 방법
연구, 대구교육대학교 석사학위 논문.

박광일(2002), 초등학교 국어지식(문법) 교육을 위한 수준별 탐구학습 방
법 연구, 대구교육대학교 대학원학위논문.

박태호(1996), 사회구성주의 패러다임에 따른 작문 교육 이론 연구, 한국
교원대학교 대학원 석사학위 논문.

박태호(1998), 자기주도 학습 능력을 기르는 사회구성주의 쓰기 교육 이
론, 청람어문학 20, 청람어문학회.

박태호(1999), 구성주의 작문이론의 전개동향과 교육적 시사점, 초등교과
교육연구, 한국교원대학교 초등교육연구소 초등교과교육연구회.

박영목(2001), 창의적 학습능력 신장을 위한 효과적인 독서지도 모형 개발 연구, 홍익대학교, 창의적 학습능력 신장을 위한 독서지도 모형 개발 연구위원회.

심영택 외(2001), 초등 국어과 교실 평가 기법 개발 및 현장 적용방안 연구, 한국교원대학교 부설교과교육 공동연구소.

안재경(1997), 비판적 사고력 함양을 위한 시사만화 활용방안, 한국교원대학교 석사학위 논문.

엄순용(1993), 독서감상문 쓰기의 지도에 관한 연구, 고려대학교 석사학위 논문.

오지연(2001), 비판적 사고력 신장을 위한 읽기 교수·학습 모형 연구, 전주교육대학교 석사학위 논문.

오판진(2000), 교육연극을 통한 동화교육 방법 연구, 서울교육대학교 석사학위논문.

원진숙(1999), 쓰기 영역 평가의 생태학적 접근, 한국어학 10호, 한국어학회.

원진숙(2001), 구성주의와 작문, 한국초등국어교육학회.

유달영(2001), 소집단 토의학습을 통한 단계별 논술지도 방안 연구, 공주대학교 대학원 석사학위논문.

이근제(1994), 탐구학습이 중학생의 과학적 태도에 미치는 영향, 한국교원대학교 대학원 석사학위 논문.

이도영(1998), 언어 사용 영역의 내용 체계에 대한 연구, 서울대학교 대학원 박사학위논문.

이수동(1999), 시교육의 연극적 방법 적용 연구, 서울교육대학교 석사학위 논문.

이숙안(1996), 비판적 읽기 책략 훈련 프로그램 개발에 관한 연구, 한국교원대학교 석사학위 논문.

이연이(2001), 사회과 쟁점토의학습이 비판적·창의적 사고력에 미치는 영향, 진주교육대학교 대학원 석사학위논문.

이정국(2002), 비판적 사고력 신장을 위한 읽기 지도 방법 연구, 목원대학교 대학원 석사학위논문.

전은아(1998), 대화주의 작문이론 연구, 한국교원대학교 석사학위논문.

전점영(1992), 비판적 읽기 지도에 관한 연구, 전남대학교 석사학위논문.

정영희(2001), 토론 연극을 통한 논술 지도 방법 연구, 서울교육대학교 석사학위 논문.

정진영(2000), 소집단 토의학습을 통한 중심생각 찾기 전략지도의 효과, 한국교원대학교 석사학위 논문.

최석민(1993), 비판적 사고와 그 교육적 의의, 경북대학교 석사학위논문.

최연희(2000), 지도활용을 통한 탐구학습이 도해력 신장에 미치는 영향, 한국교원대학교 대학원 석사학위 논문.

최향임(1992), 국어교육에서의 비판적 사고 능력 신장에 관한 연구, 서울대학교 석사학위 논문.

한창열(2002), 웹 토론학습을 통한 비판적 사고력 신장에 관한 연구, 인하대학교 대학원 석사학위논문.

황정현(1997), 교육연극에 대한 이해와 활용 가능성 연구, 한국어교육 12호, 한국어문교육학회

황정현(1999), 드라마 인지과정 이해, 문학교육학 1999 여름, 한국문학교육학회.

황정현(1999), 총체적 언어교육 방법론으로서의 교육연극의 이해, 한국초등국어교육 제 15집, 한국초등국어교육학회.

황정현(2000), 총체적 언어교육을 위한 동화교육, 문학교육학 5집, 한국문학교육학회.

황정현(1997), 교육 연극에 대한 이해와 활용 가능성 연구, 한국어교육 12집, 한국문학교육학회.

황정현(2001), 학습자중심교육을 위한 교육연극의 이해, 학습자중심교과교육연구 제 1권, 학습자중심교과교육연구회.

허남표(1996), 사회과 탐구학습에서 교사의 역할이 아동의 탐구기능 신장에 미치는 영향, 한국교원대학교 대학원 석사학위 논문.

4. 외서·번역서

Beyer, Barruk.(1985), Critical Thinking: What is it, Social Education.

Ennis, Robert(1962), A Concept of Critical Thinking, Harvard Educational Review, Vol.32, No.1.

Dewey(1933), How We Think, Lexington: D. C. Heath and Company.

Dewey(1938), Logic: The Theory of Inquiry, New York: Henry Holt and Company.

Flower Linda(1983), Problem-Sloving Strategies for Writing, 원진숙, 황정현 역(1998), 글쓰기의 문제해결전략, 동문선.

Paul, Richard W.(1990), Critical Thinking: What Every Person Needs to Survive in a Changing World, Center for Critical Thinking and Moral Critique, Sonoma State University.

Ruddell, R. B., & Unrau, N. J. (1994). Reading as meaning construction process: The reader, the text, and the teacher. In R. B. Ruddell, M. R. Ruddell, & H. Singr(eds.), *Theoretical models and processes of reading.* IRA.

Sternberg, R. J., "Critical Thinking: Its Nature, Measurement, and Improvement", ERIC Document Reproduction Service No. ED 272 882, 1986.

Vygotsky, L. S(1978), Mind in society: the development of higher psychological process, (trans) Cole, M. et al.

이경순 역(1988), 해석학과 문학비평, 문학과 지성사.

황정현 역(1998), 창조적인 언어사용 능력을 위한 교육연극 방법, 평민사.

학교교육에 있어 연극교육과
교육연극의 이해(2005)

황 정 현

1. 들어가며

본 논문은 학교교육에 있어 '연극교육'[1]과 '교육연극'[2]을 위해 교육 과정, 교과서 그리고 교사 양성체제를 어떻게 할 것인가를 살펴보는 데 그 목적이 있다.

교육은 미래를 전망하는 가운데 방향이 설정되고, 국가는 그런 방향 을 전제로 교육과정을 구성하게 된다. 오늘날 우리 사회는 미래학자들 이 말하는 새로운 지식 기반 사회로 급격히 이동해 하고 있다. 이런 급격한 변화는 우리 삶의 거의 부분에 해당되며, 변화에 따라 갈 수 있거나 변화를 주도하기 위하여 창의적인 방식으로 사고하고 행동할 것을 요구한다. 20세가 후반인 1997년에 우리나라 7차 교육과정이 공 포된 것도 바로 그런 이유에서이다. 7차 교육과정의 기본 방향을 '창의

---

1) '연극교육'의 개념을 '연극을 위한 교육'으로 예술적 관점에서 전문 예술교 육으로 정의한다.

2) '교육연극'의 개념을 '교육을 위한 연극'으로 교육적 관점에서 예술 철학을 기반으로 연극을 교육의 매체 혹은 방법으로 삼는 일반적 의미의 교육으 로 정의한다.

적 사고력 계발'에 둔 것은 과거 세기의 문자중심의 지식시대는 새로
운 세기를 맞이하여 창조적인 문화의 시대로 전환 되고 있기 때문이
다. 문화적 힘의 원천은 창의적 사고에 있음은 주지하는 바이다. 이러
한 창의적 사고의 계발을 위한 전제로 세계적으로 전통적인 학문과 예
술과의 학제간의 협동 연구로 전환되는 방향으로 나타나며 그것을 교
육적인 면에서 반영하고 있는 것이다.

이러한 학제간의 공동 연구의 필요성을 보이는 사례로 미 교육부
장관인 Richard Riley가 1993년 2월 23일 발표한 교육개혁에 있어 '예
술의 역할'이란 연설에서 다음과 같이 말한 데서도 찾아 볼 수 있다.3)

모는 아동들을 위한 교육의 질(質)을 개선하기 위한 노력을 함에 있
어, 예술이 우리들의 노력의 중요한 부분임을 인정하여야 한다. 예술은
인간으로서 우리에게 특별한 것이고 창조적 개인으로서 우리 각자에게
특별한 것을 의사소통하는 독특한 매개체이다. 예술은 우리 문화유산과
모든 다른 문화의 유산을 이해하게 하는 가치 있는 기회를 제공한다. 또
한 예술은 창조적 문제 해결 능력, 상상, 세부적 사항에 대해 자기 수양
과 집중력을 개발함으로써 우리 국가의 경제적 경쟁력을 높인다.

여기서 말하는 예술의 역할은 학교교육에 있어 '문화적 문식성'
(Cultural Literacy)을 높이고자 하는데 있다. 이제 문맹의 문제는 언어
적 차원이 아니라 문화적 차원의 문제이며 그렇기 때문에 기본 상식을
갖추도록 초등교육 단계에서 관심을 가져 문화적 재 생산력이 강한 사
람을 양성하는 것이 21세기 교육의 핵심이 된다는 것이다.

최근 한국연극협회와 문화예술진흥원, 교사연극협회, 전국연극교사모

---

3) John Warren Stewig, Carol Buege, 『Dramatizing Literature in Whole
Language Classrooms』 Columbia University Teachers College Press, New
York and London 1994. p서문(vii)

임 등 문화예술단체와 한국교육연극학회, 한국연극교육학회, 한국연극
학회 등 학술 단체가 문화관광부의 지원을 받아 학교교육에 연극을 교
과목으로 채택하기 위한 일련의 움직임은 이러한 변화된 교육환경에
대응하기 위한 노력의 일환으로 볼 수 있다.

2. 연극교육과 교육연극의 관계

일반적으로 연극과 교육의 결합은 두 가지 방향으로 행해진다. 하나
는 연극을 교육의 수단으로 이용하는 것이고, 다른 하나는 연극예술가
의 양성을 목표로 하는 전문교육이다. 영·미 권에서는 일반학교에서
는 대부분 교육연극의 방법론을, 전문학교에서는 연극교육의 방법론을
채택하고 있는데 우리나라의 경우도 이렇게 교육연극과 연극교육으로
구분하고 있는 실정이다.

교육연극은 대개 DIE(Drama in Education), TIE(Theatre in
Education), Youth Theatre 등으로 구분할 수 있다. DIE가 공연을 목
표로 하지 않는 과정 중심이며, TIE는 전문 교육 극단이 5세부터 19세
까지의 관람 대상을 목표로 공연을 통해 교육적 목표를 달성하는 것이
라면 Youth Theatre는 청소년 중심의 연극이라는 점에서 차이가 있다.
이 가운데 DIE가 초·중·고등학교의 일반 학생들을 대상으로 하는
가장 보편적인 교육연극이다.

연극교육의 경우는 공연 예술의 한 장르로써 전문 예술교육을 말한
다. 이것은 특별한 재능이 있는 사람들이 그 재능을 훈련하고 키우는
것을 의미한다. 따라서 교육연극과는 다른 교육과정을 필요로 한다. 즉
한편의 공연을 만들기 위한 모든 과정이 교육과정 속에 포함되어 예술
작품으로써의 결과물이 나와야 된다. 따라서 희곡 쓰기/읽기와 관련된

희곡론이나 배우 훈련에 필요한 여러 가지 기술들을 배우고 익혀야 할 연기론, 조명, 의상, 분장, 음향, 배경음악 등을 포함한 무대 장치론, 그리고 이 모든 것을 조합하여 총체적 의미를 구성할 수 있는 연출론 등이 포함될 것이며 이런 것을 위한 배경 지식으로 연극사나 예술철학이 뒷받침이 되어야 할 것이다.

연극과 교육의 결합으로 생기는 연극교육과 교육연극이란 두 방향은 결국 학교교육에서 분리되어 시행될 것이 아니라 일원화된 방향으로 이루어져야 할 것이다. 즉 교육연극이 교육과정 상 가장 많은 비중을 차지하는 교과교육 시간에 활용이 되는 과정 중심의 활동이라면, 연극교육은 그런 과정을 거쳐 형성된 아동들의 예술 문화적 능력을 발현하게 하는 결과 중심의 활동이라 할 수 있을 것이다. 이런 점에서 학교교육에서의 연극의 두 방향은 서로 상호 보완하는 관계로 설정되어야 할 것이다.

3. 학교교육에 있어 연극교육과 교육연극

교육은 크게 가정교육, 학교교육, 사회교육으로 나누어 볼 수 있다. 가정교육과 사회교육은 비형식적 교육임에 반해 학교교육은 국가가 정한 법의 범위 안에서 국가가 요구하는 인간 양성의 목표를 두고 있으며, 이러한 목표를 달성하기 위해 학교교육은 일정한 형식적 틀을 유지한다. 이 형식적 틀에는 교육과정, 교과서, 교사양성 체제가 있다.

가. 학교교육에서의 연극의 적용

학교교육에 연극을 도입함에 있어 전제되어야 할 것은 연극에 대한

인식이다. 이것이 학교교육의 교육과정, 교과서 편찬, 교사 양성 체계
의 방향 설정에 중요한 기준이 될 수 있다.

　하나의 문화로서 연극이 올바르게 자리매김을 하려면 무엇보다 그
문화가 뿌리를 내릴 수 있는 풍토가 우선되어야 할 것이다. 특히 학교
교육에 뿌리를 내리기 위해서는 더욱 그러하다. 연극이 뿌리를 내릴 수
있는 문화적 풍토를 구성하는 요소들은 여러 가지로 생각할 수 있겠으
나 무엇보다 중요한 것은 연극을 바라보는 사람들의 의식이다. 말하자
면 연극을 재능이 있는 사람들만이 하는 특별한 예술로 보는 관점이 지
배적인 이상, 연극이 학교교육에 뿌리를 내리기 어렵다는 것이다. 왜냐
하면 초·중·고등학교 교육은 기초 교육이며 또한 보통교육으로서 건
전한 민주시민을 양성하는 교육이기 때문이다. 따라서 연극이 학교교육
과 접목하려면 무엇보다 우선하는 것은 연극은 인간의 본능과 일치하는
예술로 누구나 할 수 있는 것이라는 의식이 선행되어야 할 것이다.

　이런 관점에서 보면 연극과 교육의 접목을 다음과 같이 나누어 볼
수 있을 것이다.

1) 인문과학적 관점에서의 연극 – 과정 중심의 교육연극

　과정 중심의 교육연극은 연극을 모든 예술의 상위 개념으로 설정
한다. 그리고 이것은 예술의 철학적 기반을 제공하는 인문과학적 접근
방법으로 교육과정상 모든 교과 교육을 융합(fusion)시키는 메타 – 교
과의 형태로 존재한다. 또한 이것은 창의적 사고력 계발을 위한 교육
과정에 있어 연극을 모든 교과교육에 접목하여 기존의 지식을 새롭게
구성해 내는데 목적을 두는 일종의 과정 중심의 교육 방식이다. 따라
서 일반 교과교육의 지식에 대한 새로운 방법과 인식을 개발하기도 하
며 때에 따라서 통합 교과의 형태로 존재할 수도 있다. 여기에 적용할

수 있는 것은 교육연극이라고 할 수 있다.

　교육연극 가운데 학교교육에 가장 많이 활용되는 DIE(Drama in Education)는 간단한 워밍업으로 시작하여 드라마틱 게임, 따블로(tableau)만들기, 즉흥극, 역할극, 스토리텔링, 신체표현 등 다양한 연극적 활동을 통해 자기표현을 훈련함으로써 자신만의 독특한 방법으로 생각과 감정을 표현함으로써 개성을 발달시킬 수 있으며, 놀이에 참여하는 과정은 교사들이 아동들에게 경쟁보다는 협동을 가르쳐 줄 수 있는 기회를 제공한다. 그리고 연극적 방법은 흥미로운 것이기 때문에 아동들에게 학습의 동기를 부여하고 그 깊이를 더할 수 있을 뿐만 아니라 언어와 사고, 행동들이 함축된 상호작용과 의사소통의 형태로써. 아동들은 이를 통해 인지, 정서, 사고 등 환경과 정신적 영역을 통합하여 이해한다. 또한 감정이입을 통해 아동들은 일체감을 갖게 되며 상대에 대한 이해의 폭을 넓고 깊게 하고, 극적 행위에 참여하는 아동들은 예술 형식의 감상과 이해를 촉진시킨다. 나아가 극은 실제보다 더 생생한 허구를 갖고 행동의 형식을 창조함으로써 모든 행위는 상징이 될 수 있고, 행위자와 비행위자는 상징과 은유를 표현하고, 해석하고, 직관할 수 있는 능력을 신장시키며 아동들에게 직접적인 경험을 개발할 수 있게 하는 동시에 극을 만드는 과정은 삶을 반영하는 기회를 제공한다.

2) 공연예술 관점에서의 연극―결과 중심의 연극 교육

　공연예술 관점에서의 연극은 모든 예술 활동을 수평적 관계로 보고 연극 또한 예술의 한 장르로 인식하여 공연예술로서의 연극을 교육의 대상으로 접근하는 방식으로 독립된 예술 교과교육으로 인식 할 수 있다. 예를 들면 교과교육 과정에서 기존해 있는 음악, 미술, 체육 외에 연극 과목을 독립 설치하는 방법이 있을 수 있다. 여기에 적용할 수 있는 것은 연극교육이라고 할 수 있다.

연극교육의 교육과정은 연극을 만들기 위한 교육과정으로 구성되어야 할 것이다. 희곡 쓰기/읽기부터 연기, 무대 장치, 연출, 를 위한 교육 내용으로 보면 초·중·고등학교에서는 교육하기가 어려울 것 같아 보이지만 그러나 실제로 학교에서 연극을 만들어 공연하는 경우를 생각해 보면 반드시 전문적인 예술 교육으로서의 연극교육이 아니라 하더라도 연극교육은 이루어지고 있는 셈이다. 매년 실시하고 있는 '청소년 연극제'나 '전국 아동극경연대회' 같은 경우의 예를 보면 전국의 많은 학교들이 학교 교육과정 상 특별활동 시간을 통하여 이 경연대회에 작품을 출품함으로써 연극교육을 하고 있다.

3) 학교교육에 있어 연극의 올바른 방향

과정이 없는 결과가 없듯이 결과가 없는 과정도 없을 뿐만 아니라 과정과 결과가 하나의 시스템이라는 관점에서 학교교육에서의 연극의 올바른 방향은 인문과학적 관점에서의 연극과 공연 예술적 관점에서의 연극이 교육과정 상 하나로 통합되어 운영되어야 효과적일 것이다. 통합 방법으로는 7차 교육과정의 다양한 교육과정 프로그램을 적극 활용하여야 할 것이다. 이 문제는 교육과정 운영에서 자세히 다루기로 한다.

나. 교육과정 적용에 있어서 연극

현행 7차 교육과정의 특성은 학습자 중심, 학생 선택 중심 교육과정, 수준별 교육과정, 특별활동과 재량시간의 확대와 시간 증가로 설명할 수 있을 것이다. 그리고 이런 7차 교육과정의 학교교육 과정은 교과교육, 특별활동, 재량활동, 심화 선택 과정으로 구분할 수 있다. 교과교육

과정, 특별 활동, 재량활동은 국민공통교육과정 뿐만 아니라 11-12학년
에 모두 적용되며, 심화선택 과정은 11-12학년에만 적용된다. 이러한
현행 교육과정 상의 체계를 위에서 언급한 내용과 영역을 연결 시켜
보면 다음과 같다.

1) 학습자 중심 교육과정과 교육연극

7차 교육과정에서 학습자 중심 교육과정을 강조하는 것은 지식은
더 이상 학습자와 분리되어 객관적으로 존재하는 독립된 의미체계가
아니라, 개인과 세계와의 상호작용에 의해 총체적 의미를 스스로 구성
해 내어야 한다는 구성주의적 관점에서이다. 즉 학습자는 지식 수용의
단순한 객체가 아니라 주체로서 지식을 새롭게 구성해 낼 수 있어야
한다는 것이다. 이러한 교육에 대한 새로운 인식과 지식 탐구 방법에
대한 연구 없이 학습자 중심의 교육방법 구현은 어려울 것이다.

연극학은 전통적으로 철학과 더불어 인문과학의 앵 축을 형성해 왔
으며, 인간교육의 중요한 부분을 차지해 왔었다. 특히 20세기 들어 연
극과 교육의 융합(fusion)이 본격적으로 시도되기 시작하여 각 교과교
육에 도입되기 시작한 것은 1960년 대 중반 영국에서였다. 교육연극의
학습 이론적 관점을 보면, Dewey의 경험주의적 교육 철학, Piaget의
인지 구성과 단계에 따른 학습 참여자의 능동적인 참여 행위,
Vygosky의 발달 근접 지대 이론에 따른 학습 참여자의 의미 협상 과
정 등이 있다.

교육연극의 특징은 학습에 이어 학습자들이 가지고 있는 본성을 극
대화한다는 점이다. 예컨대 학습자들의 모방성, 활동성, 유희성, 통합성
등은 연극의 본질인 동시에 인간의 본능과 상동성을 이루고 있어 자연
스럽게 학습자들을 학습의 주체자로서 교육에 활용하기 쉽도록 되어

있다는 점에서 학습자 중심의 교육과정의 핵심이 된다.

학습자 중심 교육과정에서 교육연극이 접근할 수 있는 영역은 교과 교육과정이다. 다양한 교과적 지식을 교육 연극적 철학을 기반으로 한 방법을 적용함으로써 학습자가 학습의 주체가 되어 교과 학습의 효과를 높이고 있다. 외국의 경우 전통적으로 연극과 거리가 멀다고 생각해 왔던 교과까지도 연극과의 융합을 성공적으로 이끌고 있다. 예컨대, 언어 교과나, 사회 교과, 윤리교과 등과 같은 인문·사회 과학 뿐만 아니라 수학 교과나 과학 교과 같은 자연과학의 영역에서도 '수학을 위한 연극(Drama for Mathematics)'이나 '과학을 위한 연극(Drama for Science)'으로 자연과학적 지식에 접근하고 있으며, 제 3세계 국가에서의 빈부 격차의 사회 문제를 '토론연극'을 통해 문제를 확인라고 그 해결점을 교육적으로 해결하기도 한다. 뿐만 아니라 비판적 사고, 추론적 사고, 논리적 사고, 창의적 사고 등 사고력 교육에 있어 학습자들이 구체적 상황 속에서 나의 문제로 인식하고 쉽게 접근하도록 하고 있다.

2) 학습자 선택 중심 교육과정과 연극교육

7차 교육과정의 학습자 선택 중심 교육과정은 학습자들의 다양한 재능을 학교교육을 통해 이루고자 하는데 있다. 이러한 선택 과목 교육 과정은 11-12학년 과정에 개설되어 있다. 이 과정의 특징은 '일반 선택' 과목 군과 '심화 선택' 과목 군으로 나누며, '일반 선택' 과목 군에는 인문·사회 과목 군, 과학·기술 과목 군, 예체능 과목 군, 외국어 과목 군, 교양 과목 군으로 나누고 있는데 이것은 국민 공통 기본 10개 교과와 관련되어 있다. '심화 선택' 과목 군은 4개 교과 군으로 묶어 학생의 진로 선택과 관련하여 집중적으로 이수하도록 하고 있다.

교육부는 이에 대비하여 2000년 1월 연극영화 관련 과목 학과에 공문을 보내 2003년 2월 졸업하게 되는 1999년 학번부터 연극영화 교직 설치를 허용한 바가 있다. 교직 설치 허용을 계기로 2000년 12월 연극 교과목 개설 추진위원회가 구성되고, 초·중, 고 교사, 교장, 학생 대상 으로 설문조사를 실시하여 커다란 관심을 확인하고 교재 및 교사 수급 에 대한 방향을 설정하고 있다.

학습자 선택 중심 교육과정에서의 연극과 교육의 접합은 전문적인 예술교육으로서의 연극교육으로 가야 할 것이다. 왜냐하면 고등학교 2-3학년에 해당하는 학생들은 대학에서 전공할 내용을 다루는 전공 지 식 교육이 필요할 뿐만 아니라, 학습자 선택 중심 교육과정의 정신상 직업과 관련한 진로 선택과 관련이 있기 때문이다.

3) 재량활동과 교육연극

7차 교육과정에서는 재량활동을 국민 공통 기본 교육 기간에 확대, 신설한 것이 가장 두드러진 특징이다. 이것은 학습자의 자율성과 창의 성에 바탕을 둔 학습자 중심 교육과정의 기본 정신을 구현하기 위한 것이다.

재량활동은 교육과정 운영의 분권화, 자율화, 지역화 및 내용의 적 정화를 촉진시키기 위한 교육과정으로 21세기의 세계화, 정보화, 다양 화 시대를 주도적으로 이끌어 갈 수 있는 자기주도적인 능력과 창의성 을 신장하여 학교나 지역사회의 실정, 교사, 학생, 학부모의 필요와 요 구를 반영하여 학교의 독특한 교육문화에 맞게 창의적인 교육활동을 다양하고, 특색 있게 운영함으로써 학교교육의 궁극적인 목표인 인간 교육을 실현하기 위한 것이다.

재량활동은 크게 「교과 재량활동」과 「창의적 재량활동」으로 구분된 다. 「교과 재량 활동」은 국민공통 기본 교과의 심화·보충 학습을 위한 것이라면, 「창의적 재량활동」은 학교의 독특한 필요, 학생들의 요구 등에 따른 범 교과 학습과 자기 주도적 학습을 위한 것이다.

이런 재량활동의 정신과 성격, 운영 체계에 비추어 볼 때, 연극과의 만남은 연극의 전문적 지식과 기술을 가르치는 연극교육보나는 교육연극의 방향으로 설정되어야 하며 타 교과와 협동 교육과정 (Co-Curriculum) 체제로 가야 할 것이다. 왜냐하면 재량활동은 범교과적일 뿐만 아니라 통합교과이며, 교과 간의 벽을 허물고 새로운 가치를 만들어 내기 때문이다.

4) 특별활동과 연극교육

특별활동은 교육목적 및 목표를 달성하기 위하여 필요한 교과 이외의 기타 교육활동을 의미한다. 따라서 교과활동과 달리 학생과 교사가 자유롭게 주제를 선정하여야 하며 학습자의 창의적 능력을 최대한 보장하며 교과활동과 상호보완적인 관계에서 일원화된 통합 교육과정으로 운영되어야 한다.

현재 각급 학교에서는 학습자들의 취향에 맞는 다양한 활동을 구성하여 운영하고 있다. 예컨대 독서반, 문예반, 배드민턴반, 연극반 등이 대표적인데 연극반은 일 년간의 활동 결과물을 가지고 매년 실시하는 '전국 청소년 연극제'나 '한국 아동극 경연대회'에 참가하고 있다. 지방마다 예선을 거쳐 매년 10월이면 본선 작품을 놓고 경연대회를 하는데 '청소년 연극제'의 출품작은 예선에 참가하는 학교수가 2000년에 350-400개교에 이르는 것으로 보아 고등학교 연극반의수가 최소 500개는 되지 않을까 한다. 뿐만 아니라 초등학교를 대상으로 하는 '전국 아동극 경연대회' 역시 이 수준을 유지하고 있으며 해마다 참가 학교가 늘어가고 있는 실정이다.

교육과 연극의 만남에서 특별활동은 연극적 재능이 있거나 연극에 관심이 많은 학생들이 참가하기 때문에 이 활동에서는 연극교육이 적합하다고 할 수 있는데 2002년 통계에 따르면 교사가 지도하는 특활시범학교 31개교, 연극인이 지도하는 특활 및 특기적성 시범학교가 125개교로 시범학교만 160개교에 이르는 점을 감안할 때, 어린이 연극교실이나 학예회 등을 통해 초등학교 연극반 내지 연극교육의 잠재적 수요는 상당하다고 할 수 있다.

다. 연극 교과서

교과서는 국가교육과정의 목표를 구체적으로 실현할 수 있는 자료로서 크게 국정 교과서, 국가 검인정 교과서, 지방교육청 검인정 교과서, 자유 공모 제 교과서, 자유 발행 제 교과서로 나눌 수 있다.

현재 연극교육위원회가 주관하여 발간한 교과서는 2003년도에 고등학교 교과서 1권, 2004년에는 중학교 교과서 1권, 그리고 2005년에는 초등학교 교과서 저·중·고학년 3권이 나왔다. 이 교과서들은 7차 교육과정에서 11-12학년의 심화 선택용 교과서로 개발되거나, 초·중학교 재량활동 시간에 활용할 수 있는 교과서로 개발되었다. 그리고 모두 국가 검인정 혹은 지방 교육청 검인정 교과서로 신청하여 검인정 과정 중에 있다.

그러나 연극이 갖는 교육적 효과에 비하면 검인정 교과서 개발로는 아직 미흡하다는 인상을 지울 수 없다. 그리고 앞으로 교육과 연극의 접합에 있어 교육연극 교과서냐, 그렇지 않으면 연극교육 교과서냐 하는 문제와 어느 교육과정에 어떤 교과서가 사용되어야 할지를 결정하는데 있어 다음과 같은 기준을 제사한다.

◦ 교과교육 교과서(국정) - 교육연극
◦ 심화선택 교과서(국가 검인정) - 연극교육
◦ 재량활동 교과서 (지방 검인정) - 교육연극
◦ 특별활동 교과서(국가/지방 검인정) - 연극교육

1) 교과교육 교과서

여기서 교과교육 교과서란 국민공통 기본교육과정을 이수하는데 필요한 국정 교과서를 말한다. 교과교육 교과서는 각 교과 지식을 중심으로 내용을 이루고 있다. 문제는 지식을 어떤 방법으로 다루느냐 하는 것이다. 주지하다시피 7차 교육과정이 학습자 중심, 창의성 계발, 활동중심 교육이란 방향을 고려할 때 구성주의를 기반으로 하는 학습자 중심 교육의 방법으로 교육 연극적 관점의 교과서를 생각해 볼 수 있을 것이다. 현재 초등학교의 경우 저학년의 '즐거운 생활' 같은 교과서는 예술 통합적인 관점에서 연극적 방법을 관점에서 많이 다루고 있으며, 또 7차 교육과정 이전의 교과서에 비해 각 교과교육 교과서의 경우에도 학습자의 활동이나 창의성 계발과 관련한 학습 방법이 많은 비중을 차지하고 있는 것이 사실이다. 이런 방법으로 교육연극이 활용될 수 있을 것이다. 앞에서 언급 했듯이 외국의 경우 '수학을 위한 드라마'나 '과학을 위한 드라마', '사회교과를 위한 드라마'가 사용되고 있듯이 앞으로 교과교육 전문가들과 협력하여 교과 지식을 학습자들이 쉽게 이해하고, 능동적으로 재구성할 수 있는 방향으로 교과서 개발이 요구된다.

2) 심화 선택 교과서

심화 선택 교과서는 11-12학년에서 다루는 국가 검인정 교과서로

'연극교육원회'에서 2003년 이미 교과서를 개발하여, 2004년 현재 전국 19개 고등학교(선택1 계발8, 재량10)가 사용하고 있는 실정이다. 이것은 2003년 교육부가 선택 중심 교과 운영에 맞추어 전문인들을 교사로 임용할 계획을 발표하여 72개 선택과목 중 연극, 영화, 에니메이션을 포함시키면서 이루어진 것이다.

이 교과서는 심화 선택 교육과정에 맞추어 제작된 것이어서 고등학생들의 진로와 관련하여 예술교육 전공으로서의 연극에 초점을 맞추고 있다. 그런데 현재 이 교과서를 심화선택 교육과정에 적용하는 학교는 1개교이며 나머지 18개교는 계발 활동과 재량활동 시간에 사용하고 있어 그 효용성에 대한 의문이 제기 되고 있는 실정이다. 앞으로 보다 전문적이 연극교과서와 계발활동과 재량활동에 사용할 교과서를 구분하여 개발할 필요가 있다.

3) 재량활동 교과서

교과 재량이든 창의적 재량이든 재량활동은 교과 통합적이란 면에서 이 시간에 사용할 교과서는 교육연극 관점을 유지해야 할 것이다. 그러나 현재 발행되어 있는 중학교 재량활동 교과서는 너무 연극적 지식 중심이라 재량활동의 정신에 맞지 않은 실정이다. 이 점이 많은 논자들의 비판을 받고 있는 실정이다. 그러나 초등학교 저·중·고학년 3권은 연극놀이를 주요 내용으로 하되 그 활동과 관련한 교과 영역을 제시함으로써 교과 통합적으로 사용할 수 있게 만들었다. 저학년 11월 4주 한 단원을 예를 들면 단원명 '다른 사람이 되어 봐요'에서 '가면 놀이'와 '빈 의자', '역할 바꾸기' 활동 내용을 보면 이것은 국어 교과의 '상상하여 말하기 활동이나 즐거운 생활 교과의 창의적인 신체 표현하기와 관련을 짓고 있다. 중·고학년의 경우도 저학년과 같이 교과교육의 내용

을 반영하고 있다. 재량활동 시간은 담임교사가 사용하기 때문에 교과
서도 특별한 연극적 지식이 없이도 누구나 사용할 수 있도록 교과관련
영역을 제시 하여 교과 교육에 도움이 되도록 하여야 할 것이다.

4) 특별활동 교과서

특별활동 교과서는 특활부서인 '연극반'을 위한 교과서이기 때문에
전문적인 연극 지식을 다루는 연극교육용으로 제작되어야 할 것이다.
희곡집을 포함하여 실제 연극을 만드는 과정 즉, 음성연기, 몸짓연기,
팬터마임 등 연기 지도 관련 내용과 소품 만들기와 조명, 배경 만들기
등 무대 장치 관련 내용과 배경음악과 음향효과 등과 같은 기술적인
면을 포함하고 있어야 하며, 연습의 실제 과정을 면밀히 다루는 연출
분야 까지 연극제작의 모든 분야를 다루어야 한다. 이런 점에서 특별
활동 교과서는 연극교육의 차원에서 제작되어야 하는 것이다.

현재는 시중에 있는 개인작인 학교극이나 아동극 교실과 같은 책들
은 있지만 국가기관이나 지역교육청 단위의 검인정을 받은 특별활동용
연극교과서는 없는 실정이다. 앞으로 특별활동 교과서의 제작이 시급
하다 하겠다.

라. 연극 교사 양성 체계와 대책

학교교육과 관련하여 교육과정에 따라 교과서를 운용해야 할 주체
로서 교사의 양성 또한 중요하다. 현재 연극을 교육할 교사 양성 상황
을 보면 연극을 교육할 교사 양성 체계는 연극영화과 출신의 교사자격
증 소지자들이 7차 교육과정의 심화 선택에 투입되고 있는 실정이나
아직 미흡한 실정이다. 예컨대 교육과정에는 연극 과목을 개설하게 되

어 있으나 "현직교사에 대한 부전공 연수는 아직 이루어지지 않고 있으며, 더욱이 현재 연극교육의 경험이 있는 교사 중에는 이미 다른 부전공 연수를 받은 사람들도 있어 일괄 적용하기에는 어려운 점이 있다. 다음으로 교직이수의 경우 현재 4년제로 한정되어 있어서 2년제나 3년제가 원초적으로 배제된다는 문제가 있고 더욱이 2년제 졸업 후 편입을 해도 이미 2학년부터 교직 이수자가 결정된 상태라 그들이 교직 이수자가 될 가능성이 없다."[4] 이러한 연극교사 양성의 현황을 고려할 때, 현행 체제에서의 연극교육과 교육연극을 담당할 교사의 문제점과 장·단기 대책으로 구분해서 생각하여야 할 것이다.

1) 현행 교육과정의 교사 양성 체계

앞에서 다룬 교육과정과 교과서 문제와 마찬가지로 교사 양성 체계 역시 이제 시작 단계에 불과하다. 현행 교육과정에 맞는 연극교육 교사와 교육연극 교사의 자격을 교육과정에 맞추어 구분하면 다음과 같다.

∘ 연극교육 교사 - 심화 선택 교과, 특별활동 - 연극교사 자격증 소지자
∘ 교육연극 교사 - 교과교육, 재량활동 - 일반 교과교사 자격증 소지자

현재 연극교육 교사는 4년제 연극 전공자에게 교직과목을 이수하게 한 후 교사 자격을 부여하고 있으며 또 이들은 '연극교육'을 담당한다. 이들이 교육과정 상 맡을 수 있는 교육과정 영역은 11-12학년의 심화 선택 교과나 특별활동이다. 현재 연극교사들의 학교교육에 투입되어 활동하고 있으나 아직은 예술 고등학교나 일부 시범학교에서 국한되어

---

4) 오세곤, 「박제된 교육의 숨통, 연극교과의 오늘과 내일」, 『예술교육이 미래를 연다』 한국문화예술진흥원 편, 2004년 119-120

있는 실정이다. 많은 일반학교에서 연극 과목을 개설하고자 하나 실제 교사가 담당할 수 있는 수업 시수가 적어 망설이고 있다. 이 문제를 해결하기 위해서는 과거에 연극 전공자에게 국어교사 자격을 부여하였던 제도를 부활하는 방안도 생각할 수 있을 것이다.

교육연극 교사는 연극 경험이 있거나 일정한 연수를 받은 일반 교과 자격증을 가진 교사들이 담당할 수 있다. 현재에도 자신의 교과 지식을 학생들에게 잘 전달하기 위해서 교육연극을 교과교육에 적용하는 교사들이 많이 있다. 또 이들은 관심에 따라 재량활동 시간에 자발적으로 교육연극을 하고 있다. 현재는 다양한 기관에서 산발적으로 교육연극 직무연수를 실시하고 있으니 앞으로는 1정 연수와 같은 국가 단위 연수 시간을 통해 확산시킬 필요가 있을 것이다.

2) 대 책

창의적 사고를 필요로 하는 21세기 이후의 사회를 위해 예술의 역할은 점점 커지고 있는 실정이다. 이때 예술의 역할은 모든 학습자들에게 전문적인 예술적 지식이나 기능을 신장시키기 위해 예술 교육을 강화하고자 하는 것이 아니라, 예술적 철학이나 인식, 방법으로 기존의 모든 지식을 재조명하고 새로운 지식을 만들어 내는 문화적 문식력을 높이는데 있는 것이다. 최근에 이러한 문화적 문신력에 대한 관심은 높아지고 있으며 또 이것은 정치. 경제, 사회 전반에 많은 영향을 끼쳐 국가 경쟁력의 핵심을 이루고 있다. 문화의 총체성을 이루는 연극을 교육과 접목시키고자하는 노력은 바로 이런 이유에서이다. 따라서 하루 빨리 장·단기적인 대책이 시급하다고 하겠다.

단기적 대책으로는 현행 학교교육과정 체제 속에서 특별 활동과 심화선택 교과목에는 연극 교사 자격증 소지자들의 활동 영역을 넓혀 주

는 것이다. 예컨대 현재 심화 선택에 머물고 있는 영역을 다른 교육과
정으로 확대하여 넓혀주는 것이다. 교육연극의 확산을 위해서는 보다
많은 시범학교를 설치하여 교과교육과 재량활동 시간에 일반교과목 교
사 자격증 소지자들이 보다 많이 활동할 수 있는 제도적 장치를 마련
하는 것이다.

장기적 대책으로는 이미 졸업한 학생들이 교육대학원을 이수하여
교사 자격증을 취득할 수 있도록 각 대학 교육대학원에 관련학과를 늘
리는 방법도 적극 추진해야 할 것이며, 중등학교 교사 양성기관인 사
범대학과 초등교사 양성 기관인 교육대학에 연극교육(교육연극)학과를
신설할 필요가 있을 것이다. 이러한 제도적 장치 마련은 현재 시행되
고 있는 "연극인 강사는 개인 간 편차가 심하다는 지적이 있다. 그래
서 아무래도 현장 연극인에 대한 연수 강화와 자격증이 필요하다는 생
각인데, 당장 관인 자격증이 가능하다고 하면 좋겠지만 그게 아니라도
협회에서 발행하는 식의 자격증 제도를 만들 필요가 있다"고 하는 문
제점을 해결하는데 도움이 될 것이다.

4. 전망과 제언

연극이 학교교육에 들어오기 위한 접근 방식은 현재 운영되고 있는
교육과정의 독립된 교과로 설치하기에는 우리나라 교육 여건 상 많은
어려움이 있다. 그 원인은 우리나라 사람들의 연극에 대한 교육적 인
식이 아직도 연극을 공연예술 형태로만 인식할 뿐 그것의 교육적 효과
에 대해서는 충분한 이해가 부족하기 때문이다. 그러나 21세기 들어
시대와 사회적 요청에 따라 교육의 환경이 변하고 있는 요즘 우리는
연극에 대한 인식의 전환점에 서 있는 것이다.

인지과학의 발달로 인해 가상과 실제의 세계의 경계가 허물어지고 있는 현 시점에서 대상에 대한 인식론의 변화는 근본적으로 교육에 대한 인식 전환을 요구하고 있다. 예컨대 구조주의 지식 관이 구성주의 지식 관으로, 교사 중심에서 학습자 중심으로, 결과 중심에서 과정 중심으로, 공동체의 이데올로기 중심에서 개인의 창의성 중심의 시대로 변하고 있는 것이다. 교육은 이러한 변화에 적극적으로 참여하여 미래를 살아갈 학습자들에게 문제 해결의 주체 자로서 자신의 역할을 다할 수 있도록 도와야 할 것이다.

이런 문제를 해결하기 위해서 장기적으로 연극교과목이 정식 학교 교육의 교육과정 상 정규교과로 편입되도록 정부기관과 문화예술단체, 연극전문가, 교육전문가, 학교행정가, 교사들이 힘을 합쳐 공동의 노력을 기울여야 할 것이나 그 기반을 조성하기 위한 단기적 대책으로는 일차적으로 7차 교육과정 상 국민공통기본 교육과정에서 창의적 재량 활동 시간이나 교과 재량 활동 시간, 혹은 특별 활동시간을 활용하거나 심화 선택(11-12학년)에 설치하여 연극교육을 할 수 있는 구체적 여건을 마련하는 것이며, 이차적으로 연극교육의 초점을 예술 기능교육에만 맞출 것이 아니라 인문과학적 관점에서 기존의 지식을 새로운 지식으로 전환시킬 수 있는 매개로서의 연극의 교육적 역할을 부여하여 연극이 기존의 교육과정에 제시된 교과교육에 효과적인 것을 증명해 나가야 할 것이다.

따라서 연극교사의 양성에 관한 건으로는 두 가지 방향으로 전개되어야 할 것이다. 하나는 연극 그 자체 교육을 위한 연극 교육 교사와 또 다른 하나는 일반 교과 교사들을 연극적 관점에서 수업에 접근할 수 있는 교육연극 교사 양성과 더불어 교수-학습 방법 및 교재 개발에 힘써야 할 것이다.

참고문헌

연극 강사풀 사업(2004), 2004 문화예술교육 심포지움(2004).

한국교육개발원(1997), 제7차 교육과정 개발연구.

서울대학교 국어교육연구소(1999),『국어교육학 사전』, 대교출판.

안치운(1998), 교육과 연극,『문학교육학』2호, 한국문학교육학회.

오세곤(2004) 박제된 교육의 숨통, 연극교과의 오늘과 내일,『예술교육이 미래를 연다』한국문화예술진흥원.

조병진(1998), 연극의 교육적 활용,『문학교육학』2호, 한국문학교육학회.

황정현(1999), 초등 국어과 교육의 특수성과 과제,『초등국어교육』제9호, 서울교육대학교 초등 국어교육연구소.

황정현(2004) 특별한 예술이 누구나 경험할 수 있는 교육으로 승화,『예술교육이 미래를 연다』, 한국문화예술진흥원

Nellie McCaslin(1996), *Creative Drama in the Classroom and Beyond* Longman.

John Warren Stewig & Carol Buege(1994), *Dramatizing Literature in the Whole Language Classroom* Teachers College Press, Columbia University.

한국어문교육학회 회칙

제1장 총 칙

제1조(명칭)　본회는 "한국어문교육학회"라 한다.

제2조(목적)　본회는 회원 사이의 친목을 도모하며 국어학, 국문학, 국어교육 연구를 통하여 한국어문교육 발전에 이바지한다.

제3조(위치)　본회는 서울교육대학교 안에 둔다.

제4조(사업)　본회는 다음과 같은 사업을 수행한다.

1. 회지간행

2. 연구발표회

3. 자료의 수집 및 교환

4. 그 밖의 본회 발전에 필요한 일

제5조(분과)　본회 안에 국어학, 국문학, 국어교육학, 한문학, 아동문학 등의 분과를 둔다.

제2장 회 원

제6조(회원)

1. 본회의 회원은 본회의 목적에 찬동하고 본회에 입회한 사람으로 한다.

2. 신입회원은 이사 두 사람 이상의 추천을 받아 입회한다.

제3장 임 원

제7조(임원) 본회의 목적을 달성하기 위해 다음과 같은 임원을 둔다.

　　1. 회장 한 사람

　　2. 이사 몇 사람 (총무이사, 조직이사, 연구이사, 출판이사, 섭외

　　　　이사, 분과이사)

　　3. 감사 두 사람

　　4. 간사 한 사람

제8조(임무) 여러 임원의 임무는 다음과 같다.

　　1. 회장: 본회를 대표하고 회무를 총괄하며 총회와 이사회를 소

　　　　집하고 그 의장이 된다.

　　2. 이사: 본회의 목적에 부응하는 여러 사업을 기획, 실행한다.

　　3. 감사: 본회의 운영 및 활동에 필요한 모든 사항을 감사하여

　　　　총회에 보고한다.

　　4. 간사: 본회의 여러 사업을 추진 시행한다.

제9조(임원선출) 임원의 선출은 회장과 감사는 총회에서 선출하고,

　　　　그 밖의 이사 및 간사는 회장이 추전하여 총회의 인준을 받는다.

제10조(임원임기) 임원의 임기는 2년으로 하되, 회장은 단임제로 한다.

제11조(권리, 임무) 본회 회원의 권리와 의무는 다음과 같다.

　　1. 선거권과 피선거권

　　2. 회비 납부의 의무

제4장 회 의

제12조(총회) 총회는 다음과 같이 소집한다.

　　1. 정기총회: 연1회로 5월 안에 소집한다.

2. 임시총회: 이사회 또는 회원 과반수 이상의 요구로 회장이 소집한다.

3. 총회는 이사 수의 배수 이상으로 성립하고, 참석 인원의 과반수로 의결한다.

4. 총회의 기능: 예산 결산의 심의 및 승인, 회칙의 개정, 임원 선출, 그 밖의 중요한 사항.

제13조(이사회) 이사회는 월1회 정기로 회장이 소집함을 원칙으로 한다.

1. 직능: 총회의 결의 사항과 회무의 집행, 회지 및 그 밖의 도서의 편집 간행, 연구발표회 및 토론회의 개최, 그 밖에 필요한 사항.

2. 이사회는 재적인원의 과반수로 성립하고, 참석인원의 과반수로 의결한다.

제5장 재 정

제14조(재정) 본회의 재정은 회원의 회비와 그 밖의 찬조금으로 한다.

제15조(입회비) 본회의 회원이 되고자 하는 사람은 소정의 입회비를 내야한다.

제16조(연회비) 본회의 회원은 소정의 회비를 낼 의무가 있다. 다만, 소정의 평생회비를 낼 경우는 제외한다.

제6장 논문집

제17조(논문집 간행) 본회의 목적과 사업 내용에 따라 논문집 〈한국어교육〉을 간행한다.

제18조(논문의 심사) 논문집에 게재응모한 원고는 소정의 기준과 절

차에 따라 심사하며, 논문의 게재 여부는 편집위원회에서 결정한다. 필요한 경우에는 제출된 논문의 내용에 대한 수정, 보완을 논문 제출자와 협의할 수 있다.

제7장 부설 연구소

제19조(부설연구소) 본회의 목적을 원활히 수행하기 위하여 부설 연구소를 둘 수 있다.

제8장 부 칙

제20조(부칙) 본 회칙에 밝히지 않은 사항은 통상 관례에 따른다.
(효력발생) 본 회칙은 1990년 2월 8일부터 그 효력을 발생한다.

원고 투고 양식

1. 원고의 내용

다른 출판물에 발표되지 않은 논문으로서 국어교육, 국어학, 국문학 전공분야의 독창성 있는 연구 논문에 한한다.

2. 원고 작성 및 제출 요령

가. 국문 가로 쓰기를 원칙으로 한다.

나. 원고는 흔글 워드 프로세서로 작성하는 것을 원칙으로 한다.

다. 원고 분량은 200자 원고지 100매 안팎(아래의 원고 제출 규격을 따른 매수: A4 (20~25매 안팎)으로 한다.

라. 원고를 제출할 때는 korean@snue.ac.kr로 파일을 송부한다.

바. 논문의 영문 제목 및 제출자의 영문명을 원고 아래에 표기한다.

마. 제출자의 소속과 직위를 논문 첫머리에 밝힌다.

바. 원고 제출 마감 기한을 반드시 엄수하여야 한다.

☞ **원고 제출 규격**
○ 용지 종류 : A4
○ 편집 용지 (F7)
  ① 위쪽 (39mm)   ② 머리 (12mm)   ③ 왼쪽 (46mm)
  ④ 오른쪽(54mm)   ⑤ 아래쪽 (74mm)   ⑥ 꼬리말 (10mm)
○ 문단 모양(Alt+T): 줄간격 150
○ 글자 크기(Alt+T):

① 본문 글자 크기: 10point
② 논문 제목 15point
③ 소제목 12 point
④ 기타 제목 "10point + 진히게"로 할 수 있다.
⑤ 각주: 9point (줄간격 130)

3. 논문 게재 차례

국어학, 국문학, 국어교육의 차례로 게재하되, 저자명의 가나다순에 따른다.

4. 별쇄본

저자에게는 게재지 3부와 별쇄본 10부를 증정한다. 그 이상의 별쇄본을 필요로 하는 경우에는 저자가 실비를 자비로 부담하여야 한다.

5. 투고료

가. 원고 투고료 5만원
나. 보내실 곳
국민은행 079-01-0243-368 또는 우체국 014225-01-000654
예금주: 한국 어문 교육 학회

논문 심사 규정

1. 이 규정은 '한국어문교육학회'에서 발간하는 한국어 교육에 게재할 논문의 심사에 관한 모든 사항을 규정함을 원칙으로 한다.

2. 한국어 교육은 연 2회 이상 발간하는 것을 목적으로 한다.

3. 회장을 위원장으로 하고, 편집이사와 출판이사를 위원으로 하는 편집 위원회를 구성한다.

4. (심사 위원 위촉) 편집 위원회에서는 논문의 주제와 관련된 전문 학자 3인을 심사위원으로 위촉한다.

5. (심사 내용) 심사 위원은 다음의 사항을 심사한다.
   ① 논문의 창의성
   ② 학계의 기여도
   ③ 국내외 연구 동향과의 관련성
   ④ 내용의 일관성과 체계성
   ⑤ 표현의 정확성과 명료성

6. (심사 결과 보고) 심사 위원은 심사한 결과를 '게재', '수정 후 게재', '게재 불가'로 판정하여 위원회에 제출한다.

7. (논문 게재 여부 결정) 심사 위원들이 심사 결과에 따라 편집 위원회에서는 논문 게재 여부를 결정한다.
   ① 편집 위원회는 심사 위원들의 심사 결과를 종합 심의하여 최종

게재 여부를 결정한다.

② 편집 위원회에서는 '수정 후 게재' 또는 '게재 불가'로 평가한 경우는 그 내용 또는 사유를 기재하여야 한다.

③ 편집 위원회는 심사 위원의 결정을 존중하되, 투고자의 재심 요구가 있을 경우에는 심사 위원을 다시 구성하여 재심사할 수 있다.

8. (심사 결과 통지) 회장은 '수정 후 게재' 또는 '게재 불가'로 결정된 논문에 대해서는 투고자에게 수정 또는 반려 사유를 바로 통지하여야 한다.

9. (논문 심사료) 심사위원에게는 예산의 범위 안에서 심사료를 지급할 수 있다.

부　칙

1. 이 규정은 1990년 2월 8일부터 시행한다.
2. 이 규정은 2002년 8월 1일부터 일부 수정하여 시행한다.

▌한국어교육총서시리즈3

한국어교육총서3-7
[국어교육 2004]

• 초판 인쇄	2007년 6월 30일
• 초판 발행	2007년 6월 30일
• 지 은 이	한국어문교육학회
• 펴 낸 이	채종준
• 펴 낸 곳	한국학술정보㈜
	경기도 파주시 교하읍 문발리 526-2
	파주출판문화정보산업단지
	전화 031) 908-3181(대표) · 팩스 031) 908-3189
	홈페이지 http://www.kstudy.com
	e-mail(출판사업부) publish@kstudy.com
• 등 록	제일산-115호(2000. 6. 19)
• 가 격	25,000원

ISBN 978-89-534-6701-9 94710 (Paper Book)
      978-89-534-6702-6 98710 (e-Book)
      978-89-534-6687-6 94710 (Paper Book Set)
      978-89-534-6688-3 98710 (e-Book Set)